FELIPE,
EL OSCURO

Olga Wornat

FELIPE, EL OSCURO

SECRETOS, INTRIGAS Y TRAICIONES DEL SEXENIO MÁS SANGRIENTO DE MÉXICO

Documentación y archivo:
Édgar Monroy

 Planeta

A las miles de niñas y mujeres deshechas, ultrajadas,
calcinadas, violadas y asesinadas a balazos;
silenciadas, denigradas, abandonadas en osarios o carreteras.
A sus almitas encendidas que deambulan clamando justicia y paz.

A las miles de víctimas inocentes de la maldita guerra de Felipe Calderón:
las que me dieron su testimonio y las que ya no están.

A la memoria de Javier Valdez Cárdenas, periodista y amigo,
quien supo de este libro y me alentó para que nunca me rindiera.

Índice

Apuntes personales

Quizás entonces se volvió malo o quizás ya era de nacimiento.

JUAN RULFO, «Acuérdate», *El llano en llamas*

El traidor vive entre dos lealtades; en el doble sentido,
en el disfraz.

RICARDO PIGLIA, *Respiración artificial*

Antes de la medianoche del 10 de noviembre de 2011, sonó el teléfono, atendí por inercia.

—Buenas noches, Olga, te llamo desde un celular encriptado, podemos hablar tranquilos...

La voz de Felipe Zamora Castro, subsecretario de Asuntos Jurídicos y Derechos Humanos de la Secretaría de Gobernación, el funcionario a cargo de la investigación por las amenazas que recibía desde hacía meses, sonó extrañamente tranquilizadora.

Hablábamos casi todas las noches desde que me vi obligada a salir de México, para escapar de la muerte.

—Amenazaron a mi hija, estoy muy angustiada. Está embarazada, y dicen que la van a matar a ella y a su bebé. Tienen sus datos privados, conocen sus movimientos. Que me amenacen a mí, pero que no se metan con mis hijos. Por favor, necesito saber quiénes son... —le dije, casi sin respirar.

Con angustia y rabia.

—Olga, entiendo lo que estás viviendo, yo también tengo hijos. Tu tema es grave. Nos pusimos en contacto con el Gobierno argentino, con tres funcionarios de alto rango, y le van a poner custodia a tus hijos.

11

—¿Quiénes son? ¿Es el narco? —Volví a la carga, detrás de una respuesta que no creía recibir.

—No, no son ellos… Esto es de adentro —respondió.

—¿De adentro del Gobierno? ¿Quiénes? —insistí.

—García Luna, de ahí viene —confesó después de un breve silencio.

Salí al balcón. La noche se abría angustiante frente a mis ojos. No supe qué más decir, tenía muchas dudas sobre la seguridad del teléfono del que me llamaba, tantas como preguntas. Respiré profundamente y le agradecí por la llamada y la información.

Tenía indicios de que Genaro García Luna y sus siniestros policías, dueños de la tecnología más sofisticada y poderosa, amos del espionaje ilegal y el crimen, estaban detrás. Mis fuentes, tanto fuera como dentro del Gobierno, lo señalaban sin pronunciar su nombre. Mi intuición reconocía su identidad. Pero nunca tuve tanta seguridad como aquella noche de otoño, cuando Felipe Zamora, quién sabe por qué razón, pronunció su nombre sin disfraces.

—Cuenta conmigo, estoy a tu disposición para lo que necesites. Te marco mañana a esta misma hora —avisó y se despidió.

Esa fue la última vez que escuché su voz.

A la mañana siguiente, un amigo me dio la noticia. El helicóptero en el que viajaba Felipe Zamora junto a Francisco Blake Mora, el secretario de Gobernación, y cinco personas más, se había estrellado contra un cerro en un paraje solitario de Chalco, en el Estado de México. «Están todos muertos», me dijo alarmado.

Quedé en shock y colgué.

Tenía un hueco en la boca del estómago. Las amenazas se incrementaron: ese día recibí cuatro, una más violenta que la otra, y varias llamadas telefónicas. Preguntaba quién era y no respondían. En una de esas llamadas, se escucharon risas. No sabía qué hacer. Sin embargo, me esforzaba por continuar; estaba desesperada por pisar tierra firme, por recuperar mi eje.

Hacía días y noches que vivía en una nebulosa.

Conocían mi dirección en Estados Unidos y mi teléfono. Sabían a dónde iba, qué comía, los nombres de mis amigos. Tenían todos mis datos de Buenos Aires, incluida la información de mi madre, de 80 años, en ese momento muy enferma. Mi hija parió a su bebé con policías en la puerta de la sala de partos y yo no pude acompañarla. Tenían todo y me lo demostraban.

Me sentía vulnerable, ultrajada en mi intimidad.

Felipe Calderón nunca quiso que este libro se publicara. Quería doblegarme y desarticularme, y por eso mandó amenazarme con los sicarios de su gobierno, con el «superpolicía» que combatía al narcotráfico y los secuestros desde la Secretaría de Seguridad Pública (SSP), un antro de la mafia.

Me querían muerta. Tuvieron que pasar muchos años hasta que una fuente pudo confirmármelo. Después de la detención de García Luna en Estados Unidos, algunos se animaron a contarme lo que sabían, y lo que padecieron.

Tenían una carpeta con fotos de mi casa y de mis hijos. Fotos mías tomadas en la calle, en un restaurante, en México y en Estados Unidos. Pero nada de esto me extraña. Desde 2006 hasta 2012, cada vez que llegaba al Aeropuerto Internacional de la Ciudad de México, la Policía Federal me quitaba el pasaporte y me encerraba en una habitación, sin baño y sin teléfono. Por «orden de arriba», decían. Agregaban que mi pasaporte estaba «clonado por el narco» (sic) y siempre tenían que «checar». Una noche llegué en un vuelo de Copa que aterrizó a las 23:00 y estuve más de tres horas en ese cubículo inmundo. Me dejaron ir, entre risas y burlas, a las 2:30 de la madrugada.

No fui la única. Muchos periodistas, mujeres y hombres honestos y luchadores, vivieron lo mismo que yo e incluso cosas mucho peores. Algunos aún están, pero 144 fueron asesinados, y las investigaciones se pierden en un océano de impunidad, sexenio tras sexenio.

El periodista Jesús Blancornelas afirmaba que «las amenazas y los asesinatos de periodistas son ordenados desde el poder y se callan porque son cómplices o protegen a alguien». El legendario fundador del semanario *Zeta* de Tijuana, al que tuve el privilegio de conocer hace muchos años, ya exiliado en Estados Unidos y con el cuerpo hecho un colador de los balazos que recibió en un atentado, tenía razón.

«Nos piden pruebas. No tenemos pruebas, pero tenemos indicios y es suficiente. Los periodistas tenemos que ir adelante de la policía y del Gobierno. Que investiguen ellos y aclaren los crímenes y amenazas», me dijo el maestro.

Recordar tiempos pretéritos es un mandato personal. Un mantra. Un ejercicio necesario, aunque ello me arrastre a un territorio brumoso, habitado por miles de muertos que claman la paz de un sepulcro. Me obsesiona perder la memoria, la memoria de la rabia y la indignación; la memoria de ese olor ácido, a muerte, de las fosas comunes, y los testimonios de la depredación. Por eso, la noche en que Felipe Zamora me dio la identidad del responsable de mi pesadilla quedó grabada en mí como una cicatriz.

A nueve años de su extraña muerte, mientras el velo de un tiempo sin fin se va cayendo de a poco, aún me pregunto qué lo llevó a revelarme una información tan delicada, una que literalmente ponía en riesgo su vida. Murió el 11 de noviembre de 2011, tres años y siete días después del avionazo que acabó con Juan Camilo Mouriño y José Luis Santiago Vasconcelos.

¿Fue otro aviso o una venganza? ¿El latigazo de una traición? ¿Otra vez la excusa del «error» de los pilotos? ¿O fue un atentado como el anterior?

No tengo la verdad, solo indicios.

El jefe de la SSP, capo del cártel que creció como una hidra —aquel monstruo mitológico de muchas cabezas— adentro del Estado, con la complicidad de Felipe Calderón y de su antecesor Vicente Fox, fue autor de los peores actos criminales, acciones que llevó adelante con el paraguas presidencial. Socio y protector de los Beltrán Leyva y del Chapo Guzmán, García Luna y su secta se enriquecieron con millonarios sobornos y con su participación en el negocio de las drogas.

A partir del mandato de Vicente Fox, las altas esferas facilitaron la creación de un cártel que se incrustó y se expandió adentro del Estado, como declararon los traficantes Vicente Zambada Niebla y Jesús Zambada García, hijo y hermano del Mayo Zambada, capo del Cártel de Sinaloa. También fueron señalados por Sergio Villarreal Barragán, el Grande, y por Édgar Valdez Villarreal, la Barbie, todos presos en Estados Unidos. Detenido en Texas la medianoche del 9 de diciembre de 2019, García Luna será condenado y pagará por sus delitos, si no se convierte en sapo y desata una hecatombe.

Mientras finalizaba la corrección de este libro, supe de la existencia de varios videos. El más importante tiene a Genaro García Luna como protagonista. Se desarrolla en un avión privado, en el aeropuerto de Toluca. García Luna conversa animadamente con un traficante, quien le reprocha el incumplimiento de una solicitud. El exsecretario responde que está allí por orden «de mi comandante»; posteriormente, le entregan una gran cantidad de dinero en una bolsa azul marino, misma que se apresura a cargar. Me dicen que hay más videos. Si los dueños de estas grabaciones —que tienen pruebas de todos sus cómplices a lo largo de todos los sexenios— se deciden a liberarlas, tendrán el efecto de un tsunami.

En medio de la escritura de este prólogo, el Departamento de Justicia de Estados Unidos solicitó al Gobierno mexicano la detención y extradición de Luis Cárdenas Palomino y Ramón Pequeño, miembros del círculo íntimo de García Luna, acusados de recibir sobornos millonarios del narcotráfico y de filtrar información confidencial a los cárteles. El tribunal federal de Nueva York tiene en su poder más de 120 mil pruebas, lo que implica que el policía preferido y protegido por Felipe Calderón está sentenciado.

Lo mío, sin embargo, no fue nada en relación con las víctimas de García Luna y su pandilla de asesinos: los damnificados por los montajes, esos a quienes torturaban y obligaban a confesar su participación en secuestros o asesinatos que nunca cometieron; hombres y mujeres inocentes que desde hace años agonizan en las cárceles como parias, sin culpa ni condena.

No fui la única a la que amenazaban, seguían y espiaban. México es uno de los países más peligrosos del mundo para ejercer el periodismo.

Durante el sexenio de la guerra, cuando la violencia se desbarató hasta la locura y la geografía adquirió un tono negro muerte, los objetivos del poder y de las organizaciones criminales fuimos (y continuamos siendo) los periodistas. Las cifras de asesinados y desaparecidos lo demuestran. Las organizaciones de protección a periodistas y los organismos para la protección de los derechos humanos se encontraban desbordados por las denuncias, y los fondos para resguardarnos eran escasos.

No fui la única.

Las actividades ilícitas de García Luna alcanzaron a Édgar Monroy, mi asistente y colaborador, al que la Comisión de Derechos Humanos del Distrito Federal tuvo que colocarle custodia las 24 horas después de que una camioneta negra sin placas lo siguiera día y noche. También habían intervenido sus teléfonos y le enviaron correos electrónicos con amenazas. Finalmente, a finales de noviembre de 2011, la ONG Artículo 19 sacó a Édgar Monroy de México para reubicarlo en Praga, porque su vida, al igual que la mía, pendía de un hilo. Amigos míos fueron hostigados con llamadas y seguimientos. Ricardo González y Darío Ramírez, entonces miembros de Artículo 19, recibieron llamadas telefónicas con insultos. Gabriel Bauducco, periodista y amigo, por entonces director de la edición mexicana de *Playboy*, publicó un adelanto del capítulo sobre Rosi Orozco y su secta Casa sobre la Roca; tanto ella como su esposo, Alejandro Orozco, eran íntimos de Felipe Calderón y Margarita Zavala, y partícipes de los negocios sucios de Genaro García Luna y su banda. Bauducco fue hostigado violentamente y estuvo seis meses con custodia. Gabriel Sandoval, director editorial de Grupo Planeta México, fue amenazado con los mismos métodos: correos electrónicos, seguimientos y llamadas telefónicas durante la madrugada.

A mediados de 2012, debido a este asfixiante clima —preludio de una situación más grave—, Planeta decidió no publicar esta obra. Era la vida o el libro. Disyuntiva fuera de todo debate.

La noticia me hundió en la tristeza y la desolación, y en ese estado permanecí un tiempo. Me pasé la vida sublevándome contra los criminales abusadores del poder y los castradores de historias. Los que prohíben, los dueños del látigo de la censura, los facinerosos, los perversos y los cínicos. No podía resignarme, y no quería hacerlo. Guardé todos los archivos y me prometí que ellos nunca me iban a tumbar, que no les iba a dar el gusto.

La muerte de mi madre —a la que también habían investigado—, que ocurrió solo un poco después de la cancelación de este libro, y la conversación que mantuvimos la tarde previa a su partida definitiva me hicieron reaccionar. Verla entera y digna frente al cáncer que la consumió, sin una queja por los terribles dolores que padecía, me regresó a la tierra.

Una lucecita en la hondura de mi alma me dijo a partir de entonces que, algún día, la vida me daría revancha.

Este libro, escrito entre 2011 y 2012, no es una biografía de Felipe Calderón, responsable del trágico derrumbe del país y cómplice de los actos criminales de sus funcionarios. Actualizado con los datos esenciales, es una pintura del sexenio más triste y devastador del México contemporáneo. Es una historia de traiciones, codicias, contubernios mafiosos, amores y odios, intrigas y muerte.

No es un trabajo realizado de nuevo, sería imposible. Rescatado de las sombras donde intentaron sepultarlo, revive ocho años más tarde, con los sentimientos primigenios que lo alumbraron: el dolor y la indignación.

Los personajes que albergan sus páginas son los hombres y las mujeres que Felipe Calderón eligió, en los que confió las tareas clave del gobierno y a los que, por complicidad y confabulación, les permitió lo inimaginable, los peores delitos. Amigos sin mérito, neopanistas sin luces intelectuales, trepadores, corruptos, criminales, cínicos e insensibles que dejaron el poder enriquecidos frente a un país cada día más pobre y doliente.

A lo largo del viaje que me llevó a recorrer las zonas más calientes de la guerra de Felipe Calderón contra las drogas, me pregunté muchas veces, en medio de tanto dolor, cómo un hombre con una psicología inestable, intolerante, embargado por el resentimiento, alcohólico, sin una verdadera formación intelectual, que nunca accedió a un cargo de responsabilidad por el voto popular y que llegó al poder por la puerta de atrás, después de unas elecciones fraudulentas, pudo ser presidente de México.

Felipe Calderón no es el único que deberá pagar por la herencia que dejó. Los priistas que gobernaron durante 70 años y Vicente Fox, copartícipe del fraude electoral que le abrió la puerta de Los Pinos y con el que pactó no investigar las corruptelas de los hijos de Marta Sahagún, también son responsables. Lo mismo ocurre con su mediocre y corrupto sucesor, Enrique Peña Nieto, con gobernadores, jueces y una casta empresarial que guardó silencio frente a los aberrantes ilícitos y asesinatos de inocentes: una élite carente de conciencia social que algún día deberá pagar. Todos administraron el negocio, se hicieron de él y formaron acuerdos con los traficantes. Estados Unidos, socio de Calderón en su guerra contra las drogas, también se lleva su parte de culpa. Miles de armas que transitaron y continúan haciéndolo por la frontera norte, con el aval de unos y de otros, terminaron en manos de los traficantes y criminales que asesinaron a miles de mexicanos.

Todos dejaron hacer, dejaron pasar y se beneficiaron. Todos contribuyeron para que esa «bestia del mal» se adueñara del país. Si no actúa la justicia de los hombres, siempre estará el destino, que tarde o temprano se hace presente para cobrar su parte.

Y la memoria, siempre quedará la memoria; bombardeada, pero viva.

Esta es mi certeza, la que sobrevive a pesar de todo.

OLGA WORNAT,
agosto de 2020

1

El mariscal de la destrucción

El pasado importa tanto como el futuro,
son dos tiempos que se acompañan.

JULIO SCHERER GARCÍA

No hay riqueza ni poder suficiente para eludir el sino trágico; no
hay murallas ni custodios que puedan atajar la Peste cuando esta
decide colarse sin invitación en el castillo.

EDGAR ALLAN POE

¿Qué cosas pasaron por la mente de Felipe Calderón Hinojosa mientras cabalgaba sobre los escombros de sus últimos meses en el poder? Esa sombra ominosa que le aguardaba a partir del primero de diciembre de 2012, cuando debía entregarle la banda presidencial a su sucesor; si las encuestas no se equivocaban, este sería un cacique del Partido de la Revolución Institucional, que regresaba gracias a la sistemática demolición de doce años de desgobierno del Partido Acción Nacional.

Soberbio y negador, no vislumbró —y no quiso hacerlo— que las estructuras del poder que lo sostenían estaban podridas. Participó así en los contubernios con los padrinos de la Cosa Nostra de la política mexicana, con la convicción de que saldría airoso; no obstante, solo logró hundirse más.

Cuando Vicente Fox —quien inició la guerra contra el narcotráfico que luego continuó su sucesor— abandonó la presidencia en 2006, dejó un país hecho pedazos. El crimen organizado y la corrupción habían perforado todas las áreas del Estado y los gobiernos estatales; además, habían contaminado a su familia y a la de su consorte. Sus hijos, sus hijastros y su mujer estaban manchados hasta los huesos. Eran millonarios y corruptos, y la obsesión por continuar con los negocios en el nuevo sexenio no los dejaba en paz. Aquel sueño inicial de sacar «para siempre» al PRI de Los Pinos en el año 2000 fue una falsificación, porque el viejo sistema continuaba en su apogeo y conocía bien los talones de Aquiles de cada uno.

Eran iguales. Eran la trampa. La simulación. La codicia. La doble moral. La traición. La complicidad con los criminales. Eran el PRIAN.

EL RUMBOSO CAMINO A LOS PINOS

Felipe Calderón ganó la candidatura del PAN en octubre de 2005, después de unas elecciones internas desaseadas y caóticas, en un país azotado por la violencia y los asesinatos. Pero este tema no estaba en la agenda de nadie y menos en la de Fox y Calderón. Todos querían llegar al poder, todos querían enriquecerse y para eso debían pactar inmunidad.

Un «desliz» de Francisco Ramírez Acuña, gobernador de Jalisco, destapó a Calderón en mayo de 2004 y lo empujó a la carrera presidencial. Vicente Fox se enfureció y regañó en público a Felipe cuando este apareció en la cumbre de presidentes en Guadalajara.

La recriminación fue tan dura que el michoacano regresó deprimido al hotel Camino Real e inmediatamente presentó su renuncia a la Secretaría de Energía, donde estuvo apenas un año. «Me parece que fue más que imprudente haber realizado este evento con una característica electoral. Me parece que está fuera de lugar y fuera de tiempo», declaró Fox. Felipe Calderón recibió en las elecciones internas no solo el respaldo de su partido, sino una importante contribución monetaria de los empresarios más importantes de México, según información oficial del PAN. La élite económica apostó por él, no porque lo quisieran, sino por conveniencia.

El candidato de Fox nunca fue Felipe Calderón, al que despreciaba; sin embargo, Santiago Creel, su gran apuesta de continuidad, fue derrotado en la contienda y el panorama que le aguardaba fuera de Los Pinos era, por lo menos, inquietante. A pesar del aborrecimiento, se inclinaron por el pragmatismo y decidieron aliarse para derrotar a un enemigo que compartían y temían: Andrés Manuel López Obrador.

No los unía el amor, sino el espanto.

La etapa previa a la llegada de Felipe Calderón a Los Pinos, durante el final del sexenio del «cambio» que nunca fue, estuvo cargada de conspiraciones sucias y escándalos.

En 2004, Federico Döring, panista de poca monta y menor decoro, había entregado a Televisa unos videos que fueron emitidos en el programa de Víctor Trujillo, *El Mañanero*. Una audiencia impávida observó a René Bejarano y Gustavo Ponce Meléndez, dos hombres del círculo íntimo de López Obrador, cometiendo actos ilícitos. El empresario Carlos Ahumada, autor de los mismos, confesaría luego que los hizo en connivencia con Carlos Salinas de Gortari a cambio de 400 millones de pesos mexicanos. Cuestionado por Denise Maerker, el expresidente se negó a responder si estuvo detrás de los videoescándalos, aunque su silencio abonó a la teoría del complot que López Obrador denunciaba a diario.

«Presidente, no podemos dejar que este loco gane, tenemos que impedirlo de cualquier manera. Todos los que estamos aquí iremos a la cárcel», le dijo Roberto Madrazo a Vicente Fox durante una reunión realizada en el comedor de la cabaña presidencial, con la presencia de Marta Sahagún.

Inyectado de odio, Vicente Fox impulsó, a través de la Procuraduría General de la República (PGR), un proceso de desafuero contra López Obrador, entonces jefe de Gobierno de la Ciudad de México, con el argumento de que había desacatado una orden judicial. En abril de 2005, López Obrador pronunció un encendido discurso en la Cámara de Diputados; no obstante, perdió la disputa y no le quedó más opción que alentar a la movilización popular. Fox, por naturaleza alérgico a las presiones multitudinarias, cayó de rodillas y dio marcha atrás. Nunca lo perdonó, y en esos días los conjurados llegaron a plantear sin eufemismos y sin pudor que la mejor solución era la muerte de López Obrador.

En este espacio beligerante, se prepararon para la madre de todas las batallas y acordaron que todos los métodos serían válidos con tal de que Andrés Manuel «no llegara».

Desde la casa presidencial, con recursos públicos y en alianza con las élites políticas y económicas, las televisoras, una minúscula pandilla de «intelectuales» todo terreno y un conglomerado de medios hegemónicos, se orquestó el fraude que sí o sí convertiría a Felipe de Jesús Calderón Hinojosa, un candidato mediocre y sin carisma, en primer mandatario de México. La orden presidencial llegó desde Los Pinos a secretarios y subsecretarios de Estado. A gobernadores y alcaldes. Todos debían colocarse al servicio del michoacano, quien comenzó una campaña electoral anodina y pobre; él mismo no creía ganar.

Según testigos de un lado y del otro, las reuniones para supuestas «sinergias» entre el gobierno saliente y el candidato oficialista comenzaron a realizarse una vez por semana en el salón Francisco I. Madero de Los Pinos, siempre temprano y bajo el mayor de los sigilos. Acudían Vicente Fox, Ramón Muñoz, Emilio Goicoechea y Rubén Aguilar; a Felipe Calderón lo acompañaban César Nava, Josefina Vázquez Mota —coordinadora de la campaña, impuesta por el empresario Lorenzo Servitje de Bimbo, aportante de la campaña y amigo de Vázquez Mota—, Max Cortázar y Juan Camilo Mouriño. Algunas veces participaba el publicista español Antonio Solá, autor de la campaña del miedo en contra de Andrés Manuel López Obrador.

A medida que la cofradía de la estafa avanzaba en la estrategia, la relación entre Fox y Calderón se volvía más ríspida. No se soportaban y, aunque las promesas del michoacano de investigar y encarcelar a los Bribiesca —los corruptos hijos de Marta Sahagún— quedarían en la nada, se necesitaban tanto como se detestaban.

Elba Esther Gordillo, la Maestra, lideresa del sindicato de maestros más poderoso de América Latina y dueña de una caja millonaria, fue un personaje clave, el más importante de la campaña electoral que instaló a Felipe Calderón en Los Pinos. Amiga personal de Carlos Salinas de Gortari —el hombre que la colocó al frente del sindicato—, de Vicente Fox y de Marta Sahagún, manejaba un poderoso aparato sindical y partidario: el Partido Nueva Alianza (Panal), mismo que construyó apenas dejó el PRI. Astuta, se acercó primero a López Obrador, que encabezaba las encuestas, dispuesta a ofrecer sus santos servicios, pero la rechazaron. Vicente Fox y Marta Sahagún, rápidos como el rayo, la acercaron con Felipe Calderón, quien la recibió encantado. No era para menos, la Maestra tenía un gran capital: los consejeros del PRI para el Instituto Federal Electoral, los cuales saltaron cuando la expulsaron del tricolor y que ahora engrosarían las filas del IFE, así como el millón de votos de los maestros.

A mediados de mayo de 2006 y al filo de la elección, gracias a los buenos oficios de Guillermo Velasco Arzac, cacique de El Yunque —grupo de la ultraderecha partidaria— y amigo de Vicente Fox y Marta Sahagún, se reunieron el candidato priista Roberto Madrazo y Felipe Calderón; ambos llegaron al acuerdo de impedir que López Obrador llegara a la presidencia. Roberto Madrazo, cacique del viejo PRI y al que en Tabasco llamaban el Führer, tenía sus propios motivos: odiaba a Andrés Manuel desde que este lo había acusado de fraudulento y corrupto en las elecciones para gobernador de 1995. Este hecho se demostró veraz; sin embargo, en ese momento lo único que importaba era impedir que su comprovinciano llegara al poder máximo.

Más urgente que tarde, Felipe Calderón alabó a Elba Esther Gordillo. «[Ella posee] un liderazgo [que] no puedes omitir y a mí me interesa el apoyo de los maestros [...] [son] más de un millón de mentores y además son líderes de sus comunidades y tienen un liderazgo real y formal, que es de Elba Esther Gordillo y de Rafael Ochoa», le dijo a Javier Alatorre, de TV Azteca, en noviembre de 2005, durante plena campaña presidencial y cuando López Obrador iba a la cabeza, 10 puntos arriba.

En esos meses, se filtró una llamada entre la Maestra y el veracruzano Miguel Ángel Yunes, director general del Instituto de Seguridad y Servicios Sociales de los Trabajadores del Estado (ISSSTE) de 2006 a 2010, quien fue parte del botín recogido por Gordillo luego de apoyar a Calderón. Años más tarde, Yunes traicionaría a la Maestra, razón por la cual ella lo bautizó como Alacrán, en referencia a la célebre parábola de *El alacrán y la rana*; no obstante, en ese momento ambos eran socios y se congratulaban por el triunfo del michoacano en la elección interna del PAN.

Felipe Calderón aceptó la veracidad de la llamada, pero la condenó como un «burdo acto de espionaje». Reconoció en el Sindicato Nacional de Trabajadores de la Educación (SNTE) «una fuerza política que no se puede simple y sencillamente ignorar, lo es, y me gustaría que esa base magisterial se sumara a mi campaña, pero no a cualquier costo, no a cualquier precio. Es decir, sin que eso implique acuerdos».

Estaba atado a Elba Esther Gordillo, quien a partir de 2006 no solo se convertiría en amiga personal de Margarita Zavala, sino que colocaría a miembros de su pandilla política y familiar en el gabinete calderonista. Ni el PRI, del que fue parte, le daría a la Maestra todos los beneficios y prebendas que le dio el PAN en doce años de gobierno.

«Voy a gobernar con gente honesta. ¿Qué quiero decir? Que no solo sea honesto y no se robe el dinero, que eso es obligado, sino que se rife en la camiseta, que le atore a los problemas, que no le saque a enfrentar al narco, que no le saque a castigar a un juez corrupto».

Repetía como una cantinela y, cada vez que le preguntaban por el pacto con la Maestra, evadía el tema. Por esa época comenzó a prefigurar su lucha contra los cárteles. Negaba que se tratara de una guerra, pero durante su campaña no tenía empacho en reconocer que de eso se trataba:

Las guerras se ganan con tecnología, con información y con recursos, es una guerra en la que no podemos darnos el lujo ni de perder ni de rendirnos, y sí quiero tener un sistema en donde todos los ciudadanos me puedan decir a mí como autoridad, como presidente, como gobierno, dónde están los asaltantes para que yo pueda verdaderamente combatirlos y que la gente que me dé ese dato no corra peligro de muerte por habérmelo dado.

Su lema de campaña fue la frase «Valor y pasión por México», en prédicas donde dejaba asentada su postura sobre el aborto y el matrimonio igualitario: la postura de la Iglesia católica y de los grupos clericales y evangelistas, mismos que apoyaban su candidatura. En una amigable entrevista con Joaquín López Dóriga para el Canal de las Estrellas, se identificó como «respetuoso de todas las preferencias sexuales», aunque aclaró: «Para mí el matrimonio por definición es la unión de un hombre y una mujer». Dijo que respetaba a las mujeres, pero se oponía al uso de la píldora del día siguiente. Se definió tolerante con todas las religiones, pero se autodefinió como un católico al que le gustaría ser «mucho mejor practicante».

Soy, en términos de algún pasaje bíblico, como un Pedro que se hunde en el agua, que creyó, que luchó y dudó, pero en el que se da la trascendencia del ser humano. Sé que venimos a esta tierra con la misión de realizarnos y me siento satisfecho con ella.

Varios días antes de la elección se sabía que la diferencia con Andrés Manuel era muy cerrada, pero Felipe Calderón preparaba el discurso de la victoria. Según testigos, el nerviosismo era extremo, pues el director de la empresa Arcop, Rafael Giménez, quien llevaba las cifras del PAN, tenía información que daba la ventaja a López Obrador. Solo GEA-ISA daba un punto de ventaja a Calderón. Su principal interlocutor en esas horas fue Juan Camilo Mouriño, confidente y cómplice, y a él le trasmitía sus miedos. Las televisoras y radios aliadas en el contubernio machacaban día y noche, entre marzo y mayo, con *spots* pagados por el Consejo Coordinador Empresarial, en los que se comparaba a López Obrador con Hugo Chávez porque era un supuesto «peligro para México».

Ese 2 de julio de 2006, Felipe Calderón estaba sudoroso, tenso, abrumado por el desenlace. Así lo vio la gente en el salón Manuel Gómez Morín, de pie entre Margarita Zavala y Josefina Vázquez Mota. Sonreía, pero su gesto se veía como una mueca. Durante toda la tarde, creyó tener el triunfo en sus manos; sin embargo, la incertidumbre regresó cuando esa noche, a las 23:00 horas, Luis Carlos Ugalde, titular del IFE, no le otorgó la victoria. En las entrañas del partido, los panistas explotaban de furia contra Ugalde y lo insultaban en todos los calibres. Más adelante, en septiembre de 2010, Josefina Vázquez Mota dijo en un acto de precampaña que Luis Carlos Ugalde la había llamado a las 21:00 horas para anunciarle que Calderón había ganado. Se encontraba con Luis H. Álvarez cuando sonó el teléfono: «Josefina, dile a Felipe Calderón que es el presidente de México y que ganó la elección presidencial».

En su libro *Así lo viví*, el Mago Ugalde jura que no habló con ninguno de los candidatos. Calderón le habló, pero según relata: «No le tomé la llamada». Raro, porque el Mago, como le apodan por su afición a la magia, era por entonces amigo personal de Felipe y Margarita, y estuvo casado con Lía Limón, íntima de la primera dama, quien además fue madrina de la boda. Carlos Ugalde asegura que solo habló con Fox a las 23:40 horas y que el mandatario le recriminó por no anunciar ninguna tendencia, con lo que «ponía en riesgo la gobernabilidad del país».

En diciembre de 2007, a manera de venganza, Felipe Calderón quería quitar a Ugalde de su camino. Se sentía traicionado y Carlos Ugalde lo sabía, porque conocía bien al mandatario. Fue a Los Pinos en cuanto Felipe lo mandó llamar y, apenas entró al despacho, dijo: «Me voy, aquí tienes mi renuncia. Mira, Felipe, nunca te olvides de que estas allí sentado gracias a mí».

Luego, se fue. Nunca más tuvieron contacto.

«Fue una conversación áspera. Esa noche, en el cuartel del PAN, hubo insultos a mi persona o mentadas de madre, hubo mucho enojo con el IFE», afirmó Ugalde.

Las cifras finales revelan una singular ironía. La alta participación tuvo como corolario una nación crispada, dividida y enfrentada. El país alcanzó el número más alto de votantes en su historia: 41 millones 791 mil 322 ciudadanos, 58% de la población. Desde el 5 de julio, Andrés Manuel López Obrador pidió un conteo de votos casilla por casilla, pues las innumerables irregularidades registradas lo convencían de la existencia de un fraude electoral. La diferencia entre los dos fue de tan solo 250 mil votos, pero el triunfo de Calderón se confirmó el 5 de septiembre, con un fallo judicial.

Indolente ante los cuestionamientos por no haber aceptado un recuento casilla por casilla, el michoacano sabía que la toma de posesión no sería un día de fiesta. Había llegado a la cima del poder con graves sospechas de fraude, sin el respaldo popular y por la puerta de atrás, como un fantasma.

«Estoy muy preocupado, no sé cómo voy a ingresar, por dónde. ¿Y si no me dejan?», le confesó a Purificación Carpinteyro.

Felipe Calderón la invitó a comer para ofrecerle ser parte de su gobierno, en la Secretaría de Comunicaciones y Transportes. Estuvieron solos en el elegante Club de Industriales de Polanco. Embriagado por el exquisito vino que compartieron, Felipe se acercó a Purificación y le recitó al oído un poema de Mario Benedetti: *No te salves*.

«Yo no entendía qué le pasaba, me recitaba un poema, y volvía la obsesión de su ingreso a la toma de posesión, y le dije: "¡Pide un helicóptero!"», afirmó Carpinteyro. Pero nada lo tranquilizaba: le reveló a Purificación que ese temor le provocaba insomnio.

Los partidos que apoyaron a López Obrador anunciaron el boicot para impedir que Calderón portara la banda presidencial y amenazaron con tomar la tribuna de la Cámara de Diputados. El 28 de noviembre, los diputados panistas se adelantaron y entre silbidos, insultos y puñetazos hicieron de las sillas barricadas. Los diputados de la izquierda se apostaron en otra sección de la Cámara, vigilantes de lo que los panistas pudieran hacer. Era una guerra de trincheras.

Nadie imaginaba que faltaba lo peor, la guerra de verdad. La que legitimó el pacto de tránsfugas. La guerra de los miles de muertos y desaparecidos.

Las simulaciones

Con el país partido en dos, sumado a las sospechas de fraude, el pacto se puso en marcha. El pecado nuevamente estaba en el origen. Vicente Fox lo instalaba en la presidencia a cambio de no tocar a la familia y menos investigar sus negocios.

Nada podía salir bien a partir de ahí.

Una fotografía muestra a Felipe y Margarita de visita en el rancho de Vicente y Marta, sonrientes y felices en medio del incendio. Una mano lava lo que hace la otra. A Marta y a sus retoños no los molestaron durante el calderonato. Nadie los citó, nadie interrumpió su maravillosa existencia; por el contrario, se volvieron más ricos y más poderosos, y continuaron involucrados en negocios ilícitos.

Cuando recibió la constancia del Tribunal Electoral, Calderón invocó en cada uno de sus actos como presidente electo la «necesidad de una reconciliación nacional». Quien se jactaba de ser el Lázaro que lavaría las heridas, legado de una campaña violenta y fraudulenta, terminaría por hundir al país en un río de sangre.

Desde el inicio quedó claro que se rodearía de un círculo de íntimos e incondicionales: los cuates y aduladores, sumados a todos aquellos que formaban parte de los compromisos espurios, los mismos que le permitieron llegar al trono.

Seis años después, en julio de 2011, y a raíz del rompimiento entre Yunes y Gordillo, sin ponerse colorado, aceptó que existieron los pactos con los tránsfugas.

La mañana del primero de diciembre, Felipe Calderón tomó protesta en el salón de plenos de la Cámara. El ambiente estaba impregnado de malos presagios. El flamante mandatario ingresó por la puerta trasera y en no más de cinco minutos juró guardar y hacer guardar la Constitución. Con una mueca que simulaba una sonrisa y la mirada extraviada, se acomodó la banda presidencial, sin la ayuda de Vicente Fox. El panista Jorge Zermeño, en aquel momento presidente de la mesa directiva de la Cámara de Diputados, fue quien lo auxilió.

Como un vaticinio de lo que sucedería en el sexenio, dos meses antes Zermeño había concurrido al bautizo de Elsa María Anaya Aguirre, hija de José Guillermo Anaya Llamas, quien se estrenaba como senador. Al sarao asistió Felipe Calderón, presidente electo y padrino de la niña. Entre los invitados, pegado a la mesa de Calderón, estaba sentado Sergio Villarreal Barragán, el Grande, integrante de la organización de los Beltrán Leyva, y uno de los capos más buscados por Estados Unidos durante aquella época. El hermano de Zermeño está casado con la hermana del Grande, el entonces jefe de jefes de Coahuila, con quien Felipe Calderón conversó amablemente y compartió tragos y algazara.

CUANDO LLEGA LA NOCHE...

Dicen que nada es para siempre.

En el declive del sexenio, la gran estafa en la que Felipe Calderón participó, convencido de que era la única manera de ser lo que nunca sería, comenzaba a ser parte del pasado. O eso creía. Ahora, frente al despoder que se avecinaba, su futuro se veía más oscuro que el de su antecesor y se sentía inquieto. A sus íntimos les confesaba que no se imaginaba lejos del poder.

No hay país más impredecible que México. Durante las elecciones presidenciales de 2012, era difícil que la candidata del blanquiazul ocupara su lugar. Sin embargo, su caballo, Ernesto Cordero, un economista mediocre, autor de frases célebres acerca de la supuesta bonanza que vivían los mexicanos en el sexenio de la guerra y miembro de la secta pentecostal Casa sobre la Roca, cayó derrotado frente a

Josefina Vázquez Mota, a la que Felipe Calderón humilló y maltrató en público porque simplemente «no le caía bien». En su mente están los amados y odiados, y ella siempre fue parte de los segundos. Según me informaron, Felipe Calderón prefería entregar el mando al PRI, porque con ellos conseguiría la tan ansiada impunidad. Andrés Manuel López Obrador, el caudillo de Tabasco, centro de odios, no existía en sus pensamientos de sucesión.

Los exégetas del minúsculo círculo que lo acompañaba decían que no hablaba del día después. La cerrazón, la irascibilidad y los vaivenes de su psicología impedían saber qué pensaba.

¿Había necesidad de que todo se degradara así? ¿Era imprescindible este legado sangriento y esta profunda descomposición nacional?

Felipe Calderón no desconocía que le quedaba menos de un año para abandonar Los Pinos, la majestuosa residencia atiborrada de micrófonos y sofisticadas cámaras que instaló su consentido, el difunto Juan Camilo Mouriño, y que registraban los movimientos y las conversaciones de sus habitantes; esa casona que nunca le terminó de gustar, pero que se convirtió en un refugio seguro contra las recriminaciones sociales, los reclamos y los abucheos. Pocos quedaban a su lado y como le dijo a un amigo personal de Morelia, que lo visitó en esos días: «No se vale que todos se vayan y yo termine pagando los platos rotos. No se vale…».

En la soledad de las noches, recorría con la mirada la fastuosa e histórica residencia donde pasó seis años de su vida. Donde lloró la muerte de Juan Camilo Mouriño. Donde maltrató y humilló a amigos y enemigos. Donde decidió sacar a los militares a la calle para combatir a los narcos. Donde se mandó construir un bar para las noches de tragos con sus íntimos, lejos de la mirada de Márgara. Donde pactó con las mafias y se corrompió. Donde se imaginó como Churchill, Napoleón y David. A poco de asumir el cargo, decidió que quería un búnker blindado y subterráneo para usar durante su guerra, armado con la tecnología más sofisticada, y destinó 100 millones de dólares del erario para su construcción.

«¿Usted recuerda el programa de televisión *24?* Yo quería todos los juguetes que se mostraban ahí, quería todos, todos los instrumentos para combatir a los criminales», le dijo en 2010 a la periodista de la NBC Katie Kouric, quien no podía creer lo que escuchaba y veía, mientras en la pantalla se sucedían imágenes de un salón con una mesa en «U», además de cámaras, computadoras y sensores que supuestamente monitoreaban a los cárteles, y se superponían a otras que mostraban el México de los decapitados y masacrados; el país real.

Felipe Calderón era fan de la serie estadounidense *24*, cuya trama gira alrededor del agente Jack Bauer —interpretado por Kiefer Sutherland—, miembro de una unidad contra el terrorismo.

No podía imaginar su vida lejos del poder.

EL ORIGEN DE LA DEGRADACIÓN

¿Recordaría en este final las palabras de su maestro y amigo Carlos Castillo Peraza? Sus amigos, los poquísimos que permanecen, me revelaron en voz baja que el paso de los años no diluyó la culpa por el brusco quiebre de la relación y la imposibilidad de una reconciliación: Carlos Castillo Peraza murió en Europa en el año 2000, solo y obnubilado por la amargura y la decepción.

El yucateco había renunciado al PAN en 1998, después de los maltratos y humillaciones de su discípulo, al que definió como «inescrupuloso, mezquino y desleal a principios y a personas», como le confesó en una entrevista al periodista Julio Scherer García.

Felipe Calderón lo llamó «bufón» en una columna, lo que abrió un tajo definitivo entre los dos. Una anécdota —que rescata el periodista Álvaro Delgado— refleja la intuición del ideólogo más brillante del panismo.

Lo retrata parado frente al imponente edificio que sería la nueva sede del partido, en la colonia Del Valle, poco antes de la asunción de Vicente Fox. En ese lugar le dijo a su acompañante: «Ay, Graue

[Bernardo], no vaya a ser la de malas que este nuevo edificio vaya a ser el mausoleo del PAN, y Fox el sepulturero».

La prostitución política de Acción Nacional alcanzó la cima con Vicente Fox, su consorte y sus impúdicos vástagos. Felipe Calderón, aunque simuló, profundizó el desastre.

En su ilegitimidad, concedió y protegió las corruptelas de sus antecesores y de los integrantes de su gabinete. Fue y vino en sus contradicciones. Mintió una y otra vez. Y ahora, le tocaba colocar la lápida y escribir el epitafio.

No se equivocó Carlos Castillo Peraza, el maestro. La legitimación que Felipe Calderón no tenía la encontró negociando con los tránsfugas. La Ley de Herodes lo devoró, como a todos. Fue cómplice y parte.

La definición de *tránsfuga* del diccionario de la Real Academia es insuficiente para entender los alcances de las traiciones, la carencia de ideales y de escrúpulos, y la perversa manipulación de los votantes por parte de una élite política que se movía únicamente por el interés.

En la majestuosa biblioteca José Vasconcelos de Los Pinos, en sus paredes, sus nobles maderas y en los libros que Calderón consultaba cuando las tribulaciones lo dominaban y no lo dejaban dormir, quedaron registrados los secretos de seis años de devastación.

Su estado de ánimo pasó a ser la preocupación principal de su entorno y de su familia. Se irritaba más allá de lo normal. Bebía más de lo normal. Sus facciones endurecidas y su lenguaje corporal eran la prueba de lo que vivía internamente. El Estado Mayor Presidencial lo protegía al extremo en los actos públicos a los que llegaba y se retiraba como un fantasma. Entraba en silencios indescifrables y pasaba horas en la biblioteca. El mínimo cuestionamiento sobre la guerra contra el crimen organizado lo enfurecía y hacía estallar.

Una y otra vez.

Su guerra, la cruzada que ensangrentó el país.

Tras convertirse en comandante en jefe del Ejército y en la cima de su misticismo, involucró peligrosamente en su batalla a sus hijos pequeños, a los que vistió con uniforme verde olivo y colocó junto a los jefes de las tres fuerzas. Convencido de que esta sería su misión en la tierra, Felipe Calderón se sintió predestinado. Le gustaba compararse con Winston Churchill y con Francisco I. Madero. Su construcción dejó de ser política y se transformó en religiosa.

Las lecturas semanales de la Biblia, a pesar de sus eternas confusiones de fe, lo convencieron de que era el rey David y que frente a él estaba Goliat. Se visualizaba triunfador como Álvaro Uribe, su admirado par colombiano que cada lunes en el Palacio Nariño reforzaba su espíritu de guerrero contra el Mal a través de la liturgia bíblica. Se enfurecía porque no le reconocían la «audacia» para enfrentar al narcotráfico, los malvados que «corrompieron a la sociedad». Frente a unos pocos, admitió que no había hecho otra cosa más que aventarse con la guerra para legitimarse, como hicieron sus predecesores.

«¿Qué hay de malo en ello?», preguntó una noche a un amigo y compañero de universidad, con el que compartía unas copas de ron Matusalem, su preferido, en su bar presidencial. Sucedió una noche de 2009, cuando México ardía.

No encontraba razones para tanta incomprensión cuando él solamente hizo «lo que se debía hacer», lo que «nadie se atrevió antes».

«Lo que se debía hacer». Una frase que Felipe Calderón lleva marcada con fuego desde la niñez. Aquello que odiaba y acataba. El argumento que le repetía su padre frente a los intermitentes fracasos políticos de su vida, cuando regresaba a la casa vencido, luego de una de las tantas derrotas electorales a las que se lanzaba «porque no había otro». No importaba cuál fuera el resultado de las acciones, Luis Calderón Vega recalcaba que no se luchaba para ganar, sino porque era «lo que se debía hacer».

En la residencia presidencial, los tonos del clima desde hacía tiempo habían virado del negro noche, al negro muerte.

Cada mañana, el espejo le devolvía la imagen de un hombre envejecido por el desgaste del poder. Amargado, abrumado, irritado, sombrío. Cada noche debía enfrentar a sus demonios y sus muertos. A sus alianzas espurias. Las desgracias no lo abandonaban y sentía temor por sus hijos. Les prometió que apenas terminara el sexenio se irían a vivir a Estados Unidos, donde «papá ya tenía trabajo». Decían que su hermana Luisa María, Cocoa, solicitó la visa canadiense después de su derrota electoral en Michoacán, una tierra azotada por el cártel de la Familia Michoacana, con la que Cocoa tenía estrechas relaciones.

Michoacán no es el lugar más seguro para los integrantes de la familia presidencial. Menos aún para la hermana que se lanzó a disputar la gobernación del estado donde mandan la Familia y los Zetas. Mientras estuve en Michoacán, entrevisté para este libro a amigos, enemigos y parientes, todos me juraron y perjuraron que Cocoa estaba bien protegida por Servando Gómez Martínez, la Tuta, el real mandamás del estado, con quien ella mantenía amigables relaciones, al menos hasta su detención en 2015. Nada extraño.

LA SINRAZÓN

Felipe Calderón sabía de qué se trataba la soledad del poder. Lo golpeó a medida que los días y las horas se sucedían y no confiaba ni en su sombra. Y el rencor, ese «rasgo genético de familia» —como me confesó su hermana en Morelia—, se extendía como una mancha de humedad al igual que la realidad, que no era otra cosa que la tragedia que empapaba el territorio nacional de rojo sangre, de la que no se sentía responsable, pero que cargaría sobre sus espaldas cuando las puertas se cerraran.

Miles y miles de muertos, miles de desaparecidos, miles de niños huérfanos, miles de familias laceradas y dejadas a la indefensión. Miles de ciudadanos atrapados en medio de los enfrentamientos entre militares y narcotraficantes o entre traficantes en guerra por el control de los territorios. Miles de desplazados. Gobernadores y funcionarios indolentes y hundidos en la corrupción y en añejas complicidades con las mafias. Gobernadores priistas y panistas investigados por la Administración para el Control de Drogas (DEA, por sus siglas en inglés) por sus vínculos con los criminales. El narco infiltrado en policías y procuradurías. Nadie sabía qué hacer, ni en quién confiar. Zonas liberadas gobernadas por los capos. Pueblos fantasmas habitados por hombres de negro, máquinas de matar que enseñaban sus métodos espeluznantes en YouTube para regodeo de miles que exigían más sangre. Niños sicarios expertos en cortar cabezas y paramilitares que asesinaban en nombre de la patria siguiendo la ley del talión. Decapitados, descuartizados, despellejados vivos o disueltos en tambos con ácido; seres anónimos colgados de los puentes y quemados a plena luz del día, frente a una sociedad muda y ciega por el terror. Empresarios y profesionales extorsionados, secuestrados y luego asesinados por no pagar la cuota. Cientos y cientos y cientos de violaciones de los derechos humanos de civiles por parte de militares, marinos y policías. Fosas clandestinas abarrotadas de cadáveres de hombres, ancianos, mujeres y niños.

La crueldad en su máxima expresión.

El mal que surgió de las vísceras de la tierra fue multiplicado por las imágenes de los medios y de las redes sociales. Escenas que paralizan, que se convierten en parte del paisaje y que, como decía Susan Sontag, corrompen nuestra conciencia del mal. Los célebres «daños colaterales» del discurso primigenio a los que Felipe se refirió después como «unos pocos», o sea, bajas mayoritarias de las mafias criminales.

La gélida estadística de muertos y desaparecidos que creció sin frenos, único tema que importaba dentro y fuera de México, lo irritaba tanto que no quería saber.

Se encerró en el apotegma paterno de «lo que había que hacer». Varios colaboradores me contaron que abusaba del café y del alcohol, que junto al estrés agravaban sus problemas gástricos. Otros, temerosos de sus estallidos y maltratos, le decían que sí a todo, le ocultaban las cifras y le aseguraban que los problemas se concentraban mayoritariamente en los estados del norte, que los civiles inocentes afectados eran minoría y que estaban atendidos. Motorizaban la idea falsa de que los culpables de la debacle eran los gobernadores del PRI, los mafiosos que dejaron crecer a los narcotraficantes y que había que denunciar públicamente, «meterlos al bote».

En su sinrazón, el michoacano salió a la tribuna a denostar al demonio desde una fraudulenta honestidad política. Y el demonio era el mismo que desde hacía muchos años se había apoderado de la dirigencia panista. Se metió en la cocina del blanquiazul.

Sus hombres no le discutían nada porque nada tenía sentido. Los júniors neopanistas, advenedizos y millonarios gracias a la generosidad del erario sexenal, buscaban salvación. Poco y nada les importaba un jefe en caída veloz, que maltrató y humilló a diestra y siniestra, y que ahora debía pagar los platos rotos. «Un traidor y un desagradecido», decían.

Destino y carácter

¿Dónde se torció el destino y se cumplieron los peores vaticinios? Pulverizados sin remedio los escenarios que imaginó en su breve autobiografía escrita para la campaña de 2006, *El hijo desobediente*, Felipe Calderón se hundió en una depresión sin horizonte.

Dos amigos de bajísimo perfil, compañeros de copas y diversiones de la Libre de Derecho, abogados prestigiosos que nunca ocuparon un cargo público y le decían lo que pensaban, me confirman el estado anímico presidencial.

—Felipe está deprimido y quién sabe qué pasará cuando ya no esté en el poder...

—¿Qué puede pasar? —pregunto.

—Tiene una personalidad autodestructiva. Ahora está extraviado, todo le salió mal, puede hacer cualquier cosa...

—¿Qué significa «cualquier cosa»?

—Eso exactamente. Que por su personalidad y sus altibajos puede hacer cualquier cosa.

El exalcalde italiano antimafia Leoluca Orlando y el exjuez español Baltazar Garzón, célebre por sus investigaciones a dictadores acusados de genocidio, mantuvieron una reunión privada con Felipe Calderón a principios de septiembre de 2011. La reunión se realizó en Los Pinos y fue a pedido de Calderón.

—Ese hombre no parecía el presidente de México. Se veía perdido, en otro mundo. Habló poco y nos preguntó qué le aconsejábamos hacer con las víctimas. Fue una situación extraña. Le dijimos que se ocupara de las víctimas, que el Estado tenía la obligación de darles protección. Que tenía que dar un gesto, que los llevara a Los Pinos, que se reuniera con ellos. Bueno, que hiciera algo —me comentó preocupado Leoluca Orlando, en una reunión que mantuvimos en Monterrey.

—¿Y qué les respondió?

—Nada. Lo anotaba en una agenda negra. Todo el tiempo anotaba…

En aquel libro minúsculo, Felipe expresaba el sueño de lo que sería su último informe de gobierno. Ese primero de septiembre de 2012, cuando le contara a los mexicanos sus logros en la lucha contra la pobreza, el desempleo, la injusticia y la inseguridad.

El México de nunca jamás.

Las cifras reales son demoledoras. De 2006 a 2012, 15.9 millones de mexicanos pasaron a ser pobres. Según datos del Consejo Nacional de Evaluación de la Política de Desarrollo Social (Coneval), durante el sexenio de las manos limpias y el millón de puestos de trabajo, el fuerte deterioro del mercado laboral y la precarización en aumento dejan como saldo que cada día nueve mil personas se convirtieran en indigentes y seis millones quedaran desempleadas. Inflación en alza, pérdida del poder adquisitivo, ausencia de políticas públicas para apaciguar el golpe, organismos colapsados y perversos administradores de los recursos públicos destinados, en su inmensa mayoría, a solventar los desmesurados salarios de funcionarios mediocres que vivían como jeques en un país que se desmoronaba. Como contraste o cruel paradoja, solo en 2010, según datos del Instituto Nacional de Estudios para la Paz, México gastó cinco mil 490 millones de dólares en «garantizar la seguridad nacional y la soberanía», fondos que destinó a la Secretaría de Seguridad, la PGR, la Secretaría de Gobernación, el Ejército y la Marina.

Millones de dólares destinados a una guerra perdida y un Estado incapaz de garantizar la seguridad de sus ciudadanos, ni de sus colaboradores más importantes. Como quedó demostrado con la muerte de Juan Camilo Mouriño y Francisco Blake Mora, ambos secretarios de Gobernación, que en un intervalo de tres años se estrellaron en dos «accidentes» de avión y helicóptero, respectivamente, por «errores de los pilotos». Dos hechos gravísimos que aceptó que se dijera que fueron «accidentes», cuando todos los elementos indicaban que habían sido atentados.

Quizá la memoria deje paso al recuerdo de su amigo de Morelia, cuando, a mediados de 2007, en una visita a Los Pinos, se animó y le dijo:

—Felipe, ¿hasta dónde piensas llegar? La gente está angustiada...

Y su respuesta fue:

—Nadie me entiende. Lo que quiero es que esta bola de cuates no se pasen de la raya y no ataquen a la sociedad civil. Esto no termina conmigo, ni con este sexenio, quiero que entiendan que esta guerra va para muchos años.

¿Cuándo comenzó el derrumbe?

¿Cuando asumió el cargo por la puerta de atrás, secuestrado por los pactos y contubernios con los más perversos personajes del sistema político? ¿Fue el primero de diciembre de 2006, cuando tomó juramento en San Lázaro frente al bochornoso espectáculo de diputados que se trenzaban a golpes de puño frente a las cámaras de televisión y el país se partía en pedazos? ¿Cuando se negó al conteo de votos frente a los resultados de una elección sospechosa de ser fraudulenta, traicionando la historia de su maestro y la de su padre? ¿O el 3 de enero de 2007, cuando con casaca y gorra verde del Ejército declaró la guerra al narco, sin estrategia ni consenso, y consciente de que el narcotráfico había perforado el sistema político, policial, militar y judicial desde hacía décadas? ¿O cuando no creó una red de contención para miles de civiles indefensos, víctimas de una orgía de muerte? ¿O, finalmente, en la complicidad manifiesta con hombres y mujeres que colocó en puestos claves de Seguridad, Defensa y Justicia, que se corrompieron frente a sus ojos y se asociaron con el crimen organizado, a los que defendió con fervor a pesar de todas las denuncias que le presentaron?

¿Cuándo comenzó su desgracia? ¿En los orígenes está la marca del destino? ¿En su historia personal llena de claroscuros, en su psicología compleja, su baja autoestima, en la ira embotellada que explotaba y le hacía perder objetividad, en sus desconfianzas, que a últimas fechas bordeaban la paranoia? ¿En esa cobardía que ocultaba y de la que muchos dieron testimonio?

Con la ambivalencia de los políticos que van de los triunfalismos a los fracasos en minutos, hacía tiempo que Felipe Calderón vislumbraba el infortunio que le aguardaría cuando lo despojaran de los atributos del poder, los mismos que le permitieron imaginarse general de un ejército triunfador. En una entrevista con *El Universal*, en febrero de 2011, declaró que:

> Quisiera ser recordado como un presidente que transformó México, un presidente que pudo iniciar un punto de inflexión en muchas cosas, un presidente que logró la cobertura nacional de salud, en fin, un presidente comprometido con el medio ambiente, que es mi tema favorito. Pero uno no debe medir sus acciones por la capacidad de ser recordado, hay que hacer lo que se debe hacer. La política es miope y la historia es tremendamente injusta. El único juicio al que aspiramos y que mostrará objetividad es el juicio que tendremos al concluir nuestras vidas; es el único juicio al que hay que atenernos.

La incapacidad de autocrítica y revisión de sus actos públicos quedó al descubierto. Existía, según él, una cruel «injusticia de la historia», a la que Felipe Calderón le oponía una «justicia divina», como el pobre consuelo de un alma en pena: la suya. Vislumbraba quizá que sin fueros, solo y derrotado, le caerían encima juicios de las víctimas inocentes de su guerra. O peor aún: darían inicio las investigaciones judiciales sobre su persona y los funcionarios de alto rango de su gobierno involucrados con las mafias, los mismos a los que protegió a pesar de las evidencias que le presentaron de sus crímenes y corruptelas.

Cuando a mediados de 2011 el embajador de Estados Unidos en México renunció, muchos no entendieron la razón. Pregunté y una fuente me dijo que fue «por mala relación con el presidente». En realidad, la salida de Carlos Pascual fue impulsada directamente por Felipe Calderón. No le caía bien porque estaba enterado de que el embajador, de carácter franco, «criticaba mucho» a su gobierno.

Se habían filtrado los cables de WikiLeaks y allí estaba escrito lo que pensaba el representante en Estados Unidos. Pascual señalaba la «incapacidad de México» para hacer frente al narcotráfico y señaló que el PAN podía perder las elecciones de 2012. No fue una declaración pública, aunque lo que manifestaba era lo que vivían los mexicanos todos los días.

Felipe Calderón no soportó la crítica a su estrategia; embanderado de un nacionalismo trasnochado, habló con Hillary Clinton en una reunión privada realizada en México y se quejó con el presidente Obama. A Carlos Pascual no le quedó otra opción que irse.

Al general Tomás Ángeles Dauahare le fue peor: pagó con la cárcel decir la verdad y se transformó en otra víctima de Felipe Calderón. Con una carrera intachable, sobrino nieto del héroe de la Revolución Felipe Ángeles, ocupó la Subsecretaría de la Defensa entre 2002 y 2008, cuando pasó a retiro. El 9 de mayo de 2008, fue convocado a una reunión con Calderón en el despacho presidencial de Los Pinos. El general, que de esto sabía mucho, le reveló al mandatario los detalles de los nexos de Genaro García Luna con el Cártel del Pacífico y le manifestó su desacuerdo con la estrategia implementada para el combate al narcotráfico. Felipe Calderón, visiblemente molesto, le pidió al general que le enviara todo por escrito y este cumplió con el encargo.

Nunca imaginó que a partir de ese momento se convertiría en un enemigo al que había que quitar de en medio, a como diera lugar. Nunca imaginó la dimensión de la venganza.

El 16 de mayo de 2012, miembros del Ejército fueron a buscar a Tomás Ángeles a su casa de Cuernavaca y lo acusaron de vínculos con el cártel de los Beltrán Leyva, a través de los dichos de testigos protegidos, doblegados mediante salvajes torturas. El general fue trasladado al penal de máxima seguridad de Almoloya de Juárez, donde permaneció hasta 2013, cuando fue exonerado.

Felipe Calderón saldrá de la presidencia como el peor de la historia. No creo que la vaya a pasar bien cuando ya no se encuentre en el poder. La situación que deja es gravísima y la región va a empeorar en este tema. Es un fracaso porque lo más seguro es que regrese el PRI y no con un partido renovado, sino con los corruptos de siempre. Los que pactaban con las mafias. Y van a regresar con el aval de Estados Unidos y no les quedará otra que la mano dura. Olvídese de los derechos civiles. Van a aparecer más «falsos positivos», que ya existen y lo están ocultando; más impunidad, problemas económicos, grupos paramilitares que van a hacer limpieza, no importa cómo ni de qué manera. Y la gente mirará para otra parte, porque no dan más.

Lo anterior me lo advirtió Bruce Bagley, prestigioso profesor de Ciencias Políticas de la Universidad de Miami, durante una entrevista que le realicé a finales de 2011.

ADICCIONES, INTOLERANCIAS Y COMPLEJOS

En la geografía de los hombres públicos, una anécdota mínima de su vida puede dar luz a las acciones que para bien o para mal cambiaran la existencia de millones de ciudadanos. Para el psicoanálisis, la infancia es la etapa de la construcción del sujeto, de su destino. En ese espacio primario nacen las debilidades y las fortalezas, se construyen los traumas, complejos y resentimientos que definen un ser. Según el especialista español en psiquiatría José Cabrera Forneiro, autor del libro *La salud mental y los políticos*, la salud mental de un mandatario influye sobre sus determinaciones como gobernante, y los ciudadanos deben tener acceso a la misma. «Los líderes no quieren que se sepa nada de su vida, porque viven de la cosmética y de la imagen pública».

Cuánto influyó en Carlos Salinas de Gortari y en la construcción de su personalidad psicopática esa ocasión en la que a los tres años él y su hermano Raúl, de cinco, asesinaron a Manuela, la niña de 12 años que trabajaba en la casa. «La maté de un balazo, soy un héroe», exclamó el niño Carlos a *El Universal*. Llevaron a los hermanos a un tribunal, donde fueron examinados, y el juez Gilberto Bolaños Cacho recomendó a la madre ponerlos bajo tratamiento psiquiátrico para que trabajaran en el trauma. El padre, Raúl Salinas Lozano, se opuso y la vida continuó como si nada. Todo lo que sucedió durante el sexenio de Carlos Salinas de Gortari fue la manifestación máxima de la fusión entre política y crimen.

¿Cómo repercutió en las acciones políticas de Vicente Fox su personalidad dual y asimétrica, la infancia con un padre ausente y débil, y una madre impositiva y cabeza de familia que lo regañó hasta el final de su vida? ¿O la educación con los jesuitas, que casi lo llevó a convertirse en sacerdote, y el fracaso de su primer matrimonio, que lo sumió en una extensa y pública depresión? Durante su sexenio y desde que ganó, varios profesionales lo analizaron frente al desfase abismal de su discurso y la realidad que vivían los mexicanos. Para afrontar las tormentas políticas que lo sumían en periodos de ausencia, Vicente Fox apeló al célebre antidepresivo Prozac, que tomó durante todo su mandato. En noviembre de 2008, el Tribunal Apostólico de la Rota Romana determinó que Vicente Fox no estaba capacitado para casarse por la Iglesia con Marta Sahagún, por sufrir «serios trastornos de personalidad».

El análisis grafológico que realizó el psicólogo Víctor Piña Arreguín a los tres candidatos presidenciales en plena campaña de 2006 describe a Felipe Calderón como un hombre intolerante, gris, inseguro y con muy pocas ambiciones por ocupar el cargo:

Calderón solo es líder en un ambiente armónico enfocado en las relaciones interpersonales; en ambientes tensos puede ser duro, autoritario. Si el ambiente es competitivo, va a denotar mucha presión, mucho estrés, y eso se ve en sus rasgos faciales. Es directo, pero puede dar bandazos y tiene una inteligencia emocional baja. Aunque la campaña financiada por el Partido Acción Nacional estigmatiza a López Obrador como autoritario, el examen dice que Felipe Calderón es el que tiende a actuar de esa forma. Si se encuentra en un ambiente hostil, no hay nivel de certeza en su toma de decisiones, habrá ambivalencias de acuerdo a su grado de seguridad. Su estado anímico afectará la toma de decisiones de cualquier tipo. Ante un mínimo estímulo, puede reaccionar de forma variable o antagónica. Frente a un cartón periodístico, puede ponerse contento o molestarse. Es voluble, cambiante e infantil.

El escritor y ensayista Carlos Monsiváis definió a Felipe Calderón a fines de 2008, en el periódico *La Jornada*:

Calderón es una mezcla de malas maneras y mala suerte. Como no creo en la mala o buena suerte, deposito énfasis en las malas maneras. Llegó en circunstancias muy penosas, en medio de acusaciones razonadas de fraude; ha intentado persuadir, conmover, seducir y no lo ha logrado. [...] No cree en la rendición de cuentas, ni en la autocrítica en su nivel más elemental, ni en la congruencia de sus palabras. Evita confrontarse con el Congreso, no contesta preguntas y se limita, Dios sea loado, a emitir sermones fundados en recuerdos de su infancia y con eso educa al pueblo y describe a sus adversarios como odiadores de la virtud.

Rumores fuertes sobre la salud física y mental de Calderón llegaron a Estados Unidos. Además del alcoholismo, una adicción de larga data del mandatario confirmada por amigos y familiares, estaban sus bruscos cambios de personalidad y una depresión que afloraba en momentos adversos.

El ministro de Salud británico, el respetado neurólogo David Owen, acuñó el término «síndrome de hubris» para describir a los políticos que, como Felipe Calderón

son personas violentas y carentes de control de sus impulsos. Niegan la realidad, no aceptan la mínima crítica y se creen omnipotentes. Y no pueden soportar perder el poder. Tienen adicción al poder y, cuando lo pierden, o se deprimen o lo niegan, y continúan como si aún lo tuvieran. Abusan del alcohol o de las drogas.

En 2009, Hillary Clinton, preocupada, solicitó a su embajada en México un perfil psicológico de Felipe Calderón. Conocedora de primera mano de la inoperancia, la profunda corrupción y las complicidades que anidaban en las fuerzas militares y policiales implicadas en la batalla contra el narcotráfico, y de que la confrontación caminaba hacia un rotundo fracaso, la entonces jefa del Departamento de Estado de Barack Obama pidió conocer las reacciones del michoacano frente a situaciones adversas: el narcotráfico, la crisis económica y los resultados electorales desfavorables. Y «cómo esas presiones afectaban la personalidad y la capacidad de gobernar de Calderón».

Las preguntas de la dama que monitoreaba los avances o retrocesos de la guerra contra las drogas y el comportamiento de sus socios eran clave. En la embajada de Estados Unidos en México, los jefes de las distintas agencias de inteligencia hacían bromas sobre las contradicciones públicas del michoacano y sus desbordes privados. Para Estados Unidos, no había secretos.

¿Cómo reaccionaba el presidente Calderón a puntos de vista distintos de los propios? ¿Le gustaba entablar un debate con personas que no estaban de acuerdo con él? ¿Prefería escuchar puntos de vista divergentes, reflexionar un momento, y después responder? ¿Se rodeaba de personas con puntos de vista diversos o prefería colaboradores obsecuentes? ¿Cómo se describiría el estilo de gobernar de Calderón? ¿Era un hombre de ideas o un microadministrador? ¿Cómo afectaba su estilo a las personas que trabajaban con él? ¿Cuáles eran los valores, creencias, comportamientos que más respetaba y valoraba? ¿Honestidad, lealtad, respeto?

Estas y muchas más eran las interrogantes de Hillary Clinton durante aquel ominoso 2009.

EN EL NOMBRE DEL PADRE

Los dos hombres se encontraron para cenar en La Barraca Urraca, el mítico restaurante de la colonia Nápoles, lugar predilecto de contubernios y alegres celebraciones de la dirigencia panista. Pidieron abundante tequila, como cada vez que se reunían. La sobremesa se adivinaba larga y difícil.

Manuel Espino Barrientos, entonces secretario general del partido, había recibido un llamado de Jordi Herrera, quien le dijo que Felipe Calderón, jefe de la bancada panista de diputados, quería verlo a solas.

Cuando ingresaron al local de la avenida Insurgentes, los dos hombres sabían que esa noche destemplada de marzo de 2002, primavera del gobierno del cambio de Vicente Fox, marcaría para ambos un antes y un después. Desde tiempos remotos, el vínculo había sido complejo. Idas y vueltas, peleas y reconciliaciones, gritos y portazos, derrapes nocturnos de Felipe Calderón que Manuel Espino se ocupaba de apaciguar y resacas melodramáticas cuyas consecuencias eran conocidas por todos. Más diferencias que coincidencias, aquella era la marca del vínculo. Antes del encuentro de esa noche, hacía varios días que no se dirigían la palabra.

Manuel Espino, un norteño sin pelos en la lengua, panista, católico militante y miembro de El Yunque, fue al restaurante decidido a conversar en «buenos términos» con Felipe —algo de lo que nunca se podría estar seguro— y decirle que hasta ahí había llegado.

Su decisión de quedarse a trabajar con Luis Felipe Bravo Mena había sido la gota que rebasó la copa. A esta se sumaron las relaciones del duranguense con El Yunque, con Vicente Fox y con las mujeres. Felipe Calderón, que detestaba a Bravo Mena, estalló y Espino no se quedó atrás y le trancó el teléfono a la primera recriminación.

Esa noche estaban uno frente al otro tratando de disimular la tensión, mientras Jesús, el legendario jefe de meseros del restaurante —que ahora se llama La Destilería— servía los tragos. Luego de tantos años, el hombre conocía de memoria los gustos etílicos de cada uno y los secretos.

—Felipe, estoy cansado, no quiero trabajar más contigo. Me invitas a que te ayude y luego me madreas. Estuve a tu lado cada vez que me necesitaste. Trabajé contigo para que ganaras la gubernatura de Michoacán, perdiste y no te abandoné. Cada vez que me llamas voy y otra vez me madreas. Estoy hasta la madre, me voy… Te respeto mucho a ti, a Margarita, a tu padre, pero…

Manuel Espino no pudo terminar la frase.

—¡No me hables de ese señor! ¡No tengo nada que ver con mi papá! […] Nada de lo que me dicen sobre él es cierto. ¡No le debo nada de lo que soy!

Felipe Calderón explotó y la sobremesa se interrumpió. Fuera de sí, pasado de copas, Felipe golpeaba la mesa una y otra vez. Manuel Espino lo observaba, azorado. No por los exabruptos producto del alcohol que eran habituales, sino por lo que dijo sobre su padre, hasta ese momento un intocable, un prócer del blanquiazul. Felipe Calderón nunca hablaba de su progenitor, pero esa vez el rencor acumulado durante años salió a flote de la peor manera. Nunca hablaba de su padre, hasta que llegó la campaña presidencial, las encuestas no le favorecían y Antonio Solá insistió en que había que «humanizar» al candidato para avanzar y llegarle a la gente. Así surgió *El hijo desobediente*, una autobiografía en la que por primera vez habló de él.

Sin embargo, Luis Calderón Vega era para él una sombra intermitente. Muy pocos conocían este conflicto, solo los íntimos. Los testimonios de amigos personales y de la política coinciden en este punto. En la mala o nula relación con su padre estaba el origen de sus trastornos psicológicos y su adicción al alcohol.

Mientras Felipe Calderón seguía golpeando la mesa y gritando como un desaforado, se abrió de golpe la puerta del restaurante y Margarita Zavala ingresó con pésimo semblante. Increpó a su marido frente a Espino y a los meseros. Se la veía hastiada.

—¡Tengo tres horas buscándote! ¡Mira cómo estás! Felipe…, me prometiste que no ibas a tomar más… ¡Vámonos a la casa!

Felipe Calderón se encogió como un niño frente al reproche de Margarita y dejó de gritar. Con la cabeza gacha, se levantó tambaleante, y siguió a su esposa.

Luis Calderón Vega, al que llamaban el Pildo, es considerado uno de los mejores cronistas del PAN, partido del que fue fundador junto con Efraín González Luna, Manuel Gómez Morín, Aquiles Elorduy, Gustavo Molina Font y Miguel Estrada Iturbide. Michoacano de origen, nació el primero de febrero de 1911 y murió a los 78 años, el 7 de diciembre de 1989. Se casó con María del Carmen Hinojosa el 12 de julio de 1953 en Las Rosas, Michoacán, y de esta unión nacieron cinco hijos: María del Carmen, Luis Gabriel, Juan Luis, María Luisa y Felipe, el menor.

«Era un hombre culto y bueno, un idealista. Autodidacta, enseñaba Sociología, aunque nunca se había graduado».

«Tocaba la guitarra y cantaba. Tenía un gran sentido del humor, fue un excelente orador y un escritor prolífico, con una pluma envidiable. Fue el gran historiador del PAN».

«Sus últimos años de vida fueron duros. Vivía solo en una habitación que rentaba en la colonia Guerrero. Siempre estaba solo y pasaba muchas privaciones».

«Al revés de su hijo, que es hosco y autoritario, era muy amable. Nunca hubiera soportado este desastre. Don Luis era pacífico y jamás hubiera apoyado esta guerra. Murió en la pobreza».

Estas son algunas de las descripciones que me dieron en Michoacán quienes lo conocieron y lo recuerdan con afecto; los que militaron con él, algunos alumnos y su familia o una parte de ella.

Viajé a Morelia en 2011, buscando conocer de primera mano aspectos del pasado de Felipe Calderón. De dónde venía, cómo había sido su infancia y su juventud; algún dato que me diera luz sobre la compleja psiquis del hombre que con sus decisiones y su ineptitud arrastró al país al abismo más oscuro de la historia.

No para justificarlo, sino para entender las razones de un comportamiento irracional, del que todos se quejaban en esos años. De tantas decisiones políticas delirantes y tantas mentiras. ¿Qué había detrás de esa máscara de prepotencia y esa ausencia de empatía con las víctimas? ¿Por qué tanta ira y autoritarismo?

Michoacán estaba sumido en el peor de los escenarios. Con dificultades, entrevisté a amigos y excompañeros de colegio. Visité la sede de Acción Nacional en Morelia, donde me entregaron documentos, fotografías y grabaciones de los discursos de Luis Calderón Vega. El prócer, el hombre bueno del PAN, el intelectual bohemio y austero, y el depositario de todos los rencores de su hijo menor. En Morelia, el hombre querido y respetado es el padre, no su hijo, el presidente.

Algunos me pidieron anonimato y otros no. Entrevisté a los periodistas locales, que conocen los laberintos de la familia. Conocí a una novia platónica que Felipe Calderón tuvo durante la preparatoria, quien curiosamente también se llama Margarita. Una novia que nunca lo aceptó y que se casó con uno de sus mejores amigos. Hablé con empresarios y compañeros de colegio. Con la familia de su padre. Con Soledad, la media hermana de Luis Calderón Vega, de 94 años, y con Luisa María Calderón, Cocoa, que amablemente fue a buscarme al hotel y me invitó a su casa a conversar sobre su hermano.

La hermana del presidente es una mujer cálida y accesible. Psicóloga freudiana graduada de la Universidad de Guadalajara, trabajó tres años en hospitales psiquiátricos y en un internado para niños con traumas profundos. Militante panista desde joven, fue senadora y, cuando la entrevisté, estaba preparando su campaña a la gobernación, misma que, para su fortuna, no ganó. Polo opuesto de Felipe, en ella no se percibe un hilo de prepotencia. Nos sentamos en la biblioteca de su casa, donde se encuentra la colección completa de los libros de su padre. La propiedad es sencilla, con varias plantas. No parece que allí habite la hermana del presidente, salvo por los miembros del Estado Mayor Presidencial, que no la dejan sola y son la única referencia. Michoacán es zona de guerra. El miedo se siente en las calles de Morelia y después de las ocho de la noche la ciudad es un páramo. Los comerciantes están enojados y con razón. La violencia que no cede y no permite que vengan los turistas. Hay negocios cerrados y quebrados. En la tierra natal del presidente hay miedo, hartazgo, enojo y decepción. Hay muchos muertos, hay una violencia desatada que impregna la vida de sus habitantes.

En la biblioteca están las cajas con las cartas que Luis Calderón Vega le escribió a María del Carmen durante los 10 años de noviazgo.

Cuando la señora ya había perdido las esperanzas, sus hermanos le dieron el ultimátum al novio. «Se casaba o se casaba». Y Luis Calderón Vega se casó nomás.

—Hoy le hablé a mi madre de estas cartas. Le pregunté qué quería hacer con ellas, son muchísimas y hay que clasificarlas. Aquí está una parte de la vida de mi padre, es la historia de la familia. ¡Estuvieron diez años de novios por carta! —dijo Cocoa con una sonrisa.

—¿Y qué te respondió tu madre? Debe ser algo muy preciado para ella.

—Me respondió: «¿Sabes una cosa? Yo en realidad me enamoré de sus cartas».

—De sus cartas…, qué dura. ¿Ella te habla de tu papá?

—Nunca habla de mi padre. Yo soy la que única que se ocupa de su legado, de sus libros, de ver qué hacemos con sus trabajos. Las cartas y algunas cosas que dejó escritas, todo debe estar ordenado para que no se pierda. Mi padre fue una persona increíble. Dulce, besucón, era el que nos apapachaba y nos cargaba en las piernas. Cantaba canciones de Agustín Lara, siempre estaba de buen humor. Cuando él se fue de la casa, se acabó la alegría. Hubo un antes y un después. La casa se volvió triste. Mi madre, que le gustaba cantar mientras hacía las tareas, se volvió distante y fría. Hablaba poco y no volvió a sonreír…

—¿Por qué?

—Pasó algo feo y algo se quebró entre ellos. Mi madre se cansó de las cuentas, de hacerse cargo de la casa, de nosotros. No era fácil para ella. Somos cinco y había que pagar. Él nunca estaba y no tenía dinero. Mi hermana Maricarmen ayudó mucho tiempo; trabajaba desde jovencita y fue la que pagó los libros del colegio de Felipe; pero igual no alcanzaba.

—¿Cómo fue la relación de tu padre con Felipe? Él dijo que le llevó mucho tiempo restablecer el vínculo…

Cocoa guarda silencio.

—Nunca lo superó. Cuando mi padre se fue y dejamos de verlo o lo veíamos cada quince días o una vez al mes, Felipe era el más chico, y sintió su ausencia. Tenía cinco años o menos, y eso le generó mucha ira y resentimiento. Si una lo mira desde el punto de vista psicológico, esto deja marcas. Yo era más grande y a mi padre le perdonaba todo. Sigo enamorada de mi papá... —admite, riendo—. Tengo grabada su voz, ¿sabes? Tenía un tono muy especial, ronco, a veces me gusta escucharlo. Me parece que lo veo llegar con su sombrero y un ramo de buganvilias...

Cuentan que, cada vez que llegaban las elecciones, María del Carmen Hinojosa, una maestra originaria de Pajacuarán, se inquietaba. Los panistas inundaban la casa y esta se convertía en el centro de operaciones del partido. Don Luis dejaba de trabajar y comenzaban los problemas económicos, las preocupaciones para llegar a fin de mes. Aunque fue una activa militante panista que iba embarazada a los mítines, tenía cinco hijos y no podía darse ciertos gustos.

Siete veces perdió las elecciones don Luis Calderón Vega. Siete veces se extravió la alegría en el hogar. Y el cansancio y el agobio empezaron a dejar huellas en el rostro de María del Carmen.

Cocoa me cuenta que una vez hubo un problema en el matrimonio. Fue una discusión fuerte y violenta. Y María del Carmen le pidió a su esposo que se fuera de la casa.

—En Morelia todos se enteraron de lo que pasó; a los Calderón muchos nos consideraban raros. Y lo de mi padre fue terrible.

Derrota y discriminación

En los años sesenta y setenta, los Calderón estaban estigmatizados en Morelia por «mochos», seculares, conservadores de la ultraderecha, antiprogreso, reaccionarios. En la casa familiar había una sobrecarga de referencias al catolicismo y cada domingo la familia asistía a misa, donde los discriminaban, y a esto se agregaba que Luis Calderón siempre salía derrotado en todas las elecciones. La única vez que llegó a San Lázaro fue por la vía plurinominal y al poco tiempo se alejó. Paradójicamente, Luis Calderón Vega renunció al

PAN en 1981, decepcionado porque percibía que el ingreso de los empresarios iba a degradar al partido. Se marchó el mismo año que su hijo ingresó.

Un excompañero de colegio de Felipe Calderón, de la preparatoria, me contó:

> Los chicos somos muy crueles y las burlas y los rechazos que Felipe percibía en su entorno lo habrán marcado. Incluso había gente que no quería sentarse en la misma mesa que la familia utilizaba en un lugar público. Daba pena. El segundo nombre de Felipe también sonaba extraño. Nadie le ponía «de Jesús» a un hijo.

Felipe de Jesús Calderón fue al Instituto Valladolid, donde van los niños bien de Morelia, pero becado porque su padre enseñaba Filosofía e Historia en el mismo colegio. Sus compañeros le decían la Ballenita o Felipón, este último apodo venía de su madre, y ambos hacían referencia a su físico regordete. Sus excompañeros relatan que en la adolescencia no era noviero; todo lo contrario, fue muy introvertido y temeroso de ser rechazado por las chicas.

«Era un reprimido, todos nos dábamos cuenta. Cuando le gustaba una chava daba muchas vueltas y, cuando se animaba, ya se la había bajado algún amigo», narró otro excompañero. Margarita, aquella «novia platónica» de su adolescencia, en una cafetería frente a la catedral de Morelia, me contó que estudiaban juntos todas las semanas, que tenían una relación especial, pero que era introvertido y que ella notaba que tenía baja autoestima. Luego de un año, se cansó de esperar, así que se hizo novia de un amigo de Felipe, y se casó.

Otros rechazos se sumarían.

Su sueño era ingresar a la Universidad Nicolaíta y a la UNAM, pero no pudo. Y, a través de contactos panistas de su padre, entró a la Libre de Derecho, a la que consideraba de «burgueses, de niños ricos», según afirma su hermana. «Fue raro que entrara a la Libre y además por contactos de mi papá, con el que Felipe no tenía relación», asegura Cocoa. Cuando llegó a diputado, no fue por elección popular, sino plurinominal. Cuando compitió para la gobernación de Michoacán, en 1995, fue derrotado a pesar de la fuerte campaña que la Iglesia católica hizo a su favor. Cuando finalmente se puso de novio con Margarita, le costó largo tiempo que los Zavala Gómez del Campo lo aceptaran, porque no venía de una familia de alcurnia. Cuando se convirtió en presidente, fue a través de un fraude, pero esto es historia conocida. Lo cierto es que su personalidad primigenia se fue moldeando en un ámbito de ausencia paterna, violencia intrafamiliar, discriminación y derrotas.

Cuando vivía en México, a veces nos veíamos en fondas, comidas corridas, a veces en los altos del mercado de San Cosme. En alguna de esas, de plano, la comida estaba tan fea, tan fea, tan desagradable. Era un guisado con mal aspecto y no aguanté y le dije: «Oye, papá, esto parece carne de perro». Él se quedó mirando fijamente el plato y dijo: «Sí, pero afortunadamente está muerto», y siguió comiendo tranquilo.

Aquel fue un relato directo de Felipe Calderón en las poquísimas veces que mencionó a su padre, y lo hizo porque los asesores de *marketing* se lo aconsejaron. La historia, por otra parte, no dejó bien parado a don Luis. La misma anécdota la repitió el 6 de diciembre de 2009, cuando se cumplieron 20 años de la muerte de su progenitor y en Morelia le hicieron un homenaje. Testigos que estuvieron presentes me contaron extrañados que Felipe se quebró en medio de su discurso. Algunos creen que fue una simulación.

MATAR AL PADRE

Jorge Eugenio Ortiz Gallegos, un panista célebre, amigo de Bernardo Bátiz, José González Torres, Pablo Emilio Madero y fundador del Foro Doctrinario y Democrático del PAN, que además fue teólogo, escritor, poeta y amigo personal de Luis Calderón Vega, nunca creyó en Felipe Calderón.

«Fue un mal hijo, un neurótico con inclinaciones violentas», afirmó. En su libro revela una historia que confirma lo que dicen sobre la relación entre Felipe y su padre, y cómo el resentimiento primitivo creció con el paso de los años hasta convertirse en un problema que influyó en la construcción de su personalidad.

Después de su renuncia de 1981, seguí en contacto por correspondencia con Luis y lo visité varias veces en su casa de Morelia. Desde Kenia le mandé una fotografía [...] El 14 de febrero de 1984 me escribió y me contó que le habían amputado una pierna, pero que se encontraba en la misma vida espiritual. Murió en 1989, aquejado de hemiplejia, lo que fue impidiendo su movilidad hasta el extremo de deber ser conducido en silla de ruedas. En una carta manuscrita del 20 de marzo de 1984, me decía:

[...] «No sé si me atreva a publicarlo [se refería a un libro, *Carta a mis hijos*], pues pienso que al hacerlo perjudicará más las posibilidades de mis hijos panistas».

En enero de 1991, en la junta del Comité Nacional del PAN, Luis H. Álvarez presentó la propuesta, que hicimos varios miembros del comité, de hacer un homenaje a don Luis Calderón Vega, muerto dos años antes.

[...]

Felipe Calderón Hinojosa, que no tenía derecho a estar en el Comité Nacional, ya que como jefe de la juventud panista debió retirarse a los 26 años, comenzó a golpear en la mesa para lanzarse contra las personas sugeridas para hablar en el homenaje: José González Torres y Jorge Eugenio Ortiz Gallegos, que había sido por todos conocido como el amigo de Luis Calderón Vega.

Varios miembros del comité le insistieron a Felipe que el homenaje a su padre era necesario para rendir tributo al gran panista que fue. Felipe volvió a golpear la mesa cuando habló el diputado Fernando Canales Clariond, tratando de convencerlo. Luis H. Álvarez dio por terminada la sesión. Inmediatamente apareció doña María del Carmen Hinojosa viuda de Calderón, que había estado escuchando todo en la sala de espera del partido y me abrazó. Todos los miembros del comité le fueron dando, uno a uno, el pésame.

—¿Era de verdad el hijo desobediente? —le pregunto a Francisco Solís Peón.

—El piensa que sí, pero nunca lo vi con su padre, ni lo escuché hablar de él. Ese lugar lo ocupaba Castillo Peraza. Suena raro, pero así era. Carlos [Castillo Peraza] me contó una vez que le dijo a Felipe: «A partir de ahora soy como tu papá. Para que tú puedas crecer me vas a tener que matar y eso va a ser muy doloroso. Yo estoy dispuesto a hacerme a un lado, pero ¿vamos a platicarlo?».

—Es muy freudiano.

—Así es. Carlos, como filósofo, apelaba a eso y más con Felipe, que tenía muchas carencias y muchos resentimientos. Felipe ya era presidente del partido y..., era grande para buscar un papá. Todo es muy difícil con él, la única que lo aguanta es Margarita y lo hace por interés. La relación con Castillo Peraza también era rara. Felipe le tenía admiración, pero sobre todo miedo. Nunca quise preguntar qué pasó, pero eran dos personalidades muy antagónicas. Cuando la relación con Carlos se terminó, lo primero que hace Felipe es chingarse a todos los que estaban alrededor de Carlos, como es el caso de Luis Correa Mena y de Enrique Peraza, un primo de Carlos. Y la que ejecutaba las expulsiones era Margarita Zavala.

—Una buena sociedad política...

—Son difíciles. Él le tiene miedo a ella y ella manda. Desde que él la colocó al frente de la Comisión de Orden del partido, comenzó el desmadre y los desaseados. Margarita es bien chingona, no creas lo que ves. Con esa sonrisita y calladita, no..., es brava. Ella decía: yo quiero esto y esto era, y a la chingada. Se podía caer el mundo y ella conseguía lo que quería.

—¿Le importaba la gente con dinero? ¿Tenía un complejo de inferioridad?

—A mí siempre me pagó los tragos, pero le importaba mucho la lana. Yo me daba cuenta. Como alguien que pasó por un tipo grande de carencias. Se pone de novio con Margarita, que es de familia con zapatos. Después llama a Gómez-Mont para que sea su secretario de Gobernación. ¡Y en la Libre nunca se llevaron! ¡Se odiaban! Solo por interés, porque es más que él. Nunca tuvo dinero y se desesperaba por tenerlo, sentía que eso lo hacía importante. En la Libre hay un problema de estratificación social muy grave, los hijos de los fundadores, como Gómez-Mont, son muy mamones y no querían a Felipe, que era un estudiante pobre de provincia.

—¿Lo discriminaban?

—¡Muchísimo! Y él, muy pendejo, trataba de caerles bien, que lo tuvieran en cuenta, les andaba atrás y los otros ni lo miraban, lo despreciaban…

Martí Batres compartió con Felipe Calderón los años en San Lázaro y relata:

Calderón nunca traía agenda. Tampoco era la de Fox. Hay una anécdota que lo refleja. Apenas comenzó la legislatura y sus diputados se quejaban que llegaban cansados de la provincia, empezaron a construir un spa en la Cámara. ¡Sí, un spa! Los priistas colmilludos lo sabían y lo dejaron correr hasta que se filtró la información. Lo recuerdo como alguien distante y frío, pero sobre todo como un hombre sin agenda.

Jesús González Schmal, quien conoce a Felipe de tiempos añejos, afirma:

—Felipe llega al PAN de la mano de Castillo Peraza, no a través de su papá. Entre ellos casi no se hablaban. El padre vivía modestamente en una habitación que rentaba en la colonia Guerrero y no iba a Morelia. Algunas veces lo acerqué hasta la puerta, no entré, pero me daba cuenta de que no estaba bien. En los últimos tiempos tomaba bastante y teníamos que ayudarlo a caminar. Nunca fue violento, era muy educado. Andaba con el mismo traje y los zapatos gastados. Sé que en Morelia la familia recibió mucha ayuda de los Estrada

Iturbide, que querían mucho a don Luis. Pero Felipe no llegó a la militancia del partido por su padre, no es verdad.

Nos reunimos en un tranquilo restaurante de Zona Rosa, donde tiene su despacho. Conoció a Luis Calderón Vega y a Felipe, los pleitos internos del PAN, las discusiones con Castillo Peraza, el nacimiento de los neopanistas y la renuncia de don Luis en el mismo momento en que su hijo ingresaba a las filas del blanquiazul. González Schmal era entonces secretario general y Felipe Calderón lo señala como uno de los responsables de la salida de su padre.

—Cuando fui secretario general, a veces no teníamos ni para la nómina y hacíamos rifas. Llegamos a rifar coches y comenzaron los problemas y llegaron los neopanistas, los empresarios. Son los que pactan con Salinas las reformas constitucionales a cambio de no aceptar el conteo de votos. Y aparece Castillo Peraza, que tenía a Felipe de segundo. Y traicionan los métodos de apertura del PAN. Comienzan a hacer lo que llamamos «capillita» —relata.

—¿De qué se trataba la «capillita»?

—Bueno, se reunían en secreto y conspiraban. Castillo Peraza tenía un grupo que llamábamos los «efebos», jóvenes y guapos todos, que se enclaustraban y buscaban relaciones internacionales para conseguir auspicios y se enfrentaban al presidente del PAN, que era Pablo Madero. Sabíamos que Castillo Peraza recibía una lana de afuera para mantener su grupo. Traicionaron todos, ahí también estaba Luis H. Álvarez. Aprueban el TLC [Tratado de Libre Comercio], el IPAB [Instituto para la Protección al Ahorro Bancario] y en este grupo estaba Felipe Calderón. Hay que contar los hechos como fueron y no como hubiéramos querido que fueran. Felipe es habilidoso para crearse mundos alternativos, falsos. Por eso estamos como estamos, en medio de esta degradación que quién sabe cómo va a terminar.

Le pregunto a González Schmal qué le pasó a Felipe Calderón y por qué todo salió tan mal.

—Tiene que ver con su personalidad; además, se rodeó de advenedizos que no tienen formación, mediocres y pillos que llegaron al poder para hacerse con el botín. Son los neopanistas que invadieron el partido. Felipe prefiere rodearse de mediocres que le digan a todo que sí, que lo adulen, porque no tiene capacidad autocrítica. El concepto es: los de abajo tienen que ser menos que yo, porque así los controlo. En lugar de rodearse de los mejores, elige a los peores.

—¿Siempre fue así?

—Siempre fue igual. Lo conozco de muchos años, cuando era un subordinado de Castillo Peraza, al que luego traicionó. Y es por pura inseguridad y porque trae algunas fijaciones. La pésima relación con su padre influyó. Se dice que esto del «hijo desobediente» es una representación de su propio drama. Es un hombre débil y visceral, que tiene que imponer sus ideas a los gritos y humillando al otro. Castillo Peraza era brillante y Felipe tiene una gran pobreza intelectual. Por eso es tan autoritario. Le cuento una anécdota: cuando don Luis llegó a diputado y un día nos salimos en protesta contra la corrupta de Elba Esther [Gordillo], don Luis también salió, porque no queríamos saber nada con ese sindicalismo corrupto. Y ahora el hijo viene a pactar con ella. ¿Cómo se vino a degradar así?

Don Luis Calderón Vega estaba muy mal. Sumado a la mala vida que llevaba, se enfermó y regresó a la casa de Morelia; no podía moverse. Luisa María me cuenta que en ese momento vivía con Felipe en la Ciudad de México, en la colonia San Cosme. Un amigo le avisó que a su padre le había dado un derrame cerebral.

Llamé a Felipe, que estaba en una reunión, y viajamos esa noche. Los últimos tiempos fueron duros, lo atendía mi hermana Carmen, que vivía en Morelia. Ella es tanatóloga y hace reiki. Mi madre no podía cuidarlo, mi padre estaba en silla de ruedas. Un día, en 1988, lo fue a visitar el Maquío [Clouthier] y mi padre le dijo: «Mira, este es mi mundo», y le señaló la ventana. Cuando iba a la casa me quedaba con él. Le hablaba de política, le contaba lo que hacíamos, y por sus ojos me daba cuenta si le alegraba o no. Nunca le oí una queja, pero sabía que se iba a morir. La agonía duró toda la noche. Recuerdo que me decía que tenía mucho frío. El velatorio fue sencillo. Pocos amigos y la familia.

En 2011, al final de su sexenio, una noche de tragos en el bar que había armado en Los Pinos, Felipe Calderón le preguntó a un integrante de su círculo íntimo: «¿Por qué mi padre no tuvo un velatorio con muchas flores y mucha gente?».

Un hombre dividido

Manuel Espino me recibe en sus oficinas de la colonia Del Valle. Nos vimos varias veces a finales de 2010 y durante todo 2011. Una de esas veces me relató cómo fue la ruptura con Felipe, los problemas que tenían durante la campaña por los altibajos psicológicos del candidato, que «pasaba de la euforia a la depresión en minutos», y cómo eso afectaba al equipo de campaña y, después, al equipo de gobierno. Me contó de sus problemas con el alcohol y su carácter explosivo. Esta es una de las conversaciones:

—Hubo un momento en que estábamos 10 puntos por debajo de Andrés Manuel [López Obrador]. Felipe estaba deprimido y más irritable que nunca. Se juntó con las denuncias de Andrés Manuel por Hildebrando. Tuvimos una reunión con [Antonio] Toño Solá y Juan Camilo, y salió la idea de hacer unos *spots* con Felipe. Le decíamos que tenía que contar la verdadera relación con su padre. Que eso lo iba a humanizar y la gente iba a sentir empatía.

—*Marketing* emocional, le dicen.

—Al principio le gustó la propuesta, estaba entusiasmado, pero cuando quisimos ponerla en marcha, dijo que no iba a hablar de su papá. Yo sabía, porque lo conozco bien y por esa vez que empezó a gritarme en La Barraca Urraca, que no iba a decir nada, porque ese es su problema. Cuando me entero que le hicieron un homenaje al padre en Morelia y me cuentan que Felipe habló y lloró…, ¡híjole! Pensé lo peor. Este hombre no está nada bien o es un farsante.

Manuel Espino habla sin pausas y traza un cuadro psicológico de Felipe Calderón.

—Es inseguro, colérico, explosivo, insulta a todos, te acusa sin pruebas. Si le das consejos, desconfía. Por eso me alejé, porque no estaba dispuesto a aceptar sus madreadas. Toma alcohol y se pone peor, tiene un grave problema con eso. Yo viví varios episodios desagradables. En 2001, reunimos a 206 diputados panistas en un hotel de Querétaro, el Jurica. Hubo una cena de bienvenida y todo estaba bien, la reunión era importante. Me fui a dormir temprano, y a las dos de la madrugada me llaman por teléfono. Era el senador Zapata y me pide que baje, porque Felipe estaba borracho peleándose a los gritos con un mesero, quería más bebidas, y el gerente estaba muy molesto. «No insulte a los meseros», le decía el gerente. Pedimos disculpas al hotel y arrastramos a Felipe a la habitación. No podía pararse y le tuvimos que sacar los pantalones y acostarlo. Al otro día, cuando desayunamos, estaba de lo más tranquilo. Nada había pasado…

—¿Le comentó algo?

—Le dije que tenía que pedir disculpas. «Felipe, cometiste un grave error». Y se puso como un chavo. «¿Qué hago?», me preguntó, como si yo fuera el padre. «Te vas y les pides disculpas a todos». Me abrazó y me pidió ayuda. «Manuel, cuando me veas así, sácame del lugar, dime que le pare, cabrón». Le dije que sí, como un pendejo. Duró dos meses bien y un día otra vez comenzó. Cuando le dije que no tomara más, me miró furioso y dijo: «¿Qué haces? ¿Me estás jodiendo?». Me levanté y me fui. No tengo vocación para sacar borrachos de las cantinas. Nuestra amistad se fue debilitando. No sabe de qué se trata la «cultura del perdón», no puede con eso. En este sexenio se han hecho cosas que no pensamos y no predicamos. Me arrepiento mucho de las miles de pendejadas que hice por él. Fui cómplice en muchos ilícitos, pero él nos mintió y nos traicionó a todos.

—¿Muchos ilícitos? —pregunto, asombrada

Esa era la única vez en mi vida profesional que un dirigente político me confesaba que había cometido «ilícitos», sobre todo, alguien con la experiencia de Manuel Espino. Y que además dijera que se arrepentía.

Vi a Espino otras veces. Una tarde me contó que habían asesinado a un sobrino suyo y que el Ejército hostigaba a su familia en Juárez. En esos momentos, a mí también me amenazaban y me sentí inquieta. Me dijo que querían silenciarlo. Le pregunté por qué acompañó a Calderón tanto tiempo.

—Confiaba en Felipe, creí que las cosas iban a cambiar. Nunca estuve de acuerdo con la guerra que inició, es una locura y tuve razón. Le tenía afecto, pero traicionó a mucha gente, traicionó a México.

—¿Y Genaro García Luna? ¿Por qué cree que lo tiene a su lado a pesar de tantas denuncias de corrupción, de crímenes y de relaciones con el narco?

—Le dije a Felipe que lo quitara, que lo perjudicaba, y no le gustó. Le dije que tenía relaciones con el narco. No me escuchó, no quiso. Lo confirmó en su cargo, hay que preguntarle a él…

El estrepitoso fracaso de su gestión, los señalamientos graves de los narcotraficantes presos en Estados Unidos por complicidad con los ilícitos, la corrupción, los miles de cadáveres sin nombre ni tumba y el regreso al llano donde pulula como un desmemoriado acentuaron los agujeros negros de su personalidad.

El cinismo, la negación, la ausencia de empatía y autocrítica, y una extraña y delirante fantasía de regresar al poder, digna de análisis psiquiátrico, son las variables de un hombre que mientras gobernó careció de límites morales y éticos. Como si nada hubiera sucedido, junto a Margarita Zavala, brega porque su movimiento México Libre pueda convertirse en partido político y competir así en las elecciones de 2021.

Felipe Calderón no tiene futuro, su ley es la trampa.

Es el pasado oscuro y sin salida.

2

El topo

*De modo que cabe sospechar que existe una constitución
no escrita cuyo primer artículo rezaría: la seguridad del poder
se basa en la inseguridad de los ciudadanos […] De todos los
ciudadanos: incluidos los que, al difundir la inseguridad, se creen
seguros… y ahí está la estupidez de que le hablaba. […]
Así que estamos atrapados en una farsa…*

LEONARDO SCIASCIA, *El caballero y la muerte*

Sucedió años antes del desplome. Mucho antes de que la impunidad que marcó su comportamiento delictivo y el blindaje que lo protegió durante dos décadas se desintegraran la madrugada del 10 de diciembre de 2019, en Grapevine, Texas, cuando agentes de la DEA lo ubicaron y lo llevaron detenido, acusado de conspiración en el tráfico de cocaína y falso testimonio.

Sucedió mucho antes. Cuando era jefe de Inteligencia de la Policía Federal Preventiva (PFP) y venía del Centro de Investigación y Seguridad Nacional (Cisen); era un tipo de apariencia gris, retraído, con mirada de reptil, que ansiaba saltar a las grandes ligas del poder.

La llegada de Vicente Fox a Los Pinos fue una oportunidad que no iba a desaprovechar y no iba a permitir que nadie se interpusiera en su camino. Quienes lo conocieron lo describen como un típico producto del hampa, uno más del sistema, de esos que se reciclan en cada sexenio y se acoplan a los devaneos de los inquilinos del poder político que siempre supieron sacar provecho de estas productivas tareas.

El espionaje a políticos y empresarios, las extorsiones y el secuestro, los asesinatos por encargo y los vínculos con el capo del cártel en turno eran parte de un universo personal de conspiraciones, mentiras y traiciones cuyo denominador común es la muerte.

Era como otros tantos. Ni mejor ni peor.

Rechazado por la Academia de Policía, sin formación intelectual ni profesional y con problemas de dicción que le impedían completar una frase o trasmitir una idea, provocaba que a sus espaldas compañeros y subordinados lo bautizaran «Metralleta» o «Tarta», alias que conocía y que acrecentaron sus resentimientos.

Desde que ingresó al Cisen en 1989 sin título universitario —más tarde se recibiría de ingeniero mecánico—, aprendió de memoria la teoría y la logística de los ilícitos y tuvo el privilegio de tener maestros excepcionales en estas lides: el contralmirante Wilfrido Robledo Madrid —a quien le cargaba el maletín—, el ingeniero Jorge Tello Peón, el general Jorge Carrillo Olea y el comandante Alberto Pliego Fuentes —exguardaespaldas del corrupto policía Arturo Durazo Moreno—, quien trabajó con García Luna en la captura de Daniel Arizmendi y luego terminó en la cárcel acusado de proteger a bandas de secuestradores y narcotraficantes.

Sucedió mucho antes, cuando aún no avizoraba la profundidad del precipicio. Apadrinado por Rafael Macedo de la Concha —al que conoció vía su amigo Luis Cárdenas Palomino—, llegó hasta Vicente Fox con un ambicioso plan de seguridad. Sin embargo, tenía un competidor: Juan Pablo de Tavira, respetado criminólogo, creador de los modelos de prisiones de alta seguridad y exdirector del penal de Almoloya. Durante el gobierno de Ernesto Zedillo, el procurador Antonio Lozano lo había nombrado al frente de la Policía Judicial Federal (PJF), donde permaneció apenas 20 días: el 23 de diciembre de 1994, Tavira estuvo a punto de morir por un escape de gas en su casa, episodio que para muchos fue un atentado intencional, pues ya había recibido amenazas. Tavira permaneció internado en grave estado hasta 1995, cuando se recuperó y retomó actividades.

El 14 de agosto de 2000, se reunió con Marta Sahagún y le presentó un proyecto de seguridad y prisiones. Según revela un testigo del encuentro, «Marta quedó encantada» y organizaron una junta con el presidente electo, frente al que Tavira se explayó sobre su proyecto.

Sin embargo, el 20 de noviembre, tres meses después, Tavira fue asesinado por un pistolero solitario que le descargó cuatro balazos calibre .38 en la cabeza, en el restaurante del Centro de Extensión Universitaria de la Universidad Autónoma de Hidalgo, donde se encontraba cenando. Extraño porque, salvo alumnos o profesores, nadie podía ingresar al lugar.

Nunca se supo qué pasó con el documento que Juan Pablo de Tavira entregó en el cónclave realizado en las oficinas de Fox, en Paseo de la Reforma. Sin embargo, inmediatamente después del crimen, el tipo gris y sin preparación al que llamaban Metralleta logró lo que anhelaba. Lo nombraron coordinador de Inteligencia para la Prevención de la PFP y el primero de septiembre de 2001, durante su primer informe de gobierno, Vicente Fox anunció la creación de la Agencia Federal de Investigación (AFI); confió la dirección de esta a Genaro García Luna, quien a partir de entonces comienza a desarrollar un poder que ejerció con absoluta impunidad durante 12 años de panismo.

Protegido por Vicente Fox y Felipe Calderón, cómplices de sus crímenes, se convirtió en amo y señor del Mal. Para lograrlo se rodeó de sus primigenios compinches del viejo Cisen, los tipos pesados con los que aprendió y ejerció sus primeras tropelías. Jorge Tello Peón fue nombrado subsecretario de Seguridad Pública, bajo la jefatura de Alejandro Gertz Manero, y Wilfrido Robledo acompañó a su pupilo en la construcción de un superproyecto que, según alardeaban, sería un símil del FBI.

El crimen de Juan Pablo de Tavira nunca fue esclarecido, pero las sospechas sobre su autoría —según fuentes militares y amigos del difunto— tienen un destinatario que lleva su nombre.

Durmiendo con el enemigo

Es prepotente y violento. Durante el tiempo que trabajé en México tuvimos fugas de información de operaciones importantes. Cuando llegábamos al lugar, alguien había dado el «pitazo», y era García Luna, porque estaba al tanto de nuestras operaciones, intervenía nuestros teléfonos y los que trabajaban con él eran delincuentes. Una noche casi sucede un desastre. Estábamos en Cancún, detrás de un pesado del PRI que estaba prófugo y trabajaba para Amado Carrillo. Desconfiábamos de los mexicanos y, para evitar un fracaso, decidimos no entregarles toda la información. Cuando llegamos a la casa donde estaba, el tipo se había escapado; comenzó una balacera, y de pronto aparece desde la oscuridad García Luna. Nunca pudo explicar qué hacía ahí. En ese momento estaba en el Cisen y tenía su gente en Cancún, que nos seguía todo el tiempo. García Luna le avisó al personaje que escapara, estoy seguro. Fue muy difícil trabajar con él, sentíamos que teníamos el enemigo adentro permanentemente.

Un jefe de la DEA me relató esta historia a finales de 2011, en un restaurante de las afueras de Miami. Con acento cubano y toda una vida en Estados Unidos, no apeló a eufemismos para describir al entonces poderoso titular de la Secretaría de Seguridad Pública (SSP).

El miembro de la agencia antidrogas llevaba largo tiempo investigando al exgobernador de Quintana Roo, Mario Villanueva Madrid, quien fue gobernador de 1993 a 1999 y era acusado por las agencias de Estados Unidos de lavar dinero del Cártel de Juárez. Permaneció prófugo desde diciembre de 1999 hasta el 24 de mayo de 2001, año en que fue apresado en Cancún por agentes de la DEA y de la PGR. Desde 1995, Villanueva Madrid enviaba dinero sucio a cuentas bancarias en Bahamas, Panamá, Suiza y Estados Unidos. Por cada cargamento de drogas que dejaba pasar, recibía 500 mil dólares, según informes de la DEA. En 2010 fue extraditado a Estados Unidos, donde, a cambio de protección, el exgobernador se declaró culpable de recibir dinero del Cártel de Juárez.

De acuerdo al relato del agente, desde que García Luna estaba en el Cisen, la DEA sospechaba de sus manejos y lo tenía bajo su radar. En ese tiempo, Amado Carrillo Fuentes era uno de los capos más poderosos de México y pagaba millones a políticos, policías, militares y jueces.

Jorge Carrillo Olea fue un pilar importante en la formación del entonces joven de 21 años que ingresó a trabajar al Cisen en 1989. Quienes conocieron a García Luna en ese tiempo aseguran que fue bajo la gestión del exgobernador de Morelos cuando aprendió las prácticas de la policía mexicana, en un periodo dominado por la industria del secuestro. Esa añeja relación parasitaria entre policías y criminales marcó las acciones de García Luna y moldeó su personalidad delictiva, misma que desde el poder lo llevó más tarde a la construcción de un complejo entramado de ilícitos con la tolerancia y complicidad de gobiernos, empresarios y jueces que se vieron beneficiados.

De 1994 a 1998, Morelos fue el paraíso del secuestro. Los colaboradores del gobernador Carrillo Olea, Jesús Miyazawa —coordinador de la Policía Judicial del estado y expolicía de la Dirección Federal de Seguridad—, y Armando Martínez Salgado —jefe del Grupo Antisecuestros—, se dedicaban a secuestrar y hacer desaparecer los cadáveres de las víctimas.

En 1996, miles de morelenses marcharon por las calles exigiendo seguridad, pero fue recién cuando secuestraron a la hermana de Bill Richardson, embajador de Estados Unidos en la ONU, que el presidente Ernesto Zedillo presionó a Carrillo Olea, aterrado por la trascendencia internacional. La familia pagó el rescate y la mujer fue liberada. Como dato curioso, Daniel Arizmendi, el Mochaorejas, era dueño de una mansión en Cuernavaca, ubicada a pocos metros de la casa de Carrillo Olea, lo mismo que Amado Carrillo Fuentes y Juan José Esparragoza Moreno, el Azul, capos del Cártel de Juárez que vivían muy cerquita del gobernador y andaban tranquilos por Cuernavaca.

En agosto de 1998, el contralmirante Wilfrido Robledo y «su asistente» Genaro García Luna, en colaboración con el comandante Alberto Pliego Fuentes, fueron los directores de la trama que conduciría a la captura de Arizmendi. Parecía el comienzo de un capítulo que garantizaría algo de justicia y seguridad a los mexicanos, pero, 15 años después, aquello es una quimera y la continuidad de una tragedia sin fin.

Malas compañías

«He's just a police», me responde Tony Garza, exembajador de Estados Unidos en México, cuando le pregunto por el secretario de Seguridad Pública, protegido del presidente.

Compartimos un café una mañana de sol a mediados de 2011, en sus lujosas oficinas ubicadas sobre Paseo de la Reforma, con una vista deslumbrante de la Ciudad de México.

Sonrío frente a su respuesta, ciertamente irónica, y él también sonríe. El exembajador conoce México muy bien; simpático y de alto perfil mediático, es amigo personal de George Bush hijo y estuvo casado con María Asunción Aramburuzabala, Mariasun, la mujer empresaria mas rica de México. Le expongo algunos elementos de mis investigaciones sobre García Luna y de otras más publicadas por varios periodistas mexicanos. Se forma un silencio incómodo. Tony Garza no quiere hablar del policía y tampoco de Felipe Calderón y su guerra. Suena lógico: fue el primer diplomático extranjero en reunirse con Calderón después de ser presidente electo, en las oficinas de la colonia Del Valle, y también lo visitó con frecuencia en su sexenio. Sin embargo, es el mismo diplomático que el 25 de noviembre de 2008, después de un encuentro con Paola Holguín, su par en la embajada de Colombia en México, dijo que «la funcionaria le comentó que el director de la Policía Nacional de Colombia le había dicho que si Genaro García Luna no mejoraba la investigación de los antecedentes de los agentes que reciben entrenamiento en Colombia, iban a considerar cerrar el programa», según información de WikiLeaks.

Lo que denunciaba este cable filtrado por Julian Assange era apenas la punta del iceberg.

A García Luna, como a algunos protagonistas de historias deci-
monónicas, lo condenaba su pasado. Tenía las manos manchadas y el
gerenciamiento del delito estaba en su naturaleza.

Sin embargo, continuó 12 años sin que los nubarrones que flota-
ban sobre su cabeza y los de su tropa se transformaran en un viento
negro.

Genaro García Luna tenía un poder unívoco y la protección del
presidente, pero la corrupción generalizada adentro de la fuerza que
dirigía era motivo de conversaciones en las agencias de inteligencia
que monitoreaban la guerra contra las drogas.

Algunos policías bajo su mando cayeron asesinados por estar co-
ludidos con el narcotráfico o por venganzas internas y traiciones. Un
listado interminable de «testigos protegidos», en realidad delincuentes, fue utilizado por García Luna y sus secuaces para acusar a inocentes o vengarse de enemigos. Las reiteradas persecuciones y
amenazas a periodistas que denunciaban sus corruptelas, así como
una caterva de secuestradores, socios en el negocio millonario del
plagio que sobreviven bajo su manto protector y sus indiscutibles
maniobras para borrar cualquier competencia del mapa, delineaban
el perfil de una banda de facinerosos.

Cuando lo colocaron al frente de la AFI, aterrizó con los socios
de los viejos tiempos del Cisen, los compadres con los que conformó
una secta poderosa: Luis Cárdenas Palomino, Facundo Rosas Rosas,
Édgar Eusebio Millán, Armando Espinosa de Benito, Igor Labastida
Calderón, Domingo González Díaz, Mario Velarde Martínez, Ramón
Pequeño García y Aristeo Martínez, entre los más cercanos. Algunos
fueron asesinados, otros están detenidos, prófugos o se reciclaron en
el poder político de turno.

En su mandato al frente de la AFI, sus policías sumaron 447 actos
delictivos solo en los dos primeros años. Su alianza con las mafias se
incrementó y la organización policiaca que presidía estaba contami-
nada por el narco y por la participación en secuestros célebres.

A Vicente Fox —como a sus antecesores del PRI— nunca le interesó realizar un trabajo de limpieza de los cuerpos policiacos y tampoco

renovó los cuerpos militares, herencia de 71 años del tricolor, preludio del infortunio que se avecinaba.

A SANGRE FRÍA

—¡Hija, se llevaron a tu hermana!

—¿Quiénes, mami?

—Un hombre entró a su carro y otro auto, manejado por dos, que estaba atrás... ¡se la llevó!

La señora se quiebra y su hija, en estado de shock, le pide que se calme. Cuelga y llama al celular de su hermana, que responde nerviosa.

—¡¿Te secuestraron?! Dime sí o no —pregunta; ella le responde afirmativamente y se corta la comunicación.

Sucedió en octubre de un agitado 2001, cuando Vicente Fox apenas estrenaba la presidencia.

La hermana de la víctima trabajaba en la oficina de informática de la presidencia, organismo que dirigía Luis Alberto Bolaños. Su esposo —quien laboraba allí— se comunicó con un asesor del Estado Mayor Presidencial y le relató el episodio. El hombre llamó, a su vez, a Luis Cárdenas Palomino, quien por entonces era director general de Investigación Judicial de la AFI y mano derecha de Genaro García Luna.

—Necesitamos tu ayuda urgente. Secuestraron a la hermana de una compañera que trabaja aquí en la presidencia, y es además hija de un general de la nación.

Silencio.

—Debe ser un error..., ahora lo solucionamos —respondió Cárdenas Palomino y, en menos de 10 minutos, la joven fue liberada en la puerta de una papelería, cerca del Periférico. «Camina y no mires hacia atrás», le dijeron. Desencajada y temblorosa, ingresó al comercio y pidió ayuda con un hilo de voz. Estaba aterrada, sentía el cañón de la pistola clavado en su costilla. Llamó a su casa llorando y llegaron a recogerla.

Por razones de seguridad, los protagonistas de esta historia me solicitaron el anonimato, pero este brevísimo episodio revela que desde el inicio del gobierno de Fox la mafia de García Luna comenzó a actuar.

«¿Por qué Cárdenas Palomino, apenas se entera de que mi cuñada trabajaba en la presidencia y era hija de un general, dijo que fue "un error" y casi inmediatamente es liberada?», se pregunta la hermana de la víctima. En una plática que mantenemos vía telefónica, remata: «Fueron Cárdenas Palomino y García Luna, todo coincide, y me provoca escalofríos». En el sexenio de Vicente Fox comenzaron los años fructíferos de García Luna y sus acólitos.

El negocio de los secuestros creció en paralelo con el del narcotráfico. José Antonio Ortega, autor de *El secuestro en México*, retrata así a García Luna:

> En cortito es muy bueno para seducir, aunque no ya en un discurso político. No habla bien, tartamudea, no tiene una personalidad fuerte, no es un gran orador, no tiene cultura, no articula, es una gente muy limitada, no conoce más que de cómo alambrear, cómo hacer montajes, cómo hacer persecuciones, pero hasta ahí.

—¡Shhh! ¡Silencio! ¿Con quién hablas?

—Con nadie, estoy rezando —respondió el hombre, aterrado, desde la cajuela del auto donde lo encerraron. «Me pasé rezando los veinte minutos que duró el viaje», recuerda años después.

El 19 de julio de 2005, el argentino Rubén Omar Romano, técnico del equipo Cruz Azul, fue secuestrado al salir de las instalaciones del club de futbol. A las 14:20 horas, su BMW gris plata fue interceptado por dos camionetas con hombres armados en la avenida Guadalupe I. Ramírez, en Santa María Tepepan, luego de cargar gasolina. Los secuestradores lo bajaron a culatazos y lo arrastraron hasta uno de los vehículos.

Rubén Romano permaneció secuestrado 65 días en una casa precaria, ubicada detrás del Reclusorio Oriente, en Iztapalapa, un hoyo oscuro y miserable con uno de los mayores índices de delitos de la Ciudad de México. Por esa alcaldía transitaron algunos de los hombres de confianza de García Luna: Igor Labastida y Luis Cárdenas Palomino, quienes aprendieron los secretos de la convivencia entre policías y malhechores.

A la familia le exigieron cinco millones de dólares para liberarlo, y esta a su vez le pidió a Bernardo Bátiz, procurador general de Justicia del DF, que no interviniera en las investigaciones del secuestro, la cual quedó en manos de la AFI.

Sorpresivamente, el 22 de septiembre Romano fue liberado por la AFI, con García Luna y Cárdenas Palomino al frente del operativo y sin disparar un solo tiro, aunque adentro encontraron armas de grueso calibre y detuvieron a cinco personas. El célebre secuestrador Luis Canchola Sánchez fue acusado de dirigir el plagio desde el reclusorio de Santa Martha Acatitla, donde había estado detenido desde 2004. Jefe de la banda de los Canchola, tenía un extenso historial de secuestros y era viejo conocido de Labastida y de Cárdenas Palomino.

La liberación del técnico argentino dejó varias dudas. García Luna dijo que desde un día antes sabían que en esa casa se encontraba Romano. Si es así, ¿por qué esperaron 24 horas? Cuando llegaron, dejaron a Romano esperando durante una hora. «Fue extraño, después me enteré de que estaban esperando a los medios», reveló el técnico.

Cuando los policías le pidieron que reconociera a los cinco detenidos, respondió que no podía, porque todo el tiempo estuvo con los ojos vendados. «Estuve 65 días tirado en un colchón en el piso, con los ojos tapados, y nunca vi la cara de los secuestradores». Raro. Si no pudo reconocerlos, ¿cómo es que la AFI estaba tan segura de la autoría del grupo?

La entrevista fue para Javier Alatorre, de Televisión Azteca, por gestión especial de Cárdenas Palomino. El montaje de la liberación fue urdido por Genaro García Luna, que necesitaba promocionar su imagen; esta se potenció tiempo más tarde cuando el técnico ingresó a la cancha durante un partido entre Cruz Azul y los Dorados, y llevaba puesta una camiseta blanca con la inscripción: «Gracias AFI».

El caso de mayor impacto nacional e internacional fue la puesta en escena de la detención de Florence Cassez, la cual desencadenó un enfrentamiento sin precedentes entre el Gobierno francés y el mexicano. Felipe Calderón canceló las actividades del Año de México en Francia, que tendrían lugar en París. Sarkozy propuso que todos los eventos sirvieran para homenajear a la ciudadana francesa detenida en México y presa en un proceso judicial viciado y lleno de irregularidades.

El 5 de diciembre de 2005, en el rancho Las Chinitas, en la carretera a Cuernavaca, un equipo de la AFI al mando de Luis Cárdenas Palomino detuvo a Israel Vallarta y a Florence Cassez, su pareja, acusándolos de integrar la banda de los Zodiaco.

García Luna presentó ante los medios «la exitosa operación», que derivó en la liberación de Ezequiel Yadir Elizalde Flores, Cristina Ríos Valladares y su hijo de 10 años. Sin embargo, rápidamente se probó que fue un montaje grabado un día después de la detención, con la complicidad de Televisa.

En febrero de 2006, Florence Cassez se comunicó desde la cárcel con el programa *Punto de Partida*, producción de Televisa conducida por Denise Maerker, y relató los detalles de su detención. García Luna estaba presente y, presionado, aceptó que había actuado así por petición de los medios. Esta confesión habría sido suficiente para remover a García Luna del cargo, pero en ese entonces, Calderón todavía no era presidente. Lo apoyó fervorosamente.

En 2007, Cassez fue condenada a 60 años de cárcel. El 9 de marzo de 2009, dentro de un contexto de relaciones bilaterales casi inexistentes y en el marco de la reunión del G-20, el mandatario francés Nicolas Sarkozy llegó por primera vez a México, con el propósito de lograr el traslado inmediato de Florence a Francia, como Felipe Calderón le prometió un día antes, cuando sostuvieron una llamada telefónica sobre el asunto. En una tensa reunión privada realizada en Los Pinos, apenas Sarkozy solicitó la extradición de Cassez, Felipe Calderón, visiblemente molesto, le respondió negativamente. Además, le reafirmó que «había pruebas contundentes» contra Cassez y su pareja, que «pertenecían a una banda de secuestradores» y que se «quedaban presos en México». Frente a Sarkozy, Calderón, imbuido de soberbia, defendió a capa y espada la farsa montada por Genaro García Luna durante la detención de la francesa y su novio, clave para invalidar la causa judicial.

El 23 de enero de 2013, durante la presidencia de Enrique Peña Nieto, Florence Cassez fue liberada por una resolución de la Suprema Corte de Justicia. Israel Vallarta continúa detenido sin condena y denunció que fue torturado brutalmente por Luis Cárdenas Palomino y Javier Garza Palacios, hombres de confianza de García Luna. Cinco miembros de su familia fueron apresados y torturados, todos dieron positivo al Protocolo de Estambul, el cual prueba científicamente las torturas.

Entrevistada por el semanario *L' Express*, el 15 de enero de 2020, Florence Cassez anunció que prepara una demanda contra Felipe Calderón, Isabel Miranda de Wallace, Carlos Loret de Mola y Genaro García Luna.

> Antes de mi juicio falso, el exjefe de Estado (Felipe Calderón) me puso en televisión en vivo y me calificó de secuestradora, cuando sabía que estaba mal. […] García Luna dirigió y filmó nuestro secuestro en vivo y trasmitió la fábula de los Zodiaco. […] Wallace fue protagonista de mi linchamiento mediático. Todas las personas del esquema de Calderón y García Luna deben explicar por qué mintieron y a cambio de qué lo hicieron. Quiero reparación del daño que me provocaron.

Fue lo que comentó Cassez, supuesta líder de una banda de los Zodiaco que nunca existió. Fue un engaño de García Luna y sus agentes, un mecanismo siniestro que se repitió en otros casos.

El 10 de septiembre de 2007, Silvia Vargas Escalera, de 18 años, hija del empresario Nelson Vargas, exdirector de la Comisión Nacional del Deporte (Conade), fue interceptada a las 6:45 horas por un comando armado, mientras se dirigía al colegio Alexander Bain, en la colonia Las Águilas. Como no llegaba a su destino, su padre la llamó, pero un hombre respondió el teléfono y le exigió tres millones de dólares para liberar a su hija.

Nelson Vargas se reunió con Eduardo Medina Mora y Genaro García Luna, quienes le dijeron que se quedara tranquilo, que ellos se ocuparían de su hija; el secretario de Seguridad le pidió además que no lo hiciera público, que se mantuviera en silencio. Vargas acató y pagó lo que le pedían los secuestradores. Pasaron 11 meses y Nelson Vargas, angustiado y harto, realizó una conferencia de prensa el 26 de noviembre de 2008 acompañado de su esposa, durante la cual hizo público el secuestro de Silvia. Enseñó las fotos de los plagiarios de su hija, entre ellas, la de Óscar Ortiz González, un hombre que trabajó dos años como chofer de la familia, y su hermano Raúl Ortiz González, quien estaba preso y había escapado de la custodia de la PGR mientras se encontraba internado en el hospital de Xoco. Según Vargas, ambos eran integrantes de la banda de los Rojos.

Ya pedí, ya supliqué, ya lloré, ahora exijo a Eduardo Medina Mora y Genaro García Luna que encuentren a mi hija. ¿Dónde está la tan cacareada tecnología de punta?, ¿dónde está la inteligencia si lo obvio no lo ven? Lo indignante y asombroso es que en el inicio yo señalé ante la PFP a Óscar Ortiz como presunto implicado, porque inmediatamente después del secuestro desapareció, y nunca lo investigaron. Luego me informaron que no había elementos para detenerlo. El no saber que ha pasado con mi pequeña me tiene deshecho, pero seguiré hasta las últimas consecuencias denunciando la ineficiencia de las autoridades, aunque ponga en riesgo mi vida.

Un mes después de la conferencia de prensa, el cuerpo de Silvia apareció enterrado en el patio de una casa de seguridad de Tlalpan.

Había sido asesinada a los tres días de ser secuestrada y después de cobrar el rescate. La banda de los Rojos fue acusada del plagio y asesinato, pero la mayoría de sus integrantes se encuentra libre, porque las pruebas judiciales en su contra son endebles.

Cabe preguntarse, ¿por qué Medina Mora y García Luna no actuaron de inmediato apenas Nelson Vargas señaló al exchofer de su hija? ¿Por qué García Luna le pidió que se mantuviera en silencio durante más de un año, sumiendo a la familia en un infierno de incertidumbre? ¿A quiénes protegían?

Las respuestas son evidentes: eran cómplices del secuestro de Silvia Vargas y por eso le mintieron al padre.

El 4 de junio de 2008, Fernando Martí, de 14 años, hijo del empresario Alejandro Martí, fue secuestrado en un falso retén, sobre la avenida Insurgentes Sur, en la colonia Jardines del Pedregal. A los 53 días, el cadáver del joven apareció en el maletero de un auto abandonado en la colonia Villa Panamericana de la delegación Coyoacán.

A estas alturas, los mexicanos estaban hastiados de tantos secuestros, tantos criminales sueltos y tanta impunidad. Como si fuera poco, al clima externo de violencia se agregaba la guerra soterrada que sostenían el procurador capitalino Miguel Ángel Mancera y el secretario de Seguridad Genaro García Luna; una guerra feroz y con consecuencias graves.

Después de un hecho delictivo de alto impacto mediático, se tiraban unos a otros con supuestos culpables, que la mayoría de las veces eran personas inocentes tomadas al azar. No había reglas y todos los métodos eran válidos.

La investigación de la procuraduría capitalina apuntó rápidamente a la banda de La Flor, cuyos integrantes fueron detenidos en noviembre de 2008; entre sus miembros más importantes estaban Lorena González Hernández, la comandante Lore, exagente de la PFP y miembro del área de secuestros y robo de vehículos de la desaparecida AFI, así como Sergio Humberto Ortiz, alias el Apá, un viejo policía que había trabajado con el célebre Arturo Durazo Moreno.

Entre julio y octubre de 2009, García Luna y Cárdenas Palomino asestan el contragolpe a Mancera y detienen a 10 integrantes de los Petriciolet, una banda creada por una familia con un largo historial delictivo. Son detenidas más de 14 personas, entre ellas María Elena Ontiveros Mendoza, alias la Güera, una exagente de la PGR, Noé Robles Hernández y Édgar Carrillo Tenorio, entre otros.

A partir de ese momento, la investigación entra en un oscuro túnel que impide saber hasta hoy, y quizá nunca, quién asesinó a Fernando Martí, quién fue el autor intelectual y quién se quedó con el pago millonario del rescate.

Un año después, un crimen, ligado estrechamente al secuestro de Fernando Martí, pasa desapercibido en medio de tanta muerte y tanta locura.

La madrugada del 20 de agosto de 2010, Óscar Paredes Echegaray, empresario y dueño de un despacho de abogados, es asesinado en el bar Bengala de la colonia Roma Norte. Pasadas las 4:40 horas, tres personas ingresaron, fueron directo a Paredes y le descargaron encima dos pistolas y una subametralladora. En el atentado resultaron heridos de bala el empresario Mariano Martínez y su escolta.

El empresario, un personaje pintoresco, debía atestiguar una semana después contra la banda de La Flor, quienes habían secuestrado a su hijo Javier en 2008, con un método similar al que utilizaron con el hijo de Martí. Su hijo tenía 12 años y, después del pago del rescate, había aparecido con vida.

Óscar Paredes nunca había estudiado Derecho, pero fue un hombre astuto que fundó un despacho con buenos abogados y se relacionó con el alto mundo del narcotráfico, pues consideraba que de ese modo ganaría dinero rápido. Luego de años de relaciones y una gran cuota de arrojo, logró tener como clientes a Amado Carrillo Fuentes y al Mayo Zambada, entre otros.

Con Alejandro Martí se había reunido unos días antes de que lo asesinaran. Martí necesitaba conocer los datos que poseía Paredes, mismos que lo ayudarían en la investigación del asesinato de su hijo.

Quienes lo conocieron me cuentan que esa noche Paredes no fue con toda su escolta y «es evidente que alguien les pagó para que no estuvieran presentes». Un abogado de su despacho, que prefiere permanecer en el anonimato, me reveló que Óscar Paredes tenía una libreta donde registraba todo lo que había investigado sobre García Luna y Cárdenas Palomino, a quienes apuntaba como responsables del secuestro de su hijo: «Allí estaban los datos de sus vínculos con el Cártel de Sinaloa y cuánto cobraban por darles protección, y los datos de las entradas que levantaban con los secuestros orientados a familias poderosas de México. A muchas personas las secuestraban y los obligaban a convertirse en prestanombres para lavar dinero sucio. Esa libreta nunca apareció, se la llevaron la noche que lo asesinaron. Óscar estaba recibiendo amenazas desde hacía tiempo, él sabía que García Luna lo quería matar».

El nombre de Óscar Paredes no murió con él. Regresó a través de Jesús *el Rey* Zambada, en el juicio a Joaquín *el Chapo* Guzmán, el 20 de noviembre de 2018, en Nueva York, cuando denunció a Genaro García Luna de recibir millonarios sobornos del Cártel de Sinaloa entre 2005 y 2006. «Nos reunimos en un restaurante de la Ciudad de México y Óscar Paredes Echegaray, el abogado de mi hermano, le entregó a García Luna un maletín con 3.3 millones de dólares», declaró Zambada.

Todos los detenidos de los Petriciolet fueron obligados a confesar bajo tortura —por lo que sus confesiones carecen de validez jurídica—, fueron exhibidos y humillados en público, acusados de 14 secuestros y ocho asesinatos.

Preso sin condena, culpable fabricado

Esta historia comenzó la fría mañana del 4 de febrero de 2010, cuando la vida de Édgar Ulises Carrillo Tenorio se torció. Ni en sus peores pesadillas imaginó que lo acusarían de integrar una banda de secuestradores; una víctima más de una diabólica maquinaria de fabricación de culpables creada por el Estado.

Tenía 33 años y salía de la casa de sus suegros en la calle Cerrada de los Santos 59, en Villa Hermosa, municipio de Nicolás Romero, en el Estado de México, para llevar a su sobrina Estefanía a la escuela. Recuerda que subió a la camioneta Suburban, modelo 2003, propiedad de su suegra y condujo en piyama y chanclas hasta el colegio, donde dejó a la niña. De regreso a la casa, mientras transitaba por la calle H. Galeana de la colonia Juárez, una camioneta blanca tipo Ichiban le bloqueó el paso por delante y otros autos lo acorralaron por detrás.

Varios hombres vestidos de civil y armados lo bajaron a golpes y lo tumbaron contra la camioneta. Lo esposaron con las manos en la espalda y apuntándole a la cabeza le gritaron: «Ya valiste verga, cabrón».

En el trayecto comenzaron a torturarlo. Lo desnudaron, lo ataron, le colocaron un trapo en la boca y le tiraron agua. «¡Ya te chingaste, Romel! ¡Ahora sí valiste madres!».

Aterrado, les dijo que se equivocaron de persona. Lo golpearon en las piernas y las costillas, mientras sus captores no dejaban de gritar: «Ya te chingaste, ahora sí vas a decir y a hacer lo que nosotros te digamos, y si no lo haces, te matamos. Nadie sabe de ti y afuera tenemos gente que con solo una llamada pueden levantar a tu vieja y a tu hija, y hacerles lo mismo que a ti».

Pamela Benizeri, prima de Édgar, se ocupa de su caso. Se puso en contacto conmigo desde Estados Unidos; hablamos por teléfono y suena angustiada, como en una película de terror: «Mi primo trabajaba en una maderera y cuando regresa a su casa, su esposa le pide que lleve a su sobrina a la escuela. Me cuenta que cuando se lo llevaron le dieron choques eléctricos, lo intentaron asfixiar varias veces, le pusieron cables pasacorriente en los testículos, le rompieron la nariz. De hecho, en las fotos que aparecen en los periódicos se le ve la nariz completamente reventada», relata Pamela.

Édgar describe lo que vivió en una carta:

La primera golpiza fue en el trayecto hasta que la camioneta se detuvo. Escuché que se abrió un portón y bajamos hasta un estacionamiento en el sótano. Me bajaron y me sentaron en una silla, me quitaron la venda y las esposas, y abrí los ojos. Estaba en un cuarto de oficina, con una lámpara de escritorio encendida. Ahí me mostraron fotos de mi hija, la casa de mis padres, de mi suegra. Y me dijeron que si no hacía lo que me pedían, si no decía lo que ellos querían, me iban a secuestrar a la familia. Entraron más personas con un equipo de video y me hicieron memorizar lo que habían escrito en una cartulina, porque me iban a grabar diciéndolo. Me volvieron a torturar porque me costaba recordar lo que estaba escrito. Cuando por fin terminé, me dieron unas hojas para firmar y me tomaron las huellas. No sé qué fue lo que firme.

De ahí lo llevaron en la camioneta, vendado y esposado, hasta unas oficinas del Ministerio Público donde apareció una mujer que dijo llamarse Nora Caballero. A la mañana siguiente avisaron a la familia. «Me detuvieron el 4 de diciembre a las 19:30 y me desaparecieron hasta el otro día».

¿Cómo llegaron a Édgar? A través de Noé Robles Hernández, la primera persona detenida por la Policía Federal por su presunta participación en el secuestro de Fernando Martí. Con el mismo método de torturas y cartulinas con nombres, lo obligaron a señalar a varias personas, acusándolas del secuestro de Fernando Martí. Édgar era uno de los que figuraban en la cartulina. Noé relata que el nombre de Édgar se lo sugirieron veinte días antes de que lo detuvieran mientras este llevaba a su sobrina al colegio.

Después de varios días de torturas, Noé recibió la visita de Isabel Miranda de Wallace, quien llegó acompañada de Alejandro Martí; al mismo tiempo, Gualberto Ramírez Gutiérrez, agente del Ministerio Publico, lo visitaba todo el tiempo para amenazarlo y asegurarse de que no cambiara la declaración, que firmó bajo tortura.

Édgar nunca conoció a Noé y a ninguno de los que lo obligaron a acusar por el secuestro y asesinato de Fernando Martí. El 10 de agosto de 2010, Noé Robles se retractó de la acusación a Édgar y a los demás supuestos integrantes de la banda de los Petriciolet. En agosto de 2011, amplió su declaración y reiteró su retractación. Denunció en una audiencia que fue obligado bajo torturas y amenazas de la Policía Federal a su familia.

«Al principio no entendía lo que sucedía, nunca habíamos tenido un problema de estos en la familia, no tenía idea de qué hacer. Comencé a buscar un abogado, a recorrer los tribunales, el arraigo, la Subprocuraduría de Investigación Especializada en Delincuencia Organizada (Siedo), el reclusorio, nunca me quedé quieta», relata Pamela, y por momentos se quiebra.

No tuvo abogado de oficio y al final llegó uno, para que firmara la declaración. Este abogado dijo que no estaba golpeado, ni lastimado, que tenía solamente dos rasguños. Mi primo estaba destrozado por las torturas, tenía las plantas de los pies en carne viva. Cárdenas Palomino dirigía las torturas. Estuvo tres días en la Siedo y luego fue trasladado al arraigo de la colonia Doctores. Allí tenían encerradas a una buena cantidad de personas en las peores condiciones. Como animales. Los tenían clasificados por colores: el blanco para los delitos contra la salud, amarillo por delincuencia organizada, rojo era por secuestros y morado era por robo a la nación. A mi primo lo custodiaban elementos de la Marina fuera del edificio, y adentro, los policías federales. No había una sola persona que no estuviera torturada. Las mujeres eran violadas todo el tiempo, todo el mundo tenía como mínimo una costilla rota, y no tenían ningún tipo de atención médica. Allí vi a los personajes más variados. Estaba el Pozolero, su hermano, un lugarteniente del Chapo al que apodaban el Jabalí. Tenían al Indio, a Ramón Ayala, a Lupe Tijerina, a los hijos de este. Personas que realmente tenían que ver con el narcotráfico. Édgar nada tenía que ver con el narco, ni con secuestros.

Mi familia comenzó a sufrir de intimidaciones y amenazas. Había policías vestidos de civil fuera de la casa de mi abuela. A mi primo le enseñaban fotos de su hija, de su esposa, de sus padres. Le decían: «Si tú dices lo que sabes, aquí están las fotos». A uno de sus hermanos lo secuestraron policías federales y lo lanzaron en la carretera de Tepoztlán. Nos llamaban por teléfono y nos decían que nos iban a hacer cachitos. Me pusieron una sierra en el teléfono. Me seguían los policías federales cada vez que salía. Había autos parados frente a la casa... y no pude más y me fui de México. Pero volvieron las amenazas a mi primo en la cárcel donde está. No pasa un día que no lo amenacen. Tiene miedo de que lo maten.

Édgar Ulises Carrillo Tenorio se encuentra detenido sin condena en el penal de Tepic, acusado con base en confesiones obtenidas bajo tortura de integrar la banda de los Preticiolet y de secuestrar y asesinar a Fernando Martí. En el expediente —al que tuve acceso y que se encuentra en manos de la ONG canadiense Ivero— no existe ninguna prueba pericial, así como ningún señalamiento de víctimas que lo incriminen. En careos con los demás acusados, ninguno lo reconoció, y quienes lo acusaron —Noé Robles, Abel Silva Petriciolet y Manuel Rico Trejo— se retractaron en ampliaciones de declaración y en careos.

Abandonado en un limbo, Édgar Carrillo Tenorio es un chivo expiatorio del poder político del sexenio calderonista. Genaro García Luna y su pandilla necesitaban una banda para salvarse y calmar las exigencias de las víctimas y de la sociedad. Lo presentaron ante los medios como culpable. No les importó violar la presunción universal de inocencia y, como a miles de personas en su situación, le destrozaron la vida.

CARPETAS, FOTOS Y VIDEOS

Desde el sexenio de Fox, los altos mandos del Ejército y la Marina desconfiaban de Genaro García Luna. Por esta razón, comenzaron a investigarlo. Cada fuerza hizo lo suyo. Interceptaron sus comunicaciones y las de sus hombres. Le realizaron seguimientos. Armaron varias carpetas con videos, fotografías y grabaciones que probaban sus relaciones con las mafias, especialmente la que mantenía con el Cártel de Sinaloa. El material era explosivo y contundente: de García Luna para abajo, todos estaban metidos en el negocio del narcotráfico, con todos los cárteles.

Antes de que Felipe Calderón se convirtiera en el nuevo habitante de Los Pinos y en medio de la transición, tres generales de alto rango solicitaron una reunión con el hombre de mayor confianza del presidente electo, Juan Camilo Mouriño. Querían hacerle llegar al presidente dicho informe de inteligencia e impedir la continuidad de Genaro García Luna. «Pecamos de ingenuidad», manifiesta uno de ellos, cuando recuerda la situación.

La cena se realizó una noche de octubre de 2006, en el lujoso restaurante Sir Winston Churchill's de Polanco, una mansión estilo Tudor rodeada de bellísimos jardines, donde reservaron un comedor privado ubicado en el primer piso.

Juan Camilo Mouriño llegó acompañado por Jordi Herrera, hombre de confianza del equipo de Calderón. La conversación con los generales iba por buen camino hasta que llegó el momento en que estos colocaron en manos de Iván las pruebas que tenían sobre García Luna y le manifestaron su deseo de que llegaran a Felipe Calderón, que aún no había decidido quién estaría al frente del Ejército.

Un militar presente me reveló que, a medida que Mouriño leía el contenido de las carpetas, su rostro se desencajaba. Fuera de sí, dio un golpe en la mesa y lanzó el material sobre la misma. Los generales, impactados, no pudieron reaccionar. Iván se levantó y bajó por las escaleras, furioso, a pesar de los esfuerzos de Jordi Herrera por detenerlo.

—¡Iván, no puedes hacer esto! Regresa… ¡Son generales de la nación! —exclamó, mientras trataba de detenerlo, aferrándolo de un brazo.

—¡No! ¡No podemos permitir que estos cabrones nos presionen con estas chingaderas! —respondió Mouriño y se marchó.

¿Por qué razón Juan Camilo Mouriño no pudo controlar sus emociones y prácticamente huyó del lugar a donde había sido convocado por generales de alto rango del Ejército? Algunos de los participantes de la comida interpretaron que esta actitud violenta no solo revelaba la inmadurez política de Mouriño, sino que, más grave aún, desnudaba una relación oscura entre este y García Luna, relacionada con ciertos aportes para la campaña presidencial de 2006.

Los generales sabían y tenían pruebas de que el Cártel del Pacífico había «donado» varios millones a la campaña de Felipe Calderón, a través de Genaro García Luna. No suena extraño. Desde tiempos añejos, los cárteles han aportado dinero a las campañas presidenciales mexicanas, y la de Felipe Calderón no sería la excepción.

¿Quiénes respaldaron la designación de García Luna? ¿A quién le resultaba útil su presencia en el nuevo sexenio? ¿Quiénes fueron cómplices?

Podridos desde el origen, durante el panismo los organismos policiales sofisticaron sus métodos con mayor tecnología, pero eran los mismos de siempre: administradores del delito. Desde tiempos remotos eran un problema grave. Permitían a los criminales tierra liberada a cambio de un porcentaje o mordida. Mayor la transacción, mayor el beneficio.

Hay dos episodios que marcaron su continuidad. Ambos se complementan y se sostienen entre sí.

En octubre de 2006 se realizó un cónclave secreto en Cuernavaca al que asistieron Karen Tandy, administradora de la DEA, y David Gaddis, su encargado en América del Norte y Centroamérica, así como varios funcionarios de alto rango. Del lado mexicano asistieron Eduardo Medina Mora, secretario de Seguridad Pública, Genaro García Luna, director de la Agencia Federal de Investigaciones, y José Luis Santiago Vasconcelos, subprocurador de Investigación Especializada en Delincuencia Organizada. A la agencia antidrogas le interesaba conocer los planes del gobierno de Calderón para la lucha contra el narcotráfico y acerca de los protagonistas de la misma: policías, militares y marinos. Intercambiaron información delicada y la idea que prevaleció fue la «colombianización de la guerra contra las drogas». Según un testigo de la reunión, Karen Tandy quedó «encantada» con las propuestas de los tres participantes, a los cuales conocía, y estos se sometieron al mandato de la agencia, que pedía mano dura contra el narco, pues representaba los intereses de Estados Unidos. Genaro García Luna era viejo conocido de la DEA, así como del FBI y la CIA, relaciones que cultivó desde los tiempos de Vicente Fox.

Tanto era así que en 2004 Tandy le había entregado una medalla como premio por su «valiente lucha contra el narcotráfico». Esto reafirma la hipótesis de que la solicitud de mantenerlo en el sexenio de Calderón vino de la mano de las agencias de inteligencia de Estados Unidos.

Una segunda hipótesis dice más o menos así: el padrinazgo llegó de su maestro, el omnipresente ingeniero Jorge Tello Peón, y de Héctor Slim Seade, director de Telmex y sobrino de Carlos Slim Helú. Tampoco fueron ajenos a la recomendación Lorenzo Zambrano, Olegario Vázquez Raña, Emilio Azcárraga Jean, Bernardo Gómez y Salinas Pliego, propietarios de Televisa y TV Azteca, que cultivaban dede antes una estrecha amistad y negocios varios con el jerarca de los montajes.

Como en estos ámbitos los favores se pagan bien y en especie, en septiembre de 2008 García Luna contrató a Telmex, la empresa de Carlos Slim Helú, para mudar las oficinas foráneas de la Policía Federal a la Plataforma México, el proyecto estrella del sexenio, el gran búnker de inteligencia a través del que se ganaría la guerra contra el narcotráfico. El pastel fue de tres mil 365 millones de pesos, del que Telmex se llevó 80%. Héctor Slim Seade, amigo de García Luna, es el consentido de su tío Carlos. Su padre es el comandante Julián Slim, quien en los años setenta trabajó en la siniestra Dirección Federal de Seguridad con Arturo Durazo Moreno, Francisco Sahagún Baca y Miguel Nazar Haro, entre otros.

El paso del tiempo y la masacre de miles de mexicanos inocentes, la violencia feroz que transfiguró el territorio nacional, colocarían en un contexto real el apoyo de los hombres más ricos de México a uno de los policías más corruptos y criminales: la codicia insaciable por los negocios millonarios del nuevo sexenio, por encima de todo.

Rogándole a la Muerte

Casado con Linda Cristina Pereyra Gálvez, una muchacha atractiva que conoció en el Cisen, y padre de dos hijos, Luna y Genaro, García

Luna nunca frecuentó la literatura inglesa y mucho menos leyó al filósofo y escritor Francis Bacon, quien escribió que «la información es poder». Pero su profunda limitación intelectual no le impidió ser el abanderado de esta sentencia.

Varias fuentes son testigos de que «nadie escapaba de sus micrófonos». Esposa, amantes, amigos, periodistas, empresarios y, por supuesto, el presidente y su familia. En los pocos ratos libres, cuando no salía a dar vueltas en su Harley Davidson, hojeaba los libros que le hacía llegar su amigo Luis Cárdenas Palomino, afecto a la saga de novelas históricas de Francisco Martín Moreno y admirador de Kim Philby, el célebre espía inglés del MI6 que trabajó al mismo tiempo para la Unión Soviética. Muchos dicen que nunca pudo avanzar de las primeras páginas.

Luis Cárdenas Palomino era para Genaro su amigo y socio más fiel. De personalidad psicopática con rasgos sádicos, hijo de un comandante de la PJF, Cárdenas Palomino vivió un tiempo en Estados Unidos, cuando escapó de la justicia luego de asesinar a un taxista junto con dos amigos. Tenía 18 años y su padre lo sacó del ojo del huracán, aunque la causa nunca se borró y el crimen quedó impune. Ni bien regresó al país, ingresó al Cisen, donde entabló amistad con Genaro y se volvieron inseparables.

A Cárdenas Palomino, alias el Pollo, García Luna le debía su acceso al poder. En realidad, este iba a ser el jefe, pero aquel crimen de juventud se lo impidió y entonces recomendó a su amigo con Macedo de la Concha; así, él quedó como su segundo en la AFI.

Luis Cárdenas Palomino estuvo casado con Minerva, hija del abogado Marcos Castillejos Escobar, amigo personal y asesor de Rafael Macedo de la Concha, y abogado de los hermanos Bribiesca, hijos de Marta Sahagún. Y fue a través de su suegro que el Pollo conoció a Macedo de la Concha, su nuevo amigo. En julio de 2008, el abogado Castillejos Escobar fue asesinado por un sicario a plena luz del día en la colonia Condesa. En ese momento, Cárdenas Palomino estaba separado de Minerva, pero seguía siendo amigo de su exsuegro, quien además defendió a García Luna cuando Alejandro Gertz Manero lo acuso de actos de corrupción en los tiempos de la AFI. La muerte de su suegro, un hombre con muchas conexiones de alto vuelo, significó un duro golpe en su vida, pero siguió adelante junto a su amigo Genaro.

A veces discutían y tenían fuertes roces; otras, se tenían celos. Genaro, según me dicen, tenía una personalidad difícil: baja autoestima y un profundo resentimiento social. El *bullying* que vivió en la infancia por tartamudo lo marcó, al igual que la pobreza y las necesidades cotidianas. Una vida que contrasta con la del Pollo, que provenía de una familia de mejor posición, se sentía guapo y alardeaba de sus conquistas frente a su jefe, que lo escuchaba, se encerraba en su despacho y mascullaba su rabia y su venganza.

¿Qué sabe García Luna de Calderón para que este lo siga protegiendo? O al revés: ¿ambos son cómplices en esta aventura de locura, corrupción y muerte? García Luna sabe mejor que nadie que el michoacano —de endeble psicología— es dependiente. Para alcanzar la cima desde el sótano donde se encontraba, el policía aprendió de sus maestros que «la información siempre es poder» y, cuanto más delicada, «mucho más poder».

Amigo de Marta Sahagún y de sus vástagos, compartía con la exprimera dama la pasión por el dinero y el esoterismo. Cuando se hizo cargo de la AFI, la protegió de las denuncias públicas como solo él sabía hacerlo: con amenazas y persecuciones a los autores. Y fue la perfecta correa de trasmisión para los millones de dólares que los jefes de Sinaloa le enviaban regularmente a Marta Sahagún, cuando esta fungía como primera dama, y que eran entregados por García Luna en Los Pinos. Entre otros menesteres, ayudó a Manuel Bribiesca, el hijo descarriado de Marta, a lavar dinero sucio a través de las empresas que había comenzado a montar en paralelo a la función pública y cubrió las tropelías de Rodrigo Fox, hijo menor de Vicente Fox, involucrado en tráfico de drogas.

Adorador del Ángel de la Muerte, una efigie negra que instaló en un altar de una habitación secreta de la Secretaría de Seguridad, junto a la Santa Muerte, García Luna nunca salió a una misión sin pedirle ayuda espiritual.

El periodista José Gil Olmos escribió:

> El encargado de la seguridad pública del Gobierno federal no deja que nadie se acerque a su nicho espiritual. Está totalmente prohibido aproximarse a ese lugar, santo para quien en un momento pretendió presidir la Interpol en México. Pese a ello, a algunos de sus subordinados les ha sido imposible sustraerse a la tentación de observar el altar donde rigen de manera imponente las figuras del Ángel Negro y de la Santa Muerte, a quienes se encomienda a diario, como hacen los narcotraficantes.

Aunque la divinidad no parece favorecerlo en materia de imagen, sí permite suponer las razones de su increíble supervivencia desde 1989 hasta hoy. Si a esto le agregamos que el hombre, que llegó de una colonia popular de Xochimilco sin formación y sin un peso, es dueño de varias residencias fastuosas que no se corresponden con el salario que percibe, se entiende tanta veneración del superpolicía hacia estas figuras. Amante de la buena vida y de los Mustang de colección, la adquisición de una casa en Jardines de la Montaña por 20 millones de pesos demuestra que no se necesitan mayores dotes aritméticas para darse cuenta de que las cifras no cuadran. ¿Cómo un funcionario que gana 144 mil pesos, que tiene 200 mil pesos de ahorro en el banco y deudas que suman seis millones puede comprar una propiedad de ese valor?

El soplón

«Hay gente tuya trabajando para el narcotráfico», le dijo un alto jefe de la DEA en Washington a Eduardo Medina Mora, titular de la PGR. El abogado escuchó la frase a través del teléfono y en su rostro se dibujó una mueca. Astuto sobreviviente de dos administraciones a las que supo servir por amor al poder y lealtad al dinero, Eduardo Medina

Mora participó en el gabinete de Vicente Fox y de Felipe Calderón, siempre en cargos relacionados con la seguridad y el espionaje; pese a carecer de la experiencia que avalara dichos nombramientos, nunca le tembló el pulso para ordenar mano dura a las protestas populares o espiar a periodistas y adversarios; no se cansaba de presumir ante propios y extraños que tenía el paraguas protector de «los gringos» y que nada podía pasarle.

Absurdo y ambiguo, según figura en un documento desclasificado del National Security Archive (NSA) —un cable diplomático enviado en mayo de 2002 a la Secretaría de Estado en Washington y firmado por el embajador Jeffrey Davidow—, este denuncia que el Cisen, a cargo de Medina Mora, estaba involucrado en el tráfico de migrantes.

Su asesora y confidente, Yessica de Lamadrid Téllez, permaneció en silencio. Se trataba de la bella joven que lo acompañaba desde que Medina Mora había suplantado al difunto Ramón Martín Huerta como secretario de Seguridad Pública de Fox y luego de la implementación de la brutal represión de San Salvador Atenco, situación que dejó dos muertos y 26 mujeres violadas por policías, abusos que se denunciaron a la Comisión Interamericana de Derechos Humanos.

Yessica conocía a su jefe y se dio cuenta de que estaba en problemas que se agregaban al enfrentamiento diario que vivía con García Luna.

Sin embargo, no sería el primero en la larga carrera de Medina Mora, aunque ese 27 de octubre de 2008, cuando recibió la llamada y decidió dar a su carrera un giro de 180 grados, no lo sabía.

«Vamos a limpiar la PGR y castigaremos con todo rigor y sin contemplación alguna a los que traicionan a las instituciones», dijo en una conferencia de prensa acompañado de Marisela Morales. Estaba dispuesto a cruzar todos los límites éticos y morales para salvar el pellejo.

A partir de aquí, se inició la Operación Limpieza, con base en el testimonio de un testigo protegido de alias Felipe; se trataba de un exagente federal de nombre Alberto Pérez Guerrero, quien alguna vez trabajó en el Aeropuerto Internacional de México y posteriormente estuvo infiltrado en la embajada de Washington en México, desde la que pasaba datos a los Beltrán Leyva. Detenido en Estados Unidos, contó cómo los Beltrán Leyva se habían infiltrado en la PGR y la Siedo. Según informes de la DEA, Pérez Guerrero había sido recomendado para trabajar en la embajada por Genaro García Luna. Condujo a Ricardo Gutiérrez Vargas, titular de Interpol México, y a Mario Arturo Velarde Martínez, el secretario particular de García Luna, al arresto de varios altos mandos ligados al narcotráfico.

La pregunta lógica es: ¿cómo podía ser que el policía experto en escuchas telefónicas, el controlador de vidas ajenas, el dueño de los más sofisticados sistemas tecnológicos de investigación, el que tiene en su sala de juntas pantallas que monitorean todos los vuelos que llegan y salen del aeropuerto, incluidos los nombres de sus pasajeros, no sabía que su asistente particular trabajaba para el narco?

En el operativo hubo más de 30 detenidos y el único libre fue Velarde Martínez, quien dijo que todo era una mentira. Su jefe lo protegió y, por si fuera poco, también lo hizo Felipe Calderón.

«Evidentemente, si hubiera alguna duda de su probidad o algún elemento probatorio que descalificara esa probidad, seguramente no sería secretario de Seguridad Pública. Esto no implica, como dicen algunos, que sean investigaciones dirigidas hacia una sola persona. El secretario García Luna tiene una gran capacidad», dijo Calderón en medio del escándalo de la Operación Limpieza, que tumbó a varios colaboradores del policía y demostró la profundidad de sus nexos con los criminales.

El testigo protegido era un policía federal que conocía las redes de complicidades entre el Cártel de Sinaloa, los Beltrán Leyva con la PGR y los federales. Había sido comisionado de la Interpol en el Aeropuerto Internacional de la Ciudad de México. A cambio de información, Felipe cobraba 50 mil dólares mensuales y luego pasó a informar para la DEA. Para reafirmar sus señalamientos, agregó: «Mario Velarde Martínez es de tez blanca, cabello negro corto y ondulado, mide 1.65, tiene el tic nervioso de estarse jalando los pellejos de los dedos pulgares y casi siempre tiene curitas en esos dedos».

El testimonio de Felipe tuvo la fuerza de un disparo contra el policía consentido del presidente, el que manejaba la información más sensible de su guerra contra las drogas. Pero nada pasó: fueron cobijados por su jefe y, un año después, Medina Mora renunciaba al gabinete empujado por García Luna.

EL AÑO DEL INFORTUNIO

El año 2008 fue uno de los más violentos de México. Un parteaguas del sexenio. Una fisura sin arreglo.

El comandante Javier Herrera Valles hacía tiempo que estaba cansado y había tomado una decisión difícil. Sabía que los objetos de su denuncia eran peligrosos; asesinos vinculados al narcotráfico que operaban desde el Estado, capaces de lo peor. Duranguense de principios claros y amor por una profesión que eligió desde muy joven y para la que se preparó con fervor, un día de mayo de 2008, confiado, decidió enviarle una carta a Felipe Calderón.

En ella se explayó acerca de las fallas que veía en la Secretaría de Seguridad Pública que dirigía García Luna. No creía que la estrategia de la guerra fuese la más acertada. No creía en García Luna y tampoco en el equipo que lo acompañaba. Sabía que estaban vinculados al Cártel del Pacífico y que cobraban millones por protegerlo. Había participado de la guerra declarada por Felipe Calderón al narcotráfico en lugares estratégicos: Michoacán, Nuevo León, Guerrero y Tamaulipas. Con la experiencia y la intuición de 30 años de profesión, se dio cuenta inmediatamente dónde estaba el demonio.

«No estaba afuera, no eran los narcos, eran los de adentro. Eran García Luna y su gente que no solo estaban corrompidos, sino que habían armado un cártel adentro de la Secretaría de Seguridad Pública. Llegó un momento en que dejé de tener poder de decisión. Puse en evidencia los antecedentes de los comandantes que ingresaban. Eran criminales y tenían denuncias por vínculos con el narco. Édgar Millán, quien un tiempo fue mi jefe, me dijo que no interviniera, que eran órdenes de arriba. "O te alineas con nosotros o prepárate para lo peor". A partir de ahí, tuve la seguridad de que habían conformado otro cártel adentro de la secretaría y sentí que tenía que actuar rápido», me relata en una entrevista telefónica, realizada para este libro.

Cuando Javier Herrera Valles tomó la decisión de escribir la carta al presidente, todavía cumplía tareas como coordinador de Seguridad Nacional de la Policía Federal, pero estaba fuera de la órbita de las decisiones de García Luna y su pandilla. Estaba en medio del infierno y a pesar de eso decidió arriesgarse. Sin embargo, como no tuvo respuesta, envió otra misiva. Una parte de ella, decía:

Al inicio de su mandato constitucional, en diciembre de 2006, nombra como secretario de Seguridad Pública al ingeniero Genaro García Luna, quien en el sexenio pasado fungió como director de la Agencia Federal de Investigaciones (AFI), la cual creó en el año 2001, con la complacencia del entonces presidente Vicente Fox Quesada (posiblemente engañado); le vendió la idea de que la Policía Judicial Federal necesitaba desaparecer y crear la Agencia Federal de Investigaciones con una nueva imagen de policía científica, encargada de combatir la delincuencia organizada, misma que no pudo contener: al contrario, se fortaleció e incrementó el narcomenudeo en nuestro país, así como el tráfico de drogas y la violencia característica del crimen organizado, producto de la ineficacia y corrupción de los elementos de la renovada corporación…

Señor presidente, lo más preocupante para la seguridad pública de nuestro país es que el ingeniero Genaro García Luna continúa sin dirección en la Policía, mintiéndole a usted y mintiéndole a la sociedad.

La segunda carta la entregó a César Nava en mano, para que este se la hiciera llegar a Felipe Calderón. En septiembre de 2008, su hermano, Arturo Herrera Valles, quien fungía como comandante de región en Tabasco, fue detenido y enviado a prisión.

Después de la primera carta que envió a Felipe Calderón, lo dieron de baja en su trabajo y comenzaron a acosarlo y amenazarlo. El 18 de noviembre del mismo año fue detenido —secuestrado— cuando estaba por ingresar a Televisa Chapultepec, para una entrevista con Denise Maerker en su programa *Punto de Partida*. Lo arrastraron a una camioneta, lo golpearon y le quebraron una costilla, y se lo llevaron detenido. Nunca tuvo un abogado y tampoco un médico que probara las torturas. Fue condenado a 10 años de prisión por la confesión de dos testigos protegidos; uno de ellos dijo que recibía dinero de los Beltrán Leyva y el otro, que obtenía ingresos del Cártel de Sinaloa, en ese momento, en medio de una guerra. En noviembre de 2011, Javier Herrera Valles fue absuelto de todos los delitos que se le imputaban, pero nunca abandonó la batalla por encontrar la reparación del daño que le provocaron Genaro García Luna y Felipe Calderón. Doce años después de presentar la denuncia ante la Corte Interamericana de Justicia (CIDJ), el 12 de julio de 2020, la comisión admitió su caso, en el que incluyen a su hermano Arturo y a su familia por «detención ilegal, hostigamiento y torturas».

«No siento rencor ni tengo afán de venganza. Solo quiero que se haga justicia. Fui un iluso, un ingenuo, y creí en Felipe Calderón, pero resultó que era cómplice de García Luna y de su gente. No me arrepiento de haber enviado esas cartas. Lo volvería a hacer a pesar de los años que pasé en prisión y de todo lo que perdí en lo personal y en lo emocional, y del infierno que le hicieron vivir a mi familia. Soy una persona de fe y creo en la justicia. Lamentablemente, el daño que le hicieron a México es irremediable», me dijo.

La traición al Rey Zambada

«Ni un paso atrás» era su frase predilecta, según le dijo García Luna al periodista del diario *The New York Times*, Daniel Kurtz-Phelan, quien lo entrevistó en abril de 2008. En realidad, no le pertenecía. La frase era el caballito de batalla de Édgar Millán Gómez, amigo y el tercero en importancia del organismo después de Facundo Rosas. Asesinado la madrugada del jueves 8 de mayo de 2008 en Tepito, por sicarios que ingresaron a su casa y lo acribillaron a balazos como venganza por una traición a los Beltrán Leyva, Millán Gómez venía a los tumbos.

«Esta ha sido mi vida y me han elegido para esto, esta lucha es la cumbre de mi carrera», expresó en esa entrevista, una de las pocas que dio con un medio extranjero. En su triunfalismo no percibía, como dicen los colombianos, que lentamente comenzaba a «volver sobre sus pasos».

«Estaba nervioso y tenía abruptos cambios de humor, gritaba y humillaba a sus subordinados. Se notaba que las cosas estaban mal, aunque no estoy seguro de que él fuera consciente. Los gringos lo premiaban y se había hecho amigos en la DEA y en el FBI», relata un policía que lo trató en ese tiempo.

El 8 de mayo de 2008, Édgar Guzmán López, hijo de Joaquín Guzmán Loera y Griselda López, fue asesinado en Culiacán y la noticia cayó como una bomba. El mismo día, Genaro García Luna recibía la peor de las noticias: fue ejecutado de nueve balazos Édgar Millán Gómez. A pesar de esto, se le rindió homenaje al féretro envuelto en la bandera mexicana, y Felipe Calderón y los hombres más importantes de su gabinete entonaron el Himno Nacional Mexicano como despedida.

Los asesinatos, desaparecidos y secuestrados se triplicaron en ese año, y miles de personas vestidas de blanco marcharon al Zócalo con un grito en común: «Si no pueden con el crimen, váyanse».

La guerra entre los cárteles recrudeció como nunca. El Chapo Guzmán y el Mayo Zambada quebraron la alianza que tenían con los hermanos Beltrán Leyva y el megacártel al que la DEA bautizó como la Federación —del que eran parte el Cártel de Tijuana, el del Golfo y los Zetas— se hizo trizas, inundando de sangre el país.

A finales de octubre de 2008, a través de una llamada anónima, fuerzas policiales federales detuvieron a Jesús Zambada García, alias el Rey, en un enfrentamiento en San Bartolo Atepehuacan, en la Ciudad de México. No era cualquier traficante, sino el hermano del Mayo Zambada. Cuando la SSP tomó conciencia del personaje, trató de salvarlo, pero fue imposible. Policías de García Luna estaban a los tiros contra policías de Mancera, y estos les ganaron de mano. Con el Rey cayeron su hijo Jesús Zambada Reyes, de 22 años, su hijastro y 30 personas más.

Genaro García Luna vivió sus primeras bajas, las que más le importaban. A la pérdida de Édgar Millán se agregaron las de Édgar Enrique Bayardo y Gerardo Garay Cadena. El hijo del Rey Zambada se convirtió en testigo protegido de la PGR y señaló a los policías que estaban en la nómina de su familia. Al poco tiempo apareció muerto en una casa de seguridad, presuntamente ahorcado con los cordones de sus tenis. Nadie creyó en el suicidio, y el Mayo preguntaba insistentemente a García Luna quién había matado a su sobrino.

Dicen que la venganza es un plato que se sirve frío: García Luna no imaginaba ni por asomo cuánto le costaría esta traición a sus socios de Sinaloa.

En diciembre de 2008, varios estados de México amanecieron con «narcomantas» con mensajes dirigidos a Felipe Calderón:

Genaro García Luna es el narcotraficante con más poder, él y su grupo de sicarios que están en la corporación de la PFP, que se hacen llamar grupos de reacción Gopes. Son sicarios al servicio del Cártel de Sinaloa, los cuales se prestan a secuestros, asesinatos, ejecuciones y desapariciones de empresarios del Distrito Federal, así como de otras partes de la República Mexicana.

Las narcomantas aparecían en todo el país y algunas estaban firmadas por el Cártel del Golfo, otras por los Zetas, y unas más eran anónimas.

El país ardía y se encaminaba a un hoyo sin salida.

En 2009, el promocionado Operativo Limpieza que lanzó Eduardo Medina Mora en sociedad con Marisela Morales apenas un año antes, encerraba ya uno de los mayores engaños del sexenio. Una tapadera que ocultó las relaciones y la protección de los organismos de seguridad con el Cártel de Sinaloa.

Tony Garza, embajador de Estados Unidos, expresó en un cable filtrado por WikiLeaks que «el operativo ayudó a Felipe Calderón a pulir sus credenciales, pero perjudicó a García Luna, que tendrá que trabajar duro para superar la percepción de que no se da cuenta de lo que sucede a su alrededor o que tolera las actividades de sus subordinados».

Otro cable confidencial firmado por el exembajador Carlos Pascual, fechado en noviembre de 2009, muestra un sombrío panorama de los servicios de inteligencia mexicanos. Los llama «mezquinos y anárquicos» e incapaces de producir «información de alta calidad y operaciones contra blancos específicos». Y alega que, como resultado,

dependen fuertemente de la inteligencia de Estados Unidos. El Cisen ha demostrado que es incapaz de ejercer el papel de «líder verdadero» en las operaciones de inteligencia debido en parte a «gigantes institucionales» como la SSP, cuyo presupuesto personal opaca al resto. La SSP se pasa de lado a la PGR, en sus tareas de intercepciones telefónicas y solicitud de récord de compañías de teléfonos.

Pascual cuestiona también el relevo del procurador Eduardo Medina Mora por Arturo Chávez, porque «no ayudó a mitigar la conocida rivalidad institucional y personal de la PGR con Genaro García Luna, intrigas que obstaculizan el intercambio de inteligencia y fomentan un clima de desconfianza». Agrega además que «la Sedena prefería trabajar con la PGR antes que con la SSP», lo que no sorprendía. El Ejército detestaba a García Luna y conocía sus negocios con el Cártel de Sinaloa. Acumulaban carpetas que lo incriminaban, a él y a su equipo.

El martes 14 de julio de 2009, un hombre llamó al programa *Voz y Solución*, conducido por el periodista Marcos Knapp, de CB televisión de Michoacán. Se presentó como Servando Gómez Martínez, la Tuta, «mando operativo de la Familia Michoacana», y dijo que respetaba al presidente Calderón, al Ejército y a la Armada de México, pero no así a la PFP y a la Siedo. Las acusaciones fueron directas para el titular de la SSP: «Que no lo engañe Genaro García Luna, presidente. Él tiene orden de presentación en Estados Unidos. ¡Por qué no se lo han llevado! Nosotros sabemos que está coludido con los Zetas y los Beltrán Leyva».

BAILANDO CON EL DIABLO

Sucedió antes de que le llegara la noche. Cuando el poder adquirido a gatillazos, extorsiones, espionajes y asesinatos, lo hacía sentirse omnipotente e impune. Sin horizonte.

Su escandaloso enriquecimiento y el de sus policías superaban lo tolerable y los nexos orgánicos con los jefes del Cártel del Pacífico estaban en boca de todos. Sus patrones eran el Mayo y el Chapo, y él, un peón que cumplía órdenes, al que llamaban despectivamente *el Topo*, según allegados a la organización de Sinaloa.

Un topo, según la definición de diccionario, es un mamífero voraz, de patas cortas y ojos diminutos, que habita en las oscuras galerías que excava debajo de la tierra. Un topo, en la jerga de los servicios de inteligencia, es alguien infiltrado en una organización para servir a otra. Genaro García Luna terminó devorado por la que le redituaba mayores beneficios y, en su delirio, sintió que su suerte sería eterna.

El Mayo Zambada, que todo lo sabe y lo guarda en su computadora encriptada, tiene las pruebas de las complicidades, corrupciones y traiciones de Genaro García Luna, de sus compadres y de todos los involucrados. De los de arriba y los de abajo. En su poder existen infinidad de videos y fotografías; pruebas contundentes, irrefutables, de cada uno de los ilícitos.

Genaro García Luna era una pieza minúscula de los devaneos sexenales de los cárteles. Felipe Calderón, como su antecesor, había decidido jugarse la carta de los capos de Sinaloa; eliminar a sus «sanguinarios» rivales con el discurso de la «pacificación» y declararse ganador de una guerra perdida desde el inicio. No solo no lo logró, sino que terminaron fagocitados por los demonios.

Las cifras a partir de 2008 eran escalofriantes.

El semanario *Zeta*, uno de los proyectos periodísticos más combativos, fundado por Jesús Blancornelas, reportó que en diciembre de 2011, tras cinco años de gobierno de Felipe Calderón, se sumaban un total de 60 mil 420 ejecuciones. Para obtener esta cifra comparó las tarjetas informativas de las secretarías municipales y estatales de Seguridad Pública, así como los datos estadísticos de las procuradurías generales de Justicia, con lo reportado por el Sistema Nacional de Información, que da un trato distinto a los fallecidos por ejecuciones, enfrentamientos u homicidios.

La tasa de secuestros no era menos alarmante.

La misma publicación informaba que frente a las cinco mil 177 personas víctimas de secuestro tras cinco años de calderonismo, acreditadas por el Gobierno federal, la organización México Unido Contra la Delincuencia consignó en sus investigaciones 10 mil secuestros al año. Un escándalo.

El 26 de mayo de 2011, el general colombiano Óscar Naranjo entregó una condecoración a su amigo Genaro García Luna, lo que generó otro escándalo. Era evidente que hubo conversaciones bilaterales para ayudar a levantar la imagen del por entonces alicaído funcionario, al que muchos llaman vicepresidente, aunque el cargo no existe.

El general Naranjo, como su par mexicano, tiene prontuario. Sus historias poseen puntos en común. Mano derecha del expresidente colombiano Álvaro Uribe, está vinculado a paramilitares y traficantes, y muchos de sus hombres están en prisión por este motivo. En Colombia, los periodistas evitan escribir sobre el único director de la Policía Nacional que llegó a su cargo con tanto poder. «Es capaz de mandarte matar», dicen. Un hermano suyo, Juan David Naranjo Trujillo, estuvo preso en Alemania, acusado de narcotraficante, por haber intentado ingresar con una carga de cocaína. En 2004, un fiscal antimafia acusó a Naranjo de brindar protección al traficante Wilber Varela, alias Jabón, exmiembro de la policía colombiana, enfrentada a muerte con la banda de los Machos, de Diego Montoya Henao, don Diego, capo del Cártel del Norte del Valle. Carlos Mario Jiménez, alias Macaco, un paramilitar narcotraficante a quien todos vinculan con el expresidente Uribe Vélez, era el mediador de esta guerra. Wilber Varela, el Jabón, protegido del general Naranjo, conocía las actividades de su jefe, pero alguien le avisó que tenía los días contados y se escapó a Venezuela, donde meses después fue asesinado por sicarios. Su computadora quedó en manos del servicio de inteligencia del gobierno de Hugo Chávez, al que Naranjo acusaba de vínculos con las FARC. Después de la ejecución del Jabón, en plena confrontación entre Chávez y Uribe, le dijeron al comandante Naranjo que tenían la computadora del muerto y que había información sobre las actividades *non sanctas* del director de la policía. Óscar Naranjo no habló más y bajó el perfil.

Genaro García Luna y el general Naranjo eran parecidos y se cortejaban con medallas como honorables jefes de una guerra fracasada y sucia.

A pesar de las denuncias sobre sus vínculos sombríos, Genaro García Luna viajó con una nutrida comitiva a Estados Unidos para exponer su propósito de crear un sistema de seguridad semejante al utilizado en Nueva York.

El 13 de enero de 2012, se reunió con destacadas figuras del sector financiero y comercial «para exponer el renovado modelo de seguridad» con el que esperaba combatir el crimen organizado. Los viajes y la búsqueda de condecoraciones eran una fachada de sus actividades mafiosas. Las suyas y las de su pandilla, hermanados en la adicción al dinero mal habido y al crimen.

En 2006, García Luna publicó el libro, que parece una edición de autor, *¿Por qué mil 661 corporaciones de policía no bastan?*, en el cual impulsaba el proyecto de practicar certificaciones de conocimientos y conducta, evaluaciones de situación patrimonial, entorno social y exámenes toxicológicos a todo aquel que pretendiera ocupar el cargo de policía. Curiosamente, García Luna jamás se sometió a un examen de confianza cuando fue titular de la AFI. Como secretario de Estado, lo hizo solo una vez, no obstante el Acuerdo Nacional por la Seguridad, la Justicia y la Legalidad del 21 de agosto de 2008, que obligaba a todos los mandos e integrantes de corporaciones policiacas a practicarse con regularidad dichos exámenes.

No solo los resultados del único examen son poco claros, sino que uno de sus más cercanos colaboradores, amigo y compinche de tropelías, Luis Cárdenas Palomino, coordinador de Inteligencia para la Prevención del Delito, se sometió a una sola evaluación de confianza durante esos cinco años, y Facundo Rosas Rosas, comisionado de la PFP, lo hizo solo en tres oportunidades: 2007, 2009 y 2010. Desconcierta, por lo demás, que en enero de 2012 el Gobierno federal haya señalado que más de 30 mil policías municipales, estatales y federales fueron despedidos en los primeros cinco años de gobierno. De los altos funcionarios, ignoramos si los acreditaron o no.

Las sospechas e incriminaciones del primer círculo del policía revelan personajes del hampa.

Dos hombres de su confianza, Luis Cárdenas Palomino y Francisco Navarro Espinosa, fueron acusados de diferentes delitos e investigados por la Siedo. En 1987, fue acusado de estar involucrado en un triple homicidio calificado y, en 2004, la Procuraduría General de Justicia del Estado de México, a cargo de Navarrete Prida, lo señaló por su participación en la extorsión y homicidio de Enrique Salinas de Gortari, hermano del expresidente.

La lista de implicados en diferentes investigaciones es larga, pero basta destacar a Gerardo Garay Cadena, excomisionado de la PFP, detenido en un penal de alta seguridad. El caso de este exfuncionario es emblemático porque ilustra el comportamiento criminal de un número importante de policías en México y la existencia del cohecho, el soborno y el tráfico de influencias para alcanzar la libertad sin importar el tamaño del delito.

El 15 de noviembre de 2011, Garay Cadena encabezó un operativo que tenía como propósito capturar a miembros de la organización de Arturo Beltrán Leyva en una residencia en el Desierto de los Leones, al sur de la Ciudad de México. En el sitio tenía lugar una fiesta en honor de Harold Poveda, el Conejo, el colombiano que abastecía de cocaína a los Beltrán Leyva. Garay Cadena dejó que escapara el socio sudamericano, pero retuvo a los invitados, incluidas 40 prostitutas mexicanas.

La residencia era un gabinete de curiosidades: dos panteras negras, dos leones, un tigre blanco y otro albino, además de droga y miles de dólares en efectivo. La fiesta, sin embargo, no terminó, solo cambió de comensales. La indagación previa, conducida por la Siedo, acusó a Garay Cadena de haber tomado medio millón de dólares, joyas valuadas en dos millones de dólares y un perro bulldog inglés, además de haber celebrado una orgía en el lugar, ingerir cocaína y sumergirse en una tina bañado de billetes verdes, todo ello en uso indebido de funciones. Pero no solo eso: descubrieron también que el operativo buscaba proteger al grupo de los Beltrán Leyva.

El 31 de octubre, el funcionario, quien se desempeñaba como jefe de Operaciones Especiales de la Policía Federal y quien tenía a su cargo más de 30 mil agentes en todo el país, renunció para enfrentar las investigaciones por sus presuntos nexos con el narcotráfico. Finalmente se le dictó auto de formal prisión y purga su condena en el penal de máxima seguridad de Nayarit.

El 17 de noviembre de 2011 se dio a conocer la noticia de que saldría libre en los próximos meses, luego de que Laura Serrano Alderete, la jueza de Distrito de Procesos Penales Federales en Nayarit, lo condenara por cuatro años y tres días por el delito de robo, pero no así por delitos de delincuencia organizada y abuso de autoridad, incluidos en la acusación de la PGR pero no ratificados por la juez.

En aquel momento, el comandante Édgar Enrique Bayardo del Villar, implicado en el operativo, se acogió al beneficio de ser un testigo protegido y denunció a su jefe por haberse involucrado con los Beltrán Leyva. Esta prerrogativa lo eximió de las acusaciones por tortura que practicó en contra de sus detenidos.

Un año después, el excolaborador de Garay Cadena fue asesinado en un Starbucks de la colonia Del Valle, al sur de la Ciudad de México. La PGR inculpó del crimen a dos de sus escoltas, pero lo cierto es que las investigaciones jamás esclarecieron los hechos.

Toda acusación proveniente de la PGR abonó en sus guerras con García Luna, quien nunca tuvo una buena relación con Santiago Vasconcelos (titular de la Siedo), ni después con Eduardo Medina Mora, Arturo Chávez, ni Marisela Morales. La animadversión contra

García Luna cobró mayor relieve con el cúmulo de pruebas en su contra.

Según datos de la PGR, las presuntas relaciones datan de 2005. Hay una averiguación previa, la PGR/SIEDO/UEIDCS/106/2005, integrada contra la célula de los hermanos Beltrán Leyva, entonces líderes del Cártel de Sinaloa, que implica al titular de la SSP por presunta protección de este grupo criminal. Se trata de transcripciones de llamadas telefónicas, correos electrónicos enviados por personas que se identificaron como miembros del Cártel del Golfo. En aquel año existía una confrontación entre los Zetas y los Beltrán Leyva por el control de Acapulco y Zihuatanejo. Según consigna la averiguación, García Luna recibía pagos millonarios de los Beltrán Leyva a cambio de protección.

La lucha sin cuartel entre la PGR y la SSP, o más exactamente entre García Luna y quienes habían ocupado ese cargo durante el sexenio —Eduardo Medina Mora (2006-2009), Arturo Chávez (2009-2011) y Marisela Morales (2011-2012)—, no fue un enfrentamiento entre el mal y el bien.

Fueron tránsfugas que se disputaban el botín.

La elección de Arturo Chávez Chávez sentó un pésimo precedente. No obstante los oscuros antecedentes del exprocurador de Chihuahua, quien obstaculizó las investigaciones de feminicidios en Ciudad Juárez, la porfía del presidente logró convencer al Senado. La sustitución por Marisela Morales no fue una buena idea.

La procuradora, amiga personalísima del general Macedo de la Concha, es aficionada a encontrar soluciones rápidas aunque esto implique fabricar pruebas. Ejemplo de ello fue el Michoacanazo, una acusación que realizó la Siedo a mediados de 2009 contra 11 presidentes municipales, 16 altos funcionarios de la policía y un juez estatal en Michoacán, por presuntos vínculos con la Familia Michoacana, todo con base en testigos protegidos.

Ante la ausencia de pruebas, que en realidad fueron fabricadas por la dependencia encabezada por la procuradora, todos los funcionarios fueron liberados.

El nepotismo y la falta de rigor para contratar al personal de la SSP demostraron durante el sexenio las limitaciones profesionales de García Luna. Humberto Martínez González, exjefe del secretario, fue contratado como director general de Apoyo Técnico el 2 de octubre de 2007 sin aprobar los exámenes de control de confianza tan promovidos por el funcionario. Un caso aún más grave es el de la hermana del secretario, Esperanza, que pasó de encargada de un suplemento de sociales a policía encargada de la Dirección General de Apoyo Técnico.

Las capturas de capos y las extradiciones, de las que tanto alardeaban, no reflejaron una disminución de la violencia o un quiebre de las organizaciones. Fue peor. Cayeron los capos de los cárteles enfrentados al de Sinaloa, patrones de Genaro García Luna y su banda.

A pesar de que de 2008 a 2009 el presupuesto de la Secretaría de Seguridad Pública se incrementó en casi 50%, hacia finales de 2010 un informe de la Cámara de Senadores aceptaba que 71% de los municipios del país eran controlados por el crimen organizado.

Desde 2008, las acusaciones contra García Luna se multiplicaron. A raíz de las presiones de Washington derivadas del Plan Mérida para extirpar de la SSP y la PGR a los infiltrados del crimen organizado, las diferencias entre los titulares de ambas dependencias se pronunciaron.

La lista es larga, pero entre los subordinados de García Luna en la AFI, la PFP o la SSP han sido acusados de delincuencia Ricardo Gutiérrez, responsable de elegir a los mandos de la AFI que controlaban aduanas y aeropuertos, Jorge Alberto Zavala, Antonio Mejía, Francisco Javier Jiménez y José Antonio Cueto, todos ellos agentes de la AFI desde los tiempos en que García Luna la comandaba. Legisladores demócratas y republicanos, inmersos en la campaña presidencial de Estados Unidos, levantaron críticas contra la gestión de García Luna, basándose en el argumento de que la guerra contra el narcotráfico fracasó, porque en los organismos policiales «prevalece la corrupción y es necesario investigar las denuncias contra Genaro García Luna».

El sexenio de Calderón tiene en Genaro García Luna uno de los rostros malditos. El contraste de los abusos, los ilícitos y la impunidad con la tragedia en que se encuentran inmersos miles de mexicanos es brutal. En un periodo donde la seguridad fue vulnerada, el garante, lejos de cumplir y de modificar el concepto mafioso de las policías, continuó con la misma tradición criminal, que se vivió desde la década de los ochenta, con la triste y célebre DFS.

Su gestión no se diferenció de la de Miguel Nazar Haro, Arturo Durazo, Jorge Carrillo Olea, Javier Coello Trejo y el otrora poderoso Guillermo González Calderoni, el policía consentido de Carlos Salinas de Gortari, ejecutado de un balazo en la cabeza en 2003, en McAllen, Texas; curiosa coincidencia.

Autoexiliado en Miami desde diciembre de 2012, apenas finalizó el sexenio, Genaro García Luna dio impulso a los prolíficos negocios de seguridad y alta tecnología que tenía en sociedad con los sombríos empresarios Mauricio y Alexis Weinberg, que venían de largo tiempo.

Convencido de que sus antiguas relaciones con la DEA, el FBI y la CIA, sus medallas y condecoraciones, y sus vínculos con poderosos empresarios, a los que pagó favores con contratos millonarios mientras estuvo al frente de la AFI y la SSP, le brindarían la coraza para moverse con la tranquilidad que no tenía en México, se lanzó al despilfarro y la ostentación. Ocultó millones de dólares de sobornos del Cártel de Sinaloa, sus compadres, en una red de empresas fantasmas, que despertaron las sospechas de la DEA, que comenzó a seguir sus movimientos desde 2014, y que conforman más de 60 mil páginas de pruebas, ahora en manos del fiscal Richard Donoghue, de la corte federal de Nueva York. Las investigaciones incluyen el manejo del millonario presupuesto de la Iniciativa Mérida y la manipulación de información confidencial que le brindaron los organismos de inteligencia de Estados Unidos y que acabaron en manos de los capos de los cárteles, que abarcan los sexenios de Fox y Calderón. El testigo estrella de la fiscalía es Ismael *el Rey* Zambada, hermano del Mayo, el que antes de ser detenido en 2008 le rogó inútilmente a García Luna y a sus hombres que lo salvaran. Su hijo Jesús, detenido en una casa de seguridad, apareció ahorcado con los cordones de sus zapatillas.

Peniley Ramírez, periodista de Univisión, fue la primera que documentó, en 2012, la residencia de lujo que habitaba García Luna en Golden Beach, con embarcadero propio, valuada en 3.3 millones de dólares. A esta mansión se agregan más de 30 propiedades fastuosas, desde oficinas hasta *penthouses*, adquisiciones millonarias, imposibles de justificar.

La caída se aceleró.

Cuando lo detuvieron en Texas, la medianoche del 9 de diciembre de 2019, su rostro se transfiguró. La periodista de ProPublica, Ginger Thompson, dio la primicia de su detención. Un agente de la DEA me relató que el exsecretario de Seguridad le pidió a Linda Pereyra, su mujer, que llamara urgente a sus amigos, que pidiera ayuda. Desesperada, marcó a los teléfonos de la DEA, el FBI, la CIA y los Weinberg, sus socios mexicanos, y hasta intentó con el exfiscal de Justicia de Obama, Eric Holder.

Nadie respondió.

El jefe de la DEA al que entrevisté en Miami, en el lejano 2011, que trabajó con García Luna cuando este era un espía del Cisen, fue categórico cuando le pregunté por qué trabajaban con él si sabían que era corrupto y tenía vínculos con narcotraficantes:

«Porque a veces hay que bailar con el diablo. Por ahora, es mejor tenerlo cerca que dejarlo suelto. Después veremos…».

3

Margarita, la socia

No tengo dudas de que la parte más fuerte de mí es Margarita.

FELIPE CALDERÓN, 2006

—Margarita no es feliz. Lo sé porque la conozco mucho. La última vez que fui a Los Pinos y le mencioné el problema de Felipe, hizo como que no le importaba, como si le hablara de un cadáver...

—¿Me puede explicar qué significa su infelicidad?

—Está molesta y frustrada. Lo disimula, pero lo sé. Felipe Calderón tiene muchos problemas con el alcohol, desde siempre, y esto le afecta mucho. No es fácil convivir con un marido alcohólico, con el agravante de ser el presidente. Es una pena, porque es una mujer inteligente y no merece vivir esta situación.

Arturo Farela Gutiérrez habla despacio, quizá por temor a que lo escuchen. Es amable y franco. Dirige la Confraternidad Nacional de Iglesias Cristianas Evangélicas (Confraternice), y en las paredes y en su escritorio hay evidencia de su relación con varios presidentes mexicanos, desde Ernesto Zedillo hasta Andrés Manuel López Obrador. Con Margarita Zavala tiene una relación personal y asegura que la aprecia, que le da pena lo que vive con su marido, y por eso conversa con ella para consolarla cada vez que puede.

—Aclaro que del único que soy amigo personal es de Andrés Manuel. Con Felipe Calderón la relación no existe, no me quiere y apenas me saluda. Muchos pastores cristianos son víctimas de esta guerra, y le reclamé en público y en privado. Sufrimos persecución, extorsiones y asesinatos. Están asesinando a muchos jóvenes de los centros de rehabilitación contra las adicciones. Pero a Felipe Calderón no le importa y no nos atiende. Entonces llamo a Margarita, y ella sí se preocupa y actúa. Y aunque le digo lo que pienso de su marido, no se molesta, pues lo conoce bien. Se nota que ella tiene más poder que su marido, pero no puede contra su alcoholismo y su carácter. Su vida es muy triste, y eso que ya amenazó con abandonarlo...

Relata el pastor y menea la cabeza.

No es el único en afirmarlo durante este árido y demencial 2011; es el ocaso del sexenio, y en la calle el aire se respira espeso, contaminado.

«Margarita no es feliz», declaran sus amigas y los pocos que la frecuentan. «Ni siquiera se inscribió como senadora, una idea que daba vueltas en la cabeza de los candidatos del blanquiazul». Sí, es extraño en una militante de tiempo completo como ella, pero esta vez se negó y las razones son obvias.

«El futuro político de Felipe Calderón lejos del poder es una de sus mayores preocupaciones», agregan las amigas. «Tiene mucho miedo por sus hijos, más que por Felipe. Y le preocupan los juicios que pueden caer sobre su marido, con respecto a los miles de víctimas de la guerra. Lo que le pasa a Ernesto Zedillo es una mala señal».

El expresidente Ernesto Zedillo está acusado de genocidio en Estados Unidos, debido a las víctimas de la matanza de indígenas en Acteal, ocurrida durante su mandato.

—He decidido que aquí entramos juntos y de aquí salimos juntos. Estoy orgullosa de la manera valiente en que el presidente ha cumplido su función, y del amor y la pasión que puso. Orgullosa, lo sigo hasta el final —repite Margarita como un mantra.

Simuladora de sentimientos en público, Margarita sabe evadirse cuando le preguntan por su futuro político y el de su marido. Sus palabras suenan vagas y todo parece color de rosa, pero no lo es. En medio de la tragedia más atroz de la historia contemporánea de México, la realidad que construye suena poco creíble.

—Me preocupa que estemos todos juntos, más que el lugar adonde vamos a ir. Tenemos claro que debemos responder hasta el final y ya veremos.

—¿Qué le pasa cuando escucha críticas, cuando ve una caricatura o lee una opinión en contra? Porque están hablando del presidente, pero también de su esposo…

—Claro que duele, pero yo la verdad estoy orgullosísima de él. De que todos los días se levante pensando qué es lo mejor para México y ese compromiso lo veo a diario.

—Al presidente le toca lidiar con muchas críticas, pero a usted no tanto. De repente existe la visión de que usted es la buena de la película, ¿no cree?

—Bueno, a mí me toca una parte muy amable y la autoridad tiene siempre esos desgastes, y una, muchos menos. […] Yo siempre creo que la autoridad está para poner los rumbos. Y creo que él lo ha hecho lo mejor posible.

Aunque Pascal Beltrán del Río intenta indagar más y trata de buscarle la vuelta, Margarita Zavala no sale del libreto.

Defensora acérrima de la estrategia elegida para la lucha contra el crimen organizado, durante el sexenio dedicó su atención a los problemas de adicciones y a los centros de rehabilitación vinculados a los Orozco, los fundadores de Casa sobre la Roca, la organización cristiana de la ultraderecha del G12 o gobierno de los 12 apóstoles. Con una estructura piramidal en la captación rápida de adeptos a los que les exigen dinero a cambio de la «salvación del alma» y prácticas secretas de manipulación mental, llevada a cabo por neófitos a los que llaman «pastores», la organización presidida por los Orozco es una secta de estafadores.

Margarita y Felipe cayeron rendidos frente la prédica de la pareja y le dieron acceso al poder federal.

El plan «Nueva Vida», en el que Margarita invirtió muchas horas, es creación del pastor Alejandro Orozco Rubio, esposo de Rosi

Orozco. El proyecto tiene 334 centros en México y es parte de la Iniciativa Mérida —símil del Plan Colombia, de Álvaro Uribe—, la cual nació en 2008, como respaldo de Estados Unidos a la guerra contra el narcotráfico. Los primeros días de febrero, el Departamento de Estado destinó a «Nueva Vida» 17 millones de dólares y nueve mil 500 equipos de alta tecnología.

Cuando algún periodista le pregunta a Margarita por la desprotección a las víctimas de la guerra que inició su marido, esquiva el tema y responde que el programa «Nueva Vida», de sus amigos predicadores, es la base más sólida de la estrategia. Porque la guerra, como dicen todos los calderonistas, es contra los «narcomenudistas» que «envenenan a nuestros jóvenes», y juran, además, que es una «tarea para muchos años, antes de que puedan palparse los resultados».

Es imposible imaginar dos estilos más antagónicos que el de Marta Sahagún y el de Margarita Zavala. Desde afuera, claro. La anterior amaba las cámaras y el despilfarro, y nunca se callaba. La segunda permaneció muda al lado de su marido, cultivó un bajo perfil y un aspecto recatado de maestra de escuela; es su sello personal, que por contraste con su antecesora agrada, pero a la vez engaña. Laboriosa y con una extensa militancia panista a cuestas, Margarita maneja los códigos secretos y las trampas de la política tradicional y, sobre todo, conoce como nadie los talones de Aquiles de su marido, y cómo manejar sus altibajos y debacles. Pero más allá de las diferencias, ambas coinciden en un punto: son las consortes de corazón azul que se instalaron en Los Pinos y quienes, por acción y omisión, marcaron la tónica de los 12 años de putrefacción y saqueo del dinero público por parte del Partido Acción Nacional.

Esposas y socias que aceptaron las corrupciones y abusos, las traiciones doctrinarias, las tragedias colectivas y la impunidad. Desde ese corazón azul, cerrado como un puño, dieron beneplácito a la confrontación que protagonizaron sus maridos contra los narcotraficantes, porque era la única opción para «salvar a México de las garras de los malos que no dejan vivir en paz a la gente bien», frase predilecta de Felipe Calderón, que Margarita hizo suya. Una batalla que en realidad ocultó las transas con los capos y dejó miles de víctimas inocentes.

Fueron cómplices y socias del engaño, de los pactos mafiosos y del crimen que marcaron los sexenios panistas, donde las ideas se enterraron, el fin justificó los medios y el dinero fue la bandera. Ninguna fue ajena a la catarata de desgracias que se abatió sobre el país.

Marta Sahagún fue el símbolo del enriquecimiento indebido. Exitosa lobista de los negociados de sus retoños, nunca le preocuparon los pobres, pero construyó una fundación de supuesta ayuda a los desprotegidos, misma que en realidad sirvió de tapadera de los enjuagues de la tribu. En el despoder, exhibió las riquezas mal habidas en las revistas del corazón; posó junto al exmandatario y, con total desparpajo, detalló los lujos del rancho de San Cristóbal, lo que desencadenó una investigación por enriquecimiento ilícito. Reina del *bling* —como llaman los franceses a las amantes de las joyas—, sus andanzas continuaron en el calderonato, con el consentimiento de sus sucesores.

Margarita Zavala, por otro lado, es conservadora y desdeña el hedonismo y la frivolidad; una católica ferviente y cercana al Opus Dei cuando era muy joven. Tuvo intenciones de convertirse en monja, aunque su padre la convenció de abandonar dicha idea. Abanderada en contra del aborto y de la pastilla del día después, asiste con frecuencia a rezar a la Basílica de Guadalupe. Sin embargo, ese catolicismo que abrazó desde niña convive con creencias religiosas de dudosa procedencia y oscuros objetivos.

Durante la campaña de 2006, trabó amistad con Rosi Orozco y Alejandro Orozco Rubio, predicadores de la secta Casa sobre la Roca y asesores espirituales de la pareja. Ambos se transformaron en los personajes que más influyeron en las políticas del DIF, el cual ella dirigió, junto con otras áreas del gobierno.

Negociadora política sagaz y de decisiones rápidas, sabe que la construcción de un poder propio implica maniobras a largo plazo y capacidad para actuar con frialdad. Y Margarita es fría y paciente. Nadie la ha visto estallar por alguna bronca, pero dicen que sepulta a sus enemigos y enemigas con indiferencia y la mirada gélida. No usa joyas, ni ropa de marca. Es dueña de un estilo bohemio, en el cual no existen escotes, faldas cortas o tacones de aguja. Cabello lacio sobre los hombros, cara lavada, no le importa el mundo de la moda. Todo en ella es predecible: faldas largas, blusas de colores neutros, vestidos sueltos y el rebozo artesanal, mismos que colecciona como Marta coleccionaba joyas.

«Cuando uno representa a un país, no debe cambiar de personalidad, ni sus valores o creencias. Me enseñaron a ser auténtica y lo más transparente posible. Uno no tiene por qué cambiar por su cargo o por lo que tiene, sino valorar lo que es», repitió cordialmente en varias entrevistas que le realizaron.

Practica ejercicio, le gustan los deportes extremos y el futbol americano. No bebe alcohol —aunque a veces sí se toma un tequila—, no fuma, es buena madre, buena hija y mejor hermana. Además, se graduó de abogada con excelentes calificaciones. Menos el carácter fuerte, que pasa desapercibido hacia afuera, y una intimidad blindada, Margarita engaña a quienes no la conocen.

Márgara, como le dice su marido, parece ser la única cuya imagen sobrevive al hundimiento del Titanic. Misterios de la vida. Tal vez por eso algunos ciudadanos de a pie creen que es «más buena» que su marido, sobre el que colocan la lápida de piedra de los miles de muertos y desaparecidos. Sin embargo, ese rostro apacible esconde a una mujer fría y calculadora que puede ser despiadada contra quienes se interpongan en el camino de sus ambiciones. Y aunque ella pretenda diferenciarse en público, nunca fue ajena a las decisiones que tomó Felipe Calderón mientras fue presidente. Tampoco a las tragedias ni a la corrupción.

El 5 de junio de 2009 a las 14:55 horas, el cielo de Hermosillo se oscureció y todas las desdichas se precipitaron sobre una guardería de niños, ubicada en la humilde colonia Y Griega.

Incapacitada para resguardar a 176 menores de edad por sus condiciones miserables y su falta de prevención y control por parte del

Estado, dicha guardería compartía un archivo de documentos con la Secretaría de Hacienda del Gobierno de Sonora. Aparentemente, un sistema de aire acondicionado se sobrecalentó, se fundió y cayó sobre una pila de papeles, lo que generó un incendio que se trasladó rápidamente a la estancia donde los niños dormían la siesta.

La construcción precaria con cielo raso de polietileno, sin puertas de emergencia, sin extinguidores de incendios y sin detectores de humo, se transformó en un escenario dantesco. Murieron 49 niños y los 106 que sobrevivieron quedaron con graves secuelas. Al día siguiente, el comunicado enviado desde Los Pinos decía:

> Nuestros pensamientos, nuestras acciones y nuestras oraciones están con las familias que hoy están viviendo una terrible situación. Como mexicano, como padre de familia y como Presidente de la República estoy, verdaderamente, entristecido y consternado desde el momento en que me enteré de esta tragedia.

Ninguna palabra, ningún escrito presidencial podía llevar consuelo a los padres. Muchos niños murieron quemados y otros asfixiados; los bomberos que llegaron al lugar lloraban, vomitaban o se desmayaban por el impacto. Eran familias trabajadoras que, por necesidad y sin otra opción, dejaban a sus hijos en el parvulario.

A los pocos días, se reveló que Marcia Altagracia Gómez del Campo, prima de Margarita Zavala, era una de las dueñas de la guardería. Tiempo después, y gracias a su ayuda, Marcia fue exonerada de toda responsabilidad judicial por la tragedia. Sin culpa ni cargo de conciencia, Margarita movió los hilos del poder judicial y su parienta quedó liberada de un crimen, el peor de todos, el más injusto. Hasta hoy, la tragedia de la guardería ABC está impune y la pareja presidencial nunca pidió perdón a los padres.

Empaquetada en asbesto y con una sonrisa, Margarita Zavala comienza a recorrer el país. Como una golondrina, lleva en su haber miles y miles de kilómetros, mientras Felipe Calderón se encierra más y más adentro de los círculos del Estado Mayor Presidencial. No viaja por seguridad y por el profundo malestar social que despierta su presencia. Lo hace su consorte, como si con ello quisiera suavizar los derrapes de su marido, la insolidaridad, el doble discurso, las promesas incumplidas, la violencia de la guerra.

A pesar del desprestigio, su antecesora tiene un punto a su favor: su marido no ingresó a Los Pinos por la puerta de atrás. Vicente Fox ganó en buena ley y acabó con 71 años del tricolor. Aunque la ilusión duró un suspiro, estará en la historia como el mandatario que sacó al Partido Revolucionario Institucional de la residencia presidencial. Margarita no puede enarbolar esta bandera, y Felipe Calderón quedará registrado como el mandatario del sexenio de la muerte y del fraude.

La paz y la guerra

Llegó a Los Pinos con agenda propia y fue el poder detrás del trono, el que se refuerza en la intimidad con el conocimiento de las debilidades del otro y que sabe cuándo y cómo hacerlo valer a su favor. La dependencia psicológica del mandatario hacia ella es notable, y eso en la política puede ser un regalo. Con astucia, supo hacer gala de una imagen edulcorada que, en un país machista y misógino, se celebra: la mujer detrás del marido. Sumisa y calladita, «porque se ve más bonita».

Margarita Zavala nació el 25 de julio de 1967, en la Ciudad de México, en el seno de una familia conservadora y católica; es la menor de siete hermanos: Diego Hildebrando, Mercedes, Pablo, Juan Ignacio, Rafael y Mónica.

Doña Mercedes Gómez del Campo Martínez, su madre, es una figura que la marcó. Activista católica con antepasados cristeros, entrona y brava, es el pilar de la familia. Al igual que su hija y su yerno, doña Mercedes es abogada egresada de la Libre de Derecho; se exilió de San Luis Potosí después de que un periódico publicara un desplegado de su autoría en el que cuestionó severamente al gobernador Gonzalo N. Santos, un general autoritario y mafioso al servicio del PRI que mandaba asesinar a sus opositores con mano negra, un pistolero sanguinario que se hizo célebre por la frase: «La moral es un árbol que da moras».

Exconsejera del PAN y miembro activo de organizaciones católicas, en 2010 doña Mercedes publicó un libro titulado *La oración y la cocina*, en el que mezcló recetas culinarias con su religiosidad. Es, sin duda, la jefa del clan familiar.

Margarita lleva en los genes el carácter duro de madre. Y por aquello de que repetimos en la adultez lo que vivimos en la infancia, parece haber replicado dicha esencia matriarcal, convirtiéndose en el eje de su familia.

Diego Heriberto Zavala Pérez, el padre de Margarita, fue un abogado, catedrático de Derecho Civil en la Universidad Iberoamericana, la Universidad La Salle y la Facultad de Derecho de la Universidad Nacional Autónoma de México. Fue magistrado del Tribunal Superior de Justicia del Distrito Federal y miembro de la Barra Mexicana de Abogados. Panista de pura cepa, fue subcoordinador del grupo parlamentario en la LV Legislatura y candidato al Senado de la República por el Distrito Federal. Recibió una pensión mensual de 84 mil pesos desde 2006 hasta su fallecimiento en 2017, y en 2007 publicó el libro *Derecho familiar,* en el cual recalca «la importancia de la familia como base de la sociedad» y los «males del divorcio». Además de las ideas de derecha y la militancia en grupos católicos, compartió con su esposa la afición a las corridas de toros.

Tan conservadora como sus progenitores, Margarita Zavala ingresó a los 17 años a los cursos de adoctrinamiento del PAN. Y allí, según la biografía oficial repetida una y mil veces, conoció a Felipe Calderón, uno de los instructores. Él tenía 22 años, cinco más que ella, y pertenecía a una familia de clase media con dificultades económicas. Margarita, por el contrario, tenía un origen social más elevado.

Al principio, la familia Zavala-Gómez del Campo no recibió a Felipe con los brazos abiertos. «Tuvo que pelearla duro. No tenía dinero, no era güero, y además ellos esperaban un mejor partido para su hija. Esta situación afectó bastante a Felipe, sé que le resultó humillante. Por más esfuerzo que realizaba para caerle bien a sus suegros, ellos no lo querían», me dijo el exdirigente panista Jesús González Schmal en una entrevista para este libro, en 2011.

Dos años después de conocerse iniciaron su noviazgo. La historia rosa que han repetido hasta el cansancio se refleja con precisión en *El hijo desobediente*, la autobiografía que escribió Felipe Calderón, durante la campaña presidencial de 2006.

Un hermoso sol de octubre enrojecía la tarde entre el cerro del Águila y el Tzirate, medianas cumbres que nos gustaba escalar en la prepa guiados por el padre Eliseo Albor, el director del Valladolid. Le dije a Margarita: «Yo te regalo un sol con pueblo». No conversamos mucho más, pero comenzamos a andar por ahí por diciembre. Seis años después, el 9 de enero de 1993, nos casamos en la iglesia de Santa María Reina.

«En esa relación, Margarita siempre fue la que mandó, la más fuerte, la de las grandes decisiones. Es inteligente, más inteligente que Felipe, y él le tenía temor», relata Manuel Espino. «No sé por qué, pero cuando estaba con Margarita, cambiaba. No gritaba, no madreaba. Ella lo miraba y el cambiaba el tono de voz. Y siempre estaba buscando la aprobación de ella. Si ella decía que no, él daba marcha atrás».

—Me acuerdo que, cuando Felipe se recibió de abogado, vivíamos en Coyoacán y fuimos a una comida que hizo Rafael Septién, pateador de los vaqueros de Dallas. Margarita lo había dejado y no sé por qué. Cada tanto, ella se cansaba y lo abandonaba. Esa vez comenzamos a tomar temprano y en un momento él estaba bien borracho y se subió al puente de Xoco con unas chelas, y decía que se iba a tirar porque Margarita no le hacía caso. Antonio Zepeda y yo evitamos que se tirara. Estaba muy triste y repetía: «¿Por qué no me quiere? ¿Que hice mal? Si lo único que hago es tratar de complacerla» —cuenta por su parte el expanista Francisco Solís Peón, mejor conocido como Pancho Cachondo, en una de las entrevistas que me dio para este libro.

Solís Peón conoció a Felipe por medio de Carlos Castillo Peraza. Fue íntimo de Margarita, salían juntos y es de los poquísimos que conoce la intimidad de la pareja desde tiempos lejanos. Solís formó parte de la pandilla de panistas de la Libre de Derecho.

—¿Y qué hicieron? —pregunto, imaginando la escena.

—Lo bajamos, porque creímos que no tenía convicciones serias de tirarse, pero estaba triste y si perdía el equilibrio, con el pedo que tenía encima, seguro que se nos iba. En ese momento éramos jóvenes. A Felipe le gustaba la fiesta y cuando estábamos muy pedos, terminábamos peleándonos con algún cabrón. Margarita nos acompañaba a veces...

—¿Que hacía?

—Margarita casi no bebe, pero aguantaba. Él comenzaba a tomar en la tarde o desde temprano y no paraba hasta terminar muy borracho. Yo me llevaba bien con ella, me prestaba sus apuntes y me contaba de su relación con Felipe, cuestiones íntimas que prefiero guardarme. Puedo decirle que se cansaba de sus cambios de humor, sus estallidos de cólera, no con ella, sino con los demás. Y después de que te madreaba, era como si no pasara nada. Hacía berrinche y se calmaba, berrinche y se calmaba. En la política y en las fiestas. Y eso cansa a cualquiera, uno se pone hasta la madre. Margarita también se cansaba y lo abandonaba, y él se ponía borracho y amenazaba con tirarse de un puente... Siempre digo que otra hubiera sido la historia de México si aquel día Felipe se hubiera tirado del puente, ¿no?

Abogada egresada de la Escuela Libre de Derecho, Margarita Zavala se recibió con un promedio de 9.5, mientras que Felipe lo hizo con un 9.2. «Espléndida alumna, de lo mejor, es muy formal», la definió en varias oportunidades el controvertido José Manuel Villalpando, protagonista de la escandalosa estafa de las celebraciones del Bicentenario.

La tesis con la que se graduó, paradójicamente, llevaba como título *La Comisión Nacional de Derechos Humanos: antecedentes, estructura y propuestas*. Purificación Carpinteyro fue su maestra y la recuerda como una mujer inteligente, brava y conservadora. Margarita fue diputada por el Distrito Federal de 1994 a 1997 y diputada federal en la LIX Legislatura de 2003 a 2006; allí fue nombrada subcoordinadora de Política Social del grupo parlamentario del blanquiazul. Luego se alejó para trabajar en la campaña electoral. Como diputada impulsó en el Distrito Federal la Ley para las Personas con Discapacidad, y como subcoordinadora trabajó para modificar las leyes a favor de la equidad de género. Es decir, no tuvo una actividad trascendente. Llegó a San Lázaro por la vía plurinominal, no por elección popular.

La otra biografía de Margarita Esther Zavala, la que se oculta detrás de su perfil público, de su intachable imagen como abogada de la Libre de Derecho, de su sobriedad y su aspecto de buena señora de casa, buena esposa y buena madre, alejada de la prepotencia e intolerancia de su marido, es la de una mujer con claroscuros.

Los que la conocen dicen que puede mostrarte esa sonrisa, esa cordialidad, pero por dentro es una hábil operadora política todo terreno, pragmática y ambiciosa. No son pocos los que revelan haber sido víctimas de algunas actitudes y gestos que bordean el maltrato.

Apenas asumió su lugar en la presidencia, pidió que a su declaración de bienes patrimoniales se le diera el carácter de confidencial, solo por las dudas. Ocultó sus beneficios materiales, cuentas bancarias, inversiones y acciones, situación que generó una intensa polémica y mostró una faceta desconocida de la chica que presumía de sus altos valores morales y fuertes convicciones doctrinarias y religiosas.

Desde su curul, luchó por la equidad de género, pero con una aclaración inamovible: no al aborto y no a la píldora del día después. Como abogada trabajó en el despacho Estrada, González y De Ovando, y como maestra de Derecho, en el Instituto Asunción, durante 15 años.

Posee un carácter difícil y tiene fama de rencorosa. No olvida una traición, y en Los Pinos no vuela una mosca sin que ella lo sepa. Desde que era diputada federal, funge como mariscala en su batalla contra la despenalización del aborto. Para ella, «el derecho a la vida existe desde que se es concebido, y un aborto innecesario va en contra de principios humanos y democráticos». Está convencida de que los cambios de México no se darán por medio de una revolución, sino por la vía pacífica de la sociedad, o por lo menos eso declara de manera pública.

«Se puede ser reformista respetando la ley», dijo en una entrevista para la revista *El Mundo del Abogado,* cuando Felipe Calderón era candidato a la presidencia. Argumentaba que, aunque existían muchos problemas por resolver, sobre todo «en la política laboral, no es necesaria la violencia y se puede llegar a una solución de manera pacífica y ordenada». Extraña declaración si miramos la monstruosa realidad. Las miles de viudas, los miles de huérfanos, los miles de desplazados. La muerte y la sinrazón de una guerra que Margarita apoyó con entusiasmo, sustentada por la religión y por discursos que rayan en el mesianismo y la manipulación.

No cabe más que preguntarse: ¿qué sucedió con aquella mujer que pregonaba la paz y la resolución de los conflictos sociales mediante la dedicación y el trabajo con los más humildes? ¿Qué la llevo a virar hacia el otro extremo?

«Toca con tu amor el corazón de los violentos», dijo en la Basílica de Guadalupe el 17 de diciembre de 2011. La acompañaban Felipe Calderón y sus hijos. «Te pedimos, Señor, por nuestro querido México. Dale la justicia y la paz que tanto necesita. Protege a tu pueblo y llévalo a la tierra prometida», expresó ante miles de fieles. A su lado estaba el cardenal primado de México, el duranguense Norberto Rivera —involucrado en un escándalo de abusos sexuales a menores por proteger a un sacerdote acusado de pederastia—, quien exclamó: «La patria está herida». Como si a menos de 12 meses de dejar el poder, y después de una sangrienta y fallida ofensiva militar que convirtió a México en un cementerio, la única esperanza que quedara fuera la ayuda divina. Por si fuera poco, el cardenal explicó desde la doctrina católica, o su interpretación de esta, las razones de la violencia: «La ausencia de paz para nuestro país no se debe a que Dios se haya alejado de nosotros, sino a que nosotros lo hemos abandonado, nos hemos burlado de su ley. México es una patria herida y atribulada porque la gente se ha alejado de los mandamientos de Dios, porque la sociedad insiste en exaltar el materialismo y endiosar el dinero y el poder».

En noviembre de 2009, en una gira por Veracruz, Margarita participó en un foro público y, sin ningún pudor, pidió a la ciudadanía «superar el miedo, tener confianza y promover la participación para enfrentar la inseguridad».

La periodista Lydia Cacho le respondió a través de una carta:

> Su declaración cae como un gancho al hígado. Mientras ella hablaba, la agrupación Mujeres de Negro salía en caravana desde Chihuahua. Un éxodo más en el que cientos de mujeres que todos los días trabajaban para asistir, proteger y defender a las víctimas de la violencia en el norte del país exigen al procurador general de la República que escuchara a las familias de las niñas y mujeres asesinadas, violadas, desaparecidas.
>
> [...]
>
> Yo le digo a Margarita lo que dicen miles de mexicanos en México: el miedo no se supera por consigna. Le devuelvo su frase recompuesta desde las calles: es el no ejercicio de las autoridades lo que alimenta la impunidad, es la impunidad persistente lo que alimenta el temor. [...] Son la democracia simulada y la manipulación política lo que atemoriza y destruye la confianza.

Marcela Lagarde es una de las figuras más importantes del feminismo en América Latina. La exlegisladora y actual profesora de la UNAM, en entrevista con la agencia EFE, realizada en Madrid el 28 de abril de 2011, se declaró alarmada frente a la gravísima situación que viven las mujeres mexicanas en medio de la guerra contra el narcotráfico:

Esta estrategia de guerra genera una cultura muy violenta y se establece una ideología de la violencia. Esa es una cultura muy misógina, muy machista, y las mujeres de a pie quedamos en la indefensión. Antes era grave, ahora esto recrudece. Ya ni siquiera es Ciudad Juárez la ciudad con la tasa de feminicidios más alta del país, sino que el triste *ranking* lo encabeza el Estado de México. Esta guerra no augura nada bueno, al contrario. Frente a la impunidad y frente a un gobierno cínico, tendremos que llevar más casos a los tribunales internacionales, no se puede pensar que esto es natural y que algún día se resolverá solo.

Como presidenta del DIF, Margarita hizo poco y nada para aliviar la gravísima situación y aseguró que atendió a lo largo del sexenio a 100 mil niños. En su libro *La suerte de la consorte,* Sara Sefchovich replicó: «Una cifra minúscula para el país que se trata. El número ocupa menos caracteres que le pusieron: Estrategia de atención a niñas, niños y adolescentes migrantes repatriados y no acompañados. Como dijo alguien, se trata de planes hechos en los escritorios de los burócratas que nada tienen que ver con la realidad».

En 2008 Zavala presentó la campaña nacional de información «Para una nueva vida», la cual contenía consejos dedicados a los padres para evitar que sus hijos cayeran en las adicciones. Trató de unificar a los DIF estatales y los municipales, en aras de atender «de urgencia» los casos de niños y niñas que caen en manos de los traficantes. Sin embargo, en eventos o foros, sugiere «aprender a hablar bien de nuestro México, un México donde muchos ven su identidad en el narcotráfico o el crimen organizado». Durante la inauguración del Congreso Internacional de Innovación Educativa 2010, afirmó que «esta percepción la tenemos y se tiene afuera, aunque hay otras naciones que registran más violencia», como si la solución a la inseguridad y la violencia, producto de la santa cruzada de su esposo, se hallara simplemente en realizar comparaciones con los que están peor. Pobre consuelo.

Participó de todas las reuniones que se realizaron con Javier Sicilia y las víctimas. Se le observó tensa y pendiente de Felipe Calderón. Le pasaba mensajitos, le hablaba al oído, aunque esta vez no logró apaciguarlo y a Felipe se le encendió la mecha varias veces. Con el bajo perfil que la caracteriza, visitó a los heridos de los atentados en Michoacán y del ataque contra el casino Royale, los cuales se encontraban en un hospital en Nuevo León. Visitó a las viudas y a los huérfanos. No se sabe si cumplió con lo entonces prometido.

En julio de 2010, durante el décimo tercero Jamboree Panamericano, celebrado en Tepoztlán, Morelos, le tocó vivir una situación real, sin máscaras, del México de a de veras. Al posar para la foto con los más de mil *scouts* del país, todos exclamaron: «¿Cómo se grita en Juárez? ¡Todos al suelo! ¿Cómo se grita en Chihuahua? ¡Todos al suelo! Y ¿cómo se grita en todo el norte? ¡Todos al suelo!».

El número fue escenificado por los *scouts*, que se tiraban al suelo mientras daban la porra. Aquellos provenientes de Ciudad Juárez hicieron énfasis en la terrible inseguridad y violencia, y le dijeron en la cara que ya estaban «hartos de no poder salir», cansados de la guerra, tristes de perder amigos menores de edad a manos del crimen. Como era de esperarse, Margarita Zavala se molestó y su rostro se transformó con un gesto hosco y rígido. Ahí estaba la otra cara de la moneda.

La realidad y la imagen

Felipe Calderón presumía de su esposa: decía que era la mejor economista, porque desde 1994 sus ingresos habían sido «el sostén de la familia». Lo expresó en una entrevista en el programa de Adela Micha. Y lo manifestó ante el IFE, al afirmar que «gozaba de un fondo de ahorro para afrontar los gastos» y que su esposa lo mantenía.

César Nava Vázquez, abogado michoacano yunquista y amigo de la pareja desde tiempos remotos, cuyos rápidos reflejos han sido útiles para incrementar su cuenta bancaria, tener una casa en Las Lomas y mostrarse en las revistas del corazón con su esposa, la cantante y conductora de radio Patylu, dijo: «De qué vive Felipe es un asunto de su ámbito familiar, de su vida personal. No hay ninguna partida de recursos del PAN».

Fuentes del blanquiazul hicieron circular que el candidato tenía cinco cuentas bancarias, cuatro con instituciones mexicanas y una extranjera. Francisco Cruz Jiménez, en una investigación para su libro *Las concesiones del poder*, relata una situación que se dio con el periodista José Gutiérrez Vivó cuando lo entrevistó para su programa *Esta es su Casa*. Cuando el entrevistador y su equipo llegaron al número 8 de la Privada de Cóndor 231, en la colonia Las Águilas, el inmueble lucía como la típica vivienda de clase media. La idea del programa era entrevistar al candidato «en su casa». Pero la pareja los recibió en una casita que supuestamente pertenecía al personal de limpieza. ¿La razón? El crecimiento de la propiedad. La misma que en junio de 2003 habían comprado por tres millones 840 mil 200 pesos a Promotora de Innovaciones Técnicas en Construcciones y Viviendas, y que en realidad se había transformado en una mansión, o en varias. Adentro había varias propiedades, una alberca, una cabaña, jardines y la casa que, en realidad, está en el número 9 y no es aquella en la que hicieron entrar a Gutiérrez Vivó para la entrevista. En la misma calle hay un edificio de tres pisos sobre un terreno de mil 532 metros cuadrados, cancha de basquetbol y una bodega. Todo se conecta por dentro formando una «L». Las propiedades, sirve aclarar, fueron adquiridas a nombre de Margarita, y ninguna aparece en las declaraciones patrimoniales.

En noviembre de 2010, la revista *Proceso* reveló la «lujosa cabañita de Felipe Calderón». El mismísimo presidente del sexenio de la muerte y de la guerra tuvo tiempo de comprarse «una cabañita», como le comentó a unos empresarios en una comida. Ubicada en Ayapango, en el Estado de México, se encuentra muy cerca de la casa de sus suegros, a los que Felipe «quiere mucho».

La austeridad que la pareja proclamaba durante su campaña en realidad era un engaño, una simulación. Los Beverly Ricos de Guanajuato eran impúdicos, pero conformaban una geografía auténtica, genuina. Felipe y Margarita practican la hipocresía y la doble moral. Como el dios Jano de la mitología griega: tienen dos caras.

Un día, cuando empezaban la campaña, vino y me dijo: «Felipe quiere que lo acompañes, que trabajes con nosotros en la campaña». Y le contesté: «Margarita, no entiendo cómo te atreves a pedirme esto, cuando fuiste la responsable de la disolución de la comisión que investigaba a los hijos de Marta. Votaste para que no los investigaran y sabes bien que había argumentos sólidos para continuar. Pero votaste en contra.

La anécdota me la relata Tatiana Clouthier, la hija del Maquío, con la que Margarita tenía una relación cordial desde hacía varios años. De hecho, Lorena, hermana de Tatiana, trabajó con la primera dama en la presidencia.

—¿Y qué te respondió?

—Nada, hizo silencio y nunca me miró a los ojos. No podía decirme nada, porque era verdad. Yo conozco mucho a Margarita; para estas cosas es fría, pragmática, calculadora. Cambió de tema y me volvió a insistir, pero le respondí que no iba a trabajar con ellos.

Con un peculiar estilo, la sonrisa infaltable y el típico rebozo en los hombros, Margarita siempre se vanaglorió de no modificar su personalidad, su esencia. «Una tiene que ser auténtica, una no tiene por qué cambiar por su cargo». Pero esta imagen, contrario a sus declaraciones, no es exactamente la misma que tenía cuando era diputada federal, o antes de que su esposo llegara a la presidencia.

En 2006, tras resultar ganadores en las elecciones presidenciales, los Calderón-Zavala tuvieron que someterse a una «auditoría de imagen pública» por parte de la compañía De la Riva Investigación Estratégica, a la que se le pagaron ocho millones 307 mil pesos obtenidos del Banco Nacional del Ejército, Fuerza Aérea y Armada (Banjército). A cambio de este dinero, se obtuvieron seis contratos en los cuales se prometía posicionar a Calderón y a su familia, e incrementar sus índices de aceptación entre los mexicanos.

No era para menos. Felipe y Margarita estaban temerosos. Habían aterrizado en Los Pinos a través de una elección sospechada de fraudulenta, con un margen mínimo que no le permitía gobernabilidad. Totalmente ausentes de carisma, necesitaban con urgencia renovar la imagen, por lo menos la externa.

De los ocho millones de pesos, 848 mil 994 fueron destinados a asesorías para Margarita, quien recibió consejos sobre cómo vestirse, la manera en que debía comportarse y los temas que debía evadir frente a las cámaras. En este estudio, titulado Proyecto Imágenes, también estaban involucrados sus hijos. Irónicamente, en él no figura Felipe Calderón, aun cuando el estudio debía estar enfocado hacia su persona. Muchos de los cambios que Margarita aceptó eran referentes a la actitud ante las actividades concretas que debía hacer o evitar como persona, profesional y ciudadana. Se tiñó el cabello y se cambió el peinado, remplazó sus trajes por otros más femeninos, aprendió tonos y maneras convenientes de hablar, así como cuáles eran los temas apropiados, y se analizó su lenguaje verbal y corporal, sus fortalezas y debilidades; además, se definió el rol que debía desempeñar frente a diferentes segmentos de la población.

Estos resultados, al igual que el análisis sobre Calderón y sus hijos, fueron entregados al equipo calderonista días antes de la toma de posesión del cargo, el primero de diciembre de 2006. Aun con una imagen renovada, las revistas del corazón la comparaban con el estilo glamoroso de Michelle Obama, quien se había ganado el título de la mujer más elegante de la política en 2008, otorgado por la revista *Vanity Fair*. Estaba claro que Margarita no era Michelle.

Con la candidatura de Felipe a la presidencia llegaron las preguntas: ¿tendríamos otra pareja presidencial en Los Pinos? Y la referencia obligada eran Vicente Fox y Marta Sahagún.

Calderón respondía con seguridad: «Conozco la Constitución, sé que la titularidad del Poder Ejecutivo es unipersonal y que el Poder Ejecutivo se ejerce en la persona del presidente, de tal manera que así lo asumiré; independientemente de que, desde luego, estoy felizmente casado y así seguiré toda la vida». Margarita, discreta, permanecía alejada de los reflectores; mostraba su lado humano como lo ha hecho hasta ahora, otorgando entrevistas insulsas sobre los temas que le interesan, entre ellos su trabajo en el DIF.

Como Marta Sahagún, Margarita tuvo sus «Bribiesca»; de buena cuna, pero tan voraces como los vástagos de su antecesora. El caso más célebre es el del cuñado incómodo, Diego Hildebrando Zavala Gómez del Campo, dueño de la empresa de *software* Hildebrando, S.A. de C.V., la segunda más grande de México, cuyo rápido crecimiento tuvo lugar cuando Felipe Calderón fue secretario de Energía. En julio de 2006, Andrés Manuel López Obrador dio a conocer varios documentos que avalaban los contratos de la empresa Hildebrando, propiedad de Diego Zavala, con diferentes dependencias del gobierno federal desde 2003 hasta 2005. En este periodo, la compañía reportó al Servicio de Administración Tributaria (SAT) ingresos por mil 595.1 millones de pesos, pero solo pagó impuestos por 35.7 millones, según las declaraciones electrónicas hechas ante el SAT. En 2002, Hildebrando reportó al SAT ingresos por 127.2 millones de pesos y pagó un impuesto sobre la renta (ISR) de nueve millones. En 2005, los ingresos crecieron 437% respecto a 2002, hasta alcanzar los 683.4 millones de pesos con un pago de ISR de cero pesos por el ejercicio. Ese abrupto aumento de las finanzas del cuñado está vinculado a la época en que Calderón fue secretario de Energía, de septiembre de 2003 a mayo de 2004. Durante este periodo, en que los calderonistas del círculo íntimo se volvieron millonarios, se otorgaron veinte contratos del gobierno a la empresa Hildebrando. De acuerdo con los registros de CompraNet, 11 de ellos eran contratos de Petróleos Mexicanos (Pemex).

La empresa Meta Data, S.A. de C.V., comprada por el mismo Hildebrando Zavala en 2003, también recibió regalitos del secretario en forma de contratos. Entre Hildebrando y Meta Data, la investigación arrojó la existencia de 47 contratos del gobierno. Además de Pemex, en estos figuraban la Comisión Federal de Electricidad (CFE), Luz y Fuerza del Centro (LYFC), el Instituto para la Protección al Ahorro Bancario (IPAB), Banco Nacional de Obras y Servicios Públicos (Banobras, del que Calderón fue director entre febrero y septiembre de 2003), el Instituto Mexicano del Seguro Social (IMSS), la Secretaría de Desarrollo Social (Sedesol) y el Instituto Federal Electoral (IFE). Algunos de estos incluso eran aceptados como casos de éxito en el portal de internet de la empresa Hildebrando, de donde poco a poco fueron borrados. El nexo con el IFE también sirvió para levantar sospechas en el supuesto fraude electoral de 2006 con el que Calderón obtuvo la presidencia. Para evadir impuestos al IMSS, Diego Hildebrando reportó que Hildebrando, S.A. de C.V., no tenía empleados. Sin embargo, en su página web, aceptaba dar empleo a mil 300 especialistas.

Margarita defendió el enriquecimiento de Hildebrando argumentando que no todas las ganancias vienen de los contratos del gobierno y que, además de Hildebrando, S.A. de C.V., y de Meta Data, S.A. de C.V., su hermano tenía 40% de las acciones en otra empresa llamada Blitz, cuyo 60% restante es propiedad del Grupo Carso, perteneciente a Carlos Slim. Sin embargo, en el acta constitutiva de Hildebrando, S.A. de C.V., la primera dama Margarita Zavala aparece como socia con 10% de las acciones, al igual que tres de sus hermanos: Pablo, Rafael y Mercedes. Su hermano mayor, Diego Hildebrando, figura con 60% de las acciones. A pesar de ello, Diego Zavala jura que su hermana Margarita dejó de ser accionista en 1997. Además de los contratos multimillonarios, el nepotismo y el tráfico de influencias son parte de la esencia de los Calderón y de los Zavala Gómez del Campo.

Mariana Gómez del Campo Gurza, prima de Margarita, es licenciada en Ciencias de la Comunicación por la Universidad Anáhuac, con estudios sobre Derecho Parlamentario en el Instituto Tecnológico de la Ciudad de México, y de Comunicación y Marketing Político en la Fundación Konrad Adenauer. Militante panista desde su adolescencia, fue diputada federal suplente en el periodo 2000-2003 de Miguel Ángel Toscano. En 2007, Mariana obtuvo la presidencia del PAN en el Distrito Federal para el periodo 2007-2010. En 2009, pasó a formar parte de la V Legislatura en la Asamblea Legislativa del Distrito Federal, como diputada plurinominal y coordinadora de la bancada panista hasta 2012. A mediados de 2008 se vio envuelta en un conflicto político, cuando se dio a conocer que algunos funcionarios a su cargo formaban parte de una red de corrupción cuyo objetivo era apoderarse de recursos originalmente destinados al apoyo al campo, todo ello impuesto por un funcionario de alto nivel de la Secretaría de la Reforma Agraria (SRA) que favorecía a sus familiares. Siete funcionarios que cobraban en la nómina que encabezó Mariana Gómez del Campo fueron inculpados.

Actualmente, Mariana Gómez del Campo es secretaria de Asuntos Internacionales del PAN. Como la familia es numerosa y el erario carece de fondos, el hermano de Mariana, Luis Gómez del Campo, es administrador financiero del Grupo Andrade, dedicado a la venta de automóviles y camiones. Fundado en 1986 por Francisco Mieres Fernández y su hijo Ángel Mieres Zimmermann, se ha convertido en uno de los principales proveedores de transportes de Pemex.

Entre 2007 y 2010, la empresa de petróleo les compró más de 900 pipas para transportar hidrocarburos. Cada pipa tuvo un costo de más de un millón, por lo que se pagó un total de más de mil millones de pesos, lo que hizo de esta la mejor venta del Grupo Andrade. Pemex también les compró 57 autos tanque y 91 tractocamiones. Los tres contratos se obtuvieron por medio de licitaciones del gobierno, el cual les permitió que hasta cuatro de sus empresas concursaran en una misma licitación, a pesar de que la Ley de Adquisiciones, Arrendamientos y Servicios del Sector Público no permite que un mismo grupo participe con dos o más empresas, aun si cada propuesta es diferente. Es más: se debe sancionar con tres años de inhabilitación y multas económicas a quien realice estas acciones. No obstante, Grupo Andrade lo hizo durante años. Otro ejemplo es el de lo ocurrido en la Sedesol, donde concursó con cuatro de sus empresas para comprar vehículos a Liconsa, Diconsa y al Fondo Nacional de Habitaciones Populares. Se les adjudicó la compra de vehículos por 42 millones 969 mil 800 pesos.

No solo Luis Gómez del Campo se ha visto envuelto en este conflicto, sino también sus hermanos Antonio y Pablo Gómez del Campo.

Antonio es funcionario del SAT, institución que en septiembre de 2010 compró a Grupo Andrade 58 camionetas tipo guayín y 35 camionetas tipo *pick up*, por las que se facturaron 10 millones 558 mil pesos. A finales de ese mes, adquirió camionetas por 153 millones 587 mil 471 pesos con dinero del fideicomiso Programa de Mejoramiento de los Medios de Informática y de Control de las Autoridades Aduaneras. Antonio es acusado de supuesta «omisión» ante las actividades que realiza el Grupo Andrade, cuyo administrador es su hermano Luis. Pablo Gómez del Campo, el tercer hermano, es vicepresidente de Supervisión de Procesos Preventivos de la Comisión Nacional Bancaria y de Valores, y también se le acusa de encubrir a su hermano, señalado como responsable de evasión fiscal.

Marcia Matilde Altagracia Gómez del Campo, como mencioné antes, es otro de los miembros de la familia de Margarita Zavala, aunque la propia Margarita dice que no la recuerda.

Marcia es miembro activo de la élite de Hermosillo, Sonora, y socia de la guardería ABC, donde ocurrió el incendio en el que murieron 49 niños y 76 más resultaron heridos; todos tenían entre cinco meses y cinco años de edad. Antes de la tragedia, Marcia aparecía muy seguido en la sección de sociales de los periódicos de Hermosillo, cuyas páginas la mostraban en Las Vegas y otros lugares. La misma sección del diario *El Imparcial* fue la que publicó una foto en la cual se encontraban, entre otros, Margarita Zavala y la propia Marcia Gómez del Campo, con motivo de los 80 años de doña Mercedes, madre de la primera dama. Días después del incendio en la guardería, se le preguntó a Margarita si conocía a Marcia, a lo que ella respondió que no tenía la fortuna y que solo sabía que tenían una bisabuela en común, y afirmó: «De cualquier manera yo reitero tanto mi convicción personal como la del presidente: debe llevarse a fondo una investigación apegada a la ley, trátese de quien se trate».

Después de su declaración, circularon las fotos de la fiesta familiar publicadas en el diario, evidencia que la desmentía. El juez federal Antonio Salido Suárez deslindó a Margarita y a Felipe de cualquier operación o relación comercial con su esposa Marcia Gómez del Campo. Actualmente, tanto Marcia como Salido Suárez están libres tras haber enfrentado cargos por homicidio a causa del incendio de la guardería, mientras que los padres de los niños muertos fueron abandonados por el Estado de la administración calderonista, y el crimen quedó impune.

Marcia no es la única Gómez del Campo involucrada en problemas con el IMSS. También aparece Carlos Castañeda Gómez del Campo, quien venía de Pemex cuando Felipe Calderón era secretario de Energía en el sexenio anterior. Entonces, fue nombrado director de Innovación y Desarrollo Tecnológico 13 días después de que Felipe Calderón tomara el cargo de presidente de la República. Su cargo, según figura en su nombramiento, lo responsabilizaba de

contratar los servicios externos en materia de tecnologías de información, innovación y desarrollo tecnológicos, así como la adquisición, arrendamiento y mantenimiento de los equipos de cómputo, programas y paquetería de *software*, servicios de desarrollo de aplicaciones y rediseño de procesos.

Se le ha acusado de haber adjudicado cuatro contratos de servicios tecnológicos por un monto cercano a mil 600 millones de pesos, todo ello entre junio y agosto de 2007. Uno de ellos, por mil 500 millones, fue otorgado a una de las empresas de Carlos Slim luego de que varios de los 26 competidores tuvieran que retirarse debido a «candados discrecionales» impuestos a las licitaciones por el propio Castañeda Gómez del Campo. Tiempo después, también fue demandado por firmar un contrato multianual de tres mil millones de pesos, el 4 de octubre de 2007, con una empresa que no reunía los requisitos para concursar en la licitación: Tata Consultancy Services (TCS) de México, por la cantidad mínima de mil 241 millones 376 mil 323 pesos, hasta un máximo de tres mil 103 millones 440 mil 809 pesos. La duración del contrato acordaba 48 meses a partir de la firma, aunque debido a las demandas tuvo que ser anulado en 2008; sin embargo, se firmó un nuevo contrato con la misma empresa y con validez hasta el 31 de diciembre de 2011.

Juan Ignacio Zavala tampoco se quedó atrás. Aunque mucho menos escandaloso que su hermano Hildebrando, es un enamorado de la función pública. O eso parece, por su currículum. De 1994 a 1996 fue director general de Comunicación Social de la PGR. De 1997 a 2000 fue director general de Comunicación Social del Comité Ejecutivo Nacional del PAN. Con Vicente Fox, se desempeñó como director general de Comunicación Social de la Secretaría de Relaciones Exteriores. En 2001, Gómez del Campo fue nombrado director general de Comunicación, adscrito a la Coordinación General de Comunicación Social de la Presidencia de la República. Con su cuñado Felipe, fue vocero oficioso de la campaña de 2006. Actualmente es miembro del consorcio multimedios español PRISA.

Juan Ignacio se hizo célebre porque, durante el sexenio de Zedillo, fue quien aconsejó al panista Antonio Lozano Gracia —vaya a saber por qué razones esotéricas personales— buscar a una vidente de nombre Paca, misma que hallaría el cadáver del diputado priista Manuel Muñoz Rocha en la finca El Encanto, perteneciente a Raúl Salinas de Gortari. Paca encontró un cráneo que nada tenía que ver con el legislador desaparecido hasta hoy. Dicen que Manuel Espino lo detesta después de que escribiera un artículo donde lo describía como «un personaje menor que el subcomandante Marcos» y donde argumentaba que había llegado a ser líder partidista solo por la flojera de las otras dirigencias. Además de ser cuñado de Felipe, se dice que Juan Ignacio es su consejero y amigo.

Javier Arrigunaga Gómez del Campo, otro primo de Margarita, fue el primer director del Fondo Bancario de Protección al Ahorro (Fobaproa), programa que endeudó por millones al país. Javier Arrigunaga fue el encargado de firmar los pagarés originales del fraude y es a él a quien se le abrió un expediente de juicio político en la Cámara de Diputados.

EL GINECEO

Margarita Zavala es de amigas. Para trabajar le gusta estar rodeada de ellas y de sus familiares. Desconfiada como su marido, tiene su propia red de gobierno, su propia agenda y sus amigas. Para ver al presidente, primero hay que pasar por el filtro de Márgara.

«Si ella dice que sí, todo bien. Si no le caes, pues ni modo», afirman en su entorno.

Astuta, sabe esperar y no es intempestiva. Cuando está segura, toma la decisión rápidamente. Si no, espera y teje su telaraña. Patricia Flores Elizondo, mejor conocida como la Jefa, la duranguense que suplantó a Juan Camilo Mouriño en la jefatura de la oficina de la presidencia y a la que todos señalaban como amante de su esposo, conoce bien los métodos de Márgara. Lo mismo ocurrió con Purificación Carpinteyro, quien fue su maestra en la Libre de Derecho y a la que también vincularon sentimentalmente con el michoacano.

Sus amigas, en cambio, son fieles y por eso las premia. Todas fueron ubicadas en cargos importantes durante el sexenio. Maki Ortiz, una atractiva médica de abundante cabellera rubia, fungió como subsecretaria de Integración y Desarrollo de la Secretaría de Salud y fue una de las pocas tamaulipecas con un alto cargo en el gabinete. Felipe la apoyó cuando ella quiso ser diputada y tiempo después el apoyo se hizo recíproco por parte de Maki, que lo acompañó en la campaña interna y la presidencial. Felipe Calderón le pidió «hacer un sistema de salud único para todos, es decir, para que la atención médica en este país sea igual para el pobre que para el más rico». Habría que ver si tan estrecha amistad devino en efectividad. Maki había establecido una fuerte relación con Margarita en San Lázaro.

Es una persona que admiro, respeto y aprecio, y el presidente Felipe Calderón Hinojosa cuenta con toda mi lealtad y mi respeto, aparte de mi aprecio. Sin embargo, quiero dejar muy claro que en ningún momento la relación personal que pueda yo tener con ellos tiene algo que ver con mi trabajo, ni con mis resultados.

Aquellas fueron sus palabras durante una entrevista a *Contralínea*, realizada en 2007, como para no cuestionar sus poderosos vínculos.

Beatriz Zavala Peniche es otro miembro de la banda de las Margaritas, como las llaman. Fue secretaria de Desarrollo Social desde el inicio del sexenio hasta el 14 de enero de 2008, y senadora en el estado de Yucatán desde el primero de diciembre de 2006 hasta 2012. Conoció a Margarita cuando eran diputadas. Beatriz reveló en una entrevista para *Contralínea* que, cuando Felipe Calderón la invitó a trabajar en su gobierno, le dijo: «Tú no tienes trabajo por seis años, estarás aquí mientras des resultados». Y aclara, por si quedan dudas, que todos los amigos de Felipe y Margarita que forman parte del gobierno se encuentran ahí porque ya se conocían de antes, porque hay confianza y «han demostrado la capacidad que tienen para desempeñar los cargos en los que están».

Adriana Dávila Fernández es otra de las «amigas políticas». Licenciada en Ciencias de la Comunicación, Dávila Fernández es militante del PAN desde 1996. Fungió como coordinadora estatal de su campaña presidencial en este sexenio y fue elegida para representar al PAN en las elecciones del Gobierno de Tlaxcala, mismas que perdió ante el priista Mariano González Zarur.

Carla Rochín Nieto, amiguísima de Margarita, tiene una historia curiosa. Licenciada en Decoración de Interiores por la Universidad de Guanajuato y con algunos diplomas de menor valor, fue regidora y tiempo después diputada federal en la LIX Legislatura. Ahí forjaron gran amistad. En 2007, trabajó como coordinadora nacional de las guarderías subrogadas del IMSS. La tragedia en la guardería ABC ocurrió durante el lapso que ostentó el cargo, por lo que se le responsabilizó directamente y tuvo que abandonar la institución.

Myriam Arabian Couttolenc es una ingeniera en sistemas de informática. Poblana, fue diputada federal de 2003 a 2006 y en 2009 Los Pinos la impuso como secretaria de Desarrollo Social del Gobierno del estado de Puebla, cargo del cual se retiró de manera «temporal» en mayo de 2011, en aras de enfrentar un proceso legal iniciado por la Fiscalía Especializada para la Atención de Delitos Electorales (FEPADE).

La denuncia, que se remonta a 2009 y proviene del candidato del Partido de la Revolución Democrática (PRD) Armando Méndez Romero, asegura que cuando la amiga de Márgara intentó ser diputada por el estado, habría gastado un millón de pesos más de lo que les permitía el tope de campaña, utilizando recursos de la Sedesol para sus propios fines.

Guadalupe Suárez Ponce, militante de largos años en el PAN, fue secretaria municipal de Promoción Política de la Mujer (PPM) en Celaya, Guanajuato, y de 1997 a 2000 se desempeñó como directora del DIF municipal; es amiga personalísima de Marta Sahagún, y con Márgara tiene contacto fluido. En 2000, fue diputada local por mayoría; en 2001, secretaria estatal de Guanajuato; de 2003 a 2006, fue diputada federal plurinominal y precandidata a la alcaldía de Celaya. En ese lapso conoció a Margarita. Fue directora adjunta de la oficina cuando esta se instaló en Los Pinos. En julio de 2011, el presidente nacional del PAN, Gustavo Madero, cercano a Márgara, la nombró secretaria de la Promoción Política de la Mujer (PPM) tras la renuncia de Blanca Judith Díaz, exsenadora y actualmente fervorosa militante de Morena.

Judith Díaz es una senadora panista cristiana, conservadora, que desde los 16 años militaba en el blanquiazul de Monterrey. Consejera nacional del PAN en Nuevo León, diputada local en 1997 en el XIII Distrito de Guadalupe, diputada federal en 2003, cuando trabajó con Margarita en temas de readaptación social y prevención del delito, es una funcionaria activa que además preside la Comisión de Equidad y Género.

Adriana González Carrillo es senadora panista y licenciada en Relaciones Internacionales. Consejera estatal y nacional, secretaria de Acción Juvenil en el Estado de México (1999-2001), compartió curul en San Lázaro con Margarita.

Lorena Clouthier, la última integrante de la pandilla, es hija del Maquío Clouthier. Miembro de una familia de sangre azul panista, conoce como pocas las entrañas del partido. Es coordinadora de la Red del Voluntariado del DIF, está todo el tiempo con Márgara y no dice ni pío de lo que sucede en Los Pinos, excepto si tiene que regañar a sus hermanos Tatiana y Manuel por algo que manifestaron en público y que cayó mal en la presidencia, es decir, si a Felipe y Margarita no les gustó. Lorena está casada con el exsecretario de Desarrollo Social, Heriberto Félix Guerra, hombre de confianza de Felipe Calderón.

A la banda de íntimas y funcionarias de «confianza» hay que agregar los pastores de la abundancia, los milagreros jefes de Casa sobre la Roca, que no se despegan de Margarita y colaboraron paso a paso en la construcción de ese mundo irreal, de ese relato místico en que se enquistó el calderonato, con el aval de la primera dama.

Esta «pareja presidencial», modelo que ellos mismos denostaron en la campaña de 2006, no es aquella que conformaban Marta y Vicente, tan banal y primitiva. Aquí todo es amañado, simulado, impostado y secreto. Trafican como los anteriores, pero en lo oscurito. Si los otros llegaron para llenarse los bolsillos, divertirse y disfrutar del poder, el panismo calderonista no es distinto.

Lástima por los millones de mexicanos a quienes engañaron con la complicidad de las élites y los integrantes del viejo sistema, como Elba Esther Gordillo, amiga personal de Margarita y una de las protagonistas del gran fraude. El lema era más o menos este: «Si no votan por Felipe, el de las manos limpias y el millón de empleos, va a venir el coco y se los va a comer crudos». El coco no llegó, pero de la mano de ellos y de su corte llegaron cosas peores: la guerra, la pérdida de empleos, la pobreza, el colapso de las instituciones y los miles de muertos.

—¿Cómo quieres que me sienta con todo lo que está pasando? ¡Claro que no estoy bien!

—Pero tienes un capital político, las encuestas son buenas, ¿por qué no?

—No…, no se vale que ahora salga de candidata…

—Bueno, pero mira a Cocoa…

Silencio.

—No se vale, lo que hizo no está bien.

Este diálogo, que se dio en octubre de 2011 entre Margarita Zavala y una amiga durante un encuentro en Nueva York, enseña un ápice de la personalidad de la esposa del expresidente. Es la única capaz de influir sobre Felipe Calderón y hacerlo cambiar de opinión, y es también la única a la que el michoacano no le grita, ni maltrata.

En el momento en que esta conversación tuvo lugar, arreciaban los rumores sobre la posible candidatura de Margarita para la presidencia de 2012. Las encuestas circulaban por todos los medios, los números le sonreían y, para el panismo gobernante, era una luz en medio de la mala fortuna. Felipe Calderón no decía que no, pero tampoco que sí.

Cuando el presidente lanzó su nombre para las elecciones de 2012, Margarita Zavala tuvo una aceptación de 51%, según una encuesta elaborada por BGC Excélsior. Fue mayor que la de Felipe Calderón, que obtuvo 45%, y superó también a Josefina Vázquez Mota, la opaca y marketinera candidata presidencial panista de 2012, aquella mujer que pedía a Dios que la hiciera enviudar. Por encima de la primera dama solo estaban Juan Ramón de la Fuente, el exrector de la UNAM, con 46% —apenas un punto por encima de Felipe—, y Enrique Peña Nieto, con un 57 por ciento.

Felipe Calderón dijo que Márgara era una excelente candidata, «pero no en lo inmediato». Habría que ver cuánta extensión tiene ese espacio temporal al que alude el presidente y que media entre el hoy y el mañana. Así como están las cosas, quién sabe. Sería cuestión de que pidan a Dios que les mande una ayudita.

«No es democrático que un cónyuge se lance al mismo cargo. No es necesario que la Constitución lo diga. Hay cosas que se dejan a la convicción de las personas», declaró ella frente a varios periodistas y mató la ilusión de un golpe. Y lo repitió hasta el cansancio, no fuera cosa de que a alguno se le ocurriera hacer alguna picardía.

No le importó si le convenía al panismo. Tampoco que Felipe Calderón fogoneara la idea, buscando en ella un salvavidas para el naufragio. En la pareja presidencial, la que lleva el timón y la que tiene el poder es ella. Siempre fue así.

El amor por México tiene que ver con aquello que uno pone por encima de todas las cosas. Si nos dijeran que fuera de México haríamos mucho dinero, pero que si nos quedábamos íbamos a generar cien empleos, no dudaríamos en quedarnos. Y Felipe y yo le hemos dado prioridad al futuro de México.

Aquellas fueron las palabras de Margarita en el cierre de la campaña de 2006. Pero la realidad demostró que lo que declamaba en aquel inicio nebuloso era parte de la máscara, y lo que se avecinaba era una catástrofe demencial.

Margarita y Felipe están tan bien ensamblados que nada los diferencia en medio de la crueldad, la estafa y la impunidad que marcaron el sexenio. Ella ama el poder y lo aprovechó para sí misma y su familia; ambos se enriquecieron mientras México se desangraba. Nada los diferenció de sus antecesores. Ni la influencia que ella ejercía sobre el presidente, ni su carácter duro, ni la sagacidad política para cubrir los derrapes de su consorte pudieron contra el Mal que los fagocitó. Margarita permaneció en silencio seis años y fue cómplice y socia.

Como prueba de su pasión por el poder y la mimetización con los repudiables métodos de los capangas de la clase política tradicional, en 2015 lanzó su candidatura independiente a la presidencia de 2018, que terminó en un escándalo, cuando en marzo de 2018 el Instituto Nacional Electoral (INE) descubrió la existencia de 700 mil firmas falsas. «Me sembraron las firmas para perjudicarme. He llegado a la boleta gracias al apoyo de los ciudadanos libres», explicó como si nada. Las firmas falsas eran fotocopias de credenciales inexistentes. En mayo de 2018, renunció a la candidatura.

Margarita Zavala, como Felipe Calderón, no era más que una pieza del engranaje de mentiras, trampas y simulaciones que caracterizaron el mandato de su marido y socio.

4

Profetas de la guerra santa
y los negocios millonarios

Yo no hubiese sido presidente de México,
yo no hubiese ganado esta elección
si Dios no lo hubiese querido,
y Dios lo quiso.

FELIPE CALDERÓN, 3 de noviembre de 2006

—¿No tienen miedo de vivir en la casa de un narcotraficante?
Mi pregunta está dirigida al matrimonio Orozco, la pareja de pastores que lideran Casa sobre la Roca, la secta religiosa ultraconservadora que fascinó a Felipe Calderón Hinojosa y a su esposa Margarita Zavala.

Durante 2005, en plena campaña electoral, los Orozco se convirtieron en sus asesores espirituales; crearon un espacio privilegiado de intimidad que el singular dúo aprovechó para su beneficio personal y el de su organización, una empresa multirubros que creció escandalosamente al amparo del poder calderonista.

En un sexenio marcado por el sino de la muerte, la pobreza y la desintegración social, Rosa María de la Garza y Alejandro Lucas Orozco Rubio aplicaron con exitosa habilidad la tríada religión-política-negocios, esencia de los grupos neopentecostales del G12, un tipo de gobierno conformado por los llamados 12 apóstoles y regido por el concepto empresario-piramidal propio de Casa sobre la Roca.

Eran voraces para atraer clientela y adoraban el poder y el dinero.

Especialistas en solicitar casas incautadas que pertenecían a los capos de los cárteles y sobre todo en lograr que el gobierno se las entregara rápidamente, en ese momento residían en la mansión de Las Lomas donde Vicente Carrillo Leyva, hijo de Amado Carrillo Fuentes, el legendario Señor de los Cielos, fue detenido en 2009. Durante la entrevista que les realicé en 2011, admiten tener otra residencia cuya dirección mantienen en reserva por «seguridad». Fuentes del Servicio de Administración y Enajenación de Bienes (SAE) me informaron que los Orozco recibieron, en realidad, otras tres propiedades que fueron destinadas a la Fundación Camino a Casa.

—¿Por qué vamos a tener miedo? —responde Alejandro Orozco, a la defensiva.

—No creo que sea muy seguro vivir en la casa que perteneció a un traficante, y menos en estos tiempos —argumento.

—No tenemos miedo. La casa es muy bonita y cómoda. Además —agrega, dibujando un triángulo en un papel para señalar el lugar donde nos ubicamos—, nos encontramos dentro de un triángulo de alta seguridad. Aquí estamos muy seguros, porque todo está bajo control desde arriba. Ninguna otra zona es más segura que esta.

No entiendo a qué se refiere Alejandro Orozco con ese «triángulo de alta seguridad», así que le solicito una aclaración, pero él cambia de tema. Mi confusión aumenta cuando me señala que se encuentra a pocos pasos de la residencia presidencial de Los Pinos. Si esa es una zona de «alta seguridad», donde todo está bajo control desde «arriba», como afirma Orozco, suena contradictorio que en aquella casona hubiera permanecido oculto durante largo tiempo Vicente Carrillo Leyva, hijo del jefe del Cártel de Juárez, hoy preso en una cárcel de Estados Unidos.

—Tengo todos los papeles en regla. Pagamos por esta casa una mensualidad de 20 mil pesos, más o menos. Todo es legal. Además, tuvimos que hacerle muchos arreglos, porque estaba muy deteriorada —aclara Alejandro Orozco, mientras su consorte asiente con la cabeza al mismo tiempo que realiza una llamada con uno de sus tres celulares.

—Supongo que le entregaron rápido la mansión —insinúo, aludiendo a su amistad con el presidente y la primera dama, relación que difunden y que nadie en el gobierno ignora.

—No sabían quién era cuando me anoté. Hice todo por las vías normales, como cualquier ciudadano. Nos anotamos y al poco tiempo nos entregaron la casa.

—¿No conocía a nadie en el SAE? Me parece un poco extraño.

—A nadie… Y luego, se generó todo un escándalo…

Rosi Orozco, que por fin termina su conversación paralela, interrumpe con voz exaltada:

—Y Felipe se enojó mucho contigo, ¿recuerdas? ¡Fue una campaña de nuestros enemigos! Sabes, es el crimen organizado el que nos ataca por nuestro trabajo con las niñas abusadas. Están infiltrados en los medios.

Alejandro Orozco le dedica a su esposa un gesto de silencio antes de continuar.

—Sí, el presidente estaba muy enojado y me llamó a Los Pinos. Cuando llegué, le mostré los comprobantes de pago por la casa y se quedó más tranquilo. Yo le ofrecí mi renuncia, no quería causarle molestias, pero Felipe la rechazó, porque estaba todo en regla.

—¡Es que el presidente es tan bueno! Nadie sabe qué bueno es y con qué coraje está enfrentando a los criminales. ¡Con qué convicción! Está arriesgando su vida y la de su familia, ¡está amenazado! Pero Jesús esta con él y sabemos que va a ganar esta guerra. Hay que orar por Felipe y Margarita —exclama Rosa María.

—Pero hay miles de muertos y miles de desaparecidos…

—La mayoría son muertos de las guerras entre criminales —interviene Alejandro Orozco, con total seguridad.

Fanáticos impulsores de los valores morales cristianos y del pensamiento único del Bien y el Mal, vendedores de baratijas intelectuales que solapan con versículos bíblicos sacados de contexto o inventados, influyeron sobre el discurso del entonces candidato panista, hombre de psicología frágil y pensamiento autoritario, y reforzaron la idea de lanzar la guerra santa al narcotráfico, machacándole que «la droga es el demonio», «el Anticristo que destruye a las familias mexicanas de bien», y que los jóvenes estaban perdidos por culpa de «los menudistas y los criminales que se adueñaron de las ciudades».

En plena campaña electoral, un día por semana a las seis de la mañana, Alejandro le insuflaba fuerzas positivas al candidato del blanquiazul con lecturas de la Biblia, para «ahuyentar a los espíritus malignos», me relató Hugo Éric Flores Cervantes, exintegrante de Casa sobre la Roca, testigo de estos eventos. Cuentan que Felipe quedó encantado cuando lo compararon con David. A partir de ahí, el célebre relato bíblico fue como una pócima mágica para el michoacano cada vez que se deprimía frente a la mínima dificultad, en medio de una campaña que andaba a los tropiezos y que no creía ganar. El perseverante predicador, con el Viejo Testamento bajo el brazo, aguardaba en el pasillo del hotel hasta que Felipe lo recibía para escuchar una y otra vez que él era David y que vencería al gigante Goliat.

Éric Flores Cervantes me contó que muchas veces el equipo de seguridad de Felipe Calderón o el Estado Mayor Presidencial no le permitían el ingreso, y Alejandro Orozco deambulaba por pueblos ignotos, desesperado y frustrado. Éric Flores, presidente de Encuentro Social, la agrupación que se alió por entonces con el PAN, se comunicaba con Juan Camilo Mouriño y le rogaba por el ingreso de Orozco: «Déjenlo entrar, solo es una lectura de la Biblia que a Felipe le hace bien y le levanta el ánimo».

Después de tres meses de convulsiones políticas, sospechas fundadas de fraude y una toma de posesión rumbosa, apenas Felipe Calderón se instaló en Los Pinos, los Orozco no se le despegaron. Alejandro pasó a ocupar un despacho junto a la primera dama —no poca cosa— y Rosi se convirtió en diputada federal. La relación con la pareja presidencial se profundizó y esto significó el impulso para la construcción de una empresa político-religiosa, con fuerte injerencia en políticas y decisiones de Estado. Urgido por desplazar a El Yunque, al que detestaba a pesar de utilizarlo electoralmente, Felipe Calderón y sus *boys* descubrieron en Casa sobre la Roca y en sus jefes el mejor remplazo. La llegada de los Orozco a las entrañas del calderonismo no generó rispideces con los grupos clericales de la ortodoxia católica, que apoyaron abiertamente al candidato panista y ejercieron una fuerte influencia durante la campaña. No tenían motivos para disgustarse. Los predicadores de Casa sobre la Roca, como ellos, eran cristianos fanáticos que insistían en la necesidad de intervenir activamente en las políticas de Estado, para evitar filtraciones demoniacas.

Mi segunda reunión con la dupla tiene lugar en el restaurante Meridiem, ubicado frente al lago de Chapultepec, una tarde de julio de 2011.

La escena donde los Orozco despachan todas las tardes es surrealista. Cuando me citaron creí que estaríamos solos, pero me reciben con una caterva de extraños personajes que a cada momento interrumpen la entrevista y atienden presurosos cada deseo de la pareja. Luego me enteré de que se trataba de integrantes de Casa sobre la Roca y que trabajaban en el gobierno.

Entre ellos deambulan dos niñas de mirada triste. Ni bien llego, me informan sin anestesia que son niñas secuestradas, víctimas de abusos sexuales. En su presencia, me revelan detalles escabrosos de lo que les ha sucedido y me recalcan que las han rescatado de las garras de padrotes y criminales. No sé qué decir, pero, desde el sentido común, asumo que ese sitio sin privacidad y sin marco terapéutico no es el más adecuado para dos niñas que acaban de salir del infierno más atroz.

El matrimonio Orozco es borrascoso y carece de racionalidad o espíritu crítico. Andan por la vida como si ocultaran algo, desplegando una actitud ofensiva-defensiva, paranoica, y son expertos en la victimización. A la pregunta más simple, responden con evasivas, se alteran con facilidad y deslizan sospechas sobre quien pregunta.

Las palabras más utilizadas en su vocabulario son: *enemigo, crimen organizado* y *mal*.

Juran y perjuran que no predican y que tienen «poca relación» con Casa sobre la Roca, que esta es una asociación civil sin fines de lucro que atiende a los desamparados y que están «muy ocupados con el trabajo político», con «Felipe y Margarita», y con «las niñas abusadas».

La realidad demuestra todo lo contrario.

Cada domingo, en sus seis sedes de México, además de la de Los Ángeles, California, los líderes de la secta predican y cobran puntualmente sus diezmos. Alejandro y Rosi nunca faltan a los encuentros con sus seguidores. Sus múltiples y rentables empresas tienen como domicilio, en su mayoría, la dirección de Casa sobre la Roca, y la dupla se mueve con una tribu de integrantes de la organización que cumplen sus órdenes sin chistar y responden preguntas solo si sus jefes lo autorizan.

Rosa María de la Garza de Orozco, o Rosi Orozco, como le gusta que la llamen, fue diputada federal panista por la delegación Gustavo A. Madero y presidió la Comisión Especial de Lucha contra la Trata de Personas, a la que llegó enarbolando una incierta labor en la Fundación Camino a Casa, creada el 5 de noviembre de 2005, misma que dirigió junto a su consorte y brinda atención a niñas víctimas de la trata y los abusos sexuales. La campaña para la diputación la realizó con «exdrogadictos» que hablaban bien de su candidatura y vestían camisetas que le hacían publicidad. Su campaña como candidata a la senaduría del blanquiazul tuvo como emblema su «larga lucha» contra el tráfico de personas y su labor en la Fundación Camino a Casa.

De personalidad explosiva, capaz de pasar en cuestión de minutos de violentos arrebatos a gestos de generosidad, Rosi habla con voz acotorrada; gesticula y no escucha a nadie, solo a sí misma. Jamás se aleja de sus tres celulares y puede enviar cinco mensajes de texto en segundos. Tampoco se aparta de su grabadora, donde registra todas sus pláticas con periodistas, pues, según explican en su entorno, «hay que cuidar lo que dice Rosi».

La grabadora funciona con o sin permiso del que está enfrente.

Su estilo de comunicación, íntimamente ligado a sus turbulencias internas, se bambolea entre la seducción de «somos amigas y te admiro» y la velada amenaza de que todo aquel que la cuestiona o indaga su actividad pública —de la que debe rendir cuentas— «pone en riesgo la vida de las niñas abusadas».

Aquello me ocurrió la última vez que nos reunimos, en septiembre de 2011, a causa de unas preguntas que no fueron de su agrado. Inmediatamente pasé a integrar el oscuro y abstracto espacio de los «enviados por sus enemigos»; es decir, me convertí en una portadora del Mal.

Exvendedora de seguros con estudios terciarios, exalumna de las Madres Oblatas, exama de casa de «vida apacible y sin problemas económicos», ansiosa e hiperquinética; se advierte, sin embargo, que las hadas no fueron pródigas con su intelecto. Sus acompañantes me dicen que es imposible seguirle los pasos, que «Rosi trabaja día y noche sin descansar». Ella confirma lo dicho con una sonrisa en la que se mezclan la satisfacción y la egolatría, y refuerza la idea de que sus noches son turbulentas.

—El trabajo de rescatar a mis niñas de los criminales no me deja dormir. El teléfono suena a cualquier hora, me avisan de alguna niña secuestrada y tengo que salir a buscarla. Despierto pensando en ellas y duermo pensando en ellas.

Tal vez por su intensa experiencia predicando a los angustiados que concurren a la sede de la organización religiosa ubicada en Perisur y en Banamex, pero registrada como una asociación civil sin fines de lucro, o porque tiene alma de actriz, la impronta de Rosi es exagerada y melodramática. Apela a la lloradera y al sentimentalismo, recursos esenciales en la técnica de manipulación de masas y utilizados repetidamente por las sectas integristas del G12 como Casa sobre la Roca.

De pronto, y en medio de una conversación, su rostro se transforma y sus ojos se llenan de lágrimas. Cambia de tema y comienza a hablar de «sus niñas».

—¡Mira, ahí están! Pobrecillas —dice, y señala hacia una mesa cercana.

Las convoca al lugar donde estamos. En el concurrido restaurante Meridiem, entre los meseros que van y vienen, los comensales y los miembros de su organización, Rosi les pide que me cuenten cómo eran violadas y golpeadas. Directamente. Las niñas, atemorizadas frente a la presión, hablan o tratan de hacerlo.

Se quiebran y lloran, y Rosi también llora.

Esta descripción parece delirante, pero es puramente documental.

La diputada insiste, buscando más detalles. Una jovencita se paraliza, no puede, baja la cabeza y se advierte el llanto por los sacudones de su cuerpo.

—Mi amor, no tengas miedo, no te va a pasar nada, estás con Rosi y Jesús está aquí. No te preocupes, estamos contigo. —Rosi la abraza y trata de persuadirla. Luego, viene el remate megalómano—: Cuéntale a la periodista quién te salvo, dile cómo me encontraste, cuéntale cómo te cuidamos y te queremos.

Una jovencita que había estado secuestrada en Monterrey y fue obligada a prostituirse habla con una voz apagada, casi inaudible. Mira a la predicadora-diputada como si buscara su aprobación:

—Yo estaba muy mal, me quería suicidar. Un día pasé por Casa sobre la Roca y entré. Entonces escuché a Rosi, estaba hablando de Jesús y de golpe sentí mucha paz, era como si Jesús hubiera entrado en mi corazón…

Rosi Orozco sonríe, halagada, pero vuelve a la carga:

—Cuéntale a la periodista por qué te querías suicidar, cuéntale lo que te hacía tu abuelo…

La niña se quiebra en un llanto profundo. Se ahoga.

Siento una inmensa indignación. Estoy estupefacta frente a la espantosa manipulación de la niña por parte la diputada, quien sin ninguna autoridad profesional la arrastra a revivir su calvario una y otra vez.

Rosi Orozco interviene, con los ojos cubiertos de lágrimas:

—¿Cómo crees que abandonaré a estas niñas? No tengo tiempo más que para ellas, para salvarlas de los criminales y de los padrotes, ¡vivo por ellas!

Una exintegrante de Casa sobre la Roca, quien aterrada abandonó la secta, relata que hace tiempo, durante una ceremonia a salón lleno en la sede de Villa Olímpica, Rosi les contó a sus fieles una visión:

«Soñé que Dios me hablaba y me pedía que fuera por esas niñas, que las rescatara de los criminales, del diablo que las había contaminado, y aquí estoy con ellas, porque Jesús, a través mío, está con ellas».

Esta fuente, que prefiere no dar su nombre por temor a las represalias, me cuenta que Rosi lloraba y hablaba, lloraba y hablaba. Que todos lloraban y cantaban aleluyas, y que algunos gritaban y hasta entraban en trance.

—Me sentí tan mal que me fui, estaba espantada porque me di cuenta de que era un montaje de esta señora, una peligrosa manipulación. Es difícil de creer que Dios se le apareció en un sueño y le dijo que ayudara a las niñas y que, además, dijera que Dios estaba adentro de ella. Es una gran actriz, lástima el daño que le hace a nuestra sociedad utilizando la fe con fines políticos.

Como bien decía Monsiváis, en la tradición latinoamericana, muchas veces se llega a la experiencia política a través del melodrama.

«Las niñas sufren y me necesitan, yo soy la salvadora», es la frase típica.

Pero en una temática tan grave y delicada como la trata de personas y el abuso sexual de menores, y en el contexto de un país devastado por la violencia de la guerra y el colapso de las instituciones, no es un melodrama.

CON DIOS DE SU LADO

Admiradora de la ultraderecha republicana, la diputada panista es una activa participante de Concerned Women of America (Mujeres Preocupadas por América; CWA, por sus siglas en inglés), una asociación cristiana fundamentalista que nació en 1979 por iniciativa de Beverly Lahaye, esposa del pastor y teólogo de la derecha evangélica Tim Lahaye, autor de *Left Behind*, una saga apocalíptica de 12 tomos que ha vendido 60 millones de ejemplares.

Tim y Beverly Lahaye, a los que la revista *Time* colocó en su portada bajo el título «The Christian Power Couple», integran el exclusivo listado de los 25 evangelistas más influyentes de Estados Unidos.

La singular pareja profesa un pensamiento teológico peligroso y destructivo. Apoyaron activamente la instauración de regímenes militares en los países del Cono Sur y el trabajo sucio de sus generales, entrenados para matar en la Escuela de las Américas. Hicieron *lobby* a favor de la intervención militar en Nicaragua y en El Salvador, misma que años después desencadenó una investigación en el Congreso de Estados Unidos conocida como el Caso Irán-Contras, la cual puso al desnudo la participación de la CIA en la venta de armas y el tráfico de drogas. El marxismo era entonces el enemigo a vencer. Los muertos y desaparecidos, las gravísimas violaciones a los derechos humanos y la masacre de civiles inocentes eran «daños colaterales» de una guerra que defendía los valores morales de Estados Unidos tanto como sus negocios.

En 1981, los Lahaye fundaron el Council for National Policy (CNP), una secreta e influyente red de apoyo a las políticas intervencionistas de Ronald Reagan y a las ambiciones del clan Bush, a los que años después llevarían a la Casa Blanca. Para la implementación de la logia, recibieron el respaldo financiero del reverendo Sun Myung Moon, fundador de la Iglesia de la Unificación; del mismo modo, contaron con el apoyo de la fundación de Elsa y Édgar Prince, padres de Erik Prince, el exmiembro del comando SEAL de la Armada de Estados Unidos que en 1997 creó el imperio armamentista Blackwater: el ejército de mercenarios más poderoso del mundo, célebre por sus masacres de civiles durante la guerra de Irak.

La empresa de seguridad de Prince, que después del escándalo cambió de nombre por Xe Services LLC, acapara los contratos más importantes del Departamento de Estado, el Pentágono y el Departamento de Defensa de Estados Unidos en su «guerra contra las drogas». Desde diciembre de 2011, el grupo se llama Academi y el exfiscal John Ashcroft es su principal asesor. El objetivo principal de Prince es la expansión de sus negocios bélicos en América

Latina, donde compite de manera agresiva con otras compañías de seguridad. La guerra fallida de Felipe Calderón, así como el caos y la violencia de los cárteles del narcotráfico, ofrece el mejor de los escenarios.

El periódico *The New York Times* definió la CNP como

un casi desconocido club de unos cuantos cientos de los más poderosos conservadores del país, que se han reunido a puertas cerradas en lugares no revelados para celebrar tres veces al año conferencias en las que diseñan estrategias para conseguir que el país vire hacia la derecha.

No obstante, Tim y Berverly Lahaye tienen otros amigos honorables: el excoronel Oliver North, responsable de los ilícitos del caso Irán-Contras; los telepastores Jerry Falwell y Pat Robertson; Wayne LaPierre, de la Asociación Nacional del Rifle; el joven político republicano de ultraderecha Ralph Reed; los millonarios Richard y Dick DeVos; el exfiscal de George W. Bush, John Aschcroft; el excongresista republicano Tom DeLay, condenado recientemente a tres años de prisión por blanqueo de dinero; Elsa Prince y su hijo Rick, y los Bush son también algunos de ellos.

Todos participan en la exclusiva sociedad secreta de los millonarios de derecha del CNP. Presionan a políticos, conspiran y, sobre todo, hacen negocios millonarios en nombre de Dios. En pleno escándalo del *affaire* entre Bill Clinton y Monica Lewinsky, fueron los lobistas más activos de la campaña de destitución del entonces presidente. Skipp Porteous, director de una organización seglar, le entregó a Clinton un informe confidencial sobre las actividades del CNP, con los nombres de sus miembros, su pensamiento ideológico y sus conspiraciones. Esta información fue la que impulsó a Hillary a denunciar que su marido era objetivo de una «conspiración de la derecha». No estaba tan errada.

El matrimonio Lahaye, como el Orozco, nunca está quieto. Son miembros fundadores de la Coalición Estadounidense para los Valores Tradicionales, una red de 110 mil iglesias de la ultraderecha republicana, comprometida con la elección de la mayor cantidad posible de candidatos cristianos y que reivindica el uso de lecturas bíblicas en política.

Se declaran defensores de la «guerra religiosa contra el terrorismo internacional», son enemigos del desarme mundial, respaldaron la invasión a Irak y Afganistán, y estarían de acuerdo con un ataque nuclear de Estados Unidos a Irán. Paradojas de la vida, son fervorosos admiradores del exespía de la KGB, Vladimir Putin, al que definen como un «ejemplo de liderazgo». Decían que la llegada de Obama al poder desencadenaría el Apocalipsis y luchan contra el aborto, la pornografía, la eutanasia, la ciencia evolutiva y los homosexuales.

Beverly Lahaye tiene pensamientos que recuerdan a la América cerrada y ultrarreligiosa de fines del siglo XIX: «La mujer completamente espiritual desea someterse completamente a su esposo, porque esa es la mujer emancipada. Dios quiso que la mujer se someta al hombre».

Antiabortista acérrima, convencida de que los homosexuales están maldecidos por Satanás y que se pueden «sanar» si cumplen con los preceptos del manual de Casa sobre la Roca y si se adhieren al sistema celular del G12, no suena extraña la simpatía que se profesan Beverly Lahaye y Rosi Orozco. Muchos recuerdan su escandalera cuando la Comisión de Derechos Humanos de la Cámara de Diputados autorizó a la legisladora perredista Enoé Uranga asistir en mayo de 2011 a la presentación del libro *Primer foro legislativo por los derechos humanos de las lesbianas*, en Querétaro.

«¡Es un libro de lesbianas!», gritó espantada Orozco, como si estuviera frente al mismísimo diablo. «Yo no voy en este tema. No me dijiste que este es un libro de lesbianas, así que retiro mi voto», le espetó a la azorada diputada del PRD.

Concerned Women of América, la organización de Beverly Lahaye, tiene a Rosi como expositora habitual en el tema de tráfico de personas y la explotación sexual de niñas en México, una problemática que se incrementó brutalmente con la violencia de este sexenio, pero que la legisladora panista utiliza como argumento para justificar la guerra santa de Felipe Calderón contra el crimen organizado. Como todos los caminos se cruzan, Concerned Women of America recibe financiamiento de la fundación de Édgar y Elsa Prince, padres del fundador de Blackwater.

A pesar de estos sombríos antecedentes, la Fundación Camino a Casa de Rosi y Alejandro Orozco firmó un convenio con la organización de Beverly Lahaye a través del plan binacional Puente, parte de la Iniciativa Mérida. El objetivo, según explican, fue «capacitar a líderes mexicanos en el combate a la explotación sexual de niños». No es muy complicado adivinar cuál fue la base doctrinaria e ideológica para el adiestramiento de los becados.

La organización cwa de los Lahaye dice que tienen medio millón de afiliados y se define así: «Somos la mayor organización de mujeres de Estados Unidos. Tenemos una historia de más de 30 años. Llevamos los principios bíblicos a nivel de las políticas públicas». Los ejes sobre los que trabajan son clarísimos:

- Defendemos el matrimonio heterosexual, fiel al mandato bíblico.
- Abogamos por la devolución de la autoridad a los padres.
- Reivindicamos la soberanía nacional. Ni la onu ni ninguna otra organización internacional deben tener autoridad sobre Estados Unidos.
- Promovemos y protegemos los valores bíblicos entre los ciudadanos, en primer lugar mediante la oración, luego a través de la educación y finalmente influyendo en la sociedad para revertir el declive de los valores morales de la nación.
- Nos oponemos a la pérdida de nuestra soberanía ante organizaciones internacionales (onu, Unicef, oms). Nos preocupan especialmente la seguridad nacional y las crecientes presiones para debilitarla, así como la falta de seguridad en nuestras fronteras para protegernos de terroristas e inmigrantes ilegales (*sic*).

- Nos proponemos lograr que Estados Unidos despliegue el más fuerte sistema de defensa del mundo, para contener la agresión extranjera (*sic*).

Beverly Lahaye y Wendy Wright, presidenta de CWA, viajaron como observadoras electorales a Honduras y se reunieron con el derechista Porfirio Lobo Sosa, ganador de la contienda que colocó un manto de impunidad sobre el brutal golpe de Estado contra Manuel Zelaya.

«Quizá Dios haya sonreído a este pobre país». Cuando un grupo de pastores católicos y evangélicos conocieron el intento de Zelaya de llevar a cabo un referéndum, convocaron a una semana de oraciones. Poco después fue depuesto», expresó Beverly.

Como si algo más faltara a la compleja telaraña de fundaciones y empresas de Casa sobre la Roca, los Orozco son representantes en México de Operación Bendición (OB), organización humanitaria evangélica cuya sede central está en Virginia Beach, Estados Unidos, y que en México trabaja en 20 estados, con la participación activa del DIF, la Sedesol, del Instituto Nacional para la Atención de los Adultos Mayores (Inapam) y de los gobiernos estatales. Es importante aclarar que la OB fue creada en 1978 por el polémico predicador Pat Robertson, conductor del programa *El Club 700* de la Christian Broadcasting Network y miembro fundador de la cofradía del Council for National Policy (CNP), con sus amigos los Lahaye.

El telepredicador, célebre por sus aberraciones intelectuales, llegó a decir en el año 2010 que el terremoto en Haití era responsabilidad de los haitianos, porque en épocas de la ocupación francesa sus habitantes habían hecho un pacto con el diablo y por eso eran castigados.

Pat Robertson es conocido además por sus estafas milagreras, sus transacciones financieras oscuras y las millonarias inversiones que realizó en el Congo. Al país africano llegó con la OB y al poco tiempo se asoció con el sanguinario dictador Mobutu, quien le cedió la explotación de las minas de diamante. El reverendo, hombre pragmático para los negocios, fundó African Development Company, pagó salarios miserables a los mineros y utilizó los aviones sanitarios de Operación Bendición, que supuestamente llevaban donaciones de víveres y medicamentos a los miserables congoleños. Robert Hunkle, un exejecutivo de OB, reveló que las aeronaves fueron usadas como pantalla de los negocios mineros de Robertson. Lo mismo ocurrió en Liberia, donde Robertson tiene inversiones en minas de oro y defendió a capa y espada al presidente Charles Taylor, al mismo tiempo que la Organización de las Naciones Unidas acusaba al mandatario liberiano de crímenes de guerra y de tener vínculos con miembros de Al Qaeda.

El *alma mater* de Operación Bendición fue también uno de los impulsores de un documento que se conoció como *Evangelicals and Catholics Together*. No estuvo solo en la tarea. Charles Colson fue uno de los conspiradores del caso Watergate, asesor del expresidente estadounidense Richard Nixon, creador de la Confraternidad Carcelaria (con sede en México) y exconsejero espiritual de George W. Bush. Colson, junto al cardenal católico John O'Connor, Michael Novak —miembro del conservador American Enterprise Institute— y Erik Prince, tomó lugar dentro de la partida. Una vez elaborado el documento en el año 2002, los firmantes hicieron una defensa de la economía de libre mercado como «la única opción cristiana», de la religión como eje del sistema legal y de los valores morales de Occidente, del mismo modo en que manifestaron su condena del aborto y de los homosexuales. Aseguraban que lo único que cambiaría la vida de las personas en el mundo del tercer milenio era la unión de católicos y evangelistas, para que todos acudieran a la «fe en Jesucristo como Señor y Salvador».

Esta alianza entre la Iglesia católica ortodoxa y el evangelismo fundamentalista de derecha fue la base doctrinaria, religiosa y política que dio sustento y poder a la presidencia de George W. Bush, a la invasión a Irak y a la creación de ejércitos mercenarios privados como Blackwater o DynCorp, según relata el periodista Jeremy Scahill.

«Todos llevan armas como si fueran Jeremías reconstruyendo el templo en Israel, con una espada en una mano y una espátula en la otra», declaró Erik Prince en febrero de 2005. Vale aclarar que

Prince se convirtió al catolicismo y que realiza cuantiosos donativos a organizaciones católicas integristas, además de grupos cristianos.

Durante la campaña electoral de Felipe Calderón, también se dio este maridaje entre la derecha católica y los grupos cristianos, encabezados por la secta Casa sobre la Roca.

Miles de volantes que llevaban la firma de las Familias Católicas se repartieron durante los actos de campaña del blanquiazul.

«Oh, Padre eterno, os ofrezco la preciosa sangre de vuestro hijo Jesús, unido a todas las misas celebradas alrededor del mundo, para que por intersección de nuestra señora de Guadalupe nos conceda un gobierno formado y preparado por ella. Así sea». Pedían rezar el rosario y daban la siguiente instrucción: «Católico, recuerda que si los candidatos no se definen o no respetan lo que Cristo y la Ley piden —no al aborto, no a la eutanasia, no a la unión de homosexuales y a su derecho a adoptar niños—, no les des tu voto. Haz oración. Que no te confundan».

Felipe Calderón mantuvo reuniones con el Comité Nacional Provida y la Unión Nacional de Padres de Familia al mismo tiempo que asistía a los eventos de Casa sobre la Roca y a los actos de las organizaciones evangélicas. En junio de 2006, monseñor José Guadalupe Martín Rábago, obispo de León, visitó al candidato panista en el hotel Fiesta Americana, donde se tomaron una fotografía juntos. Según el periodista Álvaro Delgado, el gestor de dicha reunión fue Elías Villegas Torres, mítico jefe de El Yunque.

En esos momentos, George W. Bush transitaba por su segundo mandato presidencial, arropado por sus amigos de la élite cristiana conservadora del CNP con sus múltiples fundaciones, entre ellas Concerned Women of America, además de los integrantes de ECT, alianza entre los católicos de la ultraderecha y los cristianos integristas. Según declaraban, en ese momento el mundo occidental corría grave peligro por los terroristas islámicos y los traficantes de drogas; agregaban que «los cristianos estamos inmersos en una guerra de cien años, es hora de que comprendamos nuestra historia y lo que mueve a las mentes religiosas. La América laica no lo entiende».

Estaba en su apogeo la era de los «cruzados contra el Mal».

Eran los profetas de los negocios millonarios que permiten las guerras, la venta de armas y los contratos petroleros. Rosi y Alejandro Orozco y los integrantes de Casa sobre la Roca son una minúscula versión criolla de sus clones de América del Norte, aunque no por eso menos peligrosos.

POLÍTICA Y RELIGIÓN

Alejandro Lucas Orozco Rubio, marido de Rosi, fue director del Inapam. Antes fue director general de Atención a la Población Vulnerable del DIF. También fue oficial mayor y senador suplente del PAN; como su esposa Rosi, no se queda atrás. Hombre multifacético, otra de sus funciones, como dije antes, fue la de asesorar espiritualmente a Felipe Calderón, al que le impartía lecturas bíblicas.

En la página web de su empresa Visión se describe a sí mismo en tercera persona:

Nació en la Ciudad de México un 18 de octubre hace algunos años... Estudió Administración de Empresas. Hoy, después de 30 años de experiencia, es socio fundador de la firma Interesse y Asociados, una de las más prestigiadas en consultoría y análisis en el tema de seguros, fianzas e inversiones. Desde 1994 es director general de la Asociación Civil Casa sobre la Roca, organización que trasmite valores a la familia. Es conferencista internacional en el mismo tema a lo largo y ancho del país, así como en Nueva York, Chicago, Perú, Colombia, España y Singapur. A partir de 2005 es presidente de la Fundación Camino a Casa, organización que busca la atención, rescate y reincorporación social y familiar de niñas maltratadas. Empresario multifacético, creó la marca True Multimedia, empresa que promociona los valores y se ocupa de eventos especiales, video y audio producción. Es también director de Emana, restaurante que promueve el concepto «Come saludable y vive mejor». Está casado con Rosi Orozco y es padre de tres hijos: Emilio, Pablo y Alejandra. Es un hombre sumamente comprometido con lo que cree. Y por eso ha hecho de su estilo de vida una inspiración para muchas personas que, como él, creen que el cambio de México y de cualquier país comienza por las familias y el corazón de cada persona.

El predicador, amigo presidencial y funcionario público es autor de dos libros. Uno de ellos lleva el título de *Como limón en la herida, arde pero desinfecta*, publicado en 2007 y promocionado en su página como «un conjunto de reflexiones que pueden producir escozor pero que ayudan a sanar». Los capítulos llevan títulos como estos: «Qué poco necesitan nuestros viejos», «¿Por qué no apagas la tele?» o «¿Y con esa boquita qué comes?».

En su introducción, Alejandro Orozco, explica que lo suyo son conceptos que se «filosofan entre amigos en un café».

Esto es solo una primera intención de... ¡ya por favor!, ¡ya párenle! ¡Que alguien haga algo! ¿A cuál le apuestas ahora? (¿En estas votaciones, en las que vienen o algún día?). ¿O que ahora sí, con las nuevas propuestas izquierdistas, los dientes de nuestros hijos van a crecer derechitos, nunca van a decir malas palabras, van a ser excelentes en la escuela y además se van a hacer multimillonarios? ¿O que los conceptos de todo se vale o todo se puede mientras no te haga daño serán la solución? ¡Ya pon los piecitos en la tierra! ¡El cambio eres tú!

Otro libro, *Bartimeo*, la historia del «hijo ciego de Timeo que estaba en el camino mendigando y decidió seguir a Jesús», es un enredo de supuestas reflexiones personales mezcladas con conceptos humanistas y mundanos a los que se agregan frases de la Biblia, consideraciones sobre las maravillas de ser parte del gobierno del G12 y revelaciones del secreto para lograr el éxito financiero y el poder.

En la introducción escribió:

Siempre he puesto mi matrimonio primero. Mi esposa está a mi lado en la mayoría de mis actividades, mis tres hijos están EN EL CAMINO y sirven al Señor. He mantenido mi negocio y otras actividades comerciales. Junto con mi equipo hemos desarrollado Fundación Camino a Casa A.C. Para combatir la explotación sexual, hemos trabajado en la educación a través del colegio Kairos y próximamente iniciaremos la Universidad de las Naciones, pero en realidad he estado más dedicado a establecer la visión G12 en nuestro país. Y eso es trabajo, mucho trabajo, establecer células, escuelas de líderes, de grupos de discipulados formando a mis doce y a mis ciento cuarenta y cuatro. Juntas, reuniones, conferencias, viajes, muchos viajes apoyando a César y a Claudia Castellanos en coordinar el G12 en mi nación, y ahora incursionar en la política y además entrar a trabajar en el gobierno ha representado estar ocupadísimo y muchísimo más que eso, es que Dios me ha instruido a no dejar ninguna actividad, y además a hacer ejercicio a diario por lo que ha sido indispensable el milagro de que Dios haya multiplicado las fuerzas y los recursos…

Dueño de una personalidad marcada por la megalomanía y la obsesión de estar en la cumbre, no se cansa de decir que trabaja mucho, pero que Dios le pide que «siga por ese camino». Por esta razón, porque Dios le pide —según parece, Dios le habla—, subió los peldaños del éxito del modelo del G12 que le abrió las puertas de Los Pinos y lo instaló junto al presidente, al que convenció con facilidad de que era el rey David, el designado para esta misión, y que ganaría la guerra.

Hace ya unos años, cuando el expresidente Bush se enteró de que no había armas de destrucción masiva y de que Saddam Hussein nada tenía que ver con los atentados del 11 de septiembre, un consejero presidencial expresó: «Nosotros creamos nuestra propia realidad».

Alejandro Orozco habla en voz baja y, contrario a su locuaz consorte, escucha al otro aunque evade con habilidad los temas polémicos, especialmente todo lo relativo a sus negocios millonarios, que se multiplicaron en el sexenio y en los que se mezclan inextricablemente política y religión.

Afirma que los trámites para la entrega de la mansión donde viven él y su mujer son legales, pero no aclara que cuando realizó la solicitud y le entregaron las casas ya era funcionario público, ni que las cuatro son utilizadas para una fundación que él preside, ni que, además, recibe subsidios del Estado.

La pareja no parece tener mucho en común, pero actúan en tándem desde hace 28 años, cuando se conocieron vendiendo seguros. «Alejandro estaba casado y luego se divorció, y nos casamos», aclara Rosi, sin que se le pregunte.

Comenzaron con un «pequeño grupo de mujeres, niños y matrimonios» que leían la Biblia en su casa del Pedregal, y pedían al cielo por «un cambio» en México. En 1997 se trasladaron a una sala de cine cercana al centro comercial Perisur, donde, según dicen, se enfrentaron al primer reto: comprar o quedarse sin sala.

«Parecía imposible, pero nuestro Dios es el Dios de los imposibles. Vimos frente a nuestros ojos el milagro y el auditorio, y pudimos comprarlo, no con nuestras fuerzas, sino con su provisión», aseguran.

Crecer o reventar, a partir de aquí no pararon y se transformaron en una poderosa y millonaria multiempresa con tentáculos en organismos del gobierno federal, alcaldías y gobernaturas, policías federales, militares, reclusorios. Esto sin contar la influencia sobre Felipe Calderón y Margarita Zavala, similar o mayor a la de un secretario de Estado, según testimonios de funcionarios y gente que los conoce. Éxitos que ellos atribuyen a la gracia de Dios y del Espíritu Santo.

La primera vez que tomé contacto con la singular pareja fue en la Biblioteca Vasconcelos, en la colonia Buenavista, donde Rosi (cualquier semejanza con Beverly Lahaye es pura casualidad) presentó un libro, *Del cielo al infierno en un día*, que escribió en colaboración con la periodista Evangelina Hernández y reúne dramáticos testimonios de niñas abusadas.

Conocía la estrechísima relación de los Orozco con el mandatario y su esposa, pero me costaba entender cómo habían logrado tanto poder y tanto acceso a la intimidad presidencial con un pensamiento anacrónico y delirante.

Felipe Calderón fue educado en la religión católica, pero tiene grandes conflictos con su fe desde tiempos lejanos. Durante mi visita a Michoacán, sus amigos de la adolescencia resaltaron esta situación como algo que lo atormenta. En la reunión de Felipe con Manuel Espino en La Barraca, aquel le confesó exaltado que la culpa de su falta de fe la tenía su progenitor. «Por su culpa no creo, porque mi padre era un hipócrita», aseguraba. Al periodista Julio Scherer García le dijo una frase extraña, que bordea el mesianismo: «Yo también, resuelto a salvar a los míos, a mis apóstoles, me dispuse a dejar el lanchón y caminar sobre el agua; sin embargo, al primer paso sobre el mar, me hundí». Margarita, por el contrario, siempre fue coherente con su religiosidad y su fe.

¿En medio de qué confusión política o personal Felipe y Margarita se fascinaron con la prédica demagógica, manipuladora y milagrera de un par de arribistas de una secta neopentecostal de ultraderecha? ¿Qué motivos llevaron al presidente y a su esposa a abrirle las puertas de su intimidad y dejarse llevar por sus dislates?

Con estos interrogantes fui a la Biblioteca Vasconcelos, como invitada de la diputada Rosi Orozco.

La reunión fue a salón repleto y la presentación estaba dedicada a su trabajo con las niñas y adolescentes supuestamente recuperadas de los traficantes. En su mayoría eran integrantes de Casa sobre la Roca y de las empresas y fundaciones que tienen relación directa con ella. Estaban presentes María Isabel Miranda de Wallace, María Elena Morera y Alejandro Martí, cuyos hijos en el caso de Martí y De Wallace, y esposo en el caso de Morera, fueron secuestrados y asesinados, y mantenían una controvertida relación con Felipe Calderón y su secretario de Seguridad, Genaro García Luna, y con los Orozco. Era notoria la presencia de funcionarios y empleados del Inapam, de la PGR y del Sistema Penitenciario; también había policías, militares y algunos diputados y senadores. Los predicadores eran rápidos para los negocios con los funcionarios del gobierno, que pagaban con dinero público sus servicios espirituales, como consta en sus portales y ha sido confirmado por ellos.

Rosi introdujo a su gurú, Clemente Cámara, un hombre rollizo y extrovertido que se presentó como presidente de una ignota Asociación de Cámaras de Publicidad y como el responsable de «aconsejar y calmar las ansiedades» de la alborotada diputada, que «sufre y se angustia» con los «ataques de los periodistas y los medios del enemigo».

Frente a un auditorio que aplaudía y celebraba cada frase, la diputada panista justificó el uso de las casas incautadas a narcotraficantes:

—Son gente que actúa en contra de la sociedad, criminales, y nosotros utilizamos las casas para el bien.

Como parte del show de presentación, tres jóvenes aparecieron detrás de una pantalla. Rosi Orozco explicó que eran las protagonistas del libro y que por razones de seguridad no mostrarían sus rostros ni se revelaría su identidad. Las tres relataron sus experiencias en manos de criminales que las explotaban sexualmente. De pronto, una de las chicas guardó silencio y, acto seguido, comenzó a tartamudear. La legisladora, nerviosa, escribió unas palabras en un papel y un edecán de Casa sobre la Roca corrió atrás de la pantalla para entregar el mensaje a la jovencita, que pudo retomar la línea:

—¡Gracias a Rosi Orozco salvé mi vida! Gracias a ella y a la Fundación Camino a Casa. ¡Gracias Rosi! ¡Te quiero!

Rosi sonreía y colocaba la mano derecha en su pecho, justo donde está el prendedor con el corazón azul, símbolo de la Fundación Camino a Casa. El salón explotó en aplausos y vivas a la legisladora.

Al finalizar el evento, se sirvió un *brunch* con vinos y bocadillos.

Para mi sorpresa, entre la gente deambulaban las víctimas, las que habían hablado detrás de la pantalla por «estrictas razones de seguridad». Como la prudencia y la memoria no son virtudes de la diputada, llamó a las jovencitas por su nombre, las presentó abiertamente y de nuevo les pidió que relataran su traumática experiencia; esta vez a cara descubierta y sin ningún tipo de cuidado. Alejandro Orozco me presentó a una niña de ocho años que se aferraba a las faldas de Rosi.

—Mira, ella es Martita y tiene una historia terrible. Está muy mal, recién ahora puede hablar. Vio cómo su padre asesinó a su madre a hachazos, y por eso esta así. Le cuesta hablar, sabemos que es guatemalteca.

—¿Guatemalteca? ¿Tiene identidad?

—No sabemos. Está muy traumatizada. Poco a poco nos vamos enterando de lo que le pasó…

—¿Y cómo llegó a ustedes?

—Nos la entregó el DIF…

Aquel día me fui de la Vasconcelos con un sabor amargo y la convicción de que algo no funcionaba. Además de las dudas e incoherencias de la pareja, me parecía gravísimo lo que sucedía con las víctimas.

—¿Tienen atención psicológica? —pregunté.

—¡Sííí! ¡Y les encanta estar con el psicólogo!

Así me respondió la diputada. Nunca accedió a mostrarme el hogar donde viven las niñas y tampoco me explicó con qué métodos se maneja la Fundación Camino a Casa, organización que creó junto a su marido y que a ella le permitió, apenas asumió su cargo como diputada, hacerse con la presidencia de la Comisión Especial de Lucha contra la Trata de Personas y recibir, para beneficio de su fundación, casas incautadas y abultados subsidios del Estado que nadie controla.

—No podemos poner en riesgo a las niñas, estamos amenazados de muerte por el crimen organizado —explicó.

Los Orozco se contradicen cuando se les indaga por algo simple: cómo y cuándo conocieron a Felipe Calderón. Responden a veces que fue en 2004, otras que en 2005, que primero se relacionaron con Margarita y se hicieron amigos, que fue en México, que en Estados Unidos; otra de las versiones dice que fue a través del trabajo de Rosi con las niñas abusadas: ella asegura que desde hace muchos años lucha contra la trata de personas, y el mandatario michoacano, fascinado por tan loable faena, les confesó que si llegaba a la presidencia iniciaría la guerra contra los narcotraficantes.

«Apenas lo conocimos, nos dijo que iba a luchar contra el crimen organizado y nos fascinó. Ningún político tenía esa valentía, y desde entonces estamos a su lado», afirma la diputada.

Otras fuentes relatan otra historia.

El 23 de noviembre de 2005, Felipe Calderón, flamante candidato presidencial del blanquiazul, concurrió a un desayuno organizado por Red Familia, organización benéfica creada por el empresario Lorenzo Servitje. Al desayuno asistieron, entre otros, José Luis Barraza, presidente del Consejo Coordinador Empresarial (CCE); Marcos Martínez, presidente de la Asociación de Bancos de México; Vicente Yañez, presidente de la Asociación Nacional de Tiendas de Autoservicio; Jerónimo Arango, fundador de la cadena Aurrerá y socio de Wal-Mart; Héctor Rangel Domene, expresidente del CCE; el empresario altruista Manuel Arango; Fernando Canales, secretario de Energía; Gilberto Borja, fundador y director de Ingenieros Civiles Asociados (ICA), y Manuel Rubiralta, presidente y director general de Bacardí.

Hugo Éric Flores Cervantes, presidente del Partido Encuentro Social (PES), abogado cristiano, asesor de Liébano Sáenz cuando este era secretario particular de Ernesto Zedillo y conocido de Felipe Calderón de la Universidad de Harvard, se acercó a saludar al candidato, acompañado por los Orozco.

«El acercamiento a Calderón fue planificado», me explicó Flores Cervantes en una entrevista en 2011.

«Los Orozco estaban desesperados porque yo les presentara a Felipe, querían hacer política y posicionar a Casa sobre la Roca, querían poder. Nunca habían participado en política, ni habían tenido un cargo público. En ese tiempo yo era integrante de Casa sobre la Roca. Estaba viviendo una situación personal delicada y un día, angustiado, fui a buscar ayuda espiritual y Alejandro se convirtió en mi pastor. Teníamos buena relación, salvo con Rosi, que es una mujer muy inestable psicológicamente, muy conflictiva. Él parecía buena persona y en su momento me ayudó y me ofreció trabajar con ellos. Le presenté a mucha gente de la política. Después, me engañaron y me manipularon. Viví un infierno del que me costó salir. Son ambiciosos, mentirosos y aman el dinero. Son mala gente, peligrosa. Me usaron para llegar a Felipe y para instalarse en Los Pinos».

160

Tiempo antes de la trifulca que tiró por la borda la relación del trío de amigos, aquella mañana de noviembre de 2005, cuando Flores Cervantes presentó a los Orozco con el candidato panista, se dio este dialogo:

—Oye, cabrón, ¿cómo le hacemos para conseguir el apoyo de los evangélicos? Necesito esos votos. —Fue lo primero que le dijo Calderón a Flores Cervantes, apenas lo vio.

—Aquí los tienes —respondió, señalando a Rosi y Alejandro, que estaban a su lado—. Platica con ellos, son los pastores de Casa sobre la Roca.

Frente al entusiasmo del michoacano, ávido por lograr el apetecible apoyo de los miles de cristianos de México, los Orozco, ni lerdos ni perezosos, lo invitaron a una cena en su casa, una propiedad que rentaban en Las Lomas antes de hacerse con la mansión incautada a Vicente Carrillo Leyva, el Vicentillo.

Tres días después, a las 20:30 horas, Felipe Calderón y Margarita Zavala llegaron en dos camionetas Suburban azules a la residencia de dos plantas. Felipe Calderón llevaba un traje sencillo y Margarita, lo habitual: una falda, una blusa y su infaltable rebozo. Hugo Éric Flores Cervantes también asistió a la cena.

La casa de los Orozco no tenía nada extraordinario. Era una típica casona de clase media. En la planta baja, un amplio espacio estaba acondicionado para las lecturas bíblicas, rito destinado a levantar espíritus abatidos, pero, en este caso, solo los de aquellos con alto poder adquisitivo.

En la sala de entrada, un cuadro pasaba desapercibido, salvo para los buenos observadores. Era una pintura del emperador Maximiliano con un perrito. Perdido en su megalomanía y sus ansias de grandeza, Alejandro Orozco decidió reciclarse en el emperador francés y encargó el cuadro con una diferencia: cambió el rostro del emperador por el suyo.

—¿Cómo me pueden ayudar con los cristianos? —preguntó Felipe en mitad de la cena, con los ánimos más relajados luego de unas copas de vino.

Alejandro Orozco se adelantó:

—Mira, Felipe, se vienen tiempos duros, muy difíciles. Es importante fortalecer tu vida espiritual y, sobre todo, a tu familia. Necesitas apoyo para que no te sientas abatido frente a las dificultades que te esperan. Te ofrezco relacionarte con Dios. ¿Sabías que el presidente Uribe tiene todas las semanas una lectura bíblica con el pastor César Castellanos? Yo te ofrezco una lectura de la Biblia una vez por semana para fortalecer tu alma. Dios está contigo, pero tú debes encontrar a Dios, él te va acompañar en este camino de transformación para México, como pasó con Colombia...

Margarita mostró inmediato entusiasmo con la propuesta.

Su matrimonio no transitaba por un buen momento; en las palabras de Alejandro Orozco, la mujer vio una luz de esperanza y se aferró a ella. Le insistió a Felipe para que aceptara, sintió que la lectura de la Biblia podía ayudar a enderezar su matrimonio y modificar las conductas nocivas de su inestable esposo. Margarita estaba agotada por los desbordes de Felipe con el alcohol y el daño que causaban a su matrimonio. Flores Cervantes confirma este dato: «Margarita estaba mal con Felipe y Alejandro, muy hábil, la engañó con su discurso. Yo la miré y me di cuenta de que lo que la convenció fue la mención de la Biblia. Pobre, creyó que eso la iba ayudar a sacar a Felipe de la mala senda». Una histórica militante del PAN, que la conoce mucho y que compartió tareas legislativas con ella, me contó que Margarita pasaba por periodos malos en su matrimonio, por grandes altibajos, y que durante la campaña estaba hastiada de los excesos de Felipe.

Esa noche, Felipe Calderón se interesó mucho por la historia de Uribe y de sus pastores, y pidió más detalles. Los Orozco le contaron que eran amigos de César y Claudia Castellanos, fundadores de la Misión Carismática Internacional (MCI), la congregación cristiana más numerosa e influyente de Colombia, soporte espiritual para el entonces presidente en su guerra contra el narcotráfico. Le explicaron que, gracias a la presencia de la pareja formada por sus clones colombianos, Álvaro Uribe Vélez había ganado su batalla y devuelto la paz al país, y que por eso la gente lo había reelegido.

Felipe Calderón, deslumbrado, aceptó.

Por supuesto, no le revelaron los escándalos que protagonizaban los Castellanos en Colombia, ni la investigación de la Fiscalía a Claudia por el aumento injustificado de patrimonio presuntamente debido a lavado de dinero proveniente del narcotráfico, ni le hablaron del extraño atentado al que César había sobrevivido de milagro y que algunos habían atribuido a una venganza de bandas del narco. Tampoco hicieron referencia a las innumerables denuncias de exintegrantes de la MCI por abusos, estafas y amenazas violentas que habían llevado a un miembro al borde del suicidio. Según un informe del fiscal antinarcóticos de Colombia, en 2007 se comprobó un aumento injustificado de 82 millones de pesos en las finanzas de Claudia Castellanos. De acuerdo con la revista *Cambio*, el fiscal no dejó constancia sobre el origen del ilícito, pero el hecho de que un fiscal antinarcóticos fuera el encargado de hacer las averiguaciones generó sospechas. Los Orozco ocultaron estos antecedentes a Felipe y Margarita la noche que los invitaron a cenar y les ofrecieron lecturas bíblicas para llegar a Los Pinos.

A partir de ese momento comenzó la lenta y persistente infiltración de Casa sobre la Roca y de sus jefes. Primero en la frágil intimidad de la pareja presidencial, presa fácil de un discurso manipulador y mesiánico, y luego en distintas áreas del gobierno apenas el michoacano fue ungido presidente. Las numerosas visitas a los encuentros religiosos de Casa sobre la Roca fueron aprovechadas al máximo por los predicadores. Estrecharon el vínculo con Margarita, tenían su celular privado, no la dejaban ni a sol ni a sombra. Percibieron que la primera dama era la mujer que ejercía más influencia sobre el presidente. Rosi le organizaba desayunos con las mujeres de la organización y la pastora Alma Cervino se encargó de darle sesiones semanales de lectura bíblica y de oración.

Un video que no está en internet y que me entregó un exintegrante de la organización muestra un desayuno organizado por Casa sobre la Roca y Encuentro Social con la pareja. Alejandro Orozco predica para Felipe y Margarita. Menciona a un personaje de la Biblia, Usías:

—…El cual reinó desde los 16 años hasta los 68 años en Jerusalén. Él hizo lo recto ante los ojos del Señor, conforme a todas las cosas que había hecho Amasías, su padre. Si conoces cada día más a Dios, Él va a estar contigo. Si tú tomaras esa decisión en tu vida, y yo sé que tú eres un hombre de fe, Dios te va a respaldar. Hemos sido predicadores por estos años de la palabra de Dios. Esta nación necesita más valores y más principios. Felipe, si tú te decides a buscar a Dios, Él te va a bendecir de una manera tan inimaginable que sin duda tú podrás ser esa bendición que pretendes, no solo para tu familia, sino para todos los mexicanos.

—¡Dios te bendiga, Felipe Calderón! —exclama el pastor.

Imbuido de su papel, Alejandro Orozco les pide a Margarita Zavala y a Josefina Vázquez Mota que se pongan de pie.

—Yo quisiera que todos orásemos por Felipe, por Margarita, por Josefina Vázquez Mota, que ella es, pues, la jefa de campaña de Felipe, y yo creo que Dios quiere bendecirlos, así que pongámonos de pie y vamos a bendecirlos. Dios, en el nombre de Jesús, Señor, pedimos tu gracia, tu paz, tu misericordia para la familia Calderón. —Todos cierran los ojos y juntan las manos—. Te pido que siembres una semilla, una de hambre, una de sed de tu justicia. Que ellos puedan tomar la decisión de entender que Tú les has puesto en esta nación para ser de bendición, para ser de prosperidad. Yo te pido en nombre de Jesús que les des la sabiduría que esta campaña necesita. Yo les bendigo en el nombre del señor Jesucristo, amén.

Existen otros videos de True Multimedia, empresa de los Orozco, con Felipe Calderón y Margarita. Uno fue grabado el 12 de junio de 2006 en Casa sobre la Roca y se titula *Por México*. En él abundan el folclor de charros, las niñas con trajes típicos bailando, aparecen las pirámides de Teotihuacán y se escucha una edulcorada canción de fondo que dice: «Por México, escucha hoy nuestra oración. Es un clamor por nuestra nación. México, México, clamamos hoy ante tus pies, sana nuestro México, Rey, sana México, Señor».

Alejandro y Rosi Orozco mueven las cabezas como robots, cantan y agitan las manos. Felipe y Margarita tararean la canción y se ven algo turbados por el show, pero sonríen felices con el auditorio repleto.

Felipe Calderón es entrevistado por los conductores, dos pastores que le aseguran que el problema más fuerte en México es la familia, que está pasando por una «crisis» con «puros divorcios, pornografía y narcotráfico».

El candidato asiente y promete que esta situación va a cambiar cuando a él lo elijan presidente. Todos gritan alborozados y aplauden. Luego acercan a varios niños para hacerle preguntas. Al observar detenidamente el video, resulta difícil creer que esos niños elaboraron las preguntas. Se les ve poco naturales, incómodos, interrogando sobre trabajo, inseguridad, o cuestionando si Felipe Calderón estuvo «orando a Dios para ser presidente».

En realidad, según me informaron, las preguntas fueron elaboradas por Rosi Orozco y no se permitió a ningún niño decir algo fuera de programa.

True Multimedia elaboró miles de videos para la campaña presidencial del PAN, mismos que fueron distribuidos dentro de las comunidades evangélicas de México. Uno de ellos, *Tu familia corre peligro*, dicta lo siguiente:

> Imagina un México en el que tus hijas puedan abortar sin tu consentimiento y las clínicas sean pagadas por tus impuestos; en el que niñas y niños sean adoptados por matrimonios homosexuales; donde el gobierno regale dinero a los jóvenes en lugar de enseñarlos a pescar a costa de un sobreendeudamiento nacional; donde prevalezcan las marchas, los bloqueos y las protestas violentas sobre las ideas, las propuestas y el diálogo. Evita que esto suceda. ¿Cómo? ¡Vota el 2 de julio! Por un candidato que proteja a tu familia y que salvaguarde la vida. ¡No te equivoques!

El acuerdo político que permitió el ascenso de los Orozco al poder se concretó el 15 de febrero de 2006 luego de muchas idas y vueltas. Manuel Espino, entonces presidente del PAN, se resistió y luego firmó «presionado». «No me gustaba esa gente y no estaba de acuerdo con esa mezcla de política y religión», aclaró. Hugo Éric Flores Cervantes, presidente del PES, y César Nava, del PAN, se hicieron cargo. En el pacto se acordó que el PAN iba a entregarles 30 millones de pesos para gastos de campaña, además de cargos de elección y lugares en el futuro gobierno.

«Nunca nos entregaron esa plata, teníamos muchas deudas. Armar un evento con cristianos se lleva mucha lana, hay que trasladar a la gente y armar la escena. Y Felipe insistía mucho con el tema, quería que hiciéramos actos con miles de evangélicos. A veces no se podía. Nos traicionaron, porque plata tenían, pero nunca entregaron esa cifra. Muchas veces ponía yo», dice Flores Cervantes.

El encargado de entregarles el dinero para la campaña era Gerardo Ruiz Mateos, coordinador de finanzas de Felipe Calderón. Un importante dirigente panista que prefiere el anonimato me relató que Ruiz Mateos le dijo a Flores Cervantes que la plata venía del empresario chino-mexicano Zhenli Ye Gon, con quien este tenía una gran amistad. El empresario oriental protagonizó un escandaloso *affaire* cuando el 15 de marzo de 2007 se encontraron en una bodega de su palacete de Las Lomas 205 millones de dólares en efectivo. Según esta misma fuente, en el círculo de los calderonistas, «todos sabían que Ruiz Mateos era cuate del Chino, pero prefiero no dar más datos, porque es peligroso».

«No te preocupes cabrón, que hoy voy con el Chino a las motos y traigo lana. ¿Qué prefieres, dólares o pesos?», le preguntó Ruiz Mateos a Flores Cervantes.

Cuando estalló el escándalo del empresario chino Zhenli Ye Gon, naturalizado mexicano por Vicente Fox —célebre por la frase «*coopelas o cuello*», acusado de comercializar metanfetaminas y efedrina para el Cártel de Sinaloa a través de una empresa farmacéutica de su propiedad—, Felipe Calderón era presidente y Gerardo Ruiz Mateos, coordinador general de la presidencia.

El oriental declaró en Estados Unidos y dijo que los millones que le confiscaron en su casa eran excedentes de la campaña electoral del

PAN. Manuel Espino, consultado, dijo que en la campaña electoral hubo «estafadores que solicitaban dinero en nombre del partido». Los millones que encontraron en la mansión de Zhenli Ye Gon —actualmente detenido en la prisión del Altiplano— estaban destinados a la campaña de Felipe Calderón. Su contacto interno era Javier Lozano Alarcón y otra persona, cuyo nombre no especificó. «Me dijeron que veinte dólares por voto, que cincuenta dólares por otro y hasta 500 dólares, yo no sé cómo disponían», declaró a la agencia AP en 2007.

Los Orozco no solo ayudaron a la espiritualidad de Felipe Calderón, sino que también lo entrenaron para que pudiera conectar con la comunidad evangélica.

«Cabrones, tienen que enseñarme… Son unos cabrones de la oratoria, ¡no puedo competir con ustedes!», se lamentó Felipe después de un evento de Casa sobre la Roca.

La inefable Rosi planificó las clases discursivas del mandatario.

En un video de 2009 que circuló por internet, *Felipe Calderón, el Evangélico*, se ve al presidente frente a una multitud. Lo acompañan Margarita, los Orozco y César y Claudia Castellanos, los pastores colombianos de MCI.

Felipe Calderón, ya entrenado, camina y habla de Dios. Margarita asiente con la cabeza a todo lo que dice su esposo. Se expresa con las manos, como un perfecto pastor: «Sé que ustedes tienen la alegría y la paz del Señor en sus vidas. Todos tenemos una misión y, yo diría, una orden, que es buscar el reino de Dios y su justicia aquí en la tierra». La gente aplaude. «Oren mucho para que Dios me dé la fuerza y la sabiduría para poder conducir este gran país. Vamos a hacer un trato: si ustedes se esfuerzan y son valientes como ciudadanos, yo me voy a esforzar y ser valiente como presidente». Más aplausos. «Así como a Pedro, Cristo lo tomó de la mano y lo sacó adelante, también me va a sacar a mí, así que pidan por eso. México va a salir adelante: el México fuerte, el México justo, el México libre. ¡Amén!».

Este video fue distribuido por Casa sobre la Roca a la comunidad cristiana durante la campaña de 2009 y subido a la web para trasmitir el mensaje de que el mandatario era evangélico, según el testimonio de Flores Cervantes y otros integrantes de aquella comunidad. Los Orozco lo niegan·y dicen que fueron sus «enemigos» quienes se «infiltraron en Casa sobre la Roca y los filmaron».

La pareja jura y perjura que no son predicadores y que Casa sobre la Roca no es religiosa. Los videos indican lo contrario.

Adoniram Gaxiola, pastor e investigador del Centro de Estudios de la Religión en Latinoamérica (Cerlam), aseguró en una entrevista para este libro que Casa sobre la Roca es una iglesia y que los Orozco son ministros de culto, y que este tipo de iglesias utiliza principios estratégicos de crecimiento, como decir que no son religión, con lo que miembros de otras religiones no tienen que dejarlas para formar parte de ellos. Explicó que las leyes en México son incongruentes y ambiguas respecto a este tema, y que los Orozco supieron aprovechar esta situación.

Son Iglesia porque tienen una estructura mínima donde hay líderes que tienen una autoridad espiritual y hay una comunidad de creyentes que los apoyan, y son Iglesia porque dependen·del principio económico del diezmo, establecido por el Nuevo Testamento. Y Casa sobre la Roca es una Iglesia aunque ahora en su página web borraron sus nombres como directores, pero en los hechos lo son. No estoy de acuerdo con sus formas, no puede haber felicidad cuando invierten 16 horas por día en hacer negocios, con esta actitud lastiman a la causa. Ellos son un instrumento del Gobierno y tienen una relación muy personal con los Calderón. Hay influencias mutuas que ambos aprovechan. Cuando Calderón no esté más, ¿qué va a pasar? El poder de los Orozco es transitorio.

—¿Qué van a hacer cuando se acabe el sexenio? —le pregunté a Alejandro Orozco.

—Seguiremos como hasta ahora…

—¿Con quién?

—En la política, ¿por qué no? Tenemos buenas relaciones con todos los partidos. Lo importante es hacer cosas por México, no importa con quién.

Pragmáticos, los predicadores de la abundancia continúan ofreciendo milagros y salvación a políticos ávidos por captar votos de cristianos. Se dice que trataron desesperadamente de llegar a Enrique Peña Nieto, candidato del tricolor, pero que no tuvieron éxito. El que sí los recibió fue el senador Manlio Fabio Beltrones. Mientras tanto, no se despegan de Ernesto Cordero y Josefina Vázquez Mota, sus aliados.

Rosi Orozco se postuló como candidata a senadora del PAN por el Distrito Federal. Una conocida revista la incluyó entre los «50 personajes que mueven a México». Curioso. En el currículum de Rosi que menciona la publicación se recalca que «tiene 25 años como luchadora social». Según la entrevista que le realicé, ella me dijo que en 1986 era una simple ama de casa con un buen pasar.

—La Iglesia cristiana evangélica es la amante del presidente, nos ve en lo oscurito y a la Iglesia católica la ve en público —me dijo el pastor de Confraternice Arturo Farela en una de nuestras entrevistas. Cuando Felipe Calderón fue al Vaticano y le pidió a Ratzinger que viniera a México porque estábamos sufriendo, ocurrió luego del video que lo mostraba como un pastor cristiano. Va con los Orozco y después con el Papa, como si esto fuera un negocio. Casa sobre la Roca es una secta que usufructuó la relación con Felipe Calderón, son unos malandrines. Y aunque digan que son una asociación civil, no es verdad. Y son una secta porque son piramidales y ese sistema los hace autoritarios y cerrados.

—¿Qué tienen que ver los Orozco con el matrimonio Castellanos, pastores de Álvaro Uribe?

—En un momento tuvieron mucha relación, ahora no sé. Los Orozco estuvieron primero con Amistad Cristiana, del pastor Benjamín Rivera, pero se fueron y le robaron gente, sobre todo se llevaron a los ricos. Copiaron el modelo de Colombia, el G12. Si antes tenían dos mil integrantes, hoy tienen 10 mil. Ellos le vendieron a

Calderón, a través de Hugo Éric Flores Cervantes, que representan a 25 millones de evangélicos y no es verdad, pero igual hicieron el pacto político a cambio de cargos. Deben ser investigados por Gobernación, tienen muchos negocios ahí.

—¿Alguien controla el dinero que reciben del Estado?

—Nadie controla nada, ni cómo lo manejan. Son estafadores. Reciben millones de pesos de la Secretaría de la Función Pública y del DIF, pero como asociación civil, cuando son una secta. Dicen que tienen centros de rehabilitación para niñas abusadas y adictos, pero nadie investiga cómo lo hacen ni cómo trabajan. Reciben por eso un dinero terrible y encima viven en casas incautadas a narcotraficantes, casas malditas.

—¿Habló de esto con el presidente?

—Le dije al presidente Calderón lo que pienso de los Orozco cada vez que me convocó a Los Pinos, y también a Margarita, la única que respeto. Ella sabe que nosotros somos distintos, somos pluralistas, no tenemos cargos políticos. Ella siempre me invita a las reuniones, pero los Orozco me borran de la lista porque se creen los dueños del presidente y de su esposa, y así deciden quiénes van a las reuniones y quiénes no. Rosi Orozco es una mujer muy limitada, de poco entendimiento. Y Alejandro Orozco es autoritario, pedante y soberbio, un vividor.

Hugo Éric Flores Cervantes fue amigo personalísimo del matrimonio Orozco-De la Garza y conoce a la pareja bastante bien. Integrante de Casa sobre la Roca, fue el gestor de la relación de la pareja con Felipe Calderón. Abogado con una maestría en Harvard, es investigador del Centro de Investigación y Docencia Económicas (CIDE), donde ha indagado los episodios trágicos de Acteal a pedido del expresidente Ernesto Zedillo. Conoció a Felipe Calderón cuando estaban en Boston. Cervantes dice que el vínculo que tenía con los Orozco se quebrantó al poco tiempo de que Felipe Calderón llegó a la presidencia y comenzaron las rencillas por los cargos. Los recuperadores de almas para el Señor enseñaron rápidamente sus miserias terrenales. Llegaron las intrigas y las conspiraciones. Flores Cervantes fue nombrado oficial mayor de la Secretaría del Medio Ambiente y Recursos Naturales (Semarnat), pero salió del organismo con acusaciones de supuesto enriquecimiento ilícito, a los seis meses de haber asumido el cargo.

Durante una entrevista realizada en 2011, en la cafetería de un hotel de Polanco, me presentó documentos y me explicó cómo vivió la controversia y la ruptura.

—Me traicionaron y yo fui muy ingenuo. Dijeron que me fui por corrupción y eso es mentira, la justicia no pudo probarme nada. Gané todos los amparos. Hasta me falsificaron la carta de renuncia para el presidente (me entregó ambas copias y existen claras diferencias), para hacerme quedar mal. Los Orozco, que se decían amigos y eran mis aliados, me traicionaron, y Juan Elvira Quezada, el secretario de Semarnat, tenía sus intereses, sus negocios, y yo le molestaba. Felipe Calderón, en el que creí, por el que hice proselitismo en todo el país y al que ayudé con las comunidades cristianas, resultó un estafador y un mentiroso.

—¿Por qué dice que lo traicionaron? Ellos argumentan que usted renunció porque cometió actos ilícitos y que por eso tiene una causa judicial…

—Mienten, no tienen moral, manipulan todo el tiempo. Yo intenté hacer un trabajo honesto y que los recursos públicos destinados al Programa ProÁrbol se manejaran de forma eficiente. Tuvimos siete mil millones de pesos para el primer año y para el segundo era la misma cantidad. Imagínese, es muchísimo dinero. Enseguida me di cuenta que era imposible plantar 250 millones de árboles, una locura que ellos le vendieron a Felipe. Hablé con el ingeniero Manuel Reed Segovia, de Conafor [Comisión Nacional Forestal], y nos demostró que era una gran vacilada. A Juan Elvira esto no le gustó nada porque tiraba abajo sus planes, así que me pidió que lo despidiera y dijo que el programa sí o sí tenía que salir porque Felipe Calderón lo había prometido en su campaña. El programa tenía un esquema perverso de corrupción. No había controles, ni funcionarios preparados para supervisarlo, ¡y ni siquiera existían las plantas para sembrar! Fue un fraude gigantesco y encima... ¡a Felipe le entregaron un premio por los 250 millones de árboles que no existen! Porque nunca se plantaron...

—Con la confianza que tenía con el presidente, ¿no le contó lo que estaba pasando?

Sonríe.

—Lo hice, y ahí descubrí la verdadera cara de todos. Esa es una cueva de corruptos y yo les molestaba. Me di cuenta de que a Felipe no hay que decirle nada, porque si vas con la verdad se te vuelve en contra. Cuando arrancó el programa en Tabasco, me acerqué a Felipe y le dije que lo estaban engañando. No me contestó y nunca más quiso recibirme, ni atendió mis llamados. A partir de ahí, se me cerraron todas las puertas. Mi salida ya estaba preparada. Alejandro y Rosi estaban raros conmigo y después me enteré de que conspiraban contra mí en Los Pinos. En los encuentros de Casa sobre la Roca, a mi esposa le sacaban información de lo que yo hacía a través de una pastora que le hacía lecturas bíblicas y que era su confesora. Y esa información privada la usaban en mi contra. Cuando tuve el problema en Semarnat, le dije a Alejandro que iba a defenderme judicialmente, y qué curioso, me dijo que no hiciera nada. Yo le hice caso porque era mi pastor, pero había algo raro. Alejandro hizo una maniobra muy fea para robarme mi partido, y por suerte me di cuenta y le dije que se fuera. Decidí salirme de Casa sobre la Roca y le comuniqué mi decisión a Rosi. No me dejó terminar y comenzó a gritar: «¡Vete a que te saquen el diablo! ¡Tienes al demonio! ¡Le voy a contar a Margarita que estás contaminado por el diablo!».

EL CREDO DE LOS OROZCO

Casa sobre la Roca se maneja a través del concepto piramidal empresarial del G12, o sea, el de los 12 apóstoles, el cual les fue trasmitido por el matrimonio Castellanos, de cuya pirámide a su vez los Orozco fueron parte. Alejandro Orozco menciona a los predicadores colombianos en su página y en varios encuentros que realizó Casa sobre la Roca con Felipe Calderón ellos estaban presentes, como se puede ver en los videos.

«No tenemos nada que ver con los Castellanos, hace mucho que no los vemos», me espetó la diputada de manera cortante. Alejandro Orozco esquivó el tema. En el portal de Casa sobre la Roca, y hasta hace poco que la borraron, estaba la historia de esta amistad, aparentemente quebrantada. Flores Cervantes dice que viajó con Alejandro Orozco a Bogotá, en 2008, para una reunión con los Castellanos.

«Sé que pretendieron ingresar a la política colombiana traicionando a los Castellanos. Los quisieron brincar para meterse en la intimidad de Uribe: incluso una noche durmieron en el Palacio de Nariño, la casa presidencial, y cuando los Castellanos se enteraron, se alejaron», cuenta Flores Cervantes.

En el portal de Casa sobre la Roca se relataba esta historia:

Un día nos visitó desde Colombia un matrimonio muy especial: César y Claudia Castellanos, líderes del grupo cristiano hispano más grande del mundo. Nos compartieron un sueño increíble que Dios les dio y que se estaba tornando una realidad: transformar a su nación a través de tocar el corazón de cada familia colombiana… Eso tocó una fibra dentro de quienes les escuchábamos, definitivamente eso era lo que queríamos para nuestro México: que cada uno volteara sus ojos al cielo, porque si la vida de cada familia cambiara para bien, esto trae un cambio a un país. Así que empezamos a formar 12 líderes que formen 12 líderes y así sucesivamente (G-12). Empezamos con los encuentros y las Escuelas de Líderes. Empezamos a dejar que el fundamento bíblico estableciera el cimiento de una nueva vida donde no solo fuéramos oidores de la palabra de Dios, sino más bien hacedores…

Los integrantes de Casa sobre la Roca deben seguir al pie de la letra el Manual de Instrucción elaborado por los Orozco antes de asistir a sus encuentros; se trata del mismo manual que le entregaron a Felipe y a Margarita, y que se utiliza en los seminarios que realizan en las entidades del gobierno: un listado de aberraciones doctrinales y especulaciones falsas sobre versículos de la Biblia, con afirmaciones en las que sobreabundan las referencias a Satanás, al Apocalipsis, a «enemigos» que acechan, al pecado «que se paga con la muerte, emocional y física» de quienes lo cometen, al «gobierno de los 12 apóstoles» y a la obligación del diezmo para subir los peldaños de la «escalera al éxito», porque, según los Orozco, «el que no diezma le está robando a Dios».

El manual, que lleva una fotografía del matrimonio sonriente en su portada, es idéntico al que utiliza el matrimonio Castellanos en Colombia, con los mismos estereotipos y embrollos pseudorreligiosos, las mismas farsas. Dice cosas como estas:

- Se les debe exhortar a los participantes a cuidar lo que desde ahora ven en la televisión y en el cine, así como la música que desde ahora van a escuchar.
- Hacer énfasis en lo peligroso que es la influencia a nivel espiritual de los medios usados por el enemigo.
- Hacerles ver que mientras vivamos en este mundo existirá una lucha contra fuerzas adversas que operan en los aires, porque el enemigo trata de que las personas no avancen.
- Recordar a los participantes que los espíritus inmundos son *pneuma*, es decir, aire o viento, por lo que, al salir, se manifiestan por medio de la tos o el grito.
- Llevarlos a identificar las maldiciones que hay en su vida y en su familia, y echar fuera los demonios que las han causado.
- Enseñarles a los participantes solteros a guardarse de la fornicación y de los actos sexuales ilícitos, que comprendan que con la ayuda del Espíritu Santo es posible tener santidad en el área sexual.

Estas son algunas de las exhortaciones de los Orozco a sus fieles, que van acompañadas de un cuestionario sobre la vida íntima, psicológica, sexual y familiar, lo que esconde un peligroso mecanismo de control, rapto y manipulación a través de la información privada que recolectan sobre cada persona que ingresa a la organización. Estas están obligadas a responder si son adoptados, si sus padres se casaron o están divorciados, si son hijos de madre soltera, si se masturban, qué enfermedades tienen, si en la familia hay homosexuales o dementes, alcohólicos, drogadictos o mitómanos, si ven televisión o películas pornográficas, si tienen pesadillas o sufren de insomnio, si hacen meditación, si son aficionados a las adivinaciones o la grafología, si toman café, fuman o probaron drogas. Si las respuestas son afirmativas, recomiendan colocarse «la armadura de Dios» y luchar para expulsar a Satanás del cuerpo. Si no lo hacen, los pecados los arrastrarán por el camino de la «destrucción económica, emocional y física» y terminarán en el infierno.

Alejandro Orozco Rubio, fanático defensor de la guerra de Felipe Calderón —igual que su consorte—, pidió no pocas veces a sus fieles iniciar una «guerra espiritual» para que llegue un «milagro que acabe con la violencia», como sucedió en Colombia. Exactamente lo mismo que pide la poderosa red de predicadores cristianos integristas de Estados Unidos en defensa de los valores morales de Occidente. Desde sus lujosas mansiones, estos lanzan intimidantes proclamas de «guerras religiosas» para que sus candidatos cristianos a la presidencia, mediante lecturas bíblicas y oraciones, aseguren las fronteras y los protejan de terroristas y traficantes mexicanos. Son las mismas organizaciones de la ultraderecha cristiana que apoyaron a los paramilitares colombianos que asesinaron a miles de ciudadanos, al mismo tiempo que sus más honorables miembros, dueños de empresas contratistas de seguridad privada, hacían sus negocios millonarios, Plan Colombia mediante.

«Vamos a orar cuarenta días y cuarenta noches, sin comer ningún tipo de carne, y vamos a pedir a Dios durante este periodo. Podemos transformar México, podemos hacer todavía más, mucho más por México. Cuando el presidente Álvaro Uribe fue tan valiente de enfrentar el crimen organizado y con la certeza de que tenía que haber un cambio en su nación, exactamente como el señor presidente Felipe Calderón Hinojosa lo está haciendo hoy día, vamos a ver los mismos milagros que se vieron en Colombia», dijo Alejandro Orozco frente a miles de fieles que congregó en el Zócalo en una reunión de los grupos del G12.

Álvaro Uribe Vélez se había convertido en asesor de Felipe Calderón y sus viajes a México eran cada vez más frecuentes. Tenía reuniones privadas con gobernadores, legisladores, militares, procuradores y empresarios. Todos escuchaban admirados los consejos del exmandatario colombiano, quien carga sobre sus espaldas gravísimas acusaciones por violaciones a los derechos humanos ocurridas durante su «milagrosa guerra a los narcotraficantes y a la guerrilla». En 2011, la justicia colombiana condenó a 25 años de prisión a su jefe de Inteligencia, el temible Jorge Noguera, niño consentido del uribismo, por su responsabilidad en las masacres de los paramilitares que tuvieron lugar durante la cruzada contra el mal, tan alabada por los pastores de Casa sobre la Roca.

Convencidos de que con ayunos y oraciones su amigo Felipe Calderón tendría asegurado el éxito de su guerra, y que la brutal violencia iba a disminuir por obra y gracia del Espíritu Santo, la diputada Orozco se montó en un avión que la llevó a Estados Unidos. Contactó a 45 líderes evangélicos, entre los que se destacaba el derechista republicano Marcos Witt, pastor de Lakewood Church, amigo de la familia Bush y célebre cantante de la comunidad cristiana de Texas. A costa del Gobierno mexicano, la espiritual delegación desembarcó en México bajo el precepto de levantarle el ánimo al agobiado presidente y orar por la permanencia del blanquiazul en el poder luego de las elecciones de 2012.

El 19 de mayo de 2011, los pastores cristianos de las más importantes congregaciones de Estados Unidos pasaron el día en Los Pinos con Felipe y Margarita. El presidente les explicó las razones de su batalla contra el narcotráfico. La misma cantinela: la sociedad de la buena gente atacada, los jóvenes perdidos en la droga, los cuates malvados que contaminan las ciudades. Conversaron sobre tráfico de drogas, armas y personas, y sobre los éxitos del gobierno en la captura de los capos más importantes, extraditados a Estados Unidos.

Rosi Orozco, en su sitio estelar luego de semejante convocatoria, aprovechó para dar las dramáticas cifras de miles de menores víctimas de la explotación sexual y la trata de blancas. Contundente, recalcó que la culpa era del crimen organizado y que, gracias a la valentía del presidente que «les hizo frente», los mafiosos estaban en retirada. Como broche final presentó a siete niñas abusadas con máscaras de carnaval que relataron el horror de sus vidas. Por enésima vez.

Al final de la reunión, Felipe Calderón pidió que rezaran por él.

Un testigo del evento me dijo que el mandatario se veía angustiado. No era para menos. Aunque los Orozco, incansables, insistían con su rutina de lectura bíblica y visiones mesiánicas, el panorama político nacional era cada día más sombrío. Miles de decapitados, descuartizados y colgados de los puentes, balaceras y secuestros eran el paisaje de cada día. La cruzada contra el crimen organizado, eje central de su mandato, era un fracaso total y había arrastrado al país a un abismo.

Los primeros días de mayo asesinaron en Cuernavaca al hijo del poeta Javier Sicilia. El impacto mediático fue inmenso. Armado de coraje, el escritor comenzó con sus caravanas del Movimiento por la Paz con Justicia y Dignidad, las cuales convocaron a miles de víctimas. Era imposible mirar hacia otro lado. Ninguna lectura de la Biblia, ninguna visión milagrosa de Rosi ni 500 días de ayuno de Alejandro podrían modificar la realidad.

Marcos Witt presumió en su cuenta de Twitter sobre la reunión que mantuvo en Los Pinos con Felipe Calderón y Margarita Zavala.

Lo que expresó el pastor revela los verdaderos sentimientos que embargaban a Margarita Zavala y las tinieblas que rodeaban a la pareja.

A la primera dama la definió como una «mujer que sufre y busca alternativas de fe para su esposo». Fue el único visitante que tuvo una reunión a solas con Calderón y su esposa. Sus tuits decían cosas como estas:

- Con la 1era Dama de México. Recibiendo información excelente d como podemos participar en fortalecer este bello país. T quiero mucho México.

- La reunión ayer con el Presidente Calderón me conmovió para hacer algo por México. Orando para conocer la mente de Dios a ese fin.
- Almorzar hoy con el Presidente Calderón me conmovió. Cuánto amor y pasión por su país. Oremos por México.

Juan Martín Pérez García, psicólogo y director de la Red por los Derechos de la Infancia (Redim), me explica:

Muchas veces le insistimos a esta diputada [Rosi Orozco] en el cuidado y la protección emocional de las víctimas. No exponerlas como ella lo hace. En términos de discurso de derechos humanos y jurídico, se produce la revictimización, porque obliga a revivir todo el tiempo el acontecimiento y profundiza el daño.

[...]

Hay otras maneras de sensibilizar a la sociedad que además de llevar a las niñas a contar en público su historia veinte mil veces. La víctima solo puede recrear su historia en espacios terapéuticos donde se las ayude a recuperarse del trauma. Un espacio público no es terapéutico, es estigmatizante. Luchar contra la explotación infantil en México no es algo para que trabajen personas que solo tengan buenas intenciones aunque no estudios universitarios. Lo tortuoso de estas historias puede no ser claramente elaborado por esta gente sin preparación y puede afectar a las víctimas. No es para heroínas o héroes que luego digan «yo salvé a tantas, me deben a mí la vida, yo me arriesgué por ellos». Este perfil no ayuda, al contrario, estorba. Un decálogo ético es esencial, se debe cuidar la confidencialidad de la víctima, no establecer relaciones personales con el niño o niña, y no beneficiarse de su condición o desventaja. Lamentablemente el Estado mexicano y en especial el gobierno federal y los estatales violan todo el tiempo el derecho de protección a los niños; las leyes son porosas y pasan estas cosas que son tan perjudiciales para la recuperación de los menores rescatados de los criminales.

En México, según Juan Martín Pérez García, existen entre 16 mil y 20 mil menores de edad sometidos a algún tipo de explotación o abuso sexual y no existe ninguna política de Estado que se encargue del problema.

A raíz de la violencia aumentada por esta guerra al narcotráfico, las instituciones encargadas del tema infancia están colapsadas. El DIF a nivel federal solo es normativo, no puede forzar a los DIF estatales a rendir cuentas de todo lo que hacen o de cómo se desempeñan. No existe una ley que obligue al DIF a rendir cuentas sobre lo que hace con los niños que rescata.

Esto explica por qué Rosi Orozco puede confesar alegremente que tiene a su cargo niñas, víctimas de la trata de personas, que le «regala» el DIF.

La convención sobre los derechos de los niños establece que la institucionalización, es decir, el traslado de los niños a un programa residencial, tiene que ser la última alternativa. Antes deben buscarse opciones con su familia, hasta tercer grado, y tiene que ser por el menor tiempo posible; además, el proceso debe ser supervisado. Rosi Orozco viola todos los puntos anteriores al tener a las niñas a su cargo y arrastrarlas con sus tragedias de un lado a otro. Si no existe una política de Estado para los mexicanos, el problema se agrava con los menores extranjeros. Este agujero institucional y jurídico es el que aprovecha Rosi Orozco, quien tiene a su cargo a Martita, una niña guatemalteca que fue testigo de cómo su padre asesinaba a su madre, a la que golpeaba y explotaba sexualmente. Además de exhibirla en el show de la Biblioteca Vasconcelos, su testimonio está plasmado en el libro *Del cielo al infierno en un día*. Como Martita, miles de niños deambulan desprotegidos por México, porque sus padres fueron asesinados en medio de la guerra y son presa fácil de criminales. Carecen de identidad y no existe política de Estado que los proteja.

Las innumerables empresas de Rosi y Alejandro Orozco son difíciles de detectar y de mantener bajo seguimiento porque sus razones sociales son confusas. Muchas tienen la dirección de Casa sobre la Roca; otras no, pero están ligadas a la pareja por distintas vías. Funcionarios del gobierno sexenal les prestan apoyo, por convicción o por quedar bien con Felipe Calderón y la primera dama. Tienen tentáculos en todas las secretarías de Estado y en los gobiernos de todos los estados. Entre sus socios se encuentran Genaro García Luna y Luis Cárdenas Palomino, de la Secretaría de Seguridad Pública, Ulises Antonio de la Garza Valdez, administrador del Patrimonio de la Beneficencia Pública de la Secretaría de Salud, así como Ernesto González Chávez, director de Administración y Finanzas. Alejandro Poiré y Ernesto Cordero son activos miembros de Casa sobre la Roca y acuden a sus reuniones y eventos, además de apoyar a los Orozco en sus empresas, varias de las cuales son proveedoras del Estado.

—Para no tener problemas ni cuestionamientos, antes de asumir el cargo, me deshice de todas mis empresas. Las vendí. Solo me dedico a los ancianos —me dijo Alejandro Orozco cuando nos reunimos en el Meridiem.

—Yo dono a mis niñas de la Fundación (Camino a Casa) todo lo que gano como diputada —exclamó Rosi la última vez que nos vimos.

—¿Y de qué viven?

—Por suerte, siempre tuvimos una buena posición económica. Trabajamos toda la vida y ganamos bien. Alejandro tiene sus negocios…

—¿La cadena de librerías Visión?

Un instante de silencio.

—Bueno, sí, claro. Menos mal que la conservamos y funciona muy bien. Gracias a ella mantenemos a 89 empleados. ¡Gracias a Dios!

Los Orozco se contradicen cuando se les pregunta por sus negocios. Se molestan, cambian de tema, o acusan a su interlocutor de ser un enviado de «nuestros enemigos».

La compañía De la Garza Orozco y Chávez, Agente de Seguros, S.A. de C.V., que Alejandro Orozco me aseguró haber vendido en 2009, es proveedora de Aeropuertos y Servicios Auxiliares según CompraNet, el portal de adquisiciones del Gobierno federal; así lo reveló Arturo Rodríguez en la revista *Proceso*. Al poco tiempo, la información desapareció del portal oficial. Curiosamente, circula por internet un documento del mes de agosto de 2011 donde Aeropuertos y Servicios Auxiliares niega toda vinculación con el matrimonio Orozco.

La declaración patrimonial que Orozco presentó en el Instituto Nacional de las Personas Adultas en 2009 muestra un ingreso anual por cargo público de un millón 883 mil 399 pesos, por actividad financiera de 530 mil 934 pesos y, bajo el rubro de «otros», un monto de dos millones 84 mil 703 pesos, lo que da un total de cuatro millones 499 mil 36 pesos anuales. No declara inmuebles a su nombre. En fondos de inversión tiene cuatro millones 576 mil 259 pesos mexicanos; en una cuenta bancaria, 335 mil 51 pesos; en otra, ocho mil 866 pesos, y, en Seguro de Separación Individualizado, 354 mil 116 pesos.

Emilio Orozco de la Garza, hijo de la pareja y dueño de Editorial Diamante, es director de la sociedad anónima Audio y Video Sobre la Roca (AVSR), empresa que administra la librería cristiana Visión. Esta librería cuenta con ocho sucursales en Ciudad de México y en el Estado de México, donde presenta además conciertos de música cristiana y otros eventos. AVSR también elabora el periódico *Transformaciones México*, de distribución gratuita. Su director es el mismo Emilio Orozco y su materia son las iniciativas de los Orozco, los eventos a los que asisten y las noticias y promociones de sus demás fundaciones. AVSR provee materiales y servicios a otras asociaciones vinculadas al matrimonio Orozco: Centro de Capacitación sobre la Roca, Sembrando, Instituto Centurión, Generación con Valores, Coordinadora de Servicios de Apoyo a la Familia y Fundación Camino a Casa.

La Fundación Camino a Casa, A.C., tiene un convenio firmado con la procuraduría capitalina por el cual recibe recursos del Gobierno del DF. Trabaja con fundaciones de Estados Unidos y Colombia, como Concerned Women of America, de Beverly Lahaye. También recibe parte del presupuesto del programa Proequidad, que financia proyectos del Instituto Nacional de las Mujeres (Inmujeres) y dinero de la Secretaría de Gobernación (Segob) desde 2008. Camino a Casa es la beneficiaria de tres casas de los Orozco decomisadas al crimen organizado.

Alejandro Orozco elaboró el Programa Nueva Vida, un proyecto de combate a las adicciones que fue financiado con el dinero incautado al empresario chino Zhenli Ye Gon e impulsado por el gobierno federal.

Fundación Emanuel, que se promociona en el portal de Casa sobre la Roca, se ocupa de trabajar con los presos, con sus familias, con los niños de la calle y con adictos a las drogas.

Misión Carácter, con presencia en Estados Unidos y Colombia, fundada en México en enero de 2008, se creó para «implementar un programa que impulse el desarrollo de capital social, a través de la promoción de principios y valores, del fortalecimiento familiar y la participación social». Su programa consta de cuatro módulos: carácter, visión, coraje y liderazgo. Patricia Anaya, asesora de Alejandro Orozco en la época en que este era director de Atención a Grupos Vulnerables del DIF, está al frente. Esta empresa vende sus servicios a la PGR, a la Secretaría de Seguridad Pública Federal y al Servicio Penitenciario Federal.

Rosi Orozco está detrás de la campaña «Corazón Azul», que se lanzó en abril de 2010 y contó con la presencia de Felipe Calderón: «Una iniciativa de sensibilización para luchar contra la trata de personas y su impacto en la sociedad», la definió el mandatario.

Rosi, además, tiene una página web: Unidos hacemos la diferencia. Allí se muestran videos contra la trata de personas, conferencias, noticias y testimonios de apoyo a la legisladora, saludos de Margarita Zavala, de la CNDH y de diferentes organismos del gobierno.

Muchas de las razones sociales de estas compañías se encuentran en Insurgentes Sur 4903-1, en Parques del Pedregal, Ciudad de México, como las de AVSR, Camino a Casa y Casa sobre la Roca. Es una buena manera de evadir impuestos.

A las múltiples empresas con sus tentáculos, a sus millonarias ganancias en donativos y subsidios del Estado, hay que agregar lo que reciben por los diezmos y ofrendas en todas las sedes de Casa sobre

la Roca. Ellos lo hacen pasar por donativos, al tratarse de una asociación civil sin fines de lucro, pero en realidad es 10% de lo que
gana un integrante de las células. En el momento de mayor apogeo,
a comienzos del sexenio, llegaron a recibir 10 millones de pesos semanales, según Flores Cervantes, quien asegura que tenían muchos
problemas fiscales.

Hoy se desconoce la cifra exacta del dinero que manejan.

Mis investigaciones, que a la fecha cubren buena parte del territorio latinoamericano, advierten que las iglesias cristianas de México
mueven miles de millones de pesos al año y, como todo es *cash*, no
pagan impuestos y eluden todos los controles legales. Añade además que, debido a la situación de extrema violencia y corrupción
que se vive en México, una gran parte de ese dinero tiene un origen oscuro. Si algunos obispos católicos revelaron la existencia de las
«narcolimosnas» y en Pachuca, Hidalgo, se comprobó que Heriberto
Lazcano, el temible jefe de los Zetas, mandó construir un templo católico, no resulta descabellado pensar que las sectas del G12, utilizando su estructura celular secreta y hermética, estén lavando dinero
del narcotráfico. Ya hemos visto que en Colombia César y Claudia
Castellanos fueron investigados por el fiscal antinarcóticos y hay
denuncias que los incriminan por lavado de dinero.

—Yo pido a Dios que el próximo partido que llegue a Los Pinos
no sea el mismo. Nunca antes vivimos este horror. Decapitados y
fosas con cientos de cadáveres en todo México. No hay justicia, esto
es el reino de la impunidad. Nosotros tenemos pastores que sufrieron
secuestros y se tuvieron que ir, tenemos centros de rehabilitación de
adicciones en Ciudad Juárez donde entraron encapuchados y asesinaron a balazos a los jóvenes que luchaban por salir de la droga, jóvenes
pobres a los que el gobierno no les importa. Los Orozco se aprovecharon de esta situación terrible y se enriquecieron. Felipe Calderón
nunca debió hacer esta guerra, se equivocó y ahora no hay quien pare
esta masacre.

Dice el pastor Arturo Farela, cuando le pregunto por qué motivos cree que el presidente lanzó esta guerra:

—Porque no tenía legitimidad, porque sabía que no había ganado. Y los Orozco, que son unos pillos, lo alentaron con lecturas bíblicas y ahora estamos peor que en Irak. ¿Por qué no comenzó por atacar la corrupción de los policías y los militares? Porque todo es una mentira, una simulación. Felipe Calderón va con los católicos y con los evangélicos, le da igual, es camaleónico. ¿Ahora trae al papa para demostrar que es católico? ¿Para quedar bien o para que la gente vote al PAN? A la única que amo, respeto y admiro es a Margarita. Es una dama, una mujer muy inteligente y sensible. Lamentablemente no opino lo mismo de su esposo. Ella me ayudó cuando secuestraron a un pastor en Michoacán, frente a 500 personas en el templo. Hablé con ella, se movió y lo soltaron...

—Usted que tiene buena relación con ella, explíqueme cómo Margarita se dejó engañar por los Orozco. ¿Por qué les dieron tanto poder?

—Ella no está bien con Felipe, yo sé muchas cosas. Margarita tiene muchos problemas. Un día fui a Los Pinos y le pregunté por el presidente; ella me hizo un gesto de que no le importaba, como si hablara de un cadáver. No ha sido feliz en su matrimonio y eso lo aprovecharon Rosi y Alejandro. No se olvide que ellos son pastores y saben cómo penetrar en la gente, saben cómo manipular a una persona abatida, atribulada por sus problemas; y la gente se abre y confía. Los que trabajan con el presidente me dicen que Felipe tiene muchos problemas con el alcohol y Margarita sufre con esta situación, yo sé. Este es un problema de siempre, no de ahora. Por eso fue que estos malandrines alcanzaron tanto poder y tanta influencia sobre Calderón y Margarita. No sé cómo acabará esta tragedia, esta masacre de miles de mexicanos...

En diciembre de 2011, Felipe Calderón y su familia asistieron a la misa dominical en la Basílica de Guadalupe. Muchos obispos católicos se sorprendieron, porque durante el sexenio prácticamente no hubo diálogo entre el Episcopado y el presidente. Sobre esto, Bernardo Barranco, prestigioso especialista en religiones, me explica:

La asistencia del presidente y su familia a la Basílica fue por estrategia política, más que por devoción, para «conquistar favores» de la jerarquía católica en el proceso electoral. Ellos responden a la línea neopentecostal de Casa sobre la Roca y esta cercanía, como sabemos, ha sido cuestionada por el ala dura de los obispos, que son los que tienen mayor control de su feligresía, y ahora estamos en un año electoral y por eso digo que es parte de una estrategia.

Los métodos casi heresiarcas de adoctrinamiento y convencimiento de los líderes de Casa sobre la Roca, la secta consentida del calderonismo, en otro contexto de país y en otras circunstancias, no hubieran tenido efectos tan graves. Se trata apenas de la extravagancia de un mandatario, que como otros tantos en la historia, en vez de recurrir a brujos, santeros, babalaos o espiritistas, se deslumbró con el palabrerío ultramontano de dos astutos jefes de una secta del G12 que tuvieron la audacia de decirle que era David luchando contra Goliat. Y la habilidad para hacérselo creer.

Francisco I. Madero, Plutarco Elías Calles, Adolfo Ruiz Cortines, José López Portillo, Carlos Salinas de Gortari y Marta Sahagún, por ejemplo, recurrieron a todo tipo de prácticas esotéricas, potajes mágicos, santeros y magia negra para resolver problemas de pareja, concretar venganzas políticas, destrabar temas de Estado o simplemente ilusionarse con el poder eterno que les prometían los arúspices vernáculos a cambio de generosas dádivas.

Eran otros tiempos.

En un país de muertos y almas en pena que deambulan extraviadas de tanto llorar, en un México quebrado por la violencia, la pobreza y la impunidad, no tiene perdón el inmenso poder que alcanzaron los jefes de Casa sobre la Roca quienes, además de asesorar espiritualmente al presidente, reivindican la guerra con una prédica falsa y fundamentalista mientras se enriquecen a costa del erario y ejercen de pantalla de enjuagues propios y ajenos. Es un insulto.

5

Iván el Santo y la muerte
en Los Pinos

Sabemos que son bienaventurados los limpios de corazón,
bienaventurados los pacíficos, bienaventurados los que tienen hambre y
sed de justicia, bienaventurados los perseguidos por causa de la justicia,
bienaventurados los que por causa de lo alto sean insultados y se diga toda
clase de calumnias en su contra, porque su recompensa será grande.

FELIPE CALDERÓN en las honras fúnebres
del Campo Marte, 5 de noviembre de 2008

—Felipe, el avión de Juan Camilo cayó sobre Reforma y no hay sobrevivientes —le dijo al oído su secretaria particular Aitza Aguilar.

Felipe Calderón sintió el vacío, su rostro se transfiguró. Se colocó la mano derecha sobre la frente y caminó hasta la nave dando tumbos. En silencio, subió al helicóptero que lo trasladó a la base militar de Zapopan, Jalisco, y en estado de shock se dirigió al avión que lo llevaría a la Ciudad de México. Una vez adentro, se cambió de ropa y habló con César Nava. Le pidió que se comunicara con Marigely, esposa de Juan Camilo, y que preparara el terreno para su llamada.

«Marigely, Juan Camilo iba en el avión… y pues… ya falleció… Margarita va para allá».

Se quebró y cortó antes de que la viuda pudiera responder. Al poco rato, Margarita llegó a la residencia de los Mouriño Escalante, en Las Lomas, para consolar a la viuda y a sus tres hijos.

El 4 de noviembre de 2008, a las 18:40, el Learjet 45 que había partido de San Luis Potosí se desplomó al costado del Anillo Periférico, cerca de la Fuente de Petróleos y muy cerca de Los Pinos, como si fuera una mala señal. Junto a Juan Camilo Mouriño, murieron José Luis Santiago Vasconcelos, exzar antidrogas y, en ese momento, secretario técnico de la Reforma Penal; Miguel Monterrubio, director de Comunicación de la Segob; Arcadio Echeverría, amigo de Campeche y coordinador de eventos y administración; Norma Díaz, directora de Información; la sobrecargo Giselle Carrillo; Julio César Ramírez Dávalos, miembro de la tripulación, y Álvaro Sánchez Jiménez y Martín de Jesús Oliva, pilotos de la aeronave. A todos hay que sumar siete vecinos muertos y más de 40 transeúntes heridos.

El *avionazo* sacudió a México como un mazazo.

Las llamas, el caos y los restos humanos calcinados y esparcidos en la calle devolvieron a la memoria popular el temor de otro tiempo, cuando los mexicanos comprobaron que el crimen y la política eran parte de su historia.

La santificación

Con su muerte, México pierde a un gran mexicano: inteligente, leal, comprometido con sus ideales y con el país; honesto y trabajador. Con Juan Camilo compartí el ideal de una patria nueva, un México distinto donde brillara la justicia, la libertad, la democracia, la seguridad. Nunca dudamos en empeñar nuestras vidas para ver engrandecida nuestra patria. A los mexicanos les pido que, además de elevar sus plegarias, recuerden a Juan Camilo como un mexicano joven, comprometido y honesto, que se entregó a México para transformar nuestro país.

Así habló Felipe Calderón el 6 de noviembre de 2011, con el rostro desencajado, durante el homenaje en el Campo Marte frente a los ocho féretros —faltó el del piloto Álvaro Sánchez—, cubiertos por la bandera mexicana, con un discurso sobrecargado de adjetivos y definiciones que no tenían ninguna relación con quien en vida había sido Juan Camilo Mouriño Terrazo.

El 9 de noviembre tuvo lugar el homenaje realizado en la sede del PAN, en un escenario fúnebre musicalizado por Vivaldi, repleto de gafetes con la fotografía del difunto y brazaletes con los colores del blanquiazul que decían «Juan Camilo... Gracias»; durante el evento, presidido por el retrato del fallecido y de su amigo Arcadio Echeverría, muerto con él, todo colmado de flores, se reforzó la estrategia de elevar a Iván a una categoría celestial, de mártir, alejado de cualquier crítica que pudiera provenir de este mundo.

«Algo no funcionaba en la mente de Felipe o algo grave estaban ocultando, pero ese no era Juan Camilo», me comentó un amigo de Iván, como le decían los íntimos, que estuvo presente en la ceremonia y que no creía en la hipótesis del accidente.

Felipe Calderón fue más allá en su delirio místico y se atrevió a comparar a Juan Camilo con el Cid Campeador.

Juan Camilo era un hombre perseverante, invencible, inderrotable (*sic*). No lo podían detener en vida y tampoco lo detendrán en la muerte, porque sus ideas y valores, y su ejemplo y su recuerdo, como el Cid Campeador, seguirán ganando batallas después de muerto. [...] ejerció el poder con todas sus consecuencias, con todas sus amenazas, con todas sus flaquezas, con todas sus fortalezas, con todas sus ingratitudes; porque es muy fácil pontificar sentados, como dije alguna vez, desde la columna de mármol, desde el pedestal que se convierte, precisamente, por la inacción, en pedestal de imbéciles.

Germán Martínez Cázares, al borde del llanto, agregó unas gotas de agua bendita al fuego del martirologio:

Por la memoria de Juan Camilo Mouriño no vamos a permitir que el narcotráfico y las drogas lleguen a nuestros niños... [...] Por tu memoria, limpia y valiente, el PAN no va a pactar con delincuentes, [...] por eso te prometo que sin flaquezas ni desmayos, sin miedo y sin vacilaciones, los panistas estaremos del lado del presidente Calderón. Porque son más dolorosos los males causados por la cobardía que una muerte inesperada en plenitud de su vigor [de un hombre] que participa de una esperanza común... [...] Nunca te dobló el miedo, ni a ti ni a tu inseparable amigo Arcadio.

El melodramático discurso de German Martínez, un político que detestaba a Iván, básicamente por celos, porque lo había desplazado del lugar de privilegio que ocupaba junto a Felipe Calderón, era incomprensible.

Aquí regresan las interrogantes. ¿Qué quería trasmitir el presidente con estos mensajes crípticos? ¿De qué amenazas hablaba? ¿A qué pactos hacía referencia Germán Martínez Cazares?

Se vivían tiempos irracionales.

El reino de Tánatos

En noviembre de 2008, México no era el reino de Eros, se había transformado en el de Tánatos.

La muerte trágica de Juan Camilo Mouriño marcó el comienzo del declive de Felipe Calderón. A las masacres cotidianas, a los decapitados y mutilados, a las fosas comunes que rebosaban de cadáveres sin nombre, a la pobreza en aumento, a los crímenes y corruptelas que involucraban a hombres del gobierno se sumaba la caída del Learjet y las desconfianzas sociales sobre la teoría oficial de que había sido un «accidente». La imagen del mandatario estaba por el suelo.

«Ya no fue él mismo, parecía un zombi, hablaba poco y estaba más irritable que nunca. Para Felipe, Juan Camilo era su otra mitad y su muerte lo dejó solo», decían en el círculo íntimo. La conjetura de un atentado no se alejó de su mente y, aunque en público expresó lo contrario, la sombra permanecía.

El clan Mouriño no acepto la hipótesis del accidente. Carlos Mouriño Atanés y su primogénito Carlos interpelaron duramente al presidente en una reunión a solas que mantuvieron en Los Pinos. Dicen que Felipe Calderón no habló, que estaba devastado frente a las durísimas recriminaciones. A los pocos días, el empresario y su esposa se fueron a España. La madre de Juan Camilo pasó dos años encerrada, sumida en una profunda depresión. Quería que alguien le dijera la verdad. Quiénes fueron y por qué. A fines de 2011, Gely Terrazo dijo que su hijo «pagó muy caro el tomar las decisiones que tomó» y que «dio su vida luchando contra el narcotráfico». Y las preguntas a esta afirmación eran las mismas: ¿qué decisión había tomado su hijo que le había costado la vida? Si la investigación concluyó —en tiempo récord— que había sido un «accidente» provocado por «pilotos inexpertos», ¿por qué su madre declaraba que su hijo había muerto «luchando contra el narcotráfico»?

La muerte, el sino del sexenio, había ingresado a Los Pinos y Felipe Calderón sentía su presencia ominosa. Como los espectros de los miles de muertos de su cruzada contra las drogas, que lo seguirán adonde vaya. En tiempos donde todo se paga, ese es el precio por las traiciones a los fundadores de su partido, entre ellos, su padre, al que su rencor sepultó mil metros bajo tierra. La traición a los mexicanos, las falsas promesas de su campaña, la connivencia con las mafias, la protección a los corruptos de su gobierno, los pactos espurios, la degradación de su partido y un país ensangrentado y con sus instituciones colapsadas.

Una siniestra alianza entre mafia, política y crimen, legado de los 12 años de gobierno de Acción Nacional, lo colocan junto a su antecesor Vicente Fox —con quien lo hermanaba la máxima de «el fin justifica los medios»— en el altar de los fraudulentos.

A partir del 5 noviembre de 2008 se inició una campaña sistemática de homenajes —a costa del erario, faltaba más— con el emplazamiento de estatuas de Juan Camilo Mouriño en todos los rincones del país. Un monolito en el lugar donde cayó el Learjet, con luces que se encienden justo a la hora en que el avión se estrelló; bustos de hierro; una imagen de cuerpo entero en el Museo de Cera de la Ciudad de México, junto a los héroes de la Revolución; una fundación en Campeche que administra su madre y se dedica a los niños; bulevares, calles y avenidas que llevan su nombre; menciones permanentes en discursos, lamentos y promesas al difunto, e incansables lloraderas en cada aniversario.

Juan Camilo Mouriño Terrazo regresaba convertido en Iván, el Santo.

Julio Hernández escribió al respecto en su columna de *La Jornada*:

El ensalzamiento del estilo Mouriño de hacer política pretendió reivindicar no solo el historial de Juan Camilo de aprovechar el poder para hacer negocios personales y familiares (Calderón sentenció que son falsedades y calumnias, aunque jurídicamente esté demostrado el tráfico de influencias y el conflicto de intereses), sino que fue más allá, al extremo de convertir al padre del exsecretario en protagonista blanco de historias santas, no solo del duelo familiar, que en todo caso debería mantenerse en el ámbito de lo privado, sino llevándolo también al escenario político, como sucedió, cuando se exigió a los panistas que lo tomaran de ejemplo e incluso como acicate para seguir adelante y no claudicar en ese esquema de fusión de lo político con los negocios, que podría resumirse en la frase: ¡La Patria es el dinero!

Ricardo Rocha, en *Detrás de la Noticia*, declaró:

Para cubrir ese inmenso hueco de la sospecha, la propaganda oficial se ha prodigado refiriéndose a Mouriño como a un prócer que en solo tres años de vida pública le cambió el rostro y el destino a la nación. Un auténtico héroe, aunque los héroes no mueren en accidentes. La retahíla de loas y frases huecas es verdaderamente ofensiva.

Por su parte, Félix Arredondo escribió su propia opinión en *Reporte Índigo*:

Pocos se explican la razón del mausoleo de luz que se mandó a construir a la memoria de Juan Camilo Mouriño. Pocos atinan a entender por qué todos los días, a las 6:40 de la tarde, deberán encenderse poderosas luces para recordar al prócer desconocido.

El monumento en cuestión es una «rosa de los vientos» de cuyo centro saldrá un haz de luz multicolor que alcanzará 8 mil pies de altura. Unos 2 mil cuatrocientos metros. Casi 400 debajo de donde pasan los aviones que aterrizan diariamente en el aeropuerto de la ciudad de México. Las autoridades informan que ya se aseguraron que las espectaculares luces no representaran riesgo alguno para los aviones que se aterrizan y que tienen que sobrevolar precisamente en ese lugar. ¡Válganos Dios! Solo eso nos faltaba. Que la luz de Juan Camilo ilumine la vía al cielo. ¿Por qué ese obsesivo homenaje a Juan Camilo?

Ni Hidalgo, ni Juárez, ni Morelos ni siquiera la virgen de Guadalupe tiene una llama motiva de ese tamaño que todos los días se alce hasta la frontera del cielo.

Si el entonces secretario de Gobernación no hubiera muerto en un avión que se estrelló a pocos pasos de Los Pinos, en un país inmerso en una impiadosa guerra contra el narcotráfico, las palabras desmesuradas del mandatario habrían sido provocadas por la ira y el dolor que sentiría frente a la muerte de un hombre clave de su gobierno, quien era además su íntimo amigo.

Sin embargo, la realidad, esa que no tiene remedio, demostró con claridad meridiana que todo lo que se dijo en público en esos días, las alusiones directas a la guerra al narcotráfico y las promesas al difunto de «no pactar con los delincuentes» y de continuar «la lucha», tenía una evidente intención política.

Para muchos resultó inquietante que Felipe Calderón hablara de «amenazas» y que nunca mencionara al extitular de la Siedo, José Luis Santiago Vasconcelos, que estaba amenazado y hacía muy poco que había sobrevivido a dos atentados y acompañaba a Juan Camilo Mouriño en el vuelo. Que nunca se refiriera a los otros muertos: a los pasajeros y a los vecinos que tuvieron la mala suerte de estar en el lugar equivocado, el día equivocado.

La reacción del gobierno al afirmar que había sido un «accidente y que no había rastros de un atentado» aun cuando las investigaciones no habían comenzado y pese a que el presidente, en los dos primeros discursos, había sugerido todo lo contrario, aunado al hecho de que el vocero encargado de trasmitir la noticia y la información fuera Luis Téllez, secretario de Comunicaciones y Transportes, en lugar del secretario de Seguridad Genaro García Luna —quien debía estar en ese vuelo y suspendió a último momento—, aumentó los malos presagios. Tanto protagonismo del cuestionado secretario de Transportes y tanta insistencia sobre la teoría del accidente no eran normales. Por último, el mecanismo que se montó para transformar a Iván en un santo cruzado que ofrendó su vida «luchando sin dobleces» contra las mafias acabó de conformar un escenario surrealista e incomprensible.

Las palabras de Felipe Calderón en aquellos días, cuando comparó a Iván con el honorable caballero español del siglo XI, no deberían ser analizadas por expertos en la comunicación, sino por profesionales de la psiquiatría.

Vasconcelos, el otro pasajero *ilustre* de aquel fatídico vuelo, reveló varias veces que tenía miedo de morir en un atentado y que su familia no pudiera reconocer su cuerpo. Que su familia recibiera pedazos de su cuerpo y que nunca estuvieran seguros de si era él.

José Luis Santiago Vasconcelos estaba convencido de que moriría en manos del narco, como le confesó a la periodista Lydia Cacho semanas antes del desplome. Su temor alcanzó un nivel máximo en 2005, cuando descubrió que Édgar Villarreal Valdez, alias la Barbie, había planeado asesinarlo. Vasconcelos era un lobo de mar y conocía mejor que ninguno las entrañas de la Bestia. Había sido titular del área de delincuencia organizada y formado parte de la PGR desde 1993, donde había empezado desde abajo. Llevaba más de 20 años arriesgando el pellejo y fue el hombre que más extradiciones logró en la historia de México. Conocía el inframundo del narcotráfico, sus capos y las relaciones *non sanctas* de estos con los políticos y funcionarios panistas y priistas. No era un santo, pero a él nadie intentó colocarlo en un falso pedestal. Era un tipo sencillo, con luces y sombras, y tenía enemigos poderosos. Algunos lejos y otros junto a él. Nunca tuvo buena relación con Genaro García Luna, de quien conocía los detalles de su prontuario criminal, y tampoco con Felipe Calderón y sus júniors. Con Juan Camilo Mouriño no se llevaba mal, pero tampoco bien. Pertenecían a distintas generaciones.

Los que lo conocieron bien lo describen como un tipo sin medias tintas, algo tosco, pero leal. «Era uno de los pocos funcionarios en el que podíamos confiar», me dijo en 2009 Mike Vigil, un exjefe de la DEA que trabajó con Vasconcelos durante largos años en México. No era extraño. Cuando Vicente Fox tomó la decisión de correr a Vasconcelos en el sexenio anterior, tuvo que dar marcha atrás luego de la intervención del exembajador Tony Garza, que le dijo que era el «único funcionario que tenía buena relación con las agencias de inteligencia». Y Vasconcelos permaneció en su cargo hasta la llegada del nuevo sexenio, cuando renunció.

«Me enteré por la familia. Tomé el primer vuelo a México y me reuní con García Luna, que me dijo que no había sido un atentado. Ese día, en la sala de juntas me hizo escuchar la grabación completa de la caja negra. Se escuchaban los gritos desesperados, hablaban de turbulencias y rogaban a Dios. Con estos datos, me encargué de decirle a su familia cómo murió», me dijo en 2011 Larry Holyfield, exjefe de la DEA en México, que lo conocía. Le pregunté si era verdad que su cuerpo había aparecido en el segundo piso de una torre de oficinas. No quiso darme una explicación coherente. El aire acondicionado del restaurante del elegante hotel de Brickell en Miami, donde estábamos, se tornó gélido. Los que saben aseguran que solo una explosión puede lanzar el cuerpo de un pasajero a un edificio. Otro alto jefe de la DEA en Washington, que trabajó con Vasconcelos, también me manifestó sus sospechas: «Es México y allí nada es lo que parece. José Luis estaba muy amenazado, hay una guerra y no se puede descartar nada. Hay sabotajes muy sofisticados en estos momentos y tenía muchos enemigos. Es una pena, era un cabrón, un gran tipo».

Los agentes y jefes de la DEA tenían en Vasconcelos a un colaborador confiable. No les ponía trabas y trabajaba en equipo, limando asperezas de los primeros con los militares. Los miembros del Ejército eran los mariscales de la guerra que desde el sexenio anterior, y desde tiempos lejanos, tenían aceitadas las relaciones con la CIA. Se sabe que la agencia antidrogas vive una guerra silenciosa —a veces no tan silenciosa— con la Compañía. Vasconcelos logró construir una relación de amistad con Larry Holyfield, jefe de la DEA en México, y le presentó al general Roberto Aguilera Olivera, jefe de la Oficina Antinarcóticos de la Secretaría de la Defensa Nacional, cargo que ocupó durante el sexenio de Vicente Fox. Comían o cenaban en casa de Vasconcelos y rápidamente los lazos de amistad se trasladaron a los negocios. El 2 de mayo de 2005 crearon una empresa en Miami, Saint George, dedicada a la seguridad privada y a «proyectos ecológicos». El socio mayoritario y presidente era Santiago Vasconcelos, con 204 acciones, mientras que los otros contaban con 198 acciones cada uno. El entonces jefe de la DEA aparece en esta sociedad como vicepresidente y el general Aguilera como tesorero. El 16 de julio de 2008, Aguilera solicitó su retiro y fuentes de inteligencia militar me aseguraron que lo hizo obligado porque en el área de su responsabilidad hubo «fuga de información», lo que frustró la captura del Chapo Guzmán.

En sus últimos años, Vasconcelos había vivido a salto de mata, rodeado de escoltas para protegerse de las amenazas de los cárteles que habían puesto precio a su cabeza, ofreciendo entre dos y cinco millones de dólares. Osiel Cárdenas Guillén planeó ejecutarlo en una emboscada en Tamaulipas. Sicarios de las fuerzas especiales de Arturo Beltrán Leyva habían diseñado dos ataques en su contra. El Cártel de Sinaloa lo intentó dos veces en 2008.

Antes de subir al avión, no se sentía en su mejor momento. A sus temores de morir asesinado, se sumaban problemas económicos: tuvo que desalojar la casa que ocupaba desde enero de 2008 para entregarla al nuevo subprocurador, Juan Miguel Alcántara, y debió regresar a vivir a la misma casa donde se había frustrado uno de los atentados.

Además, sufría de insomnio y como siempre de diabetes. Lo mantenía ilusionado la relación amorosa que había establecido con la funcionaria de una embajada, con la que pensaba casarse. Sin embargo, se sentía abandonado por el Estado al que había servido tantos años. Su hijo José Ramón y su fiel secretaria Ana Lilia Bravo explicaron que estaba «muy decepcionado de dos colaboradores que lo habían traicionado». Estos eran Fernando Rivera Hernández, exdirector de Inteligencia de la Siedo, y Miguel Colorado González, excoordinador técnico del área, quienes siguen bajo proceso judicial por nexos con el cártel de los Beltrán Leyva. Lo mismo que su segundo, Noé Ramírez Mandujano, quien fue detenido el 20 de noviembre de 2008, acusado de recibir 450 millones de pesos del Cártel de los Beltrán Leyva. Según testigos protegidos, el narcotráfico se había infiltrado en la dependencia.

José Luis Vasconcelos no estaba para defenderse, pero el olfato que lo había salvado de tantas emboscadas le trasmitió ese día una señal de alarma. A Lydia Cacho le contó que no estaba en sus planes viajar, pero que Genaro García Luna lo llamó de urgencia para que fuera en su lugar.

Un mes antes, en una comida con el periodista Carlos Puig en El Cardenal, le dijo que estaba preocupado, que algo estaba podrido en la PGR.

«Mira, si estos cabrones se corrompieron, que se los chinguen, pero más vale que tengan los pelos de la burra en la mano y que sea cierto. No solo tres declaraciones de testigos comprados por los gringos que están a punto de destruir el único aparato que da sustento legal a todo lo que están haciendo en la guerra contra el narcotráfico. Sin la Siedo, la guerra se queda en puras balas».

Semanas después de su muerte comenzó el Operativo Limpieza, encabezado por Marisela Morales, quien también acusó al difunto de tener nexos con el narcotráfico.

Mouriño y Vasconcelos eran polos opuestos.

El primero fue el niño consentido del presidente. El segundo, un paria. La muerte, esa que tanto temía, le llegó como en sus pesadillas.

Sus restos, irreconocibles, fueron levantados del segundo piso de un edificio ubicado entre Montes Urales y Monte Pelvoux. Reducidos a una pequeña montaña de cenizas, fueron depositados en el cementerio francés, en una ceremonia sencilla y acompañado de un grupo minúsculo de amigos y familiares.

Para el exzar antidrogas no hubo pompas, ni homenajes.

Pactos oscuros y negocios

No fue un santo. No sé inmoló por la patria, ni por los pobres. No era inmaculado, ni austero. No ejerció la filantropía, ni tenía méritos intelectuales o científicos. Carecía de formación política o militancia social. De su breve pero intenso paso por el calderonato no queda registro de acciones o decisiones suyas que hayan beneficiado siquiera a una minúscula porción de los millones de mexicanos que viven en la pobreza. No se le conocen donaciones a hospitales públicos ni a albergues de niños huérfanos. Nunca le importaron las inhumanas condiciones de trabajo a las que están condenados los marineros de los barcos de las empresas contratistas de Pemex. Tampoco le interesaba el medio ambiente. Menos aún se preocupó por neutralizar los terribles daños ecológicos que provocaban —y provocan— las repetidas tragedias de las plataformas petroleras de la paraestatal, dueña del oro negro que engrosa las cuentas bancarias de funcionarios, burócratas, familiares, amigos, amantes y traficantes, y que paga favores, compra votos y financia campañas políticas.

Mientras fungió como diputado y presidió la Comisión de Energía de San Lázaro, no se le conocieron proyectos orientados a ponerle freno a las mafias incrustadas en Pemex desde tiempos añejos. Nadie recuerda que haya sugerido respetar lo que exige la Constitución mexicana a los capitales extranjeros, que fuera de todo control se roban el patrimonio nacional.

Hombre que comprendía a la perfección el valor económico y político del petróleo, apenas se convirtió en presidente de la Comisión de Energía se dedicó con ahínco a la noble tarea de acrecentar los negocios del clan familiar, integrado por el Grupo Energético del Sureste (GES) y Transportes Especializados Ivancar, S.A. (TEISA), cuyos contratos con la petrolera se triplicaron. Cuando llegó a la Secretaría de Energía que comandaba su amigo Felipe Calderón, el *holding* de los Mouriño creció escandalosamente y se extendió desde Campeche hasta Yucatán, Quintana Roo, Tabasco y Chiapas. Aparecieron franquicias de Burger King, Benedetti's Pizza, Church's Chicken, Jet Autowash, Tortas Locas Hipocampo y Tintorerías Max mediante los subsidios otorgados por la Secretaría de Economía.

Convencido de que la generosidad se demuestra primero en casa, utilizó la varita mágica de los millonarios contratos de obra pública con el gobierno estatal y la Secretaría de Comunicaciones y Transportes en beneficio de la empresa constructora de la familia Escalante, es decir, de sus suegros. En 2006, las empresas de los Escalante ingresaron a sus arcas 180 millones de pesos, y al año siguiente 350 millones, lo que generó protestas de la competencia. En los dos primeros meses de 2008, Constructora Escalante y Construcciones y Materiales Peninsulares se hicieron con 550 millones de pesos en contratos.

La codicia, uno de los diez pecados capitales, trastocó la virtud en la tribu de los Mouriño.

No fue un santo. Ni fue un héroe.

Al contrario, fue un político pragmático y desmesurado que se aprovechó del poder que ostentaba dando muestras de una voracidad estremecedora.

Mintió y pactó con los tránsfugas y se enriqueció. Desde que fue coordinador de la campaña electoral de 2006, utilizó todos los recursos a su disposición para ganar «*haiga* sido como *haiga* sido». Aficionado al espionaje, encontró en el policía Genaro García Luna un aliado perfecto; además, ambos tenían un tema en común: una estrecha relación con Joaquín *el Chapo* Guzmán, jefe de jefes del sexenio calderonista.

Durante el agobiante periodo de transición y hasta el día de su muerte, Iván utilizó los servicios del Centro de Investigación y

Seguridad Nacional (Cisen) y de la Policía Federal para espiar a opositores políticos, competidores de negocios, miembros del gabinete, gobernadores, legisladores y amigos. Nadie quedó a salvo. Una vez instalado en su despacho, fue el responsable de la compra de un sofisticado equipo de micrófonos y cámaras ocultas que se instalaron en Los Pinos para la seguridad del presidente y su familia como pretexto. Un exasesor de Iván y un militar en funciones me confirmaron que, aunque la tarea recayó formalmente en el Estado Mayor Presidencial y en la Secretaría de la Defensa, el entonces jefe de la Oficina de la Presidencia tenía un control estricto sobre las grabaciones que se realizaban. La empresa, Security Network Systems, que fue elegida sin licitación, tenía su sede en Monterrey y entre sus clientes, además del EMP, se contaban Pemex, el Gobierno del estado de Puebla, el Grupo de Acero y el Grupo Vitro. Por el monto de 25 millones de dólares se instalaron 100 cámaras de video y micrófonos, varias incluso dentro de las cabañas en que habitaban el presidente y su familia. Esta situación irregular generó desconfianza en Margarita Zavala, quien le comentó a un amigo que la visitó en ese tiempo, y mientras caminaban por el jardín, que estaba «cansada de no tener vida privada», señalando al pasar las cámaras que la vigilaban. «Me siento como en un *Big Brother*», dijo molesta.

«Juan Camilo fue el de la idea y el que contrató a la empresa y los equipos. Aunque después negó y ordenó que se retirasen los que estaban en las áreas privadas, no se hizo así. Estaba obsesionado con el tema», dijo un hombre de la intimidad de Los Pinos. Manuel Espino reveló que también fue víctima de espionaje por parte de Iván, cuando sus relaciones con Felipe estaban a punto de quebrarse, en plena campaña. Lo mismo denunció Andrés Manuel López Obrador. Estaba claro que entre Juan Camilo Mouriño y los anacrónicos caciques del tricolor, genios del espionaje estatal y al que los calderonistas denostaban con el cuento de que ellos eran «democráticos y éticos», no había diferencias: todos eran parte del sistema.

«¡Porque es el aplastamiento, el exterminio, la aniquilación! ¡Se trata de aplastar, aniquilar, exterminar!», exclamó el oscuro senador panista Jorge Nordhausen González frente al periodista Álvaro Delgado, luego de que este le preguntara por qué Juan Camilo se empecinaba en quitarlo de en medio. Hoy es posible considerar esta escena como una instantánea que refleja lo que se escondía detrás de las máscaras del blanquiazul y que desnuda la calidad humana y política de los herederos de Vicente Fox, hombres del círculo íntimo de Felipe Calderón.

Ocurrió el 28 de agosto de 2006, en plena etapa de transición. La confrontación feroz entre los dos dirigentes no tenía relación con los valores que predicaban en público. La militancia panista y los ciudadanos de Campeche fueron testigos azorados de cómo las bandas de uno y otro se trenzaban a golpes de puño y amenazas de muerte en los meses previos al oscuro aterrizaje en Los Pinos.

No discutían proyectos políticos o doctrinarios. No estaban distanciados por cuestiones ideológicas. Se conocían de Campeche y se detestaban. Tenían intereses en Pemex y competían como perros de pelea por el oro negro. Los dos traficaban influencias. Eran ricos, muy ricos, con las cuentas rebosantes de dinero mal habido. Intelectualmente primitivos, no respetaban la democracia ni sus reglas. Uno era un tamaulipeco tosco y violento, amigo y socio de Guillermo González Calderoni, el desaparecido comandante de la Policía Judicial Federal, vinculado a Amado Carrillo Fuentes y Juan García Abrego, testigo protegido de la DEA, cuya salida a Estados Unidos fue tramitada por la misma agencia y que encontró refugio en Suministros Industriales Carrizales (SICSA), la empresa de Nordhausen, en Texas. El otro, un madrileño carismático, era guapo, frívolo y superpoderoso. Ojos y oídos del presidente electo, queda claro quién ganó esa batalla, si bien eso aún no significaba ganar la guerra. Sin embargo, en aquel instante primigenio, representaban la imagen perfecta de dos capos en guerra por el poder y la continuidad de sus transas.

Entre los amigos de las alegres noches de Iván se destacaba el senador panista Guillermo Anaya, célebre por su honorable parentela. Su hermana había estado casada —algunos dicen que nunca se separó— con el hermano de Sergio Villarreal, el Grande, operador principal de los Beltrán Leyva, además del iracundo senador duranguense Rodolfo Dorador Pérez Gavilán, amigo del Chapo Guzmán Loera y de Juan José Cardona, el Zar de los Casinos, investigado en Estados Unidos por la DEA. Otro integrante de la pandilla era el senador priista-panista de Campeche, actual presidente nacional del PRI, Rafael Alejandro Moreno Cárdenas, alias el Vándalo, fervoroso amante del ron, el whisky y siempre listo para defender sus ideas a golpes de puño, botellazos y patadas; en ese momento se presentaba como operador de Enrique Peña Nieto.

Para no sentirse solo en la ciudad de los palacios, Iván colocó en puestos clave del gobierno federal a sus amigos de Campeche y a algunos familiares. A Karim Elías Bobadilla, un amigo de la infancia, lo ubicó como titular del Órgano Interno de Control de Pemex, encargado de revisar las asignaciones para la construcción de plataformas petroleras y otorgar los contratos para las transportadoras de combustibles. Karla Pérez Marrufo, esposa de Bobadilla, fue la coordinadora general de delegaciones de la Procuraduría Federal del Consumidor (Profeco), es decir, responsable de controlar el buen funcionamiento de las gasolineras. Elías Bobadilla tenía además la tarea de borrar las huellas de las corruptelas de Oceanografía, S.A. de C.V., la empresa naviera del temible Amado Yáñez Osuna, socio de los hijos de Marta Sahagún y de su hermano menor, Memo Sahagún.

Limpiar evidencias que pudieran exponer a los retoños de doña Marta y a ella era la orden. Recuerdo a uno de ellos, el mayor, Manuel, alias el Cebollón, el que me entabló una demanda por «daño moral» y que sin ponerse colorado le dijo al juez, con el rostro compungido: «Soy pobre. No tengo carro, no tengo departamentos en el exterior, no tengo reloj de marca, no tengo lana». En ese momento, me había llegado la información de que Manuel Bribiesca, «el pobre», había adquirido un lujoso departamento en Houston, en las exclusivas Four Leaf Towers, adonde viajaba con sus hermanos, mientras preparaba su exilio, temeroso de la llegada del nuevo sexenio. Pero la protección de los anteriores inquilinos de Los Pinos fue uno de los puntos del pacto realizado entre Vicente Fox Quesada y Felipe Calderón

Hinojosa, durante la transición, que permitiría al último instalarse en el poder: traje de asbesto para Vicente Fox, Marta Sahagún y la sombría prole.

Juan Camilo Mouriño era conocedor de este acuerdo no escrito de impunidad, pero poco y nada le importaba. La vida era puro pragmatismo.

«A finales de 2003, al asumir mi primera responsabilidad en la Administración Pública, tomé la decisión más importante de mi vida: dedicarme por completo al servicio público. En ese año opté por cosechar lo más valioso que una persona puede obtener: la satisfacción por el servicio al país y a los demás», dijo Juan Camilo Mouriño.

Sin embargo, al mismo tiempo que proclamaba la transparencia en sus acciones públicas y juraba que en 1997, cuando se lanzó a la política, había «renunciado a las acciones de las 80 empresas» de su familia, lo que luego se demostró que no era así, continuó protegiendo los millonarios negocios que los Bribiesca y su madre tenían con Pemex a través de Oceanografía. Negocios criminales que venían del foxismo y crecieron escandalosamente durante el gobierno de las manos limpias, con el conocimiento de Felipe Calderón —la naviera entregó dinero a la campaña del michoacano— y que, solo en los tres primeros años, obtuvo contratos por el valor de nueve mil millones de pesos.

Experto en operar al límite, como en una ruleta rusa, y en defensa de los postulados de la guerra santa de su jefe, amigo y confidente, Juan Camilo Mouriño se acercó al inframundo de las mafias, ese territorio barroso de «los malvados» que en público juraba combatir, pero a los que en la oscuridad propuso un pacto.

EL JEFE DE JEFES

Retrato de una burguesía sin alma, Juan Camilo Mouriño amaba el dinero, la buena vida y el poder, o, mejor dicho, la impunidad que le daba tener tanto poder. No fue un santo, ni tampoco el villano de la historia. Solo el encargado de incentivar al monstruo que habita en las entrañas de la clase política desde siempre: la concepción mafiosa de las relaciones interpersonales, aplicada a todos los rubros de la vida, con el aval de su íntimo amigo y jefe, Felipe Calderón. En este caso, más al estilo de Leonardo Sciascia que al de Mario Puzo. Un poder *mafiusi* que Iván consolidó a través de una conjunción perfecta: familia, negocios y política. Aquello que tan bien retrató el periodista Alan Riding en su libro *Vecinos distantes*, cuando definió la corrupción como el aceite que lubrica la maquinaria del gobierno y el pegamento que mantiene firmes las alianzas políticas. En esa obra publicada en 1984, Riding se refería a las tribus del PRI, que por entonces manejaban el país como un feudo. Ahora, en pleno siglo XXI, pareciera que poco y nada ha cambiado. A tal punto que miles de mexicanos, desesperanzados y hastiados de 12 años de panismo, creen que todo tiempo pasado fue mejor y que más vale malo conocido que bueno por conocer.

Devoto de sí mismo, Juan Camilo fue un militante de los antros de moda. Sus aficiones eran las mujeres, los carros de lujo y los viajes a España, más precisamente a Galicia, donde su familia tiene fincas y múltiples empresas, y donde su padre es el mandamás del Celta de Vigo. Mientras fue el amo del sexenio, mantuvo rigurosamente estas costumbres.

Era el número dos del poder, en realidad, pero la mayoría de las veces, el número uno.

Madrileño criado en México, aunque su nacionalidad nunca estuvo clara, economista graduado en la Universidad de Tampa, en Florida, su biografía oficial señala que fue el segundo retoño del matrimonio formado por María de los Ángeles Terrazo Blanco, dama de fuerte carácter, y Manuel Carlos Mouriño Atanés, un gallego sagaz para los negocios y las relaciones públicas, quien transmitió a sus hijos la pasión por el dinero.

Antes de convertirse en los amos de Campeche, los Mouriño tenían problemas económicos; arribaron a México en 1978 para trabajar en las empresas de los padres de María de los Ángeles. Previamente a la emigración, don Carlos, como le gusta que lo llamen, con el acento puesto en el *don*, se había desempeñado como auxiliar administrativo de la agencia de viajes Amado y había sido jefe en la fábrica metalúrgica Riomiño, vendedor de accesorios para automóviles y gerente de una fábrica de armas; también había trabajado en Nautrónica, S.A., la empresa estadounidense de equipamientos marítimos. Cuando esta última entró en problemas de liquidez, se largó a conquistar América, y vaya que sí lo logró. Además de Juan Camilo, el matrimonio tenía otros dos hijos: Carlos, el primogénito y actual mánager del imperio económico familiar, y María de los Ángeles.

En 1996, cuando Iván fue víctima de un extraño secuestro en su casa de Campeche, su padre ya era un hombre rico, dueño de cinco gasolineras, cuatro equipos de transporte, una distribuidora de diésel marino y otra de aceites. Los encapuchados que lo sorprendieron en el jardín y se lo llevaron sabían lo que querían. La fecha exacta, los motivos del plagio y el monto que se pagó permanecen en las penumbras. Gely Terrazo dice que esa fue la única vez que su hijo pasó hambre. «Atado y con los ojos vendados, a oscuras, sin alimentos y con cucarachas que le caminaban encima, fue muy duro para él», relató a los periodistas locales después de la liberación de su hijo.

Grabaciones de un interrogatorio entre Juan Camilo y un policía, publicadas por la periodista Anabel Hernández, indican que el móvil habría sido una venganza por deudas impagas de su padre. Las sospechas cayeron en el gobernador de Campeche, el priista Abelardo Carrillo Zavala. Era sabido que don Carlos era el testaferro del mandatario, como lo probó tiempo después una investigación de la revista *Proceso*. «Se dicen muchas cosas. En un estado como Campeche, esa amistad generó muchas suspicacias... El gobernador no impidió el desarrollo de las empresas de mi padre, pero tampoco fue su aliado», declaró Carlos Mouriño Terrazo a la revista *Expansión* en 2006. En Campeche dicen que Mouriño Atanés ha sido prestanombres de Felipe Calderón. Quién sabe. Las amistades entre políticos y empresarios poderosos siempre generan sospechas que luego se comprueban como ciertas.

Dos años después del traumático episodio, el 20 de junio de 1998, Juan Camilo se casó con María de los Ángeles Escalante Castillo, hija de Eduardo Escalante Escalante, poderoso empresario de la construcción en Campeche. Sus amigos aseguran que estaba enamorado, pero que su frenética actividad política fue minando el vínculo. El matrimonio vivió entre turbulencias y con largos periodos de separación. Procrearon tres hijos: María de los Ángeles, Iván y Juan Camilo. Vivieron siete años separados y solo compartían los fines de semana, cuando Iván regresaba a la casa. En 2006 intentaron hacer vida normal en la casa de Las Lomas, pero no fue posible. Marigely regresó a Campeche con los niños y declaró que tomó la decisión luego de que unos manifestantes de Andrés Manuel López Obrador que acampaban sobre Reforma «le tiraran piedras». También dijo que se «asustó mucho», pero la realidad es que regresó porque estaba hastiada. No debe haber sido fácil para la joven soportar las largas noches de juerga de su esposo y los chismes sobre sus amoríos con ignotas estrellitas de telenovelas. Sus amigos también dicen que Iván adoraba a sus niños y que le gustaba llevarlos al colegio, y que, aunque no era mocho, dejó que Marigely los enviara a una institución de los Legionarios de Cristo y que se sintió «muy feliz» cuando su hija María, su consentida, fue elegida Nuestra Belleza infantil Campeche y Lupita Jones, la primera Miss Universo de México, le colocó la corona en Villa Gely, la casa familiar.

Una familia voraz

No fue un santo, no. Es imposible que una idea así le hubiera atravesado la mente.

Dotado genéticamente de la misma voracidad que dominaba a su padre, apenas probó las mieles del poder, Iván, al que también llamaban el Fino, mutó a el Terrible. Hacía y deshacía a su antojo, sabía operar en las sombras y cuando Felipe Calderón se agobiaba y estallaba de furia o se deprimía, era el único que lo calmaba y le aportaba ideas y proyectos, además de ser la representación más fiel de los intereses del *pater familias*, quien vivía en Vigo desde el año 2000, pero estaba en permanente contacto con sus hijos.

Es imposible contar quién fue Juan Camilo Mouriño sin hablar de su progenitor. Eran como dos ramas de un mismo árbol. De carácter fuerte y dominante, Carlos Mouriño Atanés ejercía una gran influencia sobre Juan Camilo y su hermano Carlos, que lo miraban como a un dios. Dicen en Campeche que don Carlos es un hombre encantador, siempre sonriente, pero que bajo esa capa de amabilidad se esconde un tipo capaz de todo por el dinero y el poder, como un águila bifronte que sobrevuela en la claridad, pero también en las tinieblas.

El crecimiento feroz de sus empresas en México y en España lo colocó bajo los reflectores. Se le asoció al contrabando de tabaco americano en Galicia, al de gasolina en Belice, al faltante en el suministro de gasolina, al tráfico de drogas, al lavado de dinero, al armado de empresas fantasma, a la duplicidad de cédulas fiscales y a todo tipo de maniobras sombrías. Nadie lo desmintió. En 2003, la PGR, a cargo de Rafael Macedo de la Concha, inició una investigación sobre las actividades financieras del poderoso señor de Campeche y solicitó información a las autoridades españolas por «blanqueo de capitales». El 11 de septiembre de 2003, Ricardo Gutiérrez Vargas, director de Asuntos Policiales Internacionales e Interpol de México, envió un fax a Carlos Miguel López Torres, agregado policial de la PGR para la Unión Europea y Suiza, y le solicitó verificar si Carlos Mouriño Atanés era investigado en España por blanqueo de capitales y si era dueño de seis empresas. Sin embargo, todo quedó bajo un manto de silencio. Un año después, Mouriño concretaba el «sueño de su infancia» y compraba el club de sus amores, el Celta de Vigo, además de una mansión esplendida de dos pisos con techo de tejas, canchas de tenis, jardines y una terraza con vista a las islas Cíes, a las que Ptolomeo llamó «islas de los dioses». En diciembre de 2003 había fundado la filial europea de GES, cuya facturación anual asciende a 94 millones de euros.

En aquel *paper* confidencial se mencionaban empresas del rubro inmobiliario como «dudosas». Según los especialistas en estos temas, la hotelería y la construcción son canales ideales para el lavado de dinero sucio. Dos de ellas, Prefabricados de Puente, S.A., y Prefabricados Tecnológicos de Hormigón, construyeron en agosto de 2005 el viaducto de Miraflores de Madrid y el viaducto del AVE. Sabancuy, R.M.S.L, fue comprada en 2002; luego se transformó en Metrowest Europa y se vio involucrada en un escándalo por tráfico de influencias y uso de información privilegiada, en el municipio de Nigrán, lo que obligó a los concejales a suspender la aprobación de un plan de desarrollo urbano que beneficiaba a una de las empresas de don Carlos.

Según los medios de Galicia, Mouriño Atanés había llegado a la presidencia del Celta de Vigo no solo por sus millones, sino también por sus vínculos amistosos y familiares con el alcalde de Nigrán, Rodríguez Millares. La esposa de este activo militante del Partido Popular es hermana del marido de Marian, la hija menor del clan Mouriño Terrazo. Esta relación entre paisanos, como se demostró más tarde, escondía una carta de varios millones de euros. Mouriño Atanés había comprado 123 mil metros cuadrados de terrenos en una zona rural a un precio de regalo. Luego de la operación, el alcalde lanzó un plan de reclasificación urbana que triplicaría el valor de los terrenos. Un negocio millonario mediante el mecanismo del tráfico de influencias, que en la familia estaba bien aceitado.

Don Carlos Mouriño Atanés siempre fue un convencido de que priistas, perredistas y panistas daban lo mismo. El pragmatismo era su doctrina y en la política veía siempre la oportunidad de hacer buenos negocios. Amigo de Manuel Fraga Iribarne y de Mariano Rajoy, expresidente del Gobierno español y fan del Celta de Vigo, el patriarca nunca dejó de cumplir con los dirigentes nacionales y extranjeros que pueblan su agenda, secretarías, funcionarios y parentela incluidos. Como corresponde a un don que se precie de serlo, conoce el valor de las relaciones públicas. Una caja de buen vino español, un ramo de flores, una botella de ron añejo, acompañado de una tarjeta con un mensaje personal, son algunos ejemplos de las atenciones que tiene hacia los suyos. Esto es lo que define a un hombre agradecido con quienes le hacen favores o simplemente guardan silencio en el momento apropiado. Sus negocios, que se quintuplicaron con la complicidad de los gobernadores estatales, los millonarios caciques de los reinos de Taifa del corredor del sureste, tan generosos con el dinero ajeno, lo confirman. Luego llegaría la ayudita providencial a través de su vástago menor, al que colocó en la cúspide, merced a sus jugosos aportes al grupo Amigos de Fox y a su amistad con el expresidente y su consorte, quienes siempre que pueden lo visitan en Villa Gely. En la organización Amigos de Fox, que luego fue denunciada por lavado de dinero, don Carlos fungió como jefe de recaudación de dinero en el corredor del sureste; a cambio pidió que Juan Camilo ingresara a San Lázaro, y así ocurrió.

Dueño del Grupo Energético del Sudeste desde el año 2000, apenas se instaló el Gobierno del Cambio por el que apostó y dejó atrás sus simpatías por los camisas coloradas hasta 2006, pasó de manejar 23 gasolineras a 38, a lo que hay que sumar, además de Ivancar y las franquicias de alimentos y servicios, las millonarias inversiones realizadas a través de Inmobiliaria Supermex, S.A de C.V. Para completar el cuadro, don Carlos, amante del futbol, cumplió un sueño que tenía desde niño: por cuatro millones de euros *cash* se convirtió en dueño del Club Celta de Vigo, en lo que fue la operación financiera más elevada de la historia de Galicia, según reflejaban los periódicos. Esto no es todo, ya que también se dedica a la crianza de caballos españoles. «La familia Mouriño tiene afianzado su futuro. Sus negocios han crecido de manera meteórica. Nadie supo con certeza cómo, pero de la noche a la mañana se hicieron millonarios», me dijeron en Campeche.

Iván no fue un santo, ni trabajó un segundo para ganarse el cielo.

Fue un júnior de los muchos que accedieron al gobierno sexenal a través de contubernios y padrinazgos. Miembro de una casta política de derecha insensible y obscena, a cuatro años de su muerte, sus amigos recuerdan —con nostalgia— las parrandas y las «buenas borracheras» hasta el amanecer en La Lune de Polanco, que cerraban especialmente para ellos y donde Juan Camilo brillaba por su habilidad de «hacer el suelo» al bailar la cumbia. Diputadas y senadoras se peleaban por cumbanchear con el Chico Superpoderoso. Los vecinos de la lujosa casona de Las Lomas donde vivía también recuerdan sus excesos nocturnos que duraban hasta el amanecer; la música, los gritos y el desfile incesante de amigos y de bellas chicas jóvenes del staff de Televisa.

«Era un cuate increíble, divertido, inteligente para negociar. Bueno, tenía sus cosas como todos, nunca fue un angelito, nadie en la política lo es. La verdad que se le extraña», me dijo en 2001 uno de sus asesores en temas de seguridad, en un restaurante de Polanco.

«Nunca fue un angelito», remarca el amigo. Acrecentar su cuenta bancaria y la de su familia, pasar de niño rico a multimillonario, fue su mayor objetivo y lo cumplió con creces. El otro, el sueño que lo convertiría en candidato presidencial del blanquiazul para 2012, mediante el dedazo de su amigo Felipe, se truncó con su muerte. Sus vicios privados quedarían al desnudo cuando en 2008 se reveló que entre 2001 y 2004, mientras se desempeñaba como coordinador de Felipe Calderón en la Secretaría de Energía, Pemex Refinación le otorgó 100 millones de pesos en contratos a Ivancar, empresa de la que era accionista principal.

La periodista Ana Lilia Pérez, autora de la investigación que ventiló los ilícitos de Iván y su camarilla en la petrolera estatal, fue amenazada de muerte y perseguida con demandas judiciales por «daño moral». Andrés Manuel López Obrador realizó un acto público y denunció los contratos del hombre más importante del gabinete de Felipe Calderón; lo expuso como un traficante de influencias y, aunque las pruebas existían, fue un balazo al corazón presidencial.

Felipe Calderón aguantaba cualquier ataque, pero no podía soportar que tocarán a su amigo y confidente, el más preciado de su círculo íntimo.

«Quiero ser contundente, jamás me he beneficiado ni he beneficiado indebidamente a nadie desde los cargos públicos que he ocupado.

Mis actos han sido legales, mi actuar ha sido siempre ético», dijo en una conferencia de prensa en 2008, con el rostro demacrado.

Como consecuencia del escándalo y de las críticas externas e internas, Juan Camilo se sintió tocado por primera vez; se deprimió y hasta pensó en renunciar. En esos días, pasaba largas horas a solas con Felipe Calderón, quien le pedía que aguantara, que él lo necesitaba. En octubre de 2008, salió a la luz que la empresa ESGES, S.A. de C.V., filial del GES, había firmado 20 contratos con el IMSS para suministrar gasolina, diésel y lubricantes a los vehículos del Gobierno de Campeche. Entre 2005 y 2006, ESGES recibió del IMSS cinco millones 487 mil pesos. La voracidad de Iván era impactante incluso para los priistas acostumbrados a estas hazañas, por lo que comenzaron a investigarlo en la Cámara de Diputados, aunque más tarde lo exoneraron.

Desde las alturas celestiales, allí donde lo instaló Felipe Calderón, continúa bendiciendo los millonarios negocios del GES y las ligas de estos con Pemex —que no se cortaron con su muerte—, ahora en manos de su hermano Carlos. Las denuncias de tráfico de influencias y los negocios paralelos a su función, los embates de la oposición y del ala dura del PAN, y las molestias que sus excesos provocaban en Margarita Zavala lo rozaban apenas. Estaba convencido de que para el presidente era imprescindible, y que la relación especialísima que los unía era indestructible. Felipe Calderón lo defendió públicamente, a pesar de que, en una entrevista con Joaquín López Dóriga, Iván había reconocido haber firmado los contratos para Ivancar cuando era funcionario público.

Tenía zonas oscuras, demasiadas.

ALMAS GEMELAS

Su abrupta muerte, ocurrida 48 horas después del Día de Muertos del año 2008, enterró los secretos de la inquebrantable relación con Felipe Calderón. Esta se inició en 1996, cuando el michoacano llegó a Campeche en una gira política como secretario del PAN y en la finca de los Mouriño Terrazo, impactado por el desparpajo del joven, le preguntó por qué se encontraba en ese sitio.

«Porque prefiero comer de gorra que hacerme un sándwich en mi casa», fue la respuesta del retoño consentido de don Carlos Mouriño Atanés.

«Ahí fue mi primer regaño de Felipe. […] Lamenta que habiendo tenido yo la oportunidad de prepararme, que habiendo regresado [de estudiar en el extranjero] y teniendo el ejemplo de mis padres que estaban ahí, pues que mi motivación fuera tan pobre», le reveló años después al periodista Salvador Camarena.

Son los mínimos detalles, como dicen los psicólogos, los que ayudan a desentrañar una personalidad. Este es el ejemplo de cómo alguien con motivaciones tan limitadas, tan *good for nothing*, pudo transformarse de un golpe en el hombre más poderoso del primer tramo del sexenio. El que le hablaba al oído al presidente y el que tomaba decisiones que afectaban la vida de millones de mexicanos. El encargado de negociar la Reforma Energética, prioridad del calderonismo. Los que participaron en esta etapa dicen que aplicó lo que mejor sabía hacer y lo que heredó de su padre: negociar con quien sea, sin fijarse en el color político. Negociar con el diablo si era necesario. Quienes alardean de conocer la *psique* presidencial, aseguran que la fuerte influencia que Juan Camilo tenía sobre Felipe y la dependencia de este hacia él radicaban en que su Chico Superpoderoso representaba todo lo que él hubiera querido ser y no fue: era guapo, audaz, carismático, con alta autoestima, mujeriego y millonario.

Para Felipe Calderón era perfecto, como un alma gemela.

Apenas Iván aterrizó en San Lázaro, deslumbró al michoacano con la irreverencia de sus 29 años y su estilo descarado y temerario, tan diferente de la vieja dirigencia del blanquiazul. Polo opuesto de Felipe, Juan Camilo fue el paño de lágrimas cuando las tribulaciones lo dominaban. Fue el mago de las estrategias políticas *non sanctas*, el cuate alegre de las noches de pláticas acompañadas de ron Matusalem y el único al que Felipe no humillaba, ni insultaba —además de Margarita—, y con derecho a picaporte.

Al poco tiempo de conocerlo, Felipe Calderón le dio acceso a su «burbuja», y aunque el difunto aseguraba que no era parte de ella, sino de la «burbuja ampliada», muy pronto se convirtió en alguien indispensable; tanto que a veces parecía el jefe de a de veras, lo que despertó resentimientos en el interior de aquella burbuja.

El ultraderechista católico César Nava operaba día y noche contra Iván. Lo acusaba de tomarse atribuciones que no le correspondían y de ejercer sobre Calderón una influencia nociva. Lo cierto es que la dependencia psicológica de Felipe hacia Juan Camilo era evidente. Hacía y deshacía a su antojo, fue presidente de la Comisión de Energía de San Lázaro, y cuando Felipe Calderón fue secretario de Energía en el sexenio de Vicente Fox, lo llevó de asesor y luego lo puso al frente de la Subsecretaría de Electricidad, un sitio ideal para el vástago de don Carlos Mouriño Atanés. Después, vendría la coordinación de la campaña y el premio mayor: jefe de la Oficina de la Presidencia.

«Esto nos pone todavía más en la lupa. Hablamos con él y le garantizamos que no tiene por qué preocuparse. Jamás haremos con el Gobierno federal cosas buenas que parezcan malas (*sic*). Sabemos que los detractores tratarán de magnificar las cosas y por eso tenemos la casa muy limpia y las puertas muy abiertas para que no haya suspicacias», fue la respuesta de Carlos Mouriño Terrazo apenas su hermano llegó a Los Pinos.

Desde el año 2000 hasta su trágica muerte, Felipe Calderón Hinojosa y Juan Camilo Mouriño fueron inseparables e indivisibles. El 16 de enero de ese año, Juan Camilo asumió su nuevo cargo en la Segob, luego de la salida de Francisco Ramírez Acuña. No alcanzó a cumplir un año al frente del palacio Covián.

Nunca fue un santo

Sin embargo, para Felipe Calderón, el funcionario *top* de su gobierno, el niño bonito de las revistas del corazón que ostentaba trajes de Ermenegildo Zegna y relojes de marca, el aficionado al ron Appleton Special, al Matusalem o a un whisky 18 años, el *habitué* del Love, el antro de moda de la *beautiful people* criolla, o del restaurante Suntory, el excelente anfitrión que recibía a sus amigos en la casa de Las Lomas con un chef que venía especialmente del restaurante El Lago, el cumbianchero del Chupis Bar de Campeche, el arquitecto de su fangosa llegada a Los Pinos, el que conocía sus secretos más íntimos, el que se aventó a enviar con el aval del presidente al sombrío general Acosta Chaparro a pactar una fallida paz con los capos de los cárteles cuando la violencia los había rebasado, sin ser un santo, merecía el sitial que solo se reserva a los héroes de la patria.

Un asesor en las sombras

El general Mario Arturo Acosta Chaparro tiene una historia tan negra como la muerte.

Un mes antes del *avionazo* que terminó con la vida de Juan Camilo Mouriño, José Santiago Vasconcelos y 12 personas más, el militar, acusado de graves violaciones a los derechos humanos durante los años sesenta y setenta, vinculado a Amado Carrillo Fuentes y amigo del secretario de la Defensa Guillermo Galván Galván, brindaba asesoramiento secreto al gobierno calderonista acerca de temas de seguridad e inteligencia. Lo hacía desde febrero de 2008, con el consentimiento del mandatario, de Juan Camilo Mouriño, de la Sedena, la PGR y la Siedo.

Experto en operaciones encubiertas y de exterminio con escuadrones de la muerte, el general pertenecía a las tuberías tenebrosas del sistema. No fue casualidad que le encargaran reorganizar la estructura del aparato de inteligencia militar y reorientar la estrategia de lucha hacia el narcotráfico y los grupos subversivos.

Ni a Felipe Calderón ni a Juan Camilo Mouriño les provocó repugnancia el pesado prontuario del flamante asesor militar, exdirector de la Policía Judicial de Guerrero y responsable de 143 desapariciones de luchadores sociales y campesinos, a los que aplicó la técnica de los «vuelos de la muerte», es decir: torturarlos, sacarles información y luego lanzarlos al mar desde un avión, tal como lo hacían en su tiempo los dictadores argentinos. Una fuente de Inteligencia Militar en activo, que solicitó el anonimato, me explicó que Acosta Chaparro estaba dedicado a coordinar grupos de militares que actuaban en forma paralela, en la clandestinidad, en lo que llaman «operaciones de limpieza» de todos lo que de una u otra manera se oponen a la guerra contra el narcotráfico o colaboran con los cárteles. La CIA no estaría al margen de estas barridas. Los recientes asesinatos y la persecución de activistas sociales resultaban inquietantes.

«Está muy cerca de la Sección Segunda», le expresó un funcionario de Inteligencia Militar al periodista Jorge Torres, el primero que escribió sobre el tema en 2009, antes de que se hiciera público en la revista *Proceso* con los reportajes de Jorge Carrasco.

A cambio de salir de nuevo al ruedo, Acosta Chaparro exigió una reivindicación pública en el Campo Militar Uno, donde pasó siete años preso acusado de nexos con el narcotráfico, así como el cobro de los salarios cuyo pago le habían cancelado mientras estuvo en prisión. El gobierno aceptó.

En una ceremonia realizada el 23 de abril de 2007 junto a otros militares en idéntica situación, la Sedena lo definió como miembro de un selecto grupo de generales que eran «fiel testimonio de patriotismo, dedicación, abnegación y lealtad, servicio a México y a las instituciones».

El militar inició una gira de visitas a varios capos de distintos cárteles, con el conocimiento del presidente, de Juan Camilo Mouriño y Genaro García Luna; su objetivo era convencerlos para contribuir a que la ola de violencia decreciera. En septiembre de 2008, Acosta Chaparro se reunió con Jesús Méndez, alias el Chango, y con Nazario Moreno, el Pastor, jefe de la Familia Michoacana; ambos hombres le informaron que los Zetas eran los autores de los granadazos contra la multitud reunida en Morelia durante las celebraciones del Grito de Independencia del 15 de septiembre de 2008, situación que dejó ocho muertos y cien heridos.

Felipe Calderón estaba desesperado por encontrar y mostrar a los culpables de la tragedia que enlutó a su ciudad natal «*haiga* sido como *haiga* sido». Los tres capturados —o levantados— por elementos de la AFI que manejaba Genaro García Luna fueron torturados salvajemente y obligados a implicarse. Entregados a Acosta Chaparro y al fiscal Ricardo Cabrera Gutiérrez, encargado de la Unidad Especializada en Investigación, Terrorismo, Acopio y Tráfico de Armas (UEITATA) de la Siedo, a bordo de un viejo avión de la PGR, Juan Carlos Castro Galeana, Julio César Mondragón Mendoza y Alfredo Rosas Elicea fueron amenazados de muerte. Si no confirmaban lo que habían confesado bajo tortura, iban a matar a sus familias y a ellos los lanzarían desde el avión.

«Señor, objetivo cumplido», le dijo Acosta Chaparro a Juan Camilo Mouriño después de entregar a los supuestos Zetas en la PGR. Cuando se encontró con su amigo, el general Galván, y este le preguntó si le habían pagado los 10 millones de dólares que ofrecían como recompensa, el emisario presidencial respondió: «No me dieron ni las gracias». La PGR, a través de Marisela Morales, también al tanto del operativo secreto de Acosta Chaparro, presentó en público a los detenidos, esposados y con signos evidentes de golpes y torturas en su rostro, y dieron su versión oficial: un denunciante anónimo había dado aviso del sitio en Michoacán donde se encontraban los tres Zetas amarrados, quienes reconocieron ser los autores de los granadazos. Peor aún, la explicación oficial detallaba que miembros de esa organización los habían golpeado, porque habían pensado que «después del atentado se iban a escapar y colocarían en riesgo a los demás integrantes».

A pesar de que los supuestos autores presentaron denuncias de torturas en la CNDH, fueron juzgados y condenados por terrorismo, homicidio agravado, tentativa de homicidio agravado y posesión de granadas de uso exclusivo de las Fuerzas Armadas. Sus familiares y abogados presentaron pruebas y testimonios de que en el momento del atentado los tres se encontraban en Lázaro Cárdenas, a 320 kilómetros de Morelia. Como ejemplo, vale la pena leer la declaración de Juan Carlos Castro Galeana ante la Comisión Nacional de los Derechos Humanos, que fue entregada a Manfred Nowak, relator especial de casos de tortura en las Naciones Unidas. Castro Galeana, un mecánico de 38 años, fue secuestrado mientras se encontraba en el taller de un amigo, junto a su esposa y algunos vecinos. El 18 de septiembre de 2008 llegó al lugar una camioneta blanca Mitsubishi, sin placas, con dos hombres armados que lo obligaron a subir.

Me subí a la parte trasera, me taparon la cabeza, me bajaron en tres lugares distintos, me pegaron en todas partes, me mostraron videos donde le cortaban la cabeza a una persona y me manifestaron que me iban a cortar dedo por dedo, brazo por brazo, y también a mi familia. Les dije que me dijeran qué querían. Me dijeron que me tenía que echar la culpa de las granadas que estallaron el 15 de septiembre. Yo repetía lo que ellos me decían y si me equivocaba me volvían a golpear hasta que decía exactamente lo que me pedían. Me di cuenta de que había otras dos personas que estaban torturando. Yo me sentí tan impotente que les grité: «Digan lo que ellos quieren para que no los sigan golpeando».

En la Siedo, los tres detenidos hicieron su declaración con los ojos vendados y fueron trasladados a Puente Grande, Jalisco.

Después de esta operación «exitosa y legal» para el gobierno, en octubre de 2008 el general Acosta Chaparro fue al encuentro de los Zetas. El general Galván le dijo: «Me ordenaron que no mueva, que tú ya estás operando». Y así fue. La reunión se realizó en Matamoros y estuvieron presentes Heriberto Lazcano, el Lazca, y Miguel Ángel Treviño, el Z-40, que se le cuadraron. Los dos le pidieron al militar una tregua con el gobierno federal y le preguntaron de parte de quién iba. «Mira, te viene a ver un general del Ejército. No puede venir de parte de nadie más que del presidente».

Según un video obtenido por la inteligencia de Estados Unidos, el Lazca habla como un subordinado del general Acosta Chaparro, quien les pidió que disminuyeran el nivel de violencia, que detuvieran las decapitaciones y no exhibieran los cuerpos mutilados. «El presidente no puede hablar de paz social mientras haya decapitados y ese tipo de violencia». Los Zetas aceptaron a cambio de que el gobierno no tomara represalias contra los familiares de sus miembros. Entre 2008 y 2009, Acosta Chaparro mantuvo otra reunión con los Zetas y estos lo conectaron con los Beltrán Leyva. También tuvo lugar un encuentro con Vicente Carrillo Leyva, alias el Viceroy, y los líderes de La Línea. La última gestión que se conoce fue con el Chapo Guzmán. Dicen que, antes de ir a su encuentro, el general Galván le dijo: «Te van a poner un GPS». Y Acosta Chaparro le respondió: «No, Memo, yo soy negociador, no traidor». En lo que se refiere a Juan Camilo Mouriño, el Chapo se quejó de que Iván y su coordinador de asesores en la Segob, el *mafiusi* Ulises Ruiz, le vendieron a los Beltrán Leyva la plaza del Estado de México en 10 millones de dólares y que la misma ya se la habían vendido al Cártel de Sinaloa. Dicen que el enviado de Los Pinos pensó que Ulises Ruiz se había quedado «con un millón de dólares». Para la fecha en que se dieron estos últimos encuentros, durante el año 2009, Juan Camilo Mouriño Terrazo ya había pasado a mejor vida. El 19 de mayo de 2010, el general Acosta Chaparro fue baleado cuando salía de la casa de una novia, en la colonia Roma. Sobrevivió y prefirió que no se investigara el origen del atentado. «Tengo los días contados, me van a matar, y no es el narco. Son los traidores de este gobierno», le confesó a un asesor de la Sedena y uno de sus mejores amigos, que lo visitó por esos días. En ese momento, investigaba el secuestro del jefe Diego Fernández de Cevallos, plagiado el 14 de mayo de 2010, por la noche, en su rancho de Querétaro. Casualmente, Fernández de Cevallos era un gran amigo de don Carlos Mouriño Atanés. El 12 de abril de 2012, el general Acosta Chaparro fue asesinado por dos sicarios en la colonia Anáhuac. La intuición no le falló. Sin palabras. Simplemente *Goodfellas* del sexenio de la muerte.

A 12 años del desplome del avión, es difícil saber qué sucedió con exactitud. Si fue un accidente, son inexplicables tantas ineficiencias en el manejo y desbordes emocionales con la figura del difunto secretario de Gobernación, quien no era un santo, ni un héroe. Si fue un atentado, como afirman mis fuentes, es grave. Así como quienes fueron los autores intelectuales y materiales del asesinato de Luis Donaldo Colosio y del cardenal Posadas Ocampo. Juran que no hay pruebas, pero nunca investigan, y al final todo se diluye en un océano de niebla.

Lydia Cacho, que investigó y escribió sobre este tema, asegura con contundencia que fue un atentado.

Luego de un año de la caída del avión, la comisión investigadora cerró el expediente, después que la National Transportation Safety Board responsabilizara a los pilotos. Sin más, la culpa recayó en ellos: Álvaro Sánchez Jiménez y Jesús Oliva Pérez, quienes no podían responder porque están muertos. Según estos informes, «carecían de experiencia», no disminuyeron la velocidad en la ruta hacia el aeropuerto y se enfrentaron con la estela de turbulencia de un Boeing 767 de Mexicana, que venía de Buenos Aires; fue esta «distracción» la que derribó el avión. Curiosamente, cuando un ciudadano solicitó al IFAI las razones que llevaron a la Comisión Investigadora a colocar el rótulo de ACCIDENTE a este caso, le respondieron que estaría «bajo secreto» durante 12 años, por razones de seguridad.

Demasiado raro para ser un «accidente» y demasiados indicios de que aquí existió un atentado.

Un familiar del piloto Álvaro Sánchez Jiménez, que no fue velado en el Campo Marte, declaró en una entrevista con Katia D'Artigues: «En el caso de que haya sido tan así como dicen, no creo que sea culpa de ellos. No se le hubiera pasado a Álvaro, que era un perfeccionista. Que hay un factor extraño ahí, pues sí, debe haberlo. No sé cuál es». Isabel Campos, viuda de Álvaro Sánchez Jiménez, le dijo a la revista *Proceso*: «No descarto que haya sido un atentado, pues no necesariamente se tuvo que utilizar una bomba para hacerlo estallar. No descarto un sabotaje, pero no puedo probarlo. No conozco al señor Téllez, pero ya difamó a mi esposo muerto sin haber investigado».

El piloto Álvaro Sánchez Jiménez tenía 35 años de servicio y 11 mil 809 horas de vuelo. Martín de Jesús Oliva Pérez, de 39 años y con 15 de trayectoria, había trabajado como piloto comercial hasta julio de 2007 y tenía 3 mil 675 horas de vuelo. No tomaban alcohol y no fumaban. Todas las encuestadoras de opinión dieron como resultado que más de 60% de los encuestados no creía en la hipótesis del accidente. El Cisen había advertido en cuatro oportunidades al Ministerio Público federal que Juan Camilo Mouriño y Santiago Vasconcelos habían recibido amenazas. La grabación de la caja negra, que el embajador Tony Garza escuchó antes que ninguna autoridad mexicana, aparentemente da señales de un accidente. Sin embargo, es confusa y pareciera que hay otra persona en la cabina; se distingue la voz de Iván, pero nada es claro, salvo los gritos aterradores que se oyen en los 10 segundos del final, antes de impactar en tierra.

En *Primero Noticias*, noticiario de Televisa, se presentó un video de la caída grabado por un testigo, en el que se observa al avión envuelto en llamas, lo que indicaría una explosión previa. Otra testigo dijo que 40 minutos antes del avionazo vio una camioneta Nitro en la zona y dos hombres que en la calle observaban al cielo con binoculares. Nunca fueron citados a declarar. En el radar aparecen dos helicópteros que se aproximan al área de la tragedia momentos antes de la caída. ¿Qué hacían en ese sitio? Otro dato importante que no fue investigado es que los pilotos perdieron contacto con la torre de control de Zaragoza y la del aeropuerto Benito Juárez minutos antes del desplome. Cuando se interrogó a Luis Téllez por este tema, no supo o no quiso responder. En la grabación de la caja negra, se escucha cómo la comunicación se corta abruptamente. Otro dato: el pago de un sobreprecio de 2 millones 300 mil dólares por la nave, responsabilidad de Santiago Creel y Eduardo Medina Mora, quienes para la compra triangularon la operación a través de Servicios Aéreos Estrella, una empresa vinculada al narcotráfico. Como broche de oro agreguemos que, dos meses antes de la compra, una agencia federal de Estados Unidos había recomendado la suspensión de los vuelos de estas aeronaves porque tenían defectos de fábrica.

Como la vida continúa, un año después de la caída, Marigely Escalante rehízo su vida y se casó con un exnovio de la adolescencia, sin que por eso haya dejado de participar en todos los actos políticos y empresariales que se llevan a cabo en la finca Gely.

El *holding* familiar continúa viento en popa. Acaban de inaugurar la gasolinera número 70 y el GES se ha extendido a Veracruz con todas sus franquicias. Como lo saben hacer, a punta de pistola. Pero, a tono con la concepción de don Carlos, son amigos de todos: priistas, panistas y perredistas. En septiembre de 2011, en una espectacular velada, Carlos Mouriño Terrazo, hermano de Iván y mariscal del emporio político económico, inauguró la primera venta de terrenos del Country Club Campeche. El GES y la Inmobiliaria Supermex, S.A de C.V., son los desarrolladores. No cuentan con los permisos ambientales, pero qué importa: tienen el aval del gobierno estatal. Al honorable evento asistió toda la *beautiful people* vernácula, mezclada con algunos individuos no tan *beautiful*: Carlos Patrón Laviada, hermano del exgobernador panista de Yucatán y sospechoso de vínculos con el narcotráfico, y Patricio Patrón Laviada, otro turbio amigo de Felipe Calderón.

En marzo de 2011, Carlos Mouriño Atanés vendió su empresa Gándara Censa a los chinos del Citic por 30 millones de euros. Mientras disfruta su maravillosa casona de Vigo y la victoria de sus amigos del Partido Popular, dice que extraña a su hijo.

Cuando se encontraba en Campeche, recibió la visita de Felipe Calderón y Margarita Zavala. Los cuatro pasearon relajados en el lujoso yate *El Delfín*, propiedad de los Mouriño, y se alojaron en una suntuosa residencia con playa privada, con una vista magnífica al Golfo de México, que ocupa cuatro áreas exclusivas del Campeche Country Club, propiedad del padre de Iván. Fuentes muy cercanas a la constructora me dicen que Felipe y Margarita son privilegiados accionistas del complejo, que cuando se construyó violó todas las normas ambientales.

Como si fuera parte de un karma, en aquellos días aciagos de 2011, nadie imaginaba que exactamente tres años después del avionazo, una mañana fría del 11 de noviembre, el helicóptero de la Fuerza Aérea Mexicana que transportaba a Francisco Blake Mora, secretario de Gobernación, a su mano derecha, el subsecretario Felipe Zamora, y a un equipo de asesores desde Ciudad de México a Cuernavaca se estrellaría contra un cerro del Estado de México sin dejar sobrevivientes.

De nuevo las mismas respuestas apresuradas que responsabilizaban del accidente a «los errores del piloto», quien «no pudo maniobrar acertadamente el aparato en medio de la neblina», lo que generó una airada protesta de la Fuerza Aérea Mexicana. Otra vez una hilera de féretros en el Campo Marte, las sospechas y el temor, el discurso místico de Felipe Calderón, los adjetivos grandilocuentes, el llanto desconsolado de las viudas y los huérfanos.

Y las infinitas y persistentes dudas de una sociedad incrédula y desesperanzada, abrumada por tanta muerte.

6

La favorita

Las mujeres de la derecha han adoptado la retórica feminista, achatándole las metas y mezclando su ambición personal con la de todas las mujeres dentro de un supuesto «nosotras». El poder significa poder ser buenas o ser malas. El poder ha implicado que hay más médicas y también, más criminales hembras.

SABINA BERMAN,
entrevista personal a finales de 2011

Cuando Patricia Flores Elizondo, una norteña de armas tomar, se ganó los favores de Felipe Calderón Hinojosa años antes de que este se instalara en Los Pinos, el michoacano lideraba la fracción panista de diputados y ella, la Secretaría General de la Cámara.

Desde aquel providencial encuentro, la dama no perdió un segundo de su tiempo y edificaron una relación tan estrecha que ningún escándalo político, ni una sola de las innumerables denuncias por abusos y sospechas de corrupción contra la norteña, lograría quebrantar.

En aquel instante inicial, ninguno imaginaba que años más tarde, exactamente el 6 de agosto de 2008, Felipe Calderón la designaría en el cargo más importante del gabinete de cualquier presidente mexicano: jefe de la Oficina de la Presidencia, el sitio que había ocupado el difunto Juan Camilo Mouriño Terrazo.

Ella sería la segunda al mando.

Todo o casi todo para una mujer con nula trayectoria política e inciertos méritos, pero conocedora como pocas del talón de Aquiles del panismo conservador y de la doble moral de provincia. Una vez investida de poder, con los perversos códigos de la política machista aprendidos de memoria, Patricia Flores se convirtió en alguien imprescindible para el alma presidencial, en pleno duelo por la muerte de Iván, su consentido y antecesor de Paty, como la llaman.

Fue la Jefa, la vicepresidenta, el poder detrás del trono y la única mujer que ha ocupado el despacho más influyente del gobierno, base de las pesadas operaciones políticas de Emilio Gamboa Patrón, José Córdoba Montoya y Liébano Sáenz en tiempos de la «dictadura perfecta».

Desde 2008 hasta 2010, manejó las riendas del gabinete y fue el filtro obligado de los temas más sensibles del sexenio. Amiga, cómplice y confidente, hizo y deshizo a su antojo y, bajo el manto protector presidencial, quebrantó códigos, se hundió en el barro de la política y acrecentó su patrimonio. Apenas pisó Los Pinos, fue centro de escándalos y enconos; deslumbrada por la pompa del palacio, olvidó que no hay nada más efímero que el poder y se creyó inmortal.

Conspiró a diestra y siniestra, empujando a la oscuridad a las poquísimas funcionarias que transitaron por el gabinete de Felipe Calderón, quien, más allá de su verborragia sobre la «capacidad transformadora de las mujeres mexicanas», quedará en la historia —entre otras cuestiones graves y trágicas— como el presidente de un país que en pleno siglo XXI continúa con sus prácticas machistas, misóginas y discriminatorias. Un México donde la vida de las mujeres no vale nada, los feminicidios y la impunidad son moneda corriente.

La Señora Diez por Ciento

Patricia Flores Elizondo, nieta de Jesús Higinio Elizondo Fernández, fundador del PAN en Durango, dice que «no tolera las lecturas de género» ni «el uso de la cuestión sensiblera» para justificar errores. Nada le parece más intolerable que las mujeres políticas que cometen el «error» de enamorarse, como Rosario Robles. «Una mujer íntegra, con gran carrera, pero... ¡se enamoró! Inadmisible».

Pragmática y árida como la tierra que la vio nacer, pertenece a la casta de las que llegan para acumular poder en un territorio dominado por la testosterona. Es de las que sobresalen por el uso del látigo más que por el intelecto o los méritos. No es casual que a Flores Elizondo le provoque rechazo cuando sus pares «exhiben sus emociones», porque ponen en evidencia «el carácter femenino» que para ella es una muestra de «debilidad».

Nació en Durango el 6 de febrero de 1968; licenciada en Comunicación e Informática por la Universidad de Monterrey, sin experiencia política pero con gigantescas ansias de «llegar alto» —según dichos de su amiga Alina Howard—, Patricia saltó de un opaco trabajo administrativo parlamentario —en el que tampoco faltaron los escándalos— a un elegante despacho en Los Pinos, pegadito al del presidente.

Con un perfil bajísimo que le permitió transitar a sus anchas por las sombras del Octavo Círculo, ese que Dante Alighieri en la *Divina comedia* bautizó como «el de los fraudulentos», no demoró en sentirse la reencarnación del difunto Juan Camilo Mouriño, lo que provocó el encono de los integrantes de la intimidad presidencial, amigos de Iván.

Se enamoró del poder desde que en 1994 se afilió al blanquiazul y su tío Rodolfo *el Negro* Elizondo Torres la hizo entrar en la Cámara de Diputados como «secretaria técnica administrativa» de la Comisión de Concordia y Pacificación (Cocopa) para mediar por la paz en Chiapas; así pues, a poco de pisar la Ciudad de México, decidió quedarse. Trabajó con Luis H. Álvarez, con el priista Jaime Martínez Veloz, con el perredista César Chávez, con Heberto Castillo y Luisa María *Cocoa* Calderón Hinojosa. Conoció a Carlos Castillo Peraza, a Porfirio Muñoz Ledo, a Bernardo de la Garza y, por supuesto, a Beatriz Paredes Rangel, la poderosa dirigente del tricolor que se convirtió en su maestra, su protectora y comadre, con quien inició una amistad que continúa hasta hoy.

Laboriosa y sagaz, condujo un olvidable programa en el canal 8 de Monterrey apenas terminó la universidad. Aunque al poco tiempo modificaría notablemente su estilo, era la misma a la que los reporteros que cubrieron la travesía chiapaneca recuerdan como la encargada de pagar hoteles, comidas y gastos de senadores y diputados de la Cocopa —entre los que estaba el inefable tío Rodolfo—, y la que, en momentos de *relax*, confesaba su enamoramiento por el subcomandante Marcos. Una anécdota de aquellos días atribuye a la duranguense la autoría de una frase que una mañana apareció pintada en un paredón de San Cristóbal de las Casas: «Paty y Marcos se aman».

La metamorfosis de Flores Elizondo es increíble no solo para quienes compartieron con ella el romántico periplo por tierras zapatistas, sino también para los que la conocen de su Durango natal. De aquella joven de noble cuna, que nunca hablaba de política, hoy no sobrevive ni un granito de arena.

Delgada y sensual, de melena oscura y abundante, ojos marrones bien delineados y mirada sugerente, vestidos de marca, escotes en su punto justo y faldas lo suficientemente cortas como para que asomaran sus rodillas y se destacaran sus largas piernas, descubrió muy pronto que sus atributos y su actitud de *femme fatale* conformaban una poderosa herramienta que le permitiría concretar sus ambiciosos propósitos. Actitud que no merecería un reproche si el objetivo de tanto esmero fuera loable: aliviar la penosa carga de sus congéneres que sobreviven en la miseria o visibilizar a las miles víctimas de crímenes sexuales y de abuso del poder.

No obstante, los temas de género no eran lo suyo, ni le importaban. Había llegado del norte ardiente y bravo con el objetivo de conseguir poder, aumentar su cuenta bancaria y pasarla bien. Salvo por una catarata de escándalos, que el paso del tiempo sepultaría en el olvido, puede decirse que lo logró con creces.

«Me envidian porque tengo talento para llegar alto. Si no hiciera nada, no se meterían conmigo. Son los costos que tengo que pagar, no voy a cambiar, no me interesa lo que digan», le respondió a Manuel Espino, quien cierto día le aconsejó suavizar sus maneras de relacionarse con los diputados, porque estas generaban «perturbaciones» en el bloque. El norteño Espino me revela con una sonrisa:

En esa época [antes de 2006], Paty organizaba cenas en su departamento a las que asistíamos los duranguenses, una vieja costumbre. Se le notaba su ambición y su falta de escrúpulos. Ya era bien chingona, brava y mandona. Discutía de política y operaba como un hombre. Paty sabía bien cómo volver loco a cualquiera de nosotros, con tal de conseguir algo. Seducía y después, cuando caías, ni te miraba. Una vez, un diputado panista me vino a ver llorando: había dejado a su esposa por Paty y la muy cabrona lo ignoraba. ¡Y no fue la única vez que pasó!

Con un aire despectivo, resabio de una añeja élite conservadora de provincia y una ausencia absoluta de empatía por las desdichas de sus comprovincianos, Paty Flores es tema obligado de conversación en los corrillos políticos de Durango, aunque desde 2010 ya no sea la reina del ajedrez político y personal de aquel atribulado inquilino de Los Pinos. Ya no profiere amenazas, insultos, ni maltrata a subordinados y secretarios de Estado. No extorsiona, ni espía correos electrónicos de sus enemigos. Sin embargo, es parte de la escenografía del blanquiazul —en la trastienda, claro— y no precisamente por sus virtudes.

Su vertiginoso encumbramiento y el exclusivo derecho al picaporte del palacio; sus maquinaciones políticas que la vincularon con personajes del hampa como Juan José Rojas Cardona, célebre Zar de los Casinos, socio del alcalde de Monterrey Fernando Larrazábal y de su hermano Jonás, el vendedor de quesos del trágico episodio del Casino Royale; una relación especialísima con Felipe Calderón, que Paty exhibió con habilidad; todas estas situaciones desnudaron la degradación de cierta clase política y de un mandatario que, a pesar de todas las irregularidades cometidas, la protegió.

Varias fuentes que la conocieron en acción me confirman que, a pesar de que Felipe Calderón se resistió a sacarla —vaya a saber por qué razones—, no tuvo más remedio que dimitir cuando Ernesto Cordero, secretario de Hacienda, le enseñó las pruebas de los ilícitos en los que estaba involucrada, ligados a millonarias licitaciones relacionadas con la Secretaría de Comunicaciones y Transportes y con la conmemoración del Bicentenario —celebración a cargo de la Oficina de la Presidencia, con el aval de Felipe Calderón—, además de varias propiedades y abultadas cuentas bancarias en México y Estados Unidos. Julen Rementería del Puerto, un mediocre panista veracruzano que fungía como coordinador general del Centro de la Secretaría de Comunicaciones y Transportes (SCT), fue el socio de Paty en los sombríos escarceos ligados al organismo. En 2009, desde su despacho, Paty Flores se encargó personalmente de elegir la empresa que se encargaría de la construcción de la tristemente célebre Estela de Luz, ícono de la corrupción sexenal por desvíos de recursos públicos.

La impunidad de sus movimientos demostró que su salida del poder y su alejamiento de los reflectores no fue un castigo. Sus viajes cada semana a Durango, montada en el avión de la Segob cuando ya no era funcionaria, y su presencia activa como coordinadora de la campaña de Josefina Vázquez Mota y Roberto Gil Zuarth lo demuestran.

El incremento notorio de su fortuna —y de la de su tribu, todos colgados de la nómina del sexenio de Calderón—, sus negocios en Dallas, su mansión en Las Lomas y las repentinas amistades con ricos empresarios que le rendían pleitesía y le devolvían favores llevó a los hombres de negocios que la trataron a colocarle un mote nada benévolo, hastiados de su voracidad: la Señora Diez por Ciento.

El personaje que antes había logrado celebridad por un alias parecido fue Raúl Salinas de Gortari, el hermano incómodo del expresidente, por la supuesta orden de cobrar el 10 por ciento de cada negocio en el que participaba directa o indirectamente.

«Cuando la vi en Los Pinos al lado del presidente…, ¡¡no lo podía creer!! Era la [José María] Córdoba Montoya de Felipe, pero sin el nivel ni la capacidad política del otro. ¡Qué mal está este gobierno si a Paty le dieron tanto poder! Aquí todos la conocemos. ¿Cómo hizo?», se pregunta un destacado empresario gastronómico de Durango, mientras compartimos un café en el bar del Hostal de la Monja. El hombre conoce a Patricia desde la adolescencia y la frecuentó durante largos años.

Durango, ese lugar sin brillo

En su tierra nadie le conoce militancia o activismo social o filantrópico. Nunca fue candidata a un cargo político. Su ascenso no devino en mejoras para su estado, ni para sus comprovincianos, que sobreviven en la indefensión frente a la violencia y la miseria. Los crímenes, los secuestros, las desapariciones, el poder del narcotráfico cuyas organizaciones se manejan a sus anchas por el estado, el avance de los Zetas con su estela de decapitados y descuartizados, el desempleo y la crisis económica…, nada de eso parece afectarle.

En Durango, del gobernador hacia abajo, nadie puede garantizar la vida de sus ciudadanos, sumergidos en la ola de violencia que arrasa con pueblos y comunidades, y que convirtió a la ciudad capital en una de las cinco más violentas de México.

Todos han guardado un silencio cómplice y reivindicado la estrategia de guerra de Felipe Calderón.

La pandilla de neopanistas millonarios y amorales, encabezada por el senador Rodolfo Dorador Pérez Gavilán, hombre de amistades célebres en el mundo de los ilícitos que promovieron la candidatura al Senado de Paty Flores Elizondo, con el respaldo financiero de Juan José Cardona, el Zar de los Casinos, ocupó todos sus esfuerzos en no quedar fuera de los contubernios del próximo sexenio, en lugar de atender los problemas de la gente.

Mientras tanto, según cifras oficiales del gobierno estatal, siete de cada diez mujeres sufren violencia en el trabajo, en la calle, en la escuela o en la intimidad de su familia. En Durango, más de 25% de los hogares son dirigidos por mujeres, de los cuales, según datos del Inegi, son ellas las más pobres y vulnerables. A estas cifras vergonzosas se suman miles de asesinados y desaparecidos, miles de desplazados sin trabajo y los 300 cadáveres de las fosas clandestinas.

Así como en los nativos reinos de Taifa —los caóticos territorios que surgieron en la España del siglo XI tras la descomposición del califato de Córdoba— o en cualquiera de los estados feudales y arcaicos regidos por poderosas dinastías familiares, dueñas de inmensas fortunas de origen dudoso, en Durango la gente importa únicamente en tiempos electorales, cuando aplican los métodos que mejor dominan: caudillaje, acarreo, clientelismo, compra de votos y venta de cargos.

Nada diferencia a los caciques de Durango de los de Veracruz, Baja California, Estado de México y Oaxaca, del mismo modo en que nada diferencia al PAN del PRI.

Édgar Gurrola, editor de *La Voz de Durango*, escribió a finales de 2011:

> Sus orígenes, sus estudios, su nulo acercamiento al pueblo de Durango estuvieron siempre cobijados por la indiferencia hacia la lucha de clases y el selectivismo social circunscripto al privilegio que tuvo dentro del Colegio Americano, el Club Campestre, el club Blanco y Negro, posiciones y relieves tradicionalistas que heredó de su familia y que nunca le permitieron mirar hacia abajo. Y, si no lo hizo, no tiene conocimiento de lo que es la militancia y el trabajo del partido. Patricia no conoce ni a los panistas de Durango, mucho menos a los electores...

Su biografía oficial, una suerte de *Paty in Wonderland*, es la de una típica niña de clase alta de provincia, «estudiosa y buena», casi perfecta, que vivió entre algodones, alejada de las penurias de los ciudadanos de a pie. «Era muy inquieta, inteligente, buena estudiante, líder y con mucha iniciativa; participaba en todas las actividades de la escuela», recuerda Alina Howard. La casona familiar quedaba cerca del Colegio Americano, donde compartió estudios con Rodolfo Dorador, cómplice de correrías y trapisondas políticas, y el lugar de reunión de los amigos.

Tercera de cinco mujeres —Emilia, Laurencia, Paty, Aidé y Andrea—, su niñez y su adolescencia transcurrieron en Durango. La calma se quebraba a veces cuando viajaba con sus compañeras del equipo de basquetbol o hacía de chaperona de su hermana Laurencia y su novio fresa, con los que deambulaba por la ciudad en un carro descapotable último modelo.

Cuando murió su padre, el arquitecto Raúl Flores Valenzuela, Paty tenía 24 años y había terminado la carrera de Comunicación en la Universidad de Monterrey. No tenía intenciones de vivir en Durango. Ambicionaba escapar de ese mundo sin brillo y ser parte de otro, lleno de lujos y poder. En el camino quedó un novio formal, el actual diputado panista Jorge Salum del Palacio, con el que familia y amigas la imaginaban llegando al altar.

De la mano de su tío Rodolfo Elizondo, su mecenas político, aterrizó en la ciudad de los palacios. Sin embargo, el Negro no sería el mejor consejero para su ávida sobrina. Su inestabilidad emocional, sus desenfrenos y los intermitentes desequilibrios familiares hastiaron a la muchacha.

El tío carecía de las virtudes del abuelo de Paty.

Jesús Higinio Elizondo Fernández es el único integrante del clan al que todos recuerdan con respeto. Amigos y adversarios políticos relatan sus hazañas con admiración.

Había llegado a Durango desde Cadereyta Jiménez, Nuevo León, al final de los años veinte, y a pura prepotencia de trabajo construyó la empresa de granos y semillas más importante de la región. Se convirtió en un hombre rico y poderoso, y quienes lo trataron aseguran que nunca perdió la sencillez y la generosidad.

«Tenía la costumbre de invitar a comer a más de 25 amigos, y siempre había corrida de toros. Nunca permitió que pagáramos. Era carismático, idealista y tenía un gran sentido del humor. Sus pasiones eran la política y los toros. Tenía la costumbre de hablar en términos taurinos y nos hacía reír con sus ironías», relata Juan Esteban Sánchez Cassio, dirigente del panismo local y amigo de Jesús Elizondo.

Gran conocedor de la política de Durango, Sánchez Cassio está retirado. Dice que se alejó decepcionado de «los cochineros, las traiciones y las mentiras de estos dirigentes, que tanto daño hicieron al partido y a la gente».

A los Elizondo los mira de lejos. Con reservas.

Los conoce de la intimidad que compartieron. No les cree un ápice de lo que dicen y los hace responsables del desprestigio que vive el partido. Como la mayoría de los duranguenses, expresa el coraje que le provocan la prepotencia, el cinismo y las historias de corrupciones que envuelven a los herederos de su amigo Jesús.

«Son neopanistas, no tienen ideales, solo buscan poder y lana». Testigo privilegiado de una época, Juan Esteban Sánchez Cassio conoce las vísceras del panismo local. De los idealismos del siglo pasado asegura que no sobrevive nada. «Solo la codicia, el nepotismo y la amoralidad. Menos mal que Jesús se libró de ver este triste espectáculo de sus herederos. Murió consciente de que se venía esta podredumbre».

Jesús Higinio Elizondo Fernández se casó con Emilia Torres y juntos engendraron cinco hijos: Jesús, Rodolfo, Emilia (madre de Paty), Magdalena y Carmen; esta última ingresó a un convento. Elizondo fundó el PAN de Durango y en 1952 fue candidato del partido a la presidencia municipal.

Una anécdota refleja cómo los métodos deplorables de antaño continúan vigentes. Jesús Elizondo ganó aquella elección municipal, pero el gobernador priista Enrique Torres Sánchez anuló el evento y convocó a nuevos comicios. «Le robaron la elección, él ganó en buena ley», apuntan todos.

Para enfrentar a Jesús Elizondo, el gobernador llamó al empresario panista Margarito Canales, al que obligó a aceptar la candidatura bajo amenazas de muerte. Aterrado, no quería enfrentarse a quien consideraba su jefe político y amigo, pero el amedrentamiento del poderoso aparato estatal lo venció. Ganó la elección, pero la sombra del fraude empañó el triunfo. Tres años después, su empresa de abarrotes quebró y Margarito Canales se suicidó. Por esa época, Jesús Elizondo enviudó. Dicen que fue la soledad y no el amor el sentimiento que lo vinculó con Raquel Díaz, una mujer más joven con la que se casó y tuvo una hija: Verónica Elizondo Díaz. Al poco tiempo se separaron.

Jesús Elizondo Fernández, a pesar de sus años, continuaba con sus pasiones: los toros, la política y los amigos. Las mujeres, como era la costumbre, permanecían en un segundo plano. Su refugio era la Posada Durán, un antiguo hotel ubicado frente a la catedral donde se reunía con amigos y correligionarios, y disfrutaba una copa de brandy o de whisky. Un día habló sobre su decepción hacia sus hijos Jesús y Rodolfo. Decía que ninguno había heredado su vocación, sus valores, ni su sentido de la responsabilidad social.

Jesús, el primogénito, se encargó de la empresa familiar hasta que esta quebró en los años ochenta. Rodolfo tenía una relación tormentosa con su padre. La política no le gustaba, bebía en abundancia y protagonizaba recurrentes escándalos públicos. Sus adicciones y sus descalabros en antros de mala fama llenaban de amargura a su progenitor.

«Es un vago, no sirve», decía don Jesús cuando sus amigos le argumentaban que Rodolfo podría «rehabilitarse» a través de la actividad política.

El turbulento vástago logró graduarse de licenciado en Administración de Empresas en el Tec de Monterrey y en 1983, con la ayuda de Juan Esteban Sánchez Cassio, coordinador de campaña y colaborador todo terreno, ganó la presidencia municipal de Durango.

Jesús Higinio Elizondo Fernández murió en 1984, un año más tarde, convencido de la ineptitud política de sus descendientes; su deceso fue el fin de una era en el panismo estatal. No dejó testamento y este olvido desencadenó una batahola entre los herederos, ávidos por los bienes del difunto.

«Dejen esto en mis manos, yo me encargo», exclamó Rodolfo. Con Jesús, Emilia y Magdalena, se confabularon para dejar fuera de la herencia a su hermana Carmen, la monja, a la segunda esposa de su padre, Raquel Díaz, y a su media hermana, Verónica. Las mujeres recurrieron a la justicia y ganaron la batalla.

La codicia germinó y creció en el clan.

Cuando su abuelo murió, Paty era una adolescente que observaba el mundo desde sus 16 años. Las trifulcas familiares no le interesaban. La política aún no figuraba en sus ambiciones, y se destacaba por su fuerte personalidad y sus aires de grandeza.

Los Elizondo, con Rodolfo al frente del gobierno municipal, eran centro de escandaleras y bullas.

Al año de la muerte del cacique, se realizó un homenaje en el antiguo y elegante teatro Victoria de Durango. «Velada literaria», decía en las invitaciones que se distribuyeron entre la dirigencia política y la élite local. Todo iba bien pero, en mitad del evento, se escucharon fuertes gritos e insultos pronunciados por voces femeninas en el palco principal. El estrépito fue tal que el músico dejó de tocar; los asistentes, azorados, no quisieron perderse detalles de la gresca.

María Cecilia del Palacio, esposa de Rodolfo Elizondo y primera dama de la ciudad, exaltada y fuera de sí, le gritaba a su marido: «¡Pinche pendejo! ¡Me contaron en qué tugurios te metes por las noches! ¡Me vas a pegar una enfermedad, desgraciado! ¡Te voy a matar!».

Mientras algunos trataban de calmar a la mujer, Rodolfo Elizondo llamó a su tesorero municipal, Rodolfo Saucedo, y le ordenó entregar a su consorte todo el dinero del presupuesto anual del DIF, cuyo director era Juan Esteban Sánchez Cassio. El funcionario, temeroso de las consecuencias, accedió impactado por el estado emocional de su jefe y los gritos de la dama.

Al otro día del bochorno y ausente de todo atisbo de discreción, María Cecilia del Palacio de Elizondo, presidenta del DIF, viajó con una amiga a Laredo para calmar las angustias de su infeliz matrimonio. Compró ropa de marca en cantidades industriales, prendas que a su regreso se dedicaron a vender entre las damas de la sociedad. En el DIF, mientras tanto, nadie sabía cómo hacer para resolver la desaparición del presupuesto anual destinado a las guarderías de los niños pobres.

Después de ser derrotado en las elecciones para la gobernación, acusado por su partido de vender cargos, Rodolfo Elizondo cayó en una profunda depresión que requirió la ayuda de un psiquiatra. «No lo dejen solo, que puede cometer un disparate», dijo el profesional a la familia.

A la debacle electoral siguió otro escándalo cuando Aracely León de Aguirre, primera regidora y remplazante de Elizondo en la campaña electoral, descubrió pagos a 40 policías que no existían y se lanzó a investigar a los «aviadores». Jaime García Manzanera, alias el

Grillo, administrador de la policía municipal y amigo del Negro, le confesó que los pagos a los falsos policías se utilizaban para solventar un departamento que funcionaba como antro privado de esparcimiento para Rodolfo Elizondo y sus cuates, lo que incluía mujeres y alcohol en abundancia.

El tío Rodolfo terminó su mandato y optó por una diputación federal; luego, por una senaduría. En 2003, fue secretario de Turismo de Vicente Fox, cargo que renovó con Felipe Calderón, hasta marzo de 2010. Una larga relación con Luisa María Calderón, Cocoa, fue la razón de su permanencia en el poder. Cuando al fin renunció, Rodolfo Elizondo era un hombre rico y poderoso. Las batallas con su progenitor y los reproches por sus escándalos quedaron sepultados en el olvido, lo mismo que aquel lejano 1994 cuando invitó a su sobrina consentida a México, con la seguridad de un trabajo bien pagado y conexiones VIP, las cuales la muchacha supo compensar con creces.

CARRERA VERTIGINOSA

En 1997, concluido su trabajo en la Cocopa, Paty fue nombrada coordinadora técnica en la Comisión de Régimen Interno y Concertación Política. Ese año el amor llegó a su vida de la mano de Jesús Cabrera Castillo Nájera, un ignoto zacatecano, coordinador técnico del área de Protección Civil de la Cámara, hoy dueño de una empresa de huevos orgánicos en Xochimilco y exportador de antigüedades a España. Fueron padres de dos hijos y se casaron como Dios manda, con una fiesta a todo dar en la Hacienda de los Morales.

En esa época, la *lady* del norte era jefa de la Oficina de Apoyo a la Secretaría General de la Cámara de Diputados. Cuatro años más tarde, se convertía en secretaria General de la Cámara, en la categoría más alta. Los memoriosos dicen que la metamorfosis de la duranguense fue notoria y sus excesos vieron la luz.

Diputados del PRD al mando de Martí Batres sacaron a relucir que Patricia Flores y parte de su equipo cobraron aguinaldos de 500 mil pesos, y que ella había aprobado una liquidación de 700 mil pesos para su marido, quien entonces era el director de Seguridad y Resguardo de la Cámara de Diputados.

Fría como un témpano, afrontó su primera tormenta política bajo la sombrilla protectora de su partido y el consuelo de su amiga Beatriz Paredes Rangel. No sería la única ni la última con estos hábitos en el dorado firmamento del poder.

Los desatinos y despilfarros de Marta Sahagún y sus hijos permanecen en la memoria colectiva como la máxima expresión de la impunidad de personajes que transitan por la política de cada sexenio. Esta vez, sin embargo, se incluía el agravante de menearse en un México quebrantado y doliente.

En 2004, Patricia Flores dejó el cargo.

Emilio Chuayffet, jefe de la bancada del PRI, se negó a renovarle el contrato y ella se esfumó de la escena pública. Nunca perdió el contacto con Felipe Calderón. Hablaban por teléfono, compartían comidas y platicaban de política. Reapareció con todo en 2006, durante la campaña presidencial, y Felipe Calderón la colocó como colaboradora de Gerardo Ruiz Mateos en el área de administración. Le decían «la chica de la tiendita», porque se encargaba de vender brazaletes y playeras con el eslogan «Todos con Calderón». Durante el periodo de transición fue delegada del Fideicomiso de Banobras, donde se administraron los dineros para el cambio de gobierno. En diciembre de 2006, fue coordinadora administrativa de la Presidencia, con Gerardo Ruiz Mateos y Juan Camilo Mouriño.

A partir de aquí, fue imparable.

Con un nivel GA1 en el escalafón, correspondiente a un secretario de Estado, y como jefa de la Oficina de la Presidencia, cobró un salario mensual de 205 mil 199 pesos, el más alto del gobierno federal.

Consciente de que no hay nada más importante que la familia, convenció a la parentela de las maravillas de la vida política. Lo menos importante era si estaban capacitados para ello. «Es una mujer fuerte y decidida, y muy generosa, siempre está ayudando a la familia», la definió su prima Sandra Vázquez Elizondo.

El nepotismo, preferencia nefasta que incluye no solo a parientes, sino también a amigos, novios y entenados, estaba arraigado en su personalidad.

Su hermana Aidé, una ingeniera que trabajó en el Gobierno del Distrito Federal cuando Andrés Manuel López Obrador era jefe de gobierno, fue directora general de Recursos Materiales y Servicios Generales de la Secretaría de Economía, con un sueldo bruto de 171 mil 901 pesos.

Martha Emilia fue nombrada encargada de Asuntos Culturales y Comerciales de la embajada de México en Malasia, con un sueldo de cuatro mil 530 dólares mensuales.

Laurencia, la mayor, trabajó un tiempo como encargada de Prensa, Asuntos Culturales y Políticos del consulado de México en Austin, Texas, con un sueldo de cinco mil 102 dólares, hasta que, sin mediar explicación alguna, su contrato no fue renovado. Su marido, el ingeniero Eduardo Mendoza Ávila, gracias a los buenos oficios de Alonso Lujambio, es el titular de la Oficina de Servicio Federal de Apoyo a la Educación de Durango, donde los ciudadanos decentes se preguntan cuáles son los conocimientos pedagógicos del cuñado de Paty Flores.

Para completar la lista de abonados a la nómina, su madre, doña Emilia Elizondo Torres de Flores, exregidora panista de Durango, «amante de la vida, la música, las amigas y el baile», es la encargada de la oficina de la Secretaría de Relaciones Exteriores del estado, labor por la que percibe 56 mil 206 pesos mensuales.

El tío Rodolfo fue secretario de Turismo hasta el 10 de marzo de 2010, tras pasar por varios cargos públicos, y su esposa, la alborotada María Cecilia del Palacio, fue directora de Relaciones Públicas de la Oficina de Apoyo a la primera dama.

La fuerte inclinación de Flores Elizondo hacia el montañismo político, sus actitudes de «dueña de un poder ajeno» que la llevaron a rebasar la autoridad de los secretarios de Estado, su estilo despótico, sus intervenciones en contrataciones gubernamentales con empresas privadas y su responsabilidad en la millonaria estafa de las celebraciones del Bicentenario de la Independencia y el Centenario de la Revolución, le generaron una multitud de enemigos.

En diciembre de 2009 ya se rumoraba su salida.

Aficionada a los oráculos, Paty consultaba a brujos y videntes, entre ellos uno que había alcanzado fama en el sexenio anterior. Pero la situación era más simple y terrenal. La relación con Margarita Zavala y una parte del círculo cercano al presidente rozaba la ruptura. Las perversas operaciones habían generado una montaña de conflictos. Además, desde hacía meses circulaba un informe de la Comisión de Vigilancia de la Cámara de Diputados, resultado de una investigación del Fideicomiso Bicentenario creado en 2007, el cual revelaba que había manejado recursos por más de ocho mil millones de pesos para financiar las celebraciones del Centenario y el Bicentenario.

El informe era claro: se hablaba de una «caja de corruptelas» y Paty Flores se encontraba bajo la lupa, aunque ella juraba que todo era mentira, producto de las «venganzas de sus enemigos».

Su salida, el 13 de julio de 2010, impactó en el ambiente político y de negocios. Además, coincidió con el alejamiento del secretario de Gobernación Fernando Gómez-Mont Urueta. Hacía meses que la salida de Gómez-Mont era *vox populi*. El excompañero del presidente en la Libre de Derecho cargaba con un desgaste que estalló en varios frentes. Uno era el crecimiento imparable de la violencia y las desafortunadas intervenciones de Gómez-Mont, que defendía con absurdos una batalla perdida. Otro fue el acuerdo entre el PAN y el PRI para no aliarse con el PRD, mismo que se quebró por una filtración, y Gómez-Mont, enojado, renunció a su partido. Curioso, porque el pacto de marras llevaba su firma. Felipe Calderón dijo que «no estaba enterado», le soltó la mano, y esta actitud contaminó la relación de Gómez-Mont con el presidente.

El extraño secuestro de su amigo y socio Diego Fernández de Cevallos, así como su pésima relación con Genaro García Luna, el inamovible secretario de Seguridad, contribuyeron al desgaste. Gómez-Mont se marchó luego de una fortísima discusión con Calderón —ya le había presentado su renuncia en dos oportunidades— y se refugió en su elegante despacho de Las Lomas. «El que nunca debí abandonar», les confió a sus socios.

Patricia Flores Elizondo y Fernando Gómez-Mont se detestaban desde que se conocieron. Él la acusaba de operar en su contra frente al presidente y de intervenir sus teléfonos, y a ella le disgustaban su independencia y su llegada directa a Calderón. Sin embargo, se marcharon juntos.

«Se va la jefa...», «¡Cómo!», soltaban, incrédulos y sorprendidos, los que recibían la noticia. Y no era precisamente porque lamentaran su partida, sino más bien porque la habían visto tan poderosa en su posición al frente de la Oficina de la Presidencia que pensaban que nunca la verían caer. Más que una reina, la consideraban «la tirana de Los Pinos», relató con gracia la periodista Martha Anaya, en su columna en *El Heraldo*.

¿Por qué se alejaba la funcionaria más poderosa del sexenio? ¿Por un problema político, un grave desequilibrio financiero de las áreas a su cargo, o un asunto privado que molestó a la primera dama? ¿O una combinación letal de todo?

Las interrogantes eran muchas.

Los más afectados y encolerizados fueron los miembros de su corte, cómplices de tantas conspiraciones y enjuagues, además de la numerosa y ávida tribu familiar, más preocupada por quedarse fuera de la nómina que por el estado emocional de su benefactora.

«Pobrecita, mi hija, no se vale que la traten como una empleada. Que la quiten como si fuera nadie, sin reconocerle la lealtad. Mi hija no fue una funcionaria cualquiera, fue una amiga. ¡Qué injusticia!», exclamó compungida doña Emilia Torres Elizondo apenas se enteró de la salida.

LOS MANIRROTOS

La tarde del 14 de julio de 2010, en el salón Ávila Camacho de Los Pinos, el reinado de Patricia Flores Elizondo finalizó. Al menos en lo formal y público.

Enfundada en un *tailleur* claro de falda y saco, tenía el rostro demacrado. Se veía enojada, como si estuviera a punto de estallar. Por primera vez, la norteña demostraba un sentimiento: algo le molestaba. Con una sonrisa nerviosa, no dejaba de mover las manos y las piernas, y suspiraba como si le faltara el aire. Lo opuesto a Gómez-Mont, que exhibía una sonrisa de alivio.

Felipe Calderón le agradeció su «trabajo, talento y dedicación», y reveló que su consentida se había ocupado con «eficiencia» de la emergencia sanitaria provocada por el virus de la influenza AH1N1, de la puesta en marcha de medidas para encarar la crisis financiera de 2009 y del proceso de liquidación de la Compañía de Luz y Fuerza del Centro. Algunas de sus palabras fueron:

> En la Jefatura de la Oficina de la Presidencia, se impulsaron programas que dejarán huella: la cobertura universal de salud, la infraestructura carretera y hospitalaria, la lucha por la seguridad pública. Además impulsó la realización de proyectos especiales, como es el caso de la celebración del Bicentenario de la Independencia y el Centenario de la Revolución.

Tanta zalamería hacia la funcionaria consentida ahondó el enigma de su desplome y reveló la magnitud del poder que había sido depositado en sus manos, quien sabe por qué razones políticas o psicológicas. Ese día, el contraste con la cima fiestera, indiferente frente a la tragedia que vivían los ciudadanos, fue abismal.

La encargada de las celebraciones del Bicentenario de la Independencia y el Centenario de la Revolución abandonaba el palacio dejando las huellas de innumerables derroches y estafas perpetrados con el dinero público. Su responsabilidad quedaría al descubierto cuando más adelante se hicieran públicos los documentos del IFAI: la triangulación de contrataciones y desviaciones de fondos millonarios realizados a través del Turissste y del ISSSTE, así como las sospechosas comisiones cobradas por funcionarios federales, la señalaban directamente. Fuentes de la Secretaría de Hacienda aseguran que encontraron cuentas de miembros de su familia en el extranjero, cuya procedencia investigaban. Las mismas que Ernesto Cordero le enseñó a Felipe Calderón.

El Fideicomiso del Bicentenario, que dependía del Banco Nacional del Ejército, la Fuerza Aérea y la Marina, tuvo una existencia conflictiva. Por allí pasaron Cuauhtémoc Cárdenas, que renunció presionado por su partido; Rafael Tovar y de Teresa, que se fue sin explicaciones, y José Manuel Villalpando, un insignificante historiador, maestro del presidente en la Libre de Derecho y amigo de Paty Flores, que se haría célebre cuando le cuestionaron sus desbordes en los gastos: «Están justificados, las críticas no me afectan, la envidia es muy mexicana. Este recurso es poco frente a los millones que hay en el presupuesto nacional».

El sistema de agencias turísticas del ISSSTE era la organización perfecta para la realización de todo tipo de eventos, sin necesidad de licitaciones o de transparentar los gastos. A Flores Elizondo le cayó como anillo al dedo y acaparó su manejo. Fue la responsable única de las contrataciones para los eventos. Del más pequeño al más trascendente, todo pasaba por sus manos.

Las cifras son impúdicas.

De los dos mil 930 millones 718 mil 934 pesos y 75 centavos, con IVA incluido, destinados a las conmemoraciones, Patricia Flores utilizó 580 millones para contratar a Instantia Producciones, S. de R.L. de C.V., empresa del australiano Richard Birch, la cual organizaría el espectáculo del desfile y la ceremonia.

La empresa paraestatal III Servicios, S.A. de C.V., vinculada con la Secretaría de Energía y con Pemex, recibió 595 millones 294 mil 974.43 pesos para la construcción del monumento Estela de Luz, una absurda torre de 104 metros de altura, que luego acabó en un gran escándalo de fraudes y negociados. Un extraño monolito que debía costar 398 millones creció hasta los mil millones de pesos, además de retrasarse un año en su finalización. La empresa Gutsa Infraestructura, S.A. de C.V., auditada por el gobierno federal por incumplimiento de contratos de la Autopista del Sol, se hizo cargo del proyecto después de que se dejara de lado a la paraestatal III Servicios. En el intermedio, el arquitecto César Pérez Becerril, encargado del diseño, dijo que el dinero prometido no había llegado a destino, aunque ignoraba que los gastos serían 10 veces mayores.

«Recibí presiones para no revelar la corrupción que había», reveló. Salvador Vega Casillas, secretario de la Función Pública, amigo y comprovinciano de Felipe Calderón, tomó distancia frente a los diputados que habían sido responsables del fraude tratándolos de funcionarios de tercera, personajes sin consecuencias políticas para la cúpula del calderonismo. El Colegio Mexicano de Ingenieros Civiles emitió un documento donde declaraba que la obra debió costar solo 497 millones de pesos y señalaba que se habían realizado trabajos «de menor valor a un precio elevado, como en el caso de las placas de obsidiana sustituidas por tablarroca».

La fastuosa e innecesaria obra que para Felipe Calderón era el «emblema del Bicentenario» se transformó en el «monumento a la corrupción», una ignominia. Una pantalla de luces, estéticamente desagradable, que vanamente intentaba ocultar los pornográficos enjuagues millonarios del panismo gobernante.

Otros 14 contratos se entregaron al Turissste para organizar eventos, todo por el total de 447 millones de pesos. El organismo no tenía atribuciones para tales menesteres, pero sirvió para triangular los contratos.

Émula vernácula de María Antonieta, tan despilfarradora como la reina de Francia que pagó sus ofensas al pueblo con la guillotina, a Flores Elizondo no le importó que el país estuviera sumergido en la tragedia más lacerante de las últimas décadas, ni la crisis económica y educacional, ni el desempleo o la pobreza que crecía y afectaba a millones de mexicanos. Guadalupe Loaeza escribió al respecto en su columna de *Reforma*.

Ay, Paty, ni la amuelas, por tu culpa corremos el riesgo de quedarnos sin chamba. [...] Ay, hermanita, en qué líos te has metido. Y todo por ambiciosa. Para colmo se te subió el puesto... La verdad es que te creías la muy, muy. Llegaste a acumular demasiado poder. Vetabas panistas, dabas y cancelabas citas con el presidente, todos tenían que pasar por ti para llegar a él... Bueno, hasta te llamaban la «Jefa» o la «Vicepresidenta». ¿Te has puesto a pensar, Paty, qué va a hacer tu familia ahora que te corrieron?

Los salientes no fueron remplazados por seres pensantes. Nuevamente accedían los burócratas sin mérito, integrantes del alegre conglomerado de amigos presidenciales que, sin demasiado en común entre ellos, se hermanaban en el *sifelipismo*, el oscurantismo, las ansias de crecer en el terreno económico personal y una ausencia total de lo que Freud denomina «la voz de la conciencia».

El ingeniero industrial Gerardo Ruiz Mateos estaba entonces al frente de la Secretaría de Economía; él, quien se hizo célebre por su ignorancia y su prepotencia, su afición a los tragos y sus constantes enfrentamientos con empresarios y legisladores —a los que insultó y amenazó varias veces—, remplazó a Patricia Flores Elizondo.

En Economía aterrizó Bruno Ferrari, abogado de la ultraderecha católica, especialista en la «ciencia del matrimonio», ligado a los Legionarios de Cristo y adalid de las campañas contra el aborto.

El difunto Francisco Blake Mora, un panista mediocre de Baja California, asumió un cargo en la Secretaría de Gobernación, que se convirtió en su desgracia.

El monstruoso fraude del Bicentenario, que le costó millones de pesos al castigado erario, fue el Watergate de Paty. Temporario, como todo en tiempos de impunidad, pero logró sepultar sus más caras ilusiones.

No fue candidata presidencial para las elecciones de 2012, su máxima aspiración. No fue embajadora en Portugal, lo que le hubiera permitido concretar jugosos negocios lejos de sus supuestos enemigos.

Margarita Zavala se encargó de que Roberto Gil Zuarth, arrogante compinche y candidato de la duranguense, no llegara a la cúspide del blanquiazul en remplazo de César Nava, y operó con inteligencia para que Gustavo Madero, confiable y manipulable para la primera dama, saliera exitoso de la contienda. No fue candidata a senadora por su estado natal, a pesar de las operaciones de su pandilla, de los dineros del Zar de los Casinos y el apoyo del presidente, del que presumió hasta el final.

Otras perlitas, no menos graves, quedarán en la historia de su tumultuoso tránsito por la función pública. Por ejemplo, su desempeño como virtual secretaria de Turismo, tarea que ejerció desde su despacho en Los Pinos, antes de que el tío Rodolfo se marchara por sus desequilibrios de salud. En compañía de Alejandra Sota Mirafuentes, se reunió con las principales empresas de turismo y juntas avalaron contratos millonarios, reveló el columnista de economía Darío Celis. Con Antonio Vivanco Casamadrid, excompañero de Felipe Calderón en Harvard y en ese momento coordinador de asesores de la Oficina de la Presidencia, manejó la asignación directa de un contrato de 14 millones de dólares con Burson-Marsteller. Sin embargo, la «Operación Turismo» de Flores Elizondo fue un fracaso que generó una catarata de quejas por parte de las empresas turísticas y de los hoteleros, hastiados de las pérdidas millonarias que sufrían a causa de la influenza y la ola de violencia, a las que se sumaba la ineficiencia del gobierno.

Las intervenciones en la Secretaría de Salud y los líos en los que metió a su extitular, el médico guanajuatense José Ángel Córdova Villalobos, son memorables. Cuando se decidió la compra de 700 ventiladores médicos para afrontar la crisis de la epidemia de influenza AH1N1, bajo un contrato de 340 millones de pesos, Patricia Flores arremetió con todo para favorecer a una empresa amiga suya.

El periodista Hugo Páez describe esta historia con lujo de detalles. La duranguense logró que durante cuatro meses se detuviera la adquisición de equipos y se paralizara el sistema de salud, todo en plena epidemia. La doctora Maki Esther Ortiz Domínguez, subsecretaria de Innovación y Calidad, además de amiga de Margarita Zavala, se enfrentó a Laura Martínez Ampudia, encargada de Administración y Finanzas y amiga personal de Elizondo. Para terminar con la refriega, se optó por el viejo *fifty-fifty*: se compraron 350 ventiladores Viasys a General Electric y 350 al Grupo SIM.

Los enfrentamientos de Patricia con Ernesto Cordero, César Nava, Alejandra Sota y Maximiliano Cortázar —quien fue despedido por el presidente días antes de la salida de Flores Elizondo, bajo el único argumento de «hablar mal» de la duranguense—, eran constantes. Lo mismo que sus incursiones en las políticas implementadas por cada secretaría: los nombramientos de delegados en los estados y las decisiones del gabinete que debían sí o sí pasar por sus manos se combinaban con la imposición de funcionarios «amigos» en puestos clave, junto con los agresivos desplantes dirigidos a veteranos dirigentes políticos y empresarios.

Estaba claro que casi nadie lamentaría su ausencia.

PASIÓN POR EL ESPIONAJE

En junio de 2010, estalló un escándalo que involucraba la difusión de conversaciones telefónicas entre gobernadores priistas inmersos en procesos electorales en sus respectivos estados. Los más afectados fueron los de Veracruz, Chihuahua, Puebla y Oaxaca. El espionaje telefónico había sido ordenado por el Cisen y tenía el objetivo de favorecer al gobierno y al PAN. Las grabaciones ilegales tenían el sello de Los Pinos. Felipe Calderón y sus acólitos no estaban al margen. Cuestionaban el contenido, pero daban aval a una actividad ilegal.

Patricia Flores ocupaba un cargo que le daba margen de maniobra con el Cisen, cuyo jefe, Guillermo Valdés Castellanos —amigo y compañero del presidente en las célebres parrandas de tragos—, era en realidad subordinado del poderoso Genaro García Luna, quien fue aliado de Paty en estos ilícitos, situación de la que Felipe Calderón tampoco fue ajeno.

Felipe, como un chavito, se entusiasmaba con el acceso a esta tecnología y la utilizó junto con García Luna para extorsionar opositores y enemigos políticos. A veces, se pasaba, porque tenían grabaciones de la vida privada de gobernadores y senadores y las utilizaban.

Me reveló un abogado panista, que fue parte del gabinete y se marchó antes del final del sexenio.

Al igual que a Felipe Calderón, a la norteña le fascinaba el espionaje, actividad que ejerció con entusiasmo mientras estuvo en el poder. El 10 de septiembre de 2009 llegó un correo electrónico anónimo a la casilla de Laura Martínez Ampudia, oficial mayor de la Secretaría de Salud y ladera de Flores Elizondo. La acusaban de tráfico de influencias y corrupción. La mujer tenía a su cargo el manejo de los dineros de la secretaría y llamó a su amiga para quejarse. Patricia Flores movilizó a agentes del Cisen y de la Policía Federal y les ordenó intervenir los servidores, subcontratados a una empresa privada, para averiguar el origen del *e-mail* que malogró los ánimos de su comadre. En la Secretaría de Salud se negaron a hacerlo, porque no existía una orden judicial, sin embargo Paty se salió con la suya. «Es una orden del presidente», dijo.

Los que la conocen dicen que no fue la única vez que recurrió a los servicios estatales de espionaje para dirimir temas personales o de negocios y vengarse de enemigos o de aquellos que no se le doblegaban, por lo que en su entorno reinaban el temor y la paranoia.

Admiradora del escritor sueco Stieg Larsson y de su célebre trilogía de intrigas, mafias y crímenes, cuya protagonista, Lisbeth Salander, es una *hacker* bella y perversa, Paty incrementó su adicción al espionaje y a las intervenciones de teléfonos y correos ajenos. Tanto que llegó a contratar empresas privadas para reforzar estas tareas, según el relato de alguien que trabajó a su lado y que prefiere no dar su nombre. «No tiene escrúpulos, es peligrosa y además tiene impunidad».

A Patricia Flores se le atribuye la operación de grabar y divulgar las conversaciones telefónicas privadas de los gobernadores priistas, y maquinar de este modo sus fraudes electorales, lo que condujo a Calderón a avalar en el discurso una práctica ilegal. Aliada a otros integrantes del primer círculo calderonista —el encuestador de cabecera, Rafael Giménez, y la coordinadora de Estrategia, Sofía French—, fue la principal promotora de la candidatura de Alonso Lujambio. El sello de Paty Flores está atrás de la renuncia de Héctor Osuna a la Comisión Federal de Telecomunicaciones (Cofetel), tras amenazarlo con abrirle procesos en la PGR y en la Función Pública por su aparición en el escándalo de las grabaciones telefónicas —las no avaladas por el presidente, claro— del exsecretario de Comunicaciones, Luis Téllez.

El 30 de enero de 2009, Purificación Carpinteyro presentó su renuncia a la Secretaría de Comunicaciones y Transportes, dimisión que llegó como consecuencia de fuertes enfrentamientos con el secretario, el priista Luis Téllez Kuenzler. Estuvo apenas cinco meses en el cargo, pero detrás de este *affaire* estaba la sombra de Flores Elizondo.

El 2 de febrero de 2009, se filtraron las grabaciones de conversaciones telefónicas de Luis Téllez, en las que acusaba a Carlos Salinas de Gortari de haber robado la mitad de la partida secreta de la presidencia; además de ello, habla mal de Felipe Calderón, asegura que extraña al PRI y critica a la Cofetel. Téllez acusó inmediatamente a Carpinteyro de la filtración y la demandó ante la PGR. Al poco tiempo renunciaron los dos.

Purificación Carpinteyro había desembarcado en Comunicaciones y Transportes el 9 de septiembre de 2008, luego de dos años de prolífica tarea al frente del correo. La relación con Téllez era pésima y Felipe Calderón, que tenía conocimiento de la situación, le prometió a Purificación que dependería directamente de él y que aquello sería «provisorio».

Purificación asegura que aceptó, aunque estaba convencida de la fugacidad del cargo. Pero la atractiva abogada de la Libre de Derecho, que había sido maestra de Margarita Zavala, no se equivocó. El ámbito de las telecomunicaciones es el lugar donde se dirimen los temas de alto vuelo entre los empresarios más poderosos de México y el poder político. Centro de disputas por la banda ancha, las licitaciones de nuevas cadenas, las carreteras de información y los satélites:

ese fue el lobo que se la devoró. Su relación con Carlos Slim fue su tumba. Y el Grupo Televisa, enemigo de Slim, operó contra ella día y noche. Ella me dice que ni bien llegó a la subsecretaría comenzaron las confabulaciones en su contra. La había nombrado el presidente en contra de la opinión de Téllez, que inmediatamente se puso a trabajar para quitarla de en medio, con la complicidad de Paty Flores.

El priista, que no gozaba de las simpatías de Juan Camilo Mouriño, colaboró con Purificación hasta que Iván murió. Cuando Fernando Gómez-Mont, viejo amigo de Téllez, asumió su cargo como secretario de Gobernación, recuperó el poder perdido. Su exacerbado protagonismo durante el *avionazo* le renovó a Téllez la relación con Calderón, y a Carpinteyro le agregó otro frente de tormenta.

Fiel a sí misma, Patricia Flores se sumó a la conspiración para borrar de la geografía a la única funcionaria que percibía como una rival peligrosa en las preferencias presidenciales, y ordenó a sus adláteres la difusión de un rumor, cuyo título era: «Purificación Carpinteyro es amante de Felipe Calderón».

LAS MUJERES DEL SEXENIO

Relajada y sonriente, luego de que la justicia la eximiera de las acusaciones por las grabaciones ilegales, Purificación Carpinteyro me cuenta que su relación con el primer mandatario era «cálida y sin formalismos». Nos encontramos varias veces en el bar del hotel Camino Real de Polanco, en 2011 y 2012. Cuenta que se conocieron en Brasil cuando ella era una ejecutiva importante de Embratel, la empresa estatal de teléfonos. Felipe Calderón llegó con la delegación que acompañaba al expresidente Vicente Fox. Conversaron largamente, él le confió sus aspiraciones presidenciales y le pidió que, si regresaba a México, lo contactara, pues quería tenerla en su gabinete. «Yo le dije que estaba loco, que yo no sabía nada de política y nunca había pasado por la administración pública». Y a Felipe, deslumbrado por esa muchacha sensual e inteligente, no le importó.

«Cuando me llamaba por el teléfono rojo, yo le llamaba "Felipe", pero si le decía "presidente", se daba cuenta de que estaba con alguien y me preguntaba enojado con quién andaba. ¡Se ponía muy mal!», recuerda con una carcajada.

«No soy una mujer formal. Digo lo que pienso y esto en política no es conveniente. No fuimos compañeros en la Libre de Derecho, casi no lo recordaba cuando nos encontramos en Brasil. Felipe era del montón y no sobresalía, al revés que Margarita. Era algo menor que yo y no era de mi grupo. Que dijeran en todas partes que yo era su amante era la manera más fácil de desprestigiarme y en esto había responsables: Luis Téllez y Patricia Flores. Fue una época fea. Me dejaban insultos y amenazas en el celular, y habían intervenido mi correo».

Durante meses, Carpinteyro envió cartas y oficios al presidente, en las que le informaba de situaciones poco claras o de supuestos actos de corrupción que involucraban a Luis Téllez y a otros funcionarios. Los mensajes nunca llegaron a destino y se atoraban en la Oficina de la Presidencia, donde mandaba Paty; en ocasiones, era Genaro García Luna quien se las enviaba.

«Un día fui a Los Pinos y Felipe me recibió de malhumor. Me dijo que yo era amante del hijo de Carlos Slim. Le respondí que no era cierto y que en todos lados se oía el rumor de que él y yo teníamos una relación. Se quedó en silencio y me quitó de las negociaciones con Telmex. Patricia Flores estaba presente y me extrañó, porque siempre teníamos reuniones a solas. Le dije que le había enviado información importante a través de Patricia. Ella no dijo nada y él se mostró muy enojado. Tenía una relación directa con Felipe, sin intermediarios, y a partir de aquí dejó de atender mis llamados. Y lo peor: Margarita se hizo eco del chisme y creyó la historia de que yo era amante de su marido. Ingenua, le pedí una cita y me recibió en su despacho.

»—Margarita, vengo a aclararte un rumor que me involucra con Felipe, dicen que soy su amante y no es verdad.

»Margarita estaba parada y miraba por la ventana.

»—No te preocupes, Purificación —respondió.

»Por su manera fría y áspera, supe que no me creyó. Las mujeres conocemos a las mujeres y ese día entendí que mi trabajo en el gobierno se había terminado».

Purificación recuerda conmigo que su salida fue violenta y que Felipe Calderón le grito y la maltrató frente a todo el gabinete. «Me sentí humillada y traicionada».

«No se preocupe, señora, mañana se le pasa», le dijo un funcionario de Los Pinos apenas ella salió del despacho, hecha una furia. «Pues a mí no se me pasa nada, me voy y no vuelvo más», respondió.

A partir de este día, comenzó a recibir amenazas, que ella atribuye a Genaro García Luna y a Paty Flores, aliados en la maldad. Su vida personal se volvió un infierno. Una editorial le propuso escribir un libro. Ella aceptó, pero sin estar demasiado convencida. Estaba en el centro de la hoguera y sentía que un libro no iba a ayudarla en su causa judicial. En un correo confidencial, la editorial le pidió la entrega del manuscrito y este cayó misteriosamente en manos de Patricia Flores. Alguien muy cercano a Beatriz Paredes le confirmó a Carpinteyro que Paty tenía el material y que había violado su correo electrónico. Sucedió 15 días antes de que saliera la orden de aprehensión en su contra. «Purificación, vete fuera de México, quieren enviarte a la cárcel», le dijo esta persona.

«Qué ingenua, yo creí que la solidaridad de género importaba. En mi caso, fue todo lo contrario. Me hicieron la vida imposible...».

LA CAÍDA

La íntima relación con el presidente, la corriente de simpatía que existe entre los dos, la predilección por Paty que el michoacano nunca ocultó, deslumbrado por «sus conocimientos del poder y la política», y la fuerte defensa de ella cuando los excesos de la duranguense habían quebrado los límites son indicios del influjo —los que saben, hablan de chantaje— de Flores Elizondo sobre el presidente, al que sus amigos definen como un hombre «inexperto con la mujeres».

Este tardío despertar presidencial sería uno de los elementos que explicaría cómo una mujer sin méritos, sin militancia y sin prestigio pudo llegar a tanto.

¿Esto fue la gota que rebasó la copa? ¿Qué papel jugó Margarita Zavala en el abrupto relevo de la norteña?

Más de lo que algunos imaginan.

El rumor de que entre Felipe Calderón y Patricia Flores había algo más que una amistad se hablaba entre políticos, empresarios y periodistas. Paty Flores sabía que la trascendencia del cotilleo le generaba beneficios políticos y económicos, de modo que lo alimentó. Real o no, el idilio alcanzó ribetes de culebrón, incluidas fuertes recriminaciones de Margarita a Felipe, que funcionarios y amigos confirman. Margarita Zavala conoce a su marido. Sabe de sus flaquezas privadas y políticas. En Los Pinos no volaba una mosca sin que ella se enterara y su radar le decía que debía actuar rápido.

«¿Quién le iba a decir que no a una funcionaria que hablaba y ordenaba en nombre del presidente y que además insinuaba que tenía una relación íntima con él?», dice un prominente empresario del norte, con despacho en una lujosa torre de Reforma. No es el único. En el ámbito empresarial se había generado un creciente rechazo por la voracidad de Flores Elizondo, la Señora Diez por Ciento.

«Ya no está Marta Sahagún, pero la remplazó Paty Flores, que es muchísimo peor», me dijo Jaime Suárez Coppel, polémico hermano de Juan José Suárez Coppel, presidente de Pemex Refinación, en un elegante restaurante ubicado en un hotel de la colonia Roma, donde nos cruzamos. Cómo sería de «peor» si el que lo decía sabía bien que los millonarios negocios de los Bribiesca con Pemex continuaban a todo dar en este sexenio.

«La conocí en Durango, era aguerrida en las campañas. Guapa, de mucha personalidad, una mujer no tan bonita como atractiva. Me da la impresión que no es muy demócrata. Las presidencias unipersonales no existen, y cuando Juan Camilo murió, ella ocupó el lugar y fue agarrando más poder, es normal, en política se ocupan los lugares vacíos. Yo quisiera pensar que ojalá haya pasado algo con Felipe, porque creo que el sexo nada tiene que ver con el amor, quisiera pensar que Felipe se sacudió algunos fantasmas del alma con ella, pero el temperamento de Felipe... No sé, lo conozco y es un tipo muy reprimido, siempre fue así, amaga pero se queda y siempre le fue fiel a Margarita. Pero ojalá haya superado ese problema de represión y bueno...», dice Pancho Cachondo.

En Durango y Michoacán, tierra natal de los protagonistas, el *affaire* no pasaba desapercibido.

«Sabía de la historia de Felipe con esa señora. No sé qué tan cierta es, pero todos hablaban de ese tema. Por eso, cuando fui aquel sábado a comer a Los Pinos para la celebración de los 30 años de la preparatoria, y cuando los demás se fueron, me acerqué a Felipe y le entregué un rosario. A propósito le dije: "Felipe, ahora estás rodeado de un montón de gentes, pero nunca te olvides de que esta mujer", y señalé a Margarita, que estaba su lado, "estuvo contigo cuando no eras nadie y seguirá contigo cuando esta gente no esté"».

Ignacio Alvarado Laris, exsecretario de Administración y Finanzas del Congreso de Michoacán, es amigo de Felipe Calderón desde el colegio primario. Militante del PAN de Michoacán, es una de las personas que mejor lo conoce.

«Felipe no respondió y bajó la mirada. Margarita apretó mis manos con las suyas y me acompañó por el jardín. Caminamos en silencio. Yo entendí y ella también».

Las fricciones entre la primera dama y Patricia Flores Elizondo no eran nuevas. En la Secretaría de Salud, cada una trató de colocar a los suyos y se libraron feroces batallas. El estilo de Flores Elizondo estaba en las antípodas del de Margarita Zavala. Dos fuentes cercanas a la pareja presidencial dicen que el cisma se produjo cuando la primera dama comprobó que entre la poderosa funcionaria y su esposo había «algo más». Y que el matrimonio estuvo al borde de la ruptura. Un letrado y un miembro de la familia revelan que Margarita se marchó tres veces de Los Pinos y se refugió en la antigua casa familiar con sus hijos. La excusa fue la «seguridad». Sin embargo, ¿dónde iba a estar más segura que en Los Pinos?

«O esa se va o me voy yo. Y te aseguro, Felipe, que todos se van a enterar», dijo Margarita, terminante.

El mandatario entendió. Los amigos conocían el temor de Felipe a los enojos de su esposa. Patricia Flores era un problema y había que correrla.

Así fue como Felipe Calderón le ofreció a Paty la embajada en Portugal. Ella aceptó y en Los Pinos comenzaron a sondear su aprobación. Desde el PRI le mandaron decir que iban a analizar la propuesta en términos estrictamente curriculares y no de «amistad o confianza».

«Que me lo pida el presidente», le respondió el inefable Manlio Fabio Beltrones al enviado de Los Pinos. El sonorense no se cansaba de decirlo: «Este es un gobierno de cuates y de cuotas». Felipe Calderón nunca llamó y el exilio en tierras portuguesas murió antes del intento. En la soledad del llano, Paty entendió que tenía que buscarse protección sola y alejarse de una geografía política desfavorable.

Las investigaciones sobre las millonarias transacciones por los festejos del Bicentenario la inquietaban e insistía en que nunca había intervenido en las contrataciones, como expresó en una misiva que envió a *El Universal* en respuesta a una columna de Carlos Loret de Mola. El periodista había denunciado la contratación de una compañía de títeres gigantes de Bélgica para el desfile del Centenario, a la que Patricia Flores habría pagado 90 millones de pesos.

Nadie le creyó. En ese momento, el nombre de su marido, Jesús Castillo Nájera, fue mencionado entre los investigados, con supuestas cuentas bancarias en el exterior.

Patricia Flores temía acabar presa.

Roberto González Barrera, el Maseco, uno de los empresarios más ricos y poderosos de México, conocido como el Rey de las Tortillas y hombre de las vísceras del PRI, le dio refugio en Dallas, en las oficinas de Gruma, por solicitud de Calderón. Favor con favor se paga y, si es abundante, se agradece, dice el dicho. El magnate ayudó al gobierno cuando el precio de la tortilla se disparó y estableció con Felipe Calderón una relación cordial y directa en la que ambos se favorecieron.

Después del exilio, Paty regreso a Durango, a ese «mundo sin brillo» del que escapó buscando el paraíso. Era una mujer rica, temida, intocable. Muchos le deben «favores» y ella sabe de los enjuagues de cada uno. Esta es su carta más valiosa. Algunos lo llaman chantaje, pero lo que en las sociedades modernas es un delito, en la política criolla es una virtud.

Se reunió a solas con Felipe Calderón y el michoacano comprendió su necesidad de fueros. Hombre de corazón sensible, le consiguió un albergue con Josefina Vázquez Mota. Allí la acompañaron el tío Rodolfo, como encargado de las alianzas políticas; su amigo Roberto Gil Zuarth, exjefe de campaña; el exgobernador de Baja California Ernesto Ruffo Appel, amigo de los Arellano Félix; y el inescrupuloso operador del calderonismo, hombre de los trabajos sucios y «la chequera en blanco», Jorge Manzanera Quintana.

Desde el desierto, Patricia Flores Elizondo envió mensajes a través de una entrevista publicada en *El Universal*.

El acompañamiento de un presidente de la república no es sencillo y las coyunturas, el tipo de amigos y enemigos que involuntariamente terminas haciendo cuando el gobierno toma algunas decisiones, pues unos quedan muy contentos y otros no.

[…]

La respeto profundamente [a Margarita Zavala], creo que juega un rol importantísimo para las mujeres en este país y al lado del presidente. Tenemos una relación excelente, de confianza, una amistad que se ha desarrollado en un tiempo durante el que hemos tenido muchísima convivencia.

[…]

Sé mucho, como para retirarme de la política.

Como las villanas de las telenovelas o las favoritas de la historia, ciertas mujeres de la corte cumplen una función catártica. Durante su apogeo y hasta que el castigo les llega, viven la ilusión del poder y se permiten todo tipo de excesos, bajo el amparo de un jefe que las consiente y las utiliza.

Patricia Flores Elizondo es el paradigma femenino de la putrefacción del calderonismo, como lo fue Marta Sahagún en la etapa
anterior.

Obsesionado con resolver sus intrigas, nada hizo el gineceo presidencial del calderonato por las víctimas de feminicidios, la discriminación, la pobreza y la violencia. Una situación que no fue mejor
en ninguna de las administraciones anteriores y que hasta hoy está
perforada por una guerra que tiene en mujeres y niños sus víctimas
principales.

¿Qué razón empuja a las mujeres de la política a adoptar los peores métodos del matonismo político y convertirse en seres mezquinos
y voraces?

Pródigo en reproducciones de Catalina Creel, la villana de *Cuna
de Lobos*, el sistema político mexicano carece de heroínas. Ese «ser
humano libre» que describe tan bien la dramaturga Sabina Berman.

En entrevista para este libro, Sabina Berman arroja un poco de
luz sobre este páramo:

Lamentablemente no se puede ser político o política en México sin
hacer trampas. En un sistema corrupto, el honesto es un gozne que
gira en el sentido inverso a los otros y la puerta se atora. Entonces se
aprende a girar con los otros goznes o lo quitan a uno. Creo que las
mujeres se equivocaron al no cultivar con hechos visibles su primera
fama de honestas. Se pasaron de listas, queriendo parecer más honestas
de lo que eran, sin serlo. Y han hecho mucho daño a la causa de las
mujeres.

Las mujeres políticas están desaprovechando la gran oportunidad
de contar con el apoyo del 50% del electorado, que está conformado
por mujeres. Votan sin conciencia de grupo. Son masoquistas sociales
que al votar ponen primero otros intereses, y por eso ningún político o
política habla hoy de los intereses de las mujeres. Las mujeres tenemos
que aprender a votar por nosotras mismas, por candidatos que tengan
plataformas para las mujeres, y castigar con nuestro voto a los candidatos y a los partidos que nos joden la existencia.

Un detalle las ha confundido especialmente. Las mujeres de la derecha han adoptado la retórica feminista, achatándole las metas y mezclando su ambición personal con la de todas las mujeres dentro de un supuesto «nosotras». El poder significa poder ser buenas o ser malas. El poder ha implicado que hay más médicas y también, más criminales hembras.

Aquello de que las mujeres cuando llegan a la política son menos corruptas que los hombres es un mito. Y si existen mujeres así, nadie las tiene en cuenta, el benemérito sistema las rechaza y las expulsa. Plata o exilio. Ejemplos sobran.

Entre aquella imagen de soberbia que exhibía cuando despachaba en Los Pinos y le decían la Jefa, algo que a ella le encantaba, y esta, la de la derrota, está la historia de una mujer a la que en la jerga política del calderonato llaman la «Inmortal», porque inexplicablemente sobrevivió a todas las acusaciones y denuncias de corrupción bajo la sombrilla protectora del presidente, que transformó al gobierno en una rentable empresa familiar donde los gerentes como Paty Flores fueron ascendidos por la lealtad y no por los méritos. Fracasados los intentos de ser candidata a senadora por su estado natal, Paty Flores aguarda el turno para reciclarse y regresar a la cima con los fueros salvadores. Hasta ahora, parece que los hados del blanquiazul no le sonríen.

7

Feos, sucios y malos

Por ahora solo recuerda, aunque en estos tiempos parezca excesivo y hasta impropio recordar.

SERGIO GONZÁLEZ RODRÍGUEZ, 2002

Fue un golpe duro, una gran decepción. Yo estaba denunciando un crimen y me dejaron solo. Mis jefes no me apoyaron y pusieron en riesgo la vida de mi gente y la mía. El asesino era un agente encubierto del gobierno de Estados Unidos, que torturaba y mataba junto con los sicarios del Cártel de Juárez. Ya sabemos que en México hay mucha corrupción de las policías y los políticos, todos están metidos, lo sabemos, conozco bien de eso. Pero el impacto fue comprobar que mi gobierno estaba encubriendo a un criminal para no afectar los intereses de los políticos y no abochornar al Departamento de Justicia. Esto me demostró que la corrupción en Estados Unidos es profunda, hay muchas complicidades y la justicia está politizada. Mis exjefes y los jefes de Washington son burócratas que no tienen honorabilidad.

Cuando Sandalio González ingresó a la DEA en 1978, era un joven policía idealista del departamento del *sheriff* del condado de Los Ángeles, en California. Tenía el perfil ideal para la flamante agencia, la niña mimada de la Guerra contra las Drogas, la santa cruzada que había lanzado Richard Nixon. Era bilingüe, latino y conocía de memoria los códigos de los inmigrantes que llegaban a Estados Unidos buscando el paraíso. Tenía espíritu aventurero, le gustaba la adrenalina que generaba al participar de las grandes investigaciones y creía

257

sinceramente que la batalla frontal contra los enervantes era el único camino para derrotar a los «chicos malos». Su vida no fue sencilla. A los 11 años llegó solo desde Cuba, mediante un programa católico llamado «Peter Pan». Paradójica denominación. «Mis padres tenían miedo de que cuando yo cumpliera los 14 años me obligaran a incorporarme a las milicias revolucionarias, y entonces me enviaron a Estados Unidos. Fue muy difícil estar lejos de mi familia tanto tiempo, pero aprendí».

En 1960, cuando emigró de su tierra natal, hacía apenas un año que Fidel Castro y un grupo de revolucionarios habían derrotado al dictador Fulgencio Batista. Cuando Sandy González comenzó en la DEA, a fines de los setenta, el continente había ingresado en el túnel más negro de su historia. Las dictaduras apoyadas por Washington eran la metáfora de Atila. El plan Cóndor impulsado por Estados Unidos a través de la DEA llevó a miles de soldados del Ejército mexicano a arrasar con los poblados pobres de la Sierra Madre Occidental y dejó profundas huellas en el tejido social de México. El plan Cóndor en el sur del continente fue la perversa alianza de unas dictaduras con el impulso de la CIA y del Pentágono para destruir todo vestigio de guerrillas y movimientos de izquierda. El comunismo era el enemigo a vencer. Mientras esto sucedía, el mundo vivía la gran explosión de la cocaína, Pablo Escobar era el rey del Cártel de Medellín y Miguel Ángel Félix Gallardo, el jefe de jefes del Cártel de Guadalajara.

El cubano que llegó de niño a la tierra del Tío Sam y años después a ser el jefe para la sección Sudamérica de la DEA es el mismo que, en 1986, atrapó en una mansión de Costa Rica al célebre traficante Rafael Caro Quintero y a su joven amante Sara Cosío Vidaurri, luego del asesinato de Enrique *Kiki* Camarena. Fue uno de los jefes de la Operación Leyenda lanzada por la DEA después del crimen de su agente, que marcó un punto de inflexión en las relaciones entre México y Estados Unidos.

En 1994, mientras estuvo comisionado en Panamá, tuvo conocimiento de que el Cártel de Cali había enviado a México dos embarques de 20 millones de dólares cada uno que pertenecían al Cártel de Cali de los hermanos Rodríguez Orejuela, los Barones de Colombia luego de la muerte de Pablo Escobar. En ese momento, se encontraba en Panamá con Peter Lupsha, un experto en lavado de dinero, académico de la Universidad de Nuevo México, y le comentó lo que pensaba sobre los envíos: «O eran para inversión o estaban destinados a la campaña presidencial de Ernesto Zedillo». No lo pudo probar, porque lo trasladaron, pero «era una cosa o la otra». En ese tiempo, en Washington, no pocos pensaban que México era un narcoestado.

Había mucha información de las agencias de Inteligencia sobre el maridaje entre los hermanos Salinas de Gortari y el Cártel del Golfo, los consentidos del sexenio, que incluía a Luis Donaldo Colosio, el candidato a la presidencia asesinado en Lomas Taurinas. Los escándalos de corrupción y crímenes del salinismo encendían las luces rojas, pero se hablaba en voz baja o no se hablaba. Se vivía la primavera del TLC y el gobierno de Bill Clinton no quería hacerle el juego a la derecha republicana y que esta cuestionara el paquete de ayuda de 20 mil millones de dólares que le había entregado a México. Cuando Clinton dejó la Casa Blanca en 2001, soplaban vientos de cambio al sur de la frontera. El PAN llegaba al poder por primera vez, luego de 70 años de autoritarismo del tricolor, y los mexicanos tenían esperanzas. Nadie imaginaba por entonces que todo acabaría en esta degradación política que convirtió a México en un inmenso cementerio.

Sandalio González tampoco percibió en ese lejano 2004, cuando estaba en la oficina de la DEA en El Paso, que siete años más tarde, en el otoño de 2011, le confesaría a esta periodista sus sentimientos de enojo, frustración y decepción hacia la justicia del país que lo recibió y hacia la agencia antinarcóticos donde pasó los mejores años de su juventud jugándose el pellejo en una guerra que creía justa. Se imaginaba retirado, disfrutando a sus hijos y sus nietos bajo el sol de Florida. No pudo ser y aquel día, cuando descubrió el horror en la casa de Ciudad Juárez, comenzó su pesadilla.

El exagente es un tipo duro.

Sabe de complicidades y corruptelas políticas, policiales y judiciales que suceden a ambos lados de la frontera en un campo de batalla que mueve miles de millones dólares. Le tocó padecer en carne propia el doble discurso, las traiciones y el cinismo de los altos jefes, a los que, instalados en sus cómodos despachos de Washington, con lujos y prebendas, la única guerra que interesa y conocen es la que libran con las agencias rivales por mayores asignaciones presupuestales, en la que cada uno lanza a la mesa la cantidad de capos extraditados y los millones de dólares confiscados, en unas disputas que no tienen relación con la catastrófica realidad que se vive al sur del río Bravo.

¿En nombre de qué causa puedes encubrir a asesinos que trabajaban para ti? Con el agravante de que sabían que este informante estaba matando gente, porque él les llevaba las grabaciones de los asesinatos. Sin embargo, se callaron y fueron asesinadas más personas. No importa si los muertos eran mafiosos, pero uno tiene la obligación moral y legal de evitar el crimen, y no lo hicieron. Es lo que aprendí, lo que me enseñaron, lo que se debe hacer. Hay mucho racismo adentro de las agencias, yo lo padecí. Sé que por eso no les importó, porque los muertos eran mexicanos. Tampoco le importó a Vicente Fox, nunca se quejó a los gringos por los mexicanos asesinados. Después de esto, no le tengo confianza ninguna a mi gobierno. No creo en esta guerra. Se mueven por intereses y negocios. No tienen ética, ni valores. El poder no está en la Casa Blanca, el presidente es un prisionero de otros intereses...

Es la historia de cómo y por qué Felipe Calderón perdió su guerra contra las drogas y se convirtió al final de 2012, cuando entregó el poder, en un mandatario marcado por la muerte y el desprestigio. Es una derrota relacionada, entre otras cuestiones tan o más graves, con el caso criminal que afectó directamente al exagente Sandalio González e involucró a un informante del ICE que confirmó los vínculos de Vicente Fox con el Cártel de Juárez, sobre el que ya había elementos, y que reapareció en la causa judicial de Jesús Vicente Zambada Niebla, hijo del Mayo Zambada, quien se declaró culpable en una Corte de Illinois y en mayo de 2019 fue condenado a 15 años de prisión.

Su derrota se vincula también con el escandaloso tráfico de miles de armas de Estados Unidos a México que realizó la oficina de Alcohol, Tabaco y Armas de Fuego (ATF), y que terminaron en manos del Cártel de Sinaloa, con los aviones cargados de cocaína colombiana que el Chapo Guzmán llevaría a Estados Unidos vía México y que en realidad pertenecían a la CIA; con los millones de dólares que ingresan a los bancos de Estados Unidos a través del lavado de las casas de cambio y otros sistemas menos rudimentarios, y con las empresas contratistas de seguridad instaladas en México y que, según reportes del Congreso de Estados Unidos, son las que más dinero ganaron en esta guerra, a través de millonarios contratos por medio de la Iniciativa Mérida o directamente desde el Pentágono.

La sangrienta confrontación que Felipe Calderón enarboló como el acto más valiente de su vida política, como el único que animó, mientras México se hundía en la barbarie y el horror, es un negocio millonario que se hizo con la sangre de los mexicanos de la que él y su gobierno eran cómplices.

La Casa de la Muerte

Comenzó en el otoño de 2004, en una casa de la colonia Las Acequias en Ciudad Juárez. Una máquina pequeña removía la tierra en el patio trasero de la vivienda buscando cadáveres. La tensión era grande; agentes y peritos salían y entraban en la casa, mientras los periodistas observaban.

El 23 de enero fue desenterrado el primer cadáver; aproximadamente a las 5:30 sacaban el segundo y el último de ese día sería exhumado a las 16:00 horas.

Los cuerpos se encontraban ubicados aproximadamente a un metro de profundidad, uno encima del otro. Para el lunes 26 de enero se habían desenterrado 11 cadáveres. El 29 del mismo mes se encontró un cuerpo extra. En realidad, según uno de los testigos, 13 personas fueron enterradas en la Casa de la Muerte.

El miércoles 28, José Luis Santiago Vasconcelos, jefe de la Siedo, ofreció una conferencia de prensa en Juárez y señaló la participación del comandante y tres agentes de la Policía Judicial de Chihuahua en las ejecuciones y los entierros clandestinos. También se dijo que los muertos eran «pasadores». O sea, mulas que transportaban cocaína a Estados Unidos y que por alguna razón habían sido asesinados. Vasconcelos dijo que Alejandro García Cárdenas reconoció su participación y que desde enero de 2003 habían torturado y asesinado a 11 personas, bajo la dirección de Humberto Santillán Tabares, integrante del Cártel de Juárez, y de un comandante de la Policía Judicial del estado de Chihuahua. Una de las víctimas era un hombre de El Paso, del que luego se probó que era inocente. Trece agentes de la Policía Judicial del estado fueron trasladados en dos aviones a la Ciudad de México y puestos a disposición del Ministerio Público federal. Al día siguiente, el procurador general de la República, Rafael Macedo de la Concha, informó que se giraron órdenes de aprehensión en contra de un comandante y tres agentes de la Judicial del estado, pero no citó los nombres de los indiciados. Algo tenían que decir. En Juárez, donde están tan acostumbrados a la muerte y la impunidad, el descubrimiento de la casa y los cadáveres causó impacto. Era una residencia de una zona de clase media. Y nadie había visto nada raro. El comandante Miguel Ángel Loya Gallegos y los oficiales Álvaro Valdez Rivas, Lorenzo Ramírez Yáñez y Erick Cano Aguilera habían desaparecido desde el viernes 23 de enero, cuando se iniciaron las excavaciones. Cómo estaría de manchada la institución que nadie se percató de la ausencia de los agentes. El procurador José Luis Solís Silva calificó de «lamentable y bochornoso» el caso de las «fosas clandestinas», pero se limitó a decir que «nunca faltan prietitos en el arroz». Puro palabrerío. «No permitiremos que por unas cuantas manzanas podridas se afecte a toda la corporación. El narcotráfico ha infiltrado a muchas corporaciones en el país y nosotros no somos la excepción».

José Luis Santiago Vasconcelos fue al grano y dijo que el comandante Miguel Loya Gallegos y Humberto Santillán Tavares eran altos miembros del Cártel de Juárez, lugartenientes de Vicente Carrillo Leyva, el Viceroy. Santillán fue detenido en El Paso, cuando intentaba escaparse, y de Loya Gallegos nunca más se supo nada. Lo más probable es que esté muerto.

Hasta aquí era una historia más de traficantes y policías en la tierra más caliente de la frontera, donde lo habitual es la ausencia de frontera entre las autoridades y los mafiosos. El escándalo estalló al descubrirse que entre los sicarios había un informante de la Agencia de Inmigración y Aduanas de Estados Unidos (ICE, por sus siglas en inglés) que, además de hacer su trabajo, torturaba y asesinaba junto a los sicarios. No contento con eso, Eduardo Ramírez Peyró, Lalo, los grababa y le daba el parte a su jefe en la Oficina de Migraciones, Raúl Bencomo, que recibía la información y no decía nada.

Después de asesinar a sus víctimas, los sicarios —entre los que estaba Lalo— las desnudaban y las bañaban en cal líquida con un rodillo para evitar olores fétidos. Según el resultado de las necropsias, todas fueron torturadas con crueldad y la mayoría recibió azotes con un cinto. Once murieron por estrangulamiento y fracturas en los huesos del cuello, mientras que una falleció por sofocamiento. Tenían en el cuello las marcas de los torniquetes y las sogas. Dos recibieron balazos en la cabeza después de muertas. Desde 2003 hasta 2004, los oficiales de la ICE y la oficina del fiscal de Estados Unidos, al tanto de los asesinatos, se negaron a informar de los mismos a las autoridades mexicanas y permitieron que los mafiosos continuaran torturando y asesinando. ¿La excusa? Que no solo estaban atrás de los traficantes, sino de una investigación sobre un contrabando de cigarrillos donde tenían al mismo Lalo.

En enero de 2004, uno de los torturados en la casa dio información sobre un depósito clandestino en Juárez. Los miembros del Cártel salieron a buscar al dueño del mismo pero, antes de levantarlo, llamaron al informante para saber quién era, al mismo tiempo que llegaba un auto con otro tipo. En ese momento llegó la confirmación de que los dos que estaban a punto de secuestrar eran agentes de la DEA. Y aquí comienza la película. El caso vio la luz y cayó en la jurisdicción de la oficina del fiscal de Estados Unidos para el Distrito Occidental de Texas, encabezada por el fiscal Johnny Sutton, excoordinador político para el equipo de transición Bush-Cheney y, entre 1995 y 2000, director de la Policía de Justicia Criminal de George W. Bush, cuando este fue gobernador del estado.

El 24 de febrero de 2004, Sandy González tomó la decisión de enviar una carta, lo que le provocaría una herida que aún está abierta y su retiro de la agencia donde trabajó 27 años. La dirigió al jefe del ICE, John Gaudioso, manifestándole su rechazo y decepción por la actitud que tomaron al permitir que continuaran los asesinatos. La misiva, que ponía al desnudo la complicidad de agentes federales de Estados Unidos con los asesinatos de la Casa de la Muerte, llegó a manos de Sutton, quien presionó al fiscal general Alberto González para que le diera la espalda, lo mismo que sus jefes. Sandalio González se retiró de la DEA e inició una demanda por primera vez en la historia de la agencia. La ganó, pero este triunfo no borró el mal momento ni la frustración frente a lo que presenció.

Eduardo Ramírez Peyró, alias Lalo, un mexicano que había estado en la Policía Federal de Caminos, terminó en Estados Unidos de un lado al otro. En una declaración frente al juez de la Corte Federal de Migración, el 11 de agosto de 2005, dijo que el gobierno de Bush lo había traicionado y, además, contó con detalles que el Cártel de Juarez tenía la protección de «gente del gobierno de Vicente Fox», que les habían prometido limpiar a los cárteles rivales, los de Tijuana y del Golfo. Cosa que ocurrió. También involucró a hermanos de Marta Sahagún.

LOS PROTEGIDOS

Vicente Zambada Niebla, un hombre clave en el Cártel de Sinaloa, fue detenido en la Ciudad de México en marzo de 2009 y luego extraditado a Estados Unidos. El Vicentillo, como lo conocen en todas partes, asegura que era un activo valioso de Washington.

En su declaración, Zambada Niebla explica la supuesta cooperación entre el Departamento de Justicia de Estados Unidos y diversos organismos, como la DEA y los líderes del Cártel de Sinaloa, incluido él mismo. Y que esta relación se dio a través del abogado mexicano Humberto Loya Castro, quien —asegura Zambada Niebla— es un miembro de la organización y un «confidente cercano de Joaquín Guzmán Loera, el Chapo», es decir, confidente del capo más popular de la organización.

El Chapo Guzmán reconstruyó durante los sexenios panistas uno de los más poderosos cárteles de México. Según me explica el experto Bruce Bagley, en una entrevista realizada en 2011, el de Sinaloa es un nuevo modelo de red criminal. «El Cártel de Sinaloa, a diferencia de sus predecesores y rivales actuales, tiene una estructura organizativa menos jerárquica y más federativa. Su líder principal, el Chapo Guzmán, forjó un nuevo tipo de "federación" que otorga mayor autonomía (y beneficios) a los grupos asociados».

Un acuerdo supuestamente les dio inmunidad a los jefes de Sinaloa a cambio de brindar información sobre las organizaciones de narcotraficantes rivales. El trato, según declaró Zambada Niebla, les dio a los capos narcos «un cheque en blanco para continuar con el contrabando de toneladas de drogas ilícitas en Chicago y el resto de Estados Unidos». La protección incluía «ser informados por los agentes de la DEA, a través de Loya Castro, sobre qué agentes del gobierno norteamericano o de México estaban llevando a cabo investigaciones cerca de los territorios base de los integrantes de la organización del Chapo, a fin de que pudieran tomar las medidas necesarias para evadir a los investigadores».

Este es un fragmento de la declaración de Vicente Zambada Niebla ante los tribunales:

> Loya fue procesado junto con el Chapo y el Mayo (el padre de Zambada
> Niebla) en 1995 en el Distrito Sur de California y acusado de partici
> par en una conspiración de narcotráfico masivo. Ese caso fue desesti
> mado mediante oficio de la fiscalía en 2008, después de que Loya se
> convirtiera en informante del gobierno de Estados Unidos y hubiera

proporcionado información por un periodo de más de diez años... En algún momento antes de 2004 (cuando George W. Bush era presidente), el gobierno llegó a un acuerdo con Loya y el liderazgo del Cártel de Sinaloa, incluidos el Mayo y el Chapo.

Los abogados defensores de Zambada Niebla, dos poderosos despachos que tienen entre sus clientes a los integrantes de la mafia, sostienen que los compromisos entre Washington y el que fuera el narcotraficante más buscado en el mundo —el Chapo— se lograron por medio de la DEA e intermediarios. El Chapo fue detenido el 8 de enero de 2014 y extraditado inmediatamente a Estados Unidos, donde cumple una condena de cadena perpetua en una prisión de alta seguridad.

«El Gobierno estadounidense está protegiendo al Cártel de Sinaloa y a sus líderes bajo el acuerdo que tienen firmado con el informante de la DEA Humberto Loya Castro», afirmó el abogado Edward Panzer ante el juez federal Rubén Castillo, según se menciona en la revista *Proceso*. El abogado Panzer pidió al juez Castillo que anulara los cargos de delito de narcotráfico y concediera la inmunidad que supuestamente le prometió la agencia antinarcóticos norteamericana.

Los alegatos de Zambada Niebla hacían referencia a la famosa trama de la Casa de la Muerte, donde un agente encubierto de ICE incrustado en el Cártel de Juárez asesinaba y torturaba junto a los sicarios, lo que fue denunciado por Sandy González.

Dice la declaración:

El señor Zambada Niebla también pide que el gobierno de Estados Unidos muestre material relativo a los asesinatos de la «Casa de la Muerte» que tuvieron lugar en Ciudad Juárez, México, y fueron cometidos por informantes del gobierno norteamericano. Como se confirma en el informe de Evaluación Conjunta [JAT, por sus siglas en inglés] los agentes del gobierno de Estados Unidos tenían conocimiento previo de los asesinatos que iban a ser cometidos por sus informantes, pero no tomaron ninguna medida ya que determinaron que era más importante proteger la identidad de los informantes...

Cuando me enteré, le pregunté a Sandy González qué opinaba y soltó una carcajada. «Nunca lo van a mostrar. Esa información está blindada y compromete a mucha gente muy poderosa. Menos todavía lo van a hacer ahora en época electoral, hay demasiados intereses en juego. No imagino a Sutton [exprocurador en San Antonio de Texas] declarando».

Zambada Niebla jura que fue traicionado. Su defensa aduce que fue convencido por Loya Castro para ser informante de la DEA y luego de que aceptó fue traicionado por los agentes (también de la DEA) Manuel *Manny* Castañón y David Herrod, que estaban en México, por Steven Fraga, agente especial y jefe de la oficina en Tijuana, y por la fiscalía especial a cargo de la investigación del Vicentillo, en el Departamento de Justicia.

Según los documentos oficiales de la Corte Federal del Distrito Norte en Chicago, Loya Castro se niega a declarar como testigo de la defensa en el caso de Zambada Niebla, y denunció que fue presionado por Castañón. El pretexto que esgrime es que el gobierno norteamericano lo amenazó con exhibir los acuerdos de Washington con el narcotráfico, lo que pondría en riesgo su seguridad y la de su familia, así como las del Chapo y el Mayo.

En uno de los documentos presentados a la justicia, hay un recuento detallado de las entrevistas de Loya Castro con los cuatro abogados de Zambada Niebla, el 9 de marzo y el 14 de julio de 2010, en el hotel Four Seasons de la Ciudad de México. Los abogados insisten en que en esas reuniones Loya Castro les dijo que sí había un pacto entre el gobierno norteamericano y su cliente, y también mostró su disposición a declarar en el juicio.

Sin embargo, Loya Castro dijo después que no iba a prestar su testimonio porque el agente Castañón le había pedido que desistiera de hacerlo.

La DEA niega el acuerdo de inmunidad con Zambada Niebla a cambio de información. Y sostiene que los agentes con los que Loya Castro tiene contacto carecen de autoridad jurídica. No obstante, la defensa del Vicentillo le exige al Departamento de Justicia que entregue toda la información que tenga en su poder —hasta la que está catalogada como *top secret*— sobre los contactos de sus distintas agencias con Loya Castro.

Luis Astorga, especialista en temas de narcotráfico en México, me dice que si el juez Castillo decide abrir los archivos secretos, este caso puede convertirse en algo similar a lo que significó el *affaire* Irán-Contras, que en los años noventa desnudó la participación de la CIA en la venta de cocaína y el tráfico de armas para la Contra nicaragüense desde Irán. Agentes de la DEA en Estados Unidos y México que siguen esta investigación de cerca me dicen que este caso desprestigia a la DEA y que complica el trabajo de los más de 500 agentes encubiertos que están trabajando en la guerra de México, que hoy son centro de una gran polémica. Y que todo esto pasó por «la incapacidad de unos pendejos que están en Washington, que nunca viajaron a México o cualquier país latinoamericano, nunca trabajaron de agentes encubiertos ni le miraron la cara a un traficante, ¡y ni siquiera hablan español! Son burócratas que no entienden nada y por eso pasa esto».

La pregunta del millón es entonces: ¿desde cuándo el Chapo y el Mayo sabían que el abogado mexicano Loya Castro era un agente encubierto del Gobierno de Estados Unidos? ¿Esto confirma que el Cártel de Sinaloa no solo fue el consentido de los sexenios panistas, sino también el protegido de Estados Unidos? ¿Hasta dónde el gobierno de Felipe Calderón y los organismos de seguridad, artífices de la lucha contra el crimen organizado, conocían estos pactos y arreglos?

Finanzas de alto vuelo

En el año 2007 salió a la luz el papel protagónico que tuvo el sistema financiero de Estados Unidos en el blanqueo de dinero proveniente del narcotráfico mexicano. De acuerdo al diario británico *The Observer*, el Cártel de Sinaloa lavó durante el periodo 2003-2007 recursos por 378 mil millones de dólares en el banco Wachovia de Estados Unidos, uno de los principales de Wall Street, a través de transferencias de dinero, cheques de viajero y envíos de remesas en casas de cambio. El Wachovia fue investigado por no mantener un programa antiblanqueo eficaz. Sin embargo, el caso nunca llegó a juicio, porque la entidad pagó al Estado una multa de 110 millones de dólares por haber permitido transacciones relacionadas con el narcotráfico.

En cualquier caso, la multa que pagó el Wachovia no llegó a 2% de los 12 mil 300 millones de dólares de beneficios que obtuvo esa casa financiera en 2009. Esta operación contra el lavado de dinero fue la más importante que se realizó entre Estados Unidos y México de forma conjunta en una década.

El rastreo de movimientos de dinero y datos aportados por informantes de Estados Unidos permitió al FBI, a la DEA y a la PGR —en ese momento a cargo de Eduardo Medina Mora— develar el complejo esquema de movimientos de fondos mediante el cual se estima que el narcotráfico lavó 11 millones de dólares entre 2003 y 2007, curiosamente, durante los gobiernos de George W. Bush y Vicente Fox. La ruta mostraba que el dinero era enviado de Estados Unidos a México, de donde se transfería de vuelta a Estados Unidos a través de oficinas de la Casa de Cambio Puebla, en México. El dinero blanqueado salía de las cuentas que la entidad cambiaria mexicana tenía en Wachovia y Harris Bank a cuentas espejo en otros bancos estadounidenses.

Esto se destinaba, por ejemplo, a la compra de aviones para transportar droga de los cárteles de Juárez y Sinaloa. Casa de Cambio Puebla y otras blanquearon millones de dólares por esta vía para la compra de por lo menos 13 aviones en cuatro años. La entidad financiera mexicana tenía controles antilavado, pero fallaron de un modo sospechoso. La policía financiera mexicana (la Unidad de Inteligencia Financiera) empezó a tirar del hilo. Sus investigadores detectaron que 74 personas realizaban depósitos frecuentes en una sucursal de la casa cambiaria de la capital mexicana y que todos los depositantes vivían en una misma casa, habitada por personas de bajos ingresos.

Detectaron que los depositantes habían sido contratados por una red criminal para blanquear dinero, que la casa cambiaria contaba con documentación y no hizo nada.

El caso del Wachovia es una línea más en el inmenso mapa del lavado de dinero en el continente. Un cono de sombras al que pocos se atreven a ponerle límites, porque afecta intereses poderosos de uno y otro lado. Según una investigación de la revista *Expansión*, la mitad del efectivo que ganan las organizaciones de narcotráfico en México llega a Estados Unidos. Una parte se lava pagando en efectivo inmuebles, bienes de lujo y negocios. Otra parte se envía a los cárteles proveedores de droga en Colombia. El resto se deposita en el sistema financiero mexicano, donde las organizaciones maquillan el origen del dinero e invierten en lo necesario para continuar con su operación.

Martin Woods, exdirector de la unidad antiblanqueo de capitales del banco Wachovia en el Reino Unido, dice que Nueva York y Londres son los mayores centros de lavado de dinero de origen criminal, muy por encima de las islas Caimán y otros paraísos fiscales. Según el Departamento del Tesoro de Estados Unidos, en México se lava un estimado de 50 mil millones de dólares al año.

La Casa de Cambio Puebla aparece involucrada en varios episodios ligados al Cártel de Sinaloa y al empresario chino Zhenli Ye Gon, amigo de Gerardo Ruiz Mateos y de otros dirigentes panistas, quien habría lavado a través de esta entidad 90 millones de dólares, según una investigación de la PGR.

Raro, pero en este caso solo hay tres detenidos: Pedro Alfonso Alatorre Damy, alias el Piri, y dos empleados de la empresa. El abogado es Frank Rubino, con lujoso despacho en Miami, quien fue defensor del dictador panameño Manuel Antonio Noriega, del espía libio Lamen Khalifa Fhimah, que en 1988 colocó la bomba en el vuelo de Pan Am en el que murieron 270 personas, y de Fabio Ochoa, uno de los jefes del Cártel de Medellín.

La tarde del 10 de abril de 2006, un jet modelo DC-9 matrícula N900SA, con bandera estadounidense, aterrizó de emergencia en el aeropuerto de la ciudad de Campeche. La aeronave, propiedad de la empresa Fly, había salido del aeropuerto de Maiquetía, en Caracas, Venezuela, y se dirigía al aeropuerto de Toluca, pero al advertir que

270

estaba averiada, los tripulantes decidieron aterrizar. Traían una carga de 5.5 toneladas de cocaína. Los pilotos Fernando Joaquín Poot Pérez y Marco Aurelio Pérez de Gracia, que venían con el copiloto venezolano Miguel Velázquez Guerra, trabajaban desde 2003 para la Comisión Nacional del Agua (Conagua); habían sido miembros del Ejército y se dedicaban a vuelos de carácter oficial. Sin embargo, cuando se realizó la conferencia de prensa conjunta de la Sedena, la Siedo y la PGR, ni el general Carlos Gaytán Ochoa, ni José Luis Santiago Vasconcelos, ni Gilberto Herrera Bernal mencionaron que dos pilotos eran empleados de Conagua, la que después informó que los dos pilotos no tenían antecedentes y que estaban «limpios».

Sin embargo, Fernando Poot Pérez, originario de Quintana Roo, había sido detenido en 1999 por vinculaciones con el Cártel de Juárez y delitos contra la salud. Había sido piloto de los exgobernadores Miguel Borge Martín y Mario Villanueva Madrid, y también del Chapo Guzmán. La Conagua, a pesar de sus antecedentes, igual los contrató. Según investigaciones de la PGR y la Siedo, ambos pilotos tenían libertad para volar sin control de sus jefes y la droga que venía en el vuelo pertenecía a una célula del Cártel de Sinaloa que dirigía desde el penal de La Palma Albino Quintero Meráz, el Beto, que había trabajado con Amado Carrillo Fuentes y luego con el Chapo Guzmán, hasta que fue detenido en Veracruz el 2 de mayo de 2002. Investigaciones realizadas por la Siedo apuntaron a la complicidad de altos mandos de la Policía Federal Preventiva, que también traficaban personas.

En diciembre de 2007, el piloto Marco Aurelio Pérez Gracia, detenido en el penal del Altiplano, apareció muerto en su celda y dijeron que se había suicidado con sus calcetines. Walid Makled, un empresario venezolano que pertenece a la mafia libanesa, fue quien envió el DC-9 a México desde el aeropuerto de Maiquetía, con la complicidad de altos funcionarios militares del gobierno dé Hugo Chávez, según declaró en una entrevista que dio en Colombia, antes de ser extraditado a Venezuela. «El gobierno venezolano resguarda laboratorios de cocaína y de Venezuela salen diariamente cinco aviones con drogas hacia Estados Unidos». En una entrevista telefónica, previa a su extradición, el empresario libanés me dijo que los vuelos que se realizaban a México eran «seguros, porque contaban con el aval de los más altos mandos del Gobierno mexicano».

No sorprende lo que me reveló Makled, quien actualmente vive en Venezuela. Los capos del Cártel de los Soles —denominado así porque sus jefes son militares de alto rango de las Fuerzas Armadas Bolivarianas que llevan soles como insignias en sus uniformes—, cuyo nacimiento data de 1993, durante la presidencia de Carlos Andrés Pérez, son socios del Cártel de Sinaloa.

El avión de marras, tiene una historia extraña.

Una investigación del periodista norteamericano Daniel Hopsicker sobre el DC-9, publicada en *Mad Cow Morning News*, señaló que el propietario registrado de la aeronave, Frederic Geffon, de la Royal Sons Inc., negó ser el dueño del avión. «Vendí el avión 10 días antes a un hombre llamado Jorge Corrales, que se dedicaba a la compraventa de aviones. Su negocio estaba en Simi Valley, en California». Pero este agente resultó un fantasma, porque no aparecía registrado, ni tenía antecedentes en el negocio.

La investigación se tornaba más oscura.

Según Hopsicker, la empresa que estaba detrás del avión de Campeche era Skyway Aircraft, único bien tangible de Skyway Communication Holding, que en el pasado se dedicó a prestarle servicios a la CIA y tuvo repercusión durante el escándalo Irán-Contras. En julio de 2003, la empresa anunció la inauguración de sus nuevas instalaciones en un edificio propiedad de Lit Industrial Texas Limited Partnership, perteneciente al gigante en bienes raíces Trammell Crow, del billonario Richard Rainwater. Considerado uno de los cien hombres más ricos de Estados Unidos, Rainwater es amigo de la familia Bush y contribuyente de sus campañas electorales.

Un mes después de la captura del DC-9 en Campeche, Skyway Communications Holding clasificaba para la quiebra. «Todo indicaba que las investigaciones conducían a las altas esferas de la administración Bush y de la CIA», dice Hopsicker.

Al año siguiente, el 24 de septiembre de 2007, un jet Gulfstream II, que el Gobierno de Estados Unidos utilizó para trasladar a supuestos terroristas a la cárcel de Guantánamo, se precipitó a tierra en la pequeña comunidad de Tixkokob, en la zona selvática de la península de Yucatán. En el interior de la nave se encontró un cargamento de cuatro toneladas de cocaína que habían sido cargadas en Medellín, donde realizó una parada, luego de despegar de Fort Lauderdale, Florida. El avión llevaba la matrícula N987SA y, de acuerdo con los datos proporcionados por las autoridades mexicanas, fue una de las naves adquiridas por la organización de Sinaloa dentro del esquema de lavado de dinero.

El jet Gulfstream II matrícula N987SA, que fue usado por la CIA para vuelos clandestinos con presuntos terroristas, fue adquirido por dos millones de dólares en efectivo en Estados Unidos, vía transacciones de la Casa de Cambio Puebla, según datos de la DEA y la PGR.

Las autoridades mexicanas arrestaron al piloto del avión, que fue identificado como Gregory Smith, un hombre de confianza del FBI y de la CIA, que hizo múltiples vuelos entre 1999 y 2002 para transportar a traficantes colombianos. De acuerdo con los datos de la Agencia Federal de Aeronáutica de Estados Unidos (FAA, según sus siglas en inglés), el estadounidense Clyde O'Connor, con domicilio en Florida, es quien figura como comprador del jet en cuestión. La última vez que se vio a O'Connor fue después de la caída de la nave, en septiembre de 2007, cuando fue detenido en Canadá al no declarar un arma que llevaba en su valija. Tras pagar una fianza, salió de ese país. La investigación sobre la nave continuó y, según información brindada por la Organización Europea de Seguridad de la Aeronavegación —conocida como Eurocontrol—, el usuario del jet era Richmor Aviation, empresa norteamericana.

«La CIA alquila aviones a los agentes del *charter*, como es el caso de Richmor Aviation, una de las compañías más antiguas del *charter* y de gestión de vuelos», señaló el informe del Parlamento Europeo sobre los vuelos clandestinos de la central de inteligencia estadounidense. El periódico *Por Esto!*, de Yucatán, fue el primero en alertar sobre que la aeronave estaba en las listas de vuelos secretos de la CIA, según información aportada por la Comisión de la Unión Europea que da cuenta del intenso movimiento de naves manejadas por la inteligencia norteamericana para el traslado de presos, a menudo secuestrados ilegalmente, durante el periodo 2003-2005.

RÁPIDO Y FURIOSO

Rápido y Furioso (Fast & Furious) fue una operación que nació como una estrategia de combate al tráfico de armas a gran escala y que está incluida como una prioridad en el Plan Mérida, elaborado para México y América Central, con el conocimiento y aceptación de las máximas autoridades de los países involucrados. Supuestamente, buscaba recuperar armas de fuego en México o cerca de la frontera México-Estados Unidos, pero resultó una escandalosa operación a través de la cual la ATF del Gobierno de Estados Unidos hizo llegar dos mil fusiles de asalto, medio centenar de rifles de francotirador y una cantidad indeterminada de municiones a cárteles mexicanos, entre diciembre de 2009 y diciembre de 2010. Según esta fecha, el plan se llevó adelante durante la administración de Barack Obama.

La riesgosa operación de la que Felipe Calderón tuvo conocimiento consistía, en los papeles, en la «compra vigilada» de esa cantidad de armas (dos mil 500), con el fin de rastrearlas y dar con las bandas del narcotráfico que las recibían. En efecto, se dejó pasar las armas a México. De ellas, 797 fueron recuperadas en operativos de la policía a un lado y otro de la frontera. Pero el dato dramático es que se perdió el destino de las mil 700 restantes.

Estos resultados convencieron a algunos agentes de la ATF de hacer público lo que estaba pasando. Y la gota que rebasó la copa fue el hallazgo de armas compradas dentro de este operativo en la escena del crimen de un agente norteamericano en diciembre de 2010. Brian Terry murió de un disparo en el desierto de Arizona. El nombre del asesino no fue revelado, pero se sabe quién compró el arma que terminó con la vida del exguardia fronterizo de 40 años.

«Me sentí culpable, fue devastador», dijo el agente John Dodson, que participó en Rápido y Furioso, según una investigación de la revista *Emeequis*. Dodson y otros agentes instruían a armerías de Arizona para que permitieran que compradores de pistolas y rifles de alto calibre se llevaran todo lo necesario para proveer al crimen organizado en México. Los agentes registraban las compras en la base de datos de armas que iban a caer en manos del narcotráfico. En teoría, los agentes podrían monitorear el traslado del armamento al vecino país. En sus declaraciones, Dodson aseguró que tuvo la chance de detener el tráfico de armas en varias oportunidades, pero no pudo hacerlo porque la orden de sus jefes era tan solo observar. El agente describió a la revista *Proceso* en qué consistió el operativo:

Identificamos a un grupo de compradores múltiples que tenían como tarea adquirir armas no para ellos, sino para otras personas. Vigilábamos a estos individuos cuando compraban las armas. Adquirían cinco, diez o hasta veinte en una sola visita a la armería. Luego se reunían con otras personas en estacionamientos públicos o cocheras particulares. Transferían las armas de un vehículo a otro y se las llevaban a los destinatarios finales. Se nos había prohibido detenerlos. No podíamos confiscar las armas o identificar a la gente implicada. Así fue como perdimos el rastro de las armas y llegaron a México.

La compra de armamento por parte de personas con licencia es el eje de Rápido y Furioso, cuya ruta supuestamente debió ser controlada por los agentes hasta llegar a las manos de presuntos narcotraficantes para arrestarlos. Pero los funcionarios federales perdieron la pista de las armas en parte debido a que eran adquiridas por compradores fantasma, que tuvieron facilidades para hacerlo según las leyes norteamericanas.

Las posibilidades de que Estados Unidos incorpore normas más duras que castiguen a los compradores fantasma parecen lejanas, sobre todo tomando en cuenta la presión que ejerce la Asociación Nacional del Rifle: esta cuenta con unos 250 millones de dólares anuales en sus arcas y es considerada una de las organizaciones de cabildeo más duras y efectivas del país.

Rápido y Furioso estalló en marzo de 2011 y no tardó en llegar al Congreso norteamericano. En medio del escándalo, el director de la Oficina de Alcohol, Tabaco y Armas, Kenneth Melson, denunció que agentes del FBI y la DEA le ocultaron su participación directa en este esquema ilegal de tráfico de armas hacia México, entre 2009 y 2010. Según el informe que ofreció a los investigadores del Congreso, Melson reconoció que durante el operativo se cometieron errores que intentó reparar tras descubrir el alcance del esquema en el que, además de agentes del FBI y la DEA, habrían participado informantes pagados.

De acuerdo con lo recabado por Darrel Issa, el presidente del comité legislativo que analizó los alcances del fallido operativo, el trasiego se habría realizado mediante el pago a contrabandistas para que fungieran como informantes de la DEA y el FBI. El informe también estableció que los altos mandos de la AFT, incluido su director Melson, recibían informes semanales acerca del desarrollo de la operación. En agosto de 2011, Melson fue transferido a un puesto de mayor nivel.

La mayoría republicana de la comisión investigadora impulsó numerosas audiencias e interpeló a más de dos decenas de funcionarios para ver si Rápido y Furioso fue autorizado o conocido por el fiscal general Eric Holder o el presidente Obama. «Contrariamente a lo que ha sido repetido por algunos, la comisión no ha conseguido ninguna evidencia de que la operación fuera motivada políticamente, concebida y dirigida por funcionarios de alto nivel del Departamento de Justicia del gobierno de Obama», dijo la comisión.

El presidente Obama y Eric Holder negaron dar la orden para el operativo. «Yo no autoricé la información. Eric Holder, el procurador de Justicia, tampoco», declaró Obama en entrevista con Univisión, el 26 de marzo de 2011.

El mandatario agregó que ni siquiera había sido notificado sobre la operación. «El gobierno de Estados Unidos es muy amplio. Hay muchas piezas en movimiento».

Algunas de esas piezas se habían reunido en México para discutir el operativo, entre ellas el exembajador Carlos Pascual y el subprocurador de Justicia Lanny Breuer. El agente John Dodson aseguró que el Departamento de Justicia estaba al tanto de la operación y que esta también era del conocimiento de otras dependencias federales, como la Oficina de Inmigración y Aduanas. «No sé si el procurador Holder sabía de esta operación, lo que sí puedo decir es que en Phoenix había un representante del Departamento de Justicia, junto con uno de la Oficina de Inmigración y Aduanas».

En su sexta comparecencia ante el panel legislativo, Eric Holder notificó a los congresistas republicanos su intención de no facilitar más información interna sobre las deliberaciones en torno al polémico programa. «El Departamento no tiene intención de producir material deliberativo adicional», afirmó, y citó los más de seis mil 400 documentos que ya facilitó al Congreso.

El caso se politizó a ambos lados de la frontera.

Barack Obama fue criticado por hacer poco o nada para evitar el contrabando de armas. El *think tank* Council on Hemispheric Affairs arrojó algunas conclusiones sobre el asunto:

El debate creado alrededor del escándalo Rápido y Furioso logró echar más dudas sobre la capacidad de Estados Unidos para enfrentar el flujo de armas hacia México [...] Al mismo tiempo que miles de armas estadounidenses entran en México cada año, el Gobierno mexicano está cada vez más frustrado con Estados Unidos.

Una semana después del escándalo, el Gobierno de Felipe Calderón aseguró que nunca fue notificado de la operación. «El Gobierno de México no ha dado ni dará su autorización tácita o expresa de permitir el traslado de armas a través de la frontera con Estados Unidos bajo ninguna circunstancia».

Resultó extraño que Felipe Calderón declarara que no sabía que una operación de semejante envergadura se lanzara en México y en medio de su guerra santa contra las drogas, que a su vez estaba impulsada fervorosamente por Estados Unidos, desde que nació la Iniciativa Mérida en 2008, instaurada por el presidente Bush, respaldada por Obama y aprobada por el Congreso de Estados Unidos y el propio Felipe Calderón. Según documentos del Departamento de Seguridad de Estados Unidos (DHS):

El Gobierno mexicano comenzó un programa piloto en febrero del 2009 para detectar el tráfico entrante en busca de armas, efectivo, y otro contrabando, y esperaba expandir el programa en toda la frontera para el otoño del 2009 [...] Estados Unidos proporcionará equipos de inspección no intrusivos, que ayudarán a los funcionarios mexicanos a prevenir el contrabando de armas y efectivo.

Los documentos oficiales revelan que la ATF contó con un fondo de 4.5 millones de dólares para realizar operaciones en México y que el Gobierno de Calderón tuvo conocimiento de las mismas. Pero Rápido y Furioso no fue la única operación, solo la más escandalosa. Como señalan los informes oficiales, desde 2005 se pusieron en marcha Gunrunner y siete operaciones más, que introdujeron a México miles de armas de guerra ilegales que cayeron en manos de criminales.

Documentos del Departamento de Justicia de Estados Unidos, según un reporte de Eric Holder, fiscal general del gobierno de Obama, demuestran que el «gobierno mexicano estaba al tanto» de la operación que llevó a la muerte a miles de mexicanos.

El negocio de la guerra al narcotráfico

Todo comenzó el 22 de octubre de 2007, cuando George W. Bush solicitó al Congreso de Estados Unidos 500 millones de dólares en asistencia antidrogas a México, para el año fiscal 2008, como parte de un paquete de mil 400 millones de dólares durante un periodo de dos o tres años. El exmandatario pedía «financiamiento de emergencia» para la seguridad nacional de Estados Unidos.

La Casa Blanca dijo que esos fondos iban a ser destinados a «esfuerzos de cooperación sin precedentes para abordar las amenazas comunes en el combate del crimen transnacional y el narcotráfico». El jefe de la Casa Blanca estaba anunciando la Iniciativa Mérida, el programa de transferencia de fondos más grande en el continente después del Plan Colombia.

George W. Bush y Felipe Calderón sellaron una «alianza estratégica» contra las «amenazas comunes» que enfrentan ambos países. El comunicado de la Casa Blanca señalaba que «Estados Unidos hará todo lo que pueda por apoyar los esfuerzos de México para romper el poder y la impunidad de las organizaciones de la droga y fortalecer las capacidades para abordar amenazas conjuntas».

Felipe Calderón, entusiasmado, describió la Iniciativa Mérida como «un nuevo paradigma de cooperación en materia de seguridad». Comenzaban la locura y el camino al precipicio de su sexenio.

Según el michoacano, el plan iba a combatir a las «organizaciones criminales, detener el narcotráfico, el tráfico de armas, las actividades financieras ilícitas, el tráfico de divisas y la trata de personas». Y, como si le faltara algo, agregó que «nuestras estrategias para la ampliación de la cooperación están basadas en el pleno respeto de la soberanía, la jurisdicción territorial y los marcos legales de cada país, y están orientadas por los principios de confianza mutua, responsabilidad compartida y reciprocidad».

Joy Olson, directora de la Washington Office on Latin America (Oficina de Washington sobre América Latina), organización de *lobby* especializada en las relaciones hemisféricas, comentó que «la cooperación es una calle de dos sentidos».

En abril de 2011, cuatro años después de la firma del acuerdo, el máximo responsable de la lucha antidroga del Departamento de Estado, William Brownfield, admitió que la estrategia contra el narcotráfico de su país había estado equivocada: «En 1979 evaluamos el problema del uso y el tráfico de drogas como algo que podría ser resuelto rápidamente con una campaña agresiva y con grandes esfuerzos; han pasado 32 años, miles de millones de dólares y muchas estrategias, y podría decirles que no tuvimos razón, no le atinamos».

Mientras tanto, cuando ellos se daban cuenta de que todo estaba mal, de que se habían equivocado, en México el termómetro de la muerte ascendía y ascendía. La tristeza y el luto cubrían todo el territorio.

Aunque la Iniciativa Mérida se acordó bajo un gobierno republicano, luego fue apoyada por la administración demócrata de Obama. Los gobiernos de ambos países afirman trabajar como «socios» con el fin de reducir las actividades criminales en México; sin embargo, como se comprobó en el operativo Rápido y Furioso, la oficina de Alcohol, Tabaco y Armas hizo llegar grandes cantidades de armas a narcotraficantes mexicanos.

La senadora demócrata Claire McCaskill para el Subcomité de Seguridad Interna del Senado de Estados Unidos dio la pista. En un informe puso en claro lo que ganan las empresas de seguridad estadounidenses en la guerra contra las drogas:

Las firmas DynCorp, Lockheed Martin, Raytheon, ITT y Arinc concentran el 57% de los 3.1 mil millones de dólares que Washington destinó para el combate al narcotráfico en América Latina. En el caso de México, el Gobierno estadounidense ha gastado 170.6 millones de dólares.

Según el documento oficial, las cinco empresas son las mayores beneficiadas por los contratos en la lucha «antinarcótica» del Gobierno de Estados Unidos. La senadora advirtió sobre un problema: «Ni el Departamento de Defensa, ni la cancillería cuentan con seguimiento de esos acuerdos y, además, 840 millones de dólares en contratos, que representan 27% del total, se otorgaron sin las adecuadas licitaciones». Tampoco existe una base de datos centralizada o un sistema capaz de rastrear esos contratos.

Según el estudio de McCaskill, «entre 2005 y 2009, el gasto del Gobierno de Estados Unidos en contratos antinarcóticos en América Latina se ha incrementado en 32%, al pasar de 482 millones de dólares en 2005 a 635.8 millones en 2009». De todos esos recursos, la empresa DynCorp es la que mayores contratos ha recibido, agrega el estudio. Y es que DynCorp es contratista de seguridad nacional para los departamentos de Estado y de Defensa. De acuerdo con el texto elaborado por la senadora, se sospecha que el destino de esos fondos no es supervisado adecuadamente y que pueden ser entregados a mercenarios.

Las empresas privadas de seguridad, llamadas también los ejércitos mercenarios más poderosos del mundo, son los barones de la industria bélica en el mundo. Su negocio es la guerra y fueron protagonistas de brutales violaciones a los derechos humanos, además de tráfico de drogas y de mujeres. Con el agravante de que no tienen control y, cuando cometen ilícitos, solo pueden ser sometidos a juicio en Estados Unidos. Hacen trabajos de inteligencia y entre sus integrantes hay exmarines, exagentes de la CIA, de la DEA y del FBI. Sus dueños, al igual que sus miembros, son católicos y cristianos fundamentalistas.

DynCorp Internacional, la reina de la guerra a las drogas en México, cuya oficina se encuentra en Insurgentes Sur 1770, es una empresa que se dedica al manejo de proyectos de servicios profesionales en materia de seguridad. Dice en su página de internet: «Hasta la fecha, hemos reclutado, entrenado y desplegado más de cinco mil guardias de paz y entrenadores de policía para el Departamento de Estado en once países, incluyendo Haití, Bosnia, Afganistán e Irak». Entre los servicios que ofrece la firma, menciona un

apoyo importante para proteger diplomáticos estadounidenses e instalaciones diplomáticas, así como a líderes aliados en países de alto riesgo. Proveemos servicios para erradicar cultivos narcóticos ilícitos y para apoyar esfuerzos de incautar drogas en Sudamérica y Afganistán. Estamos involucrados en el retiro y destrucción de minas antipersonales y armas livianas en Afganistán. Operamos en todos los continentes, salvo la Antártida. Actualmente contamos con más de 14 mil empleados en más de 30 países.

La compañía fue creada en 1946 bajo el nombre de California Easter Airways Inc., y desde 1987 lleva su nombre actual. Prestó servicios en las guerras de Corea, Vietnam y del Golfo (1991). También lo hizo en los conflictos internos en El Salvador, Nicaragua y Bosnia. Los ingresos de la empresa resultan llamativos: dos mil millones de dólares al año. La mayoría de esas ganancias provienen de los servicios que brinda a agencias de Estados Unidos, entre ellas, el Departamento de Estado, la DEA, el FBI y el Departamento de Defensa.

Esta empresa se ha internacionalizado de la mano de las misiones del Pentágono. Un factor común en varios lugares donde ha prestado servicios fueron las inconsistencias operativas y las gravísimas acusaciones de violaciones a los derechos humanos. Basta con mencionar dos casos resonantes: el primero suscitado en los años ochenta en Nicaragua. Una subcontratista de DynCorp, la empresa Eagle Aviation Services and Technology, Inc. (EAST), ayudó al teniente coronel Oliver North, durante el escándalo Irán-Contras, a transportar armas y municiones para los insurgentes nicaragüenses en su lucha contra el gobierno sandinista. El otro caso, que data de 1999, refiere que empleados de DynCorp en Bosnia fueron acusados de comprar y traficar niñas para utilizarlas como esclavas sexuales. Según Peter Singer, autor de Corporate Warriors, el supervisor de DynCorp en Bosnia grabó un video de sí mismo violando a dos jovencitas. Nunca fue enjuiciado por este caso. Para que las autoridades locales no lo lincharan, los empleados lo sacaron del país a escondidas. Durante la guerra de la ex Yugoslavia, el Ejército croata fue adiestrado por miembros de DynCorp, sobre todo para las operaciones de limpieza étnica en las zonas serbias y musulmanas.

Lo que se demostró en ambos casos fue una total protección tanto por parte del Gobierno norteamericano como de organizaciones internacionales, entre ellas la Organización del Tratado del Atlántico

Norte (OTAN), que señaló que no se podía juzgar a los trabajadores ni a la compañía DynCorp en los países donde se encuentran operando, sino que se debe hacer en el país de donde provienen; es decir, Estados Unidos.

Solo hay que imaginar por un momento esta escena. Una o varias niñas huérfanas de la guerra en la frontera norte de México. Se acercan soldados de DynCorp supuestamente para ayudarlas. Las niñas son secuestradas. ¿Quién reclama por ellas? ¿Por qué tenemos que pensar que si ya sucedió no volverá a suceder? En medio del colapso que se vive en México, en sus estados más pobres, ¿a quién van a reclamar?

Un tercer ejemplo de su accionar fue en Haití, en 1994, donde Estados Unidos siguió muy de cerca el golpe de Estado contra Jean Bertrande Aristide. Por supuesto, DynCorp obtuvo su parte, ya que sus milicianos fueron los encargados de la capacitación de la futura fuerza policial que garantizaría el orden en el país, diseñada desde Washington.

La cuarta intervención internacional de DynCorp, auspiciada y avalada definitivamente por el ala dura del Gobierno norteamericano, fue en Irak, país en el que esta empresa, junto con BlackWater Co. y el Centro Consolidado de Análisis CACI International, representó a la llamada «segunda fuerza de ocupación». Han sido los mismos empleados de estas empresas los que se han encargado de realizar el trabajo sucio, torturando a prisioneros iraquíes de la cárcel Abu Ghraib. La investigación por esos atropellos y violaciones por parte de mercenarios ha sido archivada, puesto que no pueden ser sometidos a justicia militar.

Por ejemplo, en septiembre de 2009, el Tribunal de Apelaciones de Estados Unidos del Circuito del Distrito de Columbia descartó un caso en el que expresos iraquíes denunciaban a empleados de la empresa CACI International, con sede en Virginia, que ofrece servicios profesionales en seguridad y defensa a distintos gobiernos, incluidos interrogatorios por tortura.

Según la justicia, la firma debe ser inmune al proceso porque los empleados se desempeñaban bajo la autoridad militar de Estados

Unidos. El año pasado, el Tribunal Supremo del país del norte rechazó la demanda presentada por 250 iraquíes contra las empresas privadas CACI y Titan Corporation, cuyos empleados estuvieron presuntamente involucrados en las torturas en Abu Ghraib. Los magistrados del Supremo decidieron que no iban a atender la apelación a un fallo de un tribunal federal bajo el argumento de que las empresas tenían inmunidad como contratistas del gobierno norteamericano. El Gobierno de Obama se puso del lado de las empresas.

Las ganancias de DynCorp se incrementaron hasta alcanzar los 750 millones de dólares por su participación en Irak, solo por el entrenamiento de policías de países árabes. Más de 300 mil millones de dólares les costó a los contribuyentes estadounidenses la ocupación de Irak. Ese monto se ha ido en parte por la canaleta de la corrupción y el mal manejo de fondos oficiales. Lo mismo ocurrió en un caso de desvío de recursos por 43.8 millones de dólares que se habían designado a la construcción de una base de entrenamiento que nunca fue realizada.

Por último, resulta de importancia rescatar la presencia de DynCorp Aerospace Operation en Colombia. Un aspecto a tener en cuenta al considerar la actividad de esta firma en el país sudamericano es que la sede de esta franquicia de DynCorp se encuentra en el Reino Unido, en tanto que la oficina en Bogotá se presenta como una sucursal a la que se dota de amplísima libertad operativa.

El objetivo de la empresa estadounidense en Bogotá, de acuerdo con lo que consta en los documentos oficiales de la empresa, es

suministrar servicios de apoyo a programas bilaterales contra los narcóticos entre el Gobierno de los Estados Unidos y el Gobierno de la República de Colombia y, en línea con ese propósito, que la sucursal adquiera, posea, grave y enajene cualquier clase de bienes muebles o inmuebles; gire, acepte, negocie, descuente, etc., toda clase de instrumentos negociables y otros documentos civiles y comerciales que sean necesarios o apropiados para el logro de sus objetivos; adquiera una participación, sea o no como accionista o fundadora, en otras compañías; tome dinero en préstamo, con o sin garantías reales o personales, y en general, adelante toda suerte de actos o contratos directamente relacionados con el objeto social principal de esta compañía en Colombia.

La firma estuvo involucrada en el tráfico de heroína en 2000. Según un informe del diario *National Post*, el más prestigioso de Canadá, en mayo de ese año la policía de Colombia encontró rastros de heroína en un paquete que iba a ser enviado por operarios de la firma en Colombia a una de sus sedes en Florida. El informe se basa en un documento interno de la DEA que se hizo público luego de que el *National Post* invocara la Ley para la Libertad de Información, una norma aprobada durante el Gobierno de Bill Clinton que permite desclasificar documentos de algunas agencias del Estado cuando estos revisten interés público. Según el comunicado de la agencia, el paquete había sido enviado por un funcionario de DynCorp, cuyo nombre no se menciona en este informe, e iba dirigido a la casa matriz de la firma contratista ubicada en la Base Patrick de la Fuerza Aérea en Florida.

Según este medio, lo más interesante del hallazgo fue la falta de colaboración entre la empresa y las autoridades colombianas y estadounidenses para tratar de llegar al fondo del asunto.

Kathryn Bolkovac, una expolicía de Nebraska, había sido contratada por DynCorp para ir a Bosnia. Su trabajo la puso en contacto con las víctimas del tráfico sexual, mujeres y niñas de toda la región. A medida que las ayudaba y las consolaba, descubrió que en realidad esta situación aberrante era patrocinada por los mismos que la habían contratado, además de miembros de la OTAN y de las Naciones Unidas. En un arranque de coraje, escribió cartas denunciando la situación y la empresa la despidió. Ella demandó a DynCorp por despido injustificado y un tribunal de Inglaterra falló a su favor. En 2008, había documentado 29 casos de abusos y violaciones a mujeres y niñas, que involucraban a DynCorp y a sus honorables hermanitas: Halliburton y Fluor.

Este es el rostro de los verdaderos amos de la guerra que lacera el corazón de México y que, con la complicidad del gobierno, se llevan millones de dólares sin ningún control del Estado.

Alguna vez, en un lejano 1998, Abel Reynoso, un exagente de la DEA en América Latina, me contó sobre un extraño pájaro que devora mosquitos. Se llama vencejo y habita en zonas tropicales. Por supuesto que nunca se comerá las larvas, porque se quedaría sin alimento. El exagente, un viejo lobo de mar que recorrió el planeta, desde Tijuana a Bangkok, Managua, Ciudad de México, Miami y Buenos Aires, conocía las tinieblas del combate al narcotráfico. Con esta metáfora quiso decirme que a ninguna de estas empresas armamentistas, agencias de inteligencia, políticos, banqueros, casas de cambio, agentes inmobiliarios les interesa que acaben con los traficantes, ni con el negocio de las drogas, ni con las guerras que generan.

Son las larvas que los alimentan.

8

El capo del sexenio

Admiro mucho a mi apá, es bien chingón, un bato a toda
madre. Tuvo una infancia muy culera, su jefe lo golpeaba…
Mire, hay muchos mitos sobre él y escriben muchas mentiras.
No lo conocen. Es generoso y ayuda a mucha gente, y lo que
no soporta es la traición. Ojalá pudiera verlo más seguido, lo
extraño, pero ni modo. Es muy cariñoso y siempre nos motivó a
estudiar y a ser lo que él no pudo. ¿Por qué tanto interés por mi
apá? Nunca me voy a arrepentir de ser su hijo…

Conversación con un HIJO DEL CHAPO en un bar
de una ciudad de México, una noche de agosto de 2011.

Había llegado a Guatemala desde México el último día de septiembre de 2011. Buscaba luz sobre una parte de la historia del jefe del Cártel de Sinaloa, cuando aún no se había construido el mito y estaba lejos de ser el mandamás del sexenio calderonista. En México estaban los detalles de cómo fue entregado en junio de 1993, en Chiapas, pero poco se sabía sobre su caída del otro lado de la frontera.

En ese momento, mi situación era grave.

Las amenazas de muerte, las intervenciones telefónicas y los seguimientos se habían convertido en una pesadilla cotidiana. El aire se respiraba pesado y sórdido. El México de Felipe Calderón que investigaba para este libro era un país envuelto en llamas; una inmensa fosa común. Guatemala estaba atravesada por traficantes que interactuaban con policías, militares y políticos, y la guerra de Calderón había teñido de sangre la tierra maya. Algunos amigos me aconsejaron no viajar, pero mi curiosidad pudo más y me arriesgué.

En ese momento, el Chapo no era un personaje menor en la geografía política mexicana. Era el intocable barón de Sinaloa y el hombre más buscado por Estados Unidos después de la muerte de Osama Bin Laden. Su primera detención después del asesinato del cardenal Posadas Ocampo, la posterior «fuga» del reclusorio de Puente Grande y un entramado de complicidades mafiosas con protagonistas que van y vienen de un sexenio a otro hacen necesario ir hacia atrás para entender el contexto, para deshilvanar su «leyenda».

En el primer arresto, en Guatemala, se le consideraba un traficante menor, ambicioso y rústico, nadie imaginaba que años más tarde se volvería una celebridad ni que la revista *Forbes*, en 2009, lo incluiría en el *ranking* de los hombres más ricos del mundo, con una fortuna —incomprobable— de mil millones de dólares. Entre su primera caída en 1993 y mi entrevista con Otto Pérez Molina, el militar que lo atrapó en Guatemala, habían pasado 18 años.

El prolífico negocio de las drogas se había diversificado y los actores eran otros. Al cannabis, la cocaína y la heroína se había sumado el nuevo producto estrella: la metanfetamina, que se producía en México con efedrina importada de China, y las organizaciones criminales atomizadas como consecuencia de la guerra libraban un combate despiadado por el control de las rutas del trasiego hacia Estados Unidos.

En aquel aciago 2011, el Chapo estaba prófugo y aún se pensaba intocable. Repartía millones de dólares a militares, policías y políticos, a cambio de impunidad y protección. Hasta entonces nada presagiaba que comenzaba a transitar lentamente hacia el ocaso, aunque fuera este el principal destino de cualquier capo desde el principio de los tiempos. Ese destino tan temido no estaba lejos de tocar su puerta.

Tres años y millones de dólares en sobornos después, el 22 de febrero de 2014, fue nuevamente capturado, esta vez por la Marina mexicana en un hotel de Mazatlán, quienes lo trasladaron inmediatamente al penal de máxima seguridad del Altiplano, en el Estado de México, de donde nuevamente se escapó a través de un túnel, 17 meses después. Una fuga cinematográfica que humilló a Peña Nieto frente al mundo y a las agencias de inteligencia de Estados Unidos, que le habían advertido al gobierno que el capo planificaba un nuevo escape, y que dejó al desnudo que la corrupción del sistema político mexicano continuaba como siempre.

Los violentos desbordes del Chapo, sus desequilibrios emocionales y su egolatría lo volvieron inmanejable y poco confiable para el negocio, que siempre beneficia a jefes de bajo perfil. En julio de 2016, después de un intercambio de mensajes con la actriz Kate del Castillo, que le contó que quería hacer una película sobre su vida, el Chapo perdió pie y se dejó llevar por el aroma de la fama. Kate del Castillo y Sean Penn llegaron a Sinaloa y se entrevistaron con el líder prófugo, quien así firmó su sentencia.

Durante una entrevista que le realicé en 2011, a mi regreso de Guatemala, el sociólogo Luis Astorga me dijo:

El Chapo es un mito creado y engrandecido por Estados Unidos y por los medios. Ni es el más poderoso del planeta, ni el enemigo número uno. Cuando llegue la hora, lo encuentran, le cortan la cabeza y lo eliminan, y automáticamente alimentan el nacimiento de otro, que justifica los presupuestos millonarios de las agencias de inteligencia, pero el negocio continúa funcionando. Por eso la guerra de Calderón es contraproducente, porque está basada en una falsa estrategia, y el negocio de drogas seguirá funcionando.

La madrugada del 8 de enero de 2016, un nuevo final lo sorprendió en Los Mochis, su tierra. Tras un enfrentamiento armado, fue capturado en un operativo conjunto entre la Marina y la Policía Federal. «Pinches federales, ya nos gancharon», exclamó cuando se lo llevaban. Antes, intentó sobornar al militar que iba a colocarle las esposas: «Écheme una mano, comandante, tengo muchos millones, le doy acciones en mis empresas». Era tarde.

El 19 de enero de 2017, un día después de que Trump asumiera la presidencia de Estados Unidos, degradado y esposado, el traficante más buscado del mundo, «el peor de todos», era extraditado a Estados Unidos, donde un tribunal federal lo condenó más tarde a cadena perpetua.

Internarme en los laberintos del pasado del Chapo Guzmán significó un acto de aproximación con el Cártel de Sinaloa, una empresa monumental protegida por el panismo y con ramificaciones políticas de alto vuelo de la que poco se sabe. Una organización que por estrategia de negocios se asoció con Vicente Fox y después con Felipe Calderón, mariscal de un combate fallido que sirvió para que los hombres de Sinaloa eliminaran a sus enemigos, y que continúa vigente y sólida al margen de la detención de su líder más mediático.

Convertido el Chapo en una leyenda en vida, el jefe de jefes de la organización es su viejo socio y compadre Ismael *el Mayo* Zambada, también le dicen el Viejón, un hombre de 75 años, al que poquísimos conocen y que jamás pisó una prisión. Él manda en Sinaloa y los hijos del Chapo, sus subordinados, lo respetan y lo aprecian.

HACE TIEMPO EN GUATEMALA...

Sucedió en la prehistoria de Joaquín Guzmán Loera, la mañana del primero de octubre de 2011.

—¿Cómo atrapó al Chapo? —le pregunté al exgeneral Otto Fernando Pérez Molina en el comedor de una casona muy blanca y custodiada, ubicada en el distrito residencial de la ciudad de Guatemala.

El exgeneral, al que sus acólitos llaman «don» o «mi general», me clavó la mirada.

Repetí la pregunta, con más detalles.

—En México, dijeron que atraparon al Chapo en un rancho de Chiapas, propiedad de un militar y que su arresto en Guatemala fue una simulación. El general Jorge Carrillo Olea se adjudica la captura del Chapo, mientras era todavía un alto funcionario del gobierno de Carlos Salinas de Gortari. El exprocurador Jorge Carpizo dice que al Chapo lo capturó su gente, que interceptaron sus teléfonos y sus tarjetas de débito y de crédito. Informes de inteligencia de Estados Unidos dicen que usted se quedó con dinero, joyas y una flotilla de carros del Chapo...

Otto Pérez Molina rompió el silencio con una carcajada. Miró a sus hombres con un gesto de complicidad y respondió:

—¡Imagínese! Mire, si me hubiera quedado con esos millones, esas joyas y esos carros, otra sería mi vida. ¿Tarjetas de débito y crédito? —Una nueva carcajada—. ¡Otra mentira! Mire..., ¡esta fue una investigación de la inteligencia de Guatemala! Un trabajo que mis hombres realizaron durante largos meses. Yo no supe quién era el Chapo hasta el último momento... Lo que le dijeron los mexicanos es mentira.

El hombre fuerte de Guatemala, alto, de cabello blanco y piel bronceada, es el mismo que desde la sangrienta guerra civil que azotó el pequeño territorio, antigua ruta del tráfico de drogas hacia México y Estados Unidos, carga una biografía siniestra. Detrás de esa máscara de amabilidad, es el mismo al que organismos de derechos humanos acusan de violaciones y torturas. Fundador de los kaibiles, las máquinas de matar guatemaltecas que dan entrenamiento a los Zetas y a los que defiende y admira, Pérez Molina era conocido como el «comandante Tito», un militar implacable que, luego de la acción directa, se dedicó a tareas de inteligencia que aprendió en la Escuela de las Américas; dirigió también las operaciones de contrainsurgencia en las zonas mayas del Altiplano, donde se registraron las matanzas más atroces de niños, mujeres y ancianos mediante el uso de la técnica de «tierra arrasada», tan afín a los métodos de la CIA. Está vinculado al asesinato del arzobispo Juan José Gerardi, defensor de los derechos humanos, aniquilado a golpes en la puerta de su casa el 26 de abril de 1998, después de la presentación de su «Informe de la recuperación de la memoria histórica», en el que demostraba que eran militares y no guerrilleros quienes habían cometido 90% de los crímenes de lesa humanidad en contra del pueblo de Guatemala.

Pérez Molina fue diputado de 2004 a 2007, cuando se lanzó a competir por primera vez por la presidencia del país. Casado con Rosa María Leal, es padre de dos hijos: Otto y Lisseth; en 2001 sacó a toda su familia de Guatemala a raíz de dos extraños atentados. En febrero de ese año, dos comandos de encapuchados con cuernos de chivo dispararon a matar sobre su esposa y su hija, que milagrosamente salvaron su vida. Cuatro meses antes, su hijo y su nuera resultaron heridos en otro ataque similar. El gobierno de entonces dijo que los atentados tenían que ver con el Chapo Guzmán y las relaciones de Pérez Molina con el narcotráfico. El militar responsabilizó al gobierno de Guatemala y se fue a vivir a Estados Unidos.

Cuando Otto Pérez Molina me recibió, se encontraba en campaña por la segunda vuelta electoral al frente del Partido Patriota, un rejunte de militares y políticos de ultraderecha. Los Zetas y el Cártel de Sinaloa eran los amos del negocio en Guatemala y se habían infiltrado entre policiales y militares, a tal punto que analistas de inteligencia me aseguraron que Guatemala es casi un «narcoestado».

Incómodo, me relató su versión.

Dice que cuando recibió el primer aviso de que «unos mexicanos andaban ofreciendo plata en la frontera con El Salvador a cambio de mirar hacia otra parte para ingresar sus cargas», él era jefe de la División de Inteligencia Militar del Estado Mayor de la Defensa.

—Tenía dos unidades móviles: una para la frontera y otra para el narcotráfico. Eran unidades de élite —recalca.

Un día, un teniente fue a verlo y le dijo que en la frontera había mexicanos que compraban policías y que le habían ofrecido mucha plata a cambio de no hacer nada, mientras ellos pasaban.

—«Mi general, no quiero entrar a esa organización». —Pérez Molina cita al teniente—. Le dije a mi teniente que les dijera que sí a los mexicanos, que se infiltrara y me informara de lo que hacían. Esa gente tenía mucha plata. Imagínese que el teniente me traía entre 30 y 50 mil dólares por semana, y a veces más. Un día le regalaron una

Cherokee. Esto sucedió cinco meses antes de la captura del Chapo y a partir de aquí comenzamos un largo trabajo de inteligencia. No hubo tarjetas de débito o de crédito. Un día, el teniente me avisa que tal fecha iba a entrar una carga muy importante. Allí armé el operativo. Trasladé al teniente a otra zona y envié al lugar al grupo de élite dedicado al narcotráfico. A las 23:30 del 8 o 9 de junio de 1993, lo esperamos. Apenas cruzó la frontera desde El Salvador, le salimos a la carretera, eran varias camionetas. No se resistió, ni sacó las armas. Dijo: «Soy el Chapo Guzmán» y nada más. Lo trasladamos a una unidad militar, y ahí avisamos al Gobierno de México.

Le pregunté si el Chapo traía droga.

—Traía una tonelada de cocaína —respondió.

Me contó que Guzmán Loera no venía solo, que había una mujer con él y otras personas, que todas fueron «despachadas» a México.

—En su declaración a los militares mexicanos, el Chapo contó que fue torturado por militares de Guatemala y que un militar suyo le robó un millón y medio de dólares…

Lanzó otra carcajada.

—Lo que dijo no tiene asidero. Es la palabra de un narcotraficante, no se le puede dar validez.

—El general Jorge Carrillo Olea dice que lo capturaron cerca del hotel Panamericano…

— ¡No fue así! Lo atrapamos apenas cruzó la frontera, en territorio guatemalteco, venía de El Salvador. Inmediatamente nos comunicamos con el Gobierno mexicano y arreglamos la entrega en Chiapas. No quería tener aquí a este personaje, demasiados problemas teníamos con otros narcos. Cuando lo detuvimos, me enteré de quién era y de su importancia. Para mí no era un capo famoso como Amado Carrillo Fuentes o Pablo Escobar. ¡En México ofrecían un millón de dólares por su cabeza!

Cuando cayó, en aquel lejano 1993, Joaquín Guzmán Loera peleaba por armar su propio negocio, como le prometió alguna vez a su madre: «Voy a ser el traficante más importante de México y del mundo». En ese momento, el Chapo estaba bajo las órdenes de Amado Carrillo Fuentes, el Señor de los Cielos. El Chapo era uno de los jefes de una organización de traficantes de Sinaloa con ambiciones, tenía a sus hermanos trabajando con él, junto al Mayo Zambada, Héctor *el Güero* Palma y José Esparragoza, el Azul. Le decían «el señor Guzmán», pero no tenía la gran dimensión. Por eso la cifra millonaria que ofrecían por su captura sorprendió a Otto Pérez Molina.

Había llegado a Centroamérica huyendo de la balacera que terminó con el asesinato del cardenal mexicano Juan Jesús Posadas Ocampo, en el Aeropuerto Internacional de Guadalajara, crimen que para el gobierno de Carlos Salinas de Gortari tenía dos responsables: los Arellano Félix y el Chapo Guzmán. Años más tarde, se demostraría que ni el Chapo ni los Arellano Félix eran culpables y que cayeron en una trampa montada por los verdaderos asesinos con línea directa a Los Pinos.

El Chapo Guzmán declaró en la causa el 9 y el 14 de junio de 1993, y el 16 de marzo de 2000. Dijo que estaba en Guadalajara desde el 22 de mayo y que el día anterior al asesinato del prelado disfrutó una carne asada en su finca Las Ánimas. Que esa tarde había llegado al aeropuerto para abordar un vuelo a Puerto Vallarta, estacionó su Century Buick verde oscuro blindado, modelo 1992, enfrente de la terminal; luego tomó una maleta de la cajuela y caminó para encontrarse con su chofer. Según declaraciones del Chapo y de su chofer, ambos rodaron por el suelo cuando comenzó el tiroteo, corrieron al interior del aeropuerto, saltaron la cinta de las maletas de Aeroméxico y corrieron por la pista. Brincaron la cerca perimetral del aeropuerto, pararon un taxi y huyeron por la carretera rumbo a Chapala. En el expediente, los pistoleros del Chapo dijeron que no dispararon contra Posadas Ocampo ni contra los sicarios contratados por los Arellano Félix, sino que ingresaron a la terminal y, como no encontraron a su jefe, se fueron y despacharon sus armas en el equipaje. Cuando comenzaron los balazos, estaban abordando el vuelo 110 de Aeroméxico a Tijuana. En el mismo avión, según testimonios de las aeromozas y el copiloto, viajaba en clase premier Ramón Arellano Félix, testigo clave, asesinado en 2002.

Jorge Carpizo, el entonces procurador, nunca explicó la desaparición de mil fojas del expediente, ni la declaración del nuncio apostólico Girolamo Prigione que recibió a Ramón Arellano Félix, quien le dijo que no tenía nada que ver con el crimen. La madre de los Arellano Félix, una católica practicante que conoció a Posadas Ocampo, le envió una carta al cardenal Juan Sandoval Íñiguez, quien la recibió en febrero de 1995. Los Arellano Félix, en sus misivas al papa Juan Pablo II, ofrecieron entregarse a la justicia a cambio de que les garantizaran un juicio justo y una revisión del escenario del crimen. El gobierno nunca respondió.

«No hay más culpable que León Aragón», el Chapo Guzmán repitió aquello varias veces, insinuando que lo habían traicionado. Culpaba a León Aragón Rodolfo, alias el Chino, oaxaqueño ligado a las mafias, exdirector de la Policía Judicial Federal, amigo de Justo Ceja, secretario privado de Carlos Salinas de Gortari y de su hermano Raúl, «porque a él yo tenía que decirle dónde andaba, porque a mí me cuesta muchos millones de dólares que también le llegan a Carrillo Olea. El rollo de Guadalajara no es como lo contaron».

Sin embargo, cuando llegó a Centroamérica, la DEA ya le seguía los pasos y, según un informe de inteligencia, lo habían detectado en El Salvador, a donde llegó para recoger cinco kilos de cocaína que sus contactos colombianos le harían llegar al puerto de Acajutla, Sonsonate. Amante de la noche, las mujeres y el buen licor, el Chapo se hizo asiduo concurrente a la plaza El Trovador, de San Jacinto, un sitio VIP donde la Inteligencia del país lo detectó y lo fotografió borracho, cantando con mariachis y usando un sombrero de charro. Estas fotos figuran en el expediente judicial del país centroamericano, al que tuve acceso. Un agente de la DEA que estaba destinado a esa zona me reveló que tenían la intención de capturarlo allí y extraditarlo a Estados Unidos, pero que se les escurrió hacia Guatemala.

—¿Le pagaron por la captura? —le pregunté a Otto Pérez Molina.

—Nos pagaron. Ese dinero lo utilizamos para reabastecer la logística de nuestros grupos de élite.

—¿Entrevistó al Chapo? ¿Qué le dijo?

—No tenía necesidad, quería despacharlo hacia México y que se lo llevaran rápido. Nunca hablé con él…

Sonríe y sus hombres también sonríen. No le creí.

CONTRADICCIONES RARAS

En México, las versiones oficiales sobre la primera captura de Joaquín Guzmán Loera en Guatemala no coinciden con el relato del exgeneral Pérez Molina. Pero los antecedentes de los involucrados no ayudan. Tienen prontuarios con señalamientos graves.

El general Jorge Carrillo Olea relata su versión sobre la captura del Chapo en 1993, en su libro *México en riesgo:*

Después del homicidio del cardenal Posadas Ocampo, el Cendro [Centro de Planeación para el Control de las Drogas] logró ubicar a Joaquín Guzmán Loera en los límites de Jalisco y Michoacán. Siguió su marcha por todo el Altiplano hasta Chiapas, detectó su paso por la frontera con Guatemala y lo ubicó en El Salvador. El Sistema Hemisférico de Información dio seguimiento al uso de numerosos celulares y múltiples tarjetas de crédito y débito que Guzmán Loera empleaba en su escapatoria. Acepto que ninguna serie de televisión plantearía las cosas de esta forma, pero así sucedieron.

Jorge Carrillo Olea afirmó que, para ir a buscar al Chapo, el Gobierno de Carlos Salinas de Gortari le facilitó un Boeing 727 y dos pelotones de fusileros y paracaidistas. Que esta fue su exigencia y que su compañero sería el jefe de la Policía Judicial Militar, el tenebroso coronel Guillermo Álvarez Nahara. Había arreglado con los guatemaltecos que le entregarían a Guzmán Loera en el municipio de Cacahoatán, Chiapas.

Cuando la comitiva llegó, salió a saludarlo el comandante Ricardo Bustamante, que le entregó al detenido encapuchado y atado en la cajuela de un carro. Carrillo Olea dijo que el Chapo le dio lástima, pues después de todo «era un ser humano», por lo que procedió a quitarle la capucha y las ataduras. Una vez en el avión, el general Nahara le pidió autorización para interrogar al detenido.

Más tarde me enteré de que el interrogatorio sacó a la luz cuestiones preocupantes que Nahara comunicó a sus superiores. Guzmán Loera acusó a las autoridades guatemaltecas de haberle robado un millón y medio de dólares. Por otra parte, el capo dijo también que cada mes le entregaba alrededor de 250 mil dólares al subprocurador Federico Ponce Rojas. Después, el diario *Milenio* retomaría este tema mientras Ponce fungía como abogado de la presidencia de Banamex. No me atrevería a suponer alguna responsabilidad por parte de Ponce Rojas. Sin embargo, me sorprendió la inacción de la PGR y de Banamex a la hora de limpiar de sospechas a un funcionario.

Carrillo Olea relata que el entonces presidente Carlos Salinas de Gortari ordenó el pago de 300 mil dólares a los presidentes de El Salvador y Guatemala, solicitud que cumplió.

Mientras tanto, el expediente que se elaboró a partir de la declaración del Chapo Guzmán al general Álvarez Nahara desapareció de la Sedena y salió a la superficie de la mano del periodista Néstor Ojeda, en *Milenio Semanal*, el 8 de julio de 2002, en el sexenio de Vicente Fox. Álvarez Nahara tenía graves denuncias por violaciones a los derechos humanos e informes de la DEA y del FBI lo vinculaban con Ignacio Coronel Villareal, Nacho, The King of the Ice, capo del Cártel de Sinaloa, muerto el 2 de julio de 2010, luego de un enfrentamiento con el Ejército en su mansión de Guadalajara.

En aquella plática hacia Toluca, el Chapo le contó a Nahara quiénes eran los funcionarios, jueces y policías del gobierno que estaban en su nómina. Contó que los militares guatemaltecos le habían dado una golpiza y que el teniente coronel Carlos Humberto Rosales, su contacto entre los militares de Guatemala, lo traicionó y le robó un millón 200 mil dólares.

¿Sería este el «teniente» que me mencionó Otto Pérez Molina? ¿El hombre de su confianza al que le ordenó infiltrarse en la organización de los «mexicanos»?

Desde 2012 hasta 2015, Otto Pérez Molina fue presidente de Guatemala, un pequeño y bellísimo territorio dominado por la mafia y la impunidad. En septiembre de 2015, renunció a la presidencia acusado de corrupción y se encuentra detenido en una prisión militar.

Joaquín Guzmán Loera y Benjamín Arellano Félix fueron exonerados por el crimen del cardenal Posadas Ocampo. Por alguna razón, ni Vicente Fox ni Felipe Calderón hicieron nada por resolver el homicidio, cuya causa continúa abierta. Por alguna razón, la declaración primigenia del Chapo desapareció, lo dejaron salir del reclusorio y le dieron protección durante 12 años. La *omertà* de cuello blanco continúa vigente.

CÁRCEL, EXCESOS Y AMORES

Cuando ingresó a Almoloya, el Chapo tenía 36 años y dos esposas. La primera, María Alejandrina Salazar Hernández, con la que se casó legalmente en 1977, le dio cuatro hijos: Alejandrina, César, Iván Archivaldo, alias el Chapito, y Alfredo. Luego se enamoró de Griselda López Pérez, una bella morena de Jesús María, un pueblo al norte de Culiacán, con la que procreó otros cuatro hijos: Édgar, Joaquín, Ovidio y Griselda Guadalupe, su consentida. La relación con Griselda era profunda y, aunque estaban separados, él siempre regresaba con ella. «Son como almas gemelas», me dice un allegado a la familia, y agrega: «Ella lo conoce mejor que nadie y, con mirarlo, sabe si está bien o mal».

Su vida en la cárcel estuvo matizada de excesos y depresiones. Mujeriego y arrogante, le tenía fobia al encierro y desde que ingresó nunca abandonó la idea de escapar. O se fugaba o se suicidaba. Le gustaba jugar al ajedrez. Sus compañeros eran Martín Moreno Valdez, Baldemar Escobar Barraza y Antonio Mendoza, sus cuates de la gira centroamericana.

La PGR hizo un perfil psiquiátrico de su persona:

- Baja tolerancia a la frustración. Egocéntrico y narcisista, lo que lo convirtió en el centro de atención del penal.
- Resentido. Nunca perdona a sus detractores.
- Sentimiento de inferioridad provocado por su baja estatura.
- Conciliador, perseverante, espléndido seductor. Gracias a esto eludió castigos y desconfianzas. También consiguió moverse libremente por el penal.
- Habilidad para manipular su entorno.
- No siente culpa.
- Coeficiente intelectual superior a la media alta en la prisión.

El 22 de noviembre de 1995, fue trasladado al penal de Puente Grande, en Jalisco. Estaba seguro de que esta sería su última morada. El Chapo tenía una sola preocupación que le quitaba el sueño: su extradición a Estados Unidos, decidida por la Suprema Corte de Justicia. A sus compadres de prisión, sus esposas, sus amantes, su madre y sus hijos les repetía que él «jamás sería extraditado». Desde afuera, la plata llegaba a través de su hermano Arturo, el Pollo, quien tomó el mando de la organización, del Mayo Zambada y de los Beltrán Leyva, con los que tenía una relación casi de hermanos.

Los dos últimos años que vivió en Puente Grande, hizo y deshizo a su antojo. Tenía acceso a una computadora —manejada para él por un compañero de encierro— que le permitía comunicarse con el exterior y varios celulares. Era casi analfabeto y para cualquier menester de escritura necesitaba ayuda. Cuando había fiesta, miraba de lejos, no le gustaba bailar. Las drogas, las prostitutas y el alcohol entraban por la puerta principal sin disimulo. Dámaso López Núñez, alias el Licenciado, un sinaloense que fue Director de Seguridad y Custodia de

Puente Grande, colaboró para que al Chapo no le faltara nada y, cuando este se fue, ingresó al cártel y se convirtió en su mano derecha.

El Chapo se llevaba muy bien con sus esposas, nunca les hizo falta nada y era un padre responsable y pendiente: adoraba a sus hijos y los cuidaba con recelo. Con Griselda López Pérez mantenía relaciones íntimas de vez en cuando. Para tener más potencia y mostrar sus habilidades de macho, se hacía enviar viagra a su celda.

En Puente Grande tuvo dos pasiones: Zulema Hernández Ramírez y la cocinera Ives Eréndira Moreno Arriola. A Zulema le confesó su fuga, sus miedos, y la relación fue impetuosa.

Zulema Yulia Hernández Ramírez era una atractiva joven de 23 años, de cabello rubio largo y enrulado, con un tatuaje de murciélago en la espalda y otro de un unicornio en la pierna derecha. Purgaba una pena por robo a mano armada a un camión de valores y el Chapo la descubrió en una visita familiar. Mujeres y hombres estaban juntos, y las presas eran víctimas de carceleros y prisioneros.

La historia de Zulema es triste.

Adicta a las drogas desde niña, con una madre alcohólica, violenta y drogadicta, sus carencias afectivas eran inmensas. Su corazón parecía una coladera de balazos.

«Ni para puta sirves», le gritaba su madre. Tenía un hijo, Brandon, fruto de una relación con un asaltante que la amenazaba con quitárselo. Era casi una niña cuando aprendió a manejar armas. Asaltó bancos, viajó a El Salvador con dinero falso, robó tarjetas de crédito, acompañó a policías judiciales corruptos en sus andanzas y se devoró la vida de una bocanada. En esos años, quería morir, intentó cortarse las venas, pero no tuvo éxito.

Cuando Zulema llegó al Reclusorio Norte, en 1994, estaba embarazada y abortó como consecuencia de las terribles golpizas. De ahí la trasladaron a un reclusorio-hospital psiquiátrico de Tepepan y el 3 de febrero de 2000 llegó al penal de Puente Grande, condenada a 10 años de prisión. En esta geografía de podredumbre, Zulema mantuvo una intensa relación amorosa con el Chapo. Le gustó apenas lo vio y, en la intimidad, él le reveló algunos secretos y le dirigió apasionadas cartas de amor, las cuales dictaba a otro preso, que oficiaba de escriba. Le dijo que estaba enamorado, le prometió un futuro juntos, le puso abogados y mandó dinero a su familia. Después del primer contacto íntimo, él le envió un ramo de flores y una botella de whisky. Acostumbrada a los golpes más que a las caricias, no creyó mucho en las palabras dichas y escritas. Pero ser la elegida del Chapo Guzmán, «su reina», la destinataria de sus confesiones y la que compartía su cama, le otorgó ciertos poderes que acabó pagando caro.

Acabábamos de hacer el amor, me abrazó y me dijo: «Cuando yo me vaya, vas a estar mejor, te voy a apoyar en todo. Ya le di instrucciones a mi abogado». [...] Me hizo muchas confidencias. Entre Joaquín y yo había mucha identificación, yo estaba en el mismo lugar que él. O sea, aparte de ser mujer, estaba viviendo la misma pena que él. Yo sé de este caminar de lado a lado en una celda. Yo sé de este esperar despierta, yo sé de este insomnio, yo sé de este fumarte, querer quemarte el sexo, querer quemarte las manos, la boca, fumarte el alma, fumarte el tiempo. Yo sé de lo que estos rincones hablan, lo sé. Y él sabía que yo sabía. Muchas ocasiones llegaba de malas, muchas ocasiones no tuvimos ni relaciones, pero él quería sentirme cerca. Él me quería desnuda, sentirme con su cuerpo. No teníamos sexo, pero estábamos juntos. Y yo le entendía y sabía que tenía ganas de llorar. Sabía que estaba hasta la madre de esta cárcel, a pesar de que tuviera lo que tuviera. Sabía que si escapaba estaba expuesto a que lo mataran. Él sabe que en este negocio se está expuesto a perder toda la familia.

Le dijo Zulema al periodista Julio Scherer García, en una entrevista para su libro *Cárceles*.

En cartas que le envió a Zulema durante el año 2000, el Chapo manifiesta el amor que sentía por ella. Algunas tienen dibujos de rosas. Firmaba: JGL. Todas fueron escritas por su compadre y secretario, Jaime Valencia Fontes.

Zulema, te adoro, significas mucho para mí, yo a veces creo que el destino por algo te mandó a mi encuentro y que por algo grande y bueno ha de ser amor, porque fíjate sin conocernos tú y yo al venir a encontrarnos en un lugar como este y poder entablar comunicación y luego podernos ver aunque sea por ratitos quiere decir que no es una simple casualidad, el destino nos está uniendo y quizás debe ser para mucho tiempo y con un fuerte sentimiento de amor entre nosotros.

❉

Preciosa, este gobierno ya se va y se van a poder arreglar muchas cosas en asuntos no tan sencillos como el tuyo, pero tampoco no es de lo más complicado. Todo es cosa de $ y como quiera es tratándose de eso, yo por tu salida no voy a escatimar esfuerzos ni gastos.

❉

Cariño, a propósito de todo esto y de lo difícil que se nos ha puesto para entrevistarnos por lo vigilada que te tienen, he buscado por todos lados encontrar la forma de vernos y parece que sí va a ser, por el momento no sé con exactitud los detalles pero sí se va a poder y la semana entrante primero Dios, te veré y tendré la oportunidad de mirarte a los ojos y al mismo tiempo decirte cuánto te amo, todo lo que representas ya en mi vida y los proyectos que tengo para nosotros en el futuro... (*sic*).

Ninguna de estas promesas se cumplió. El Chapo se fue y nunca retomó el contacto. Zulema hablaba de él, con nostalgia.

Me platicaba de su infancia, me decía que había sido muy pobre. Yo supe que las cartas que él me mandaba no las escribía, pero sí sabía que las autorizaba, que decía lo que quería con esas palabras. El las ordenaba a su amanuense. «Dile que la extraño mucho», y ya el otro aventaba su inspiración. Cuando me platicaba de su infancia, él quedaba como suspendido en la pared, como si fuera algo que quisiera olvidar y a la vez lo tuviera preso en cada momento de su vida. Es un pavor regresar a la pobreza. El mismo pavor que siento yo. Ese era un hilo de comprensión entre nosotros. Él padeció el yugo de un padre, el abandono del padre, el que lo corriera de su casa y lo mandara a trabajar con el abuelo a las tierras, de día y de noche. Él lo vivió y cómo lo superó, cómo tuvo que superarse, cómo tuvo que llegar a ser un hombre como el que es, con todo el imperio que hizo.

Apenas el Chapo se fugó, Puente Grande se transformó en una hoguera. Zulema fue una de las víctimas.

Me golpearon para que cantara. Me bajaron a los «colchones» y me esposaron. Me asustó la celda chiquita con su ventana también chiquita. No hay baño ni agua. Los «colchones» son bóvedas. Yo no quise declarar y, como no hablé, ahí me dejaron varios días. El 4 de febrero anduvo una Comisión de Derechos Humanos, pero nadie supo decir quién me encerró. Dijeron que porque yo estaba muy agresiva. Un comandante de apellido Agapito estaba metido hasta las nalgas. Me jalonaron, me cachetearon, yo no hablaba y les tiré una jarra. Entonces mandaron por los «Negros» para que me bajaran otra vez a los colchones. Ya habían traído a Fontes para que declarara y vi a Palma (el Güero) en el pasillo número tres. Todo era un desmadre y le dije a Fontes que me habían dado hasta la madre, y me contestó que me quedara tranquila. Y le dijo al comandante: «¿Qué onda, cabrón? Pregúntenme a mí y a ella déjenla en paz». Agapito habló por teléfono a Galicia y me advirtieron que me iban a chingar y que ya venían tres Negros con sus cascos, sus rodilleras y una malla negra en la cara. El reclusorio es de varones y los «colchones» son para hombres que cometen delitos graves, que pican hasta matar si tienen tiempo. Nunca había estado allí una mujer. En el camino, los Negros me fueron dando puntazos y yo ya estaba embarazada, aunque no lo sabía. Fueron cinco días en los colchones. El primero me desnudaron y me pusieron en la madre. Me inyectaron Synodal. Para pasar al baño tenía que golpear la puerta, gritar, pero iban cuando querían…

A pesar de esta locura, Zulema sentía que una nueva vida crecía en su vientre. Angustiada, avisó a las autoridades. Grave error.

El 8 de mayo de 2001, la madre de Zulema, con la que tomé contacto, envió un escrito a la CNDH quejándose de que su hija había sido trasladada al Centro Federal de Readaptación Social número 2, un albergue exclusivamente para varones. El 30 de mayo, Salomé Hernández Ramírez realizó una llamada telefónica —según el expediente de la CNDH— y dijo que su hermano había recibido una llamada del personal de la penitenciaría preguntándole por el tipo de sangre de la familia, para una posible donación, sin precisar nada más. Las autoridades de la Comisión pudieron constatar, basándose en la información que les suministró el Cefereso, que Zulema había sufrido un aborto. Mejor dicho, que la obligaron a abortar. Por la fecha —era el 31 de mayo de 2001—, se cree que llevaba un hijo del Chapo en las entrañas.

«Supe que la vida se me iba entre las piernas y el niño se llamó Abraham Gerard. Lo tuve en mis manos, lo besé, lo arrullé y vivo como tenía que estar, hijo de Dios, lo bauticé con mis lágrimas».

Quebrada y hastiada de abusos y humillaciones, decidió que no quería vivir. Se convirtió en un ente sexual al servicio de carceleros y prisioneros. Pese a cargar una condena de 35 años, le dieron la libertad en 2003 y volvió a caer en 2004, acusada de pertenecer a una red de narcotráfico. En 2006, la dejaron salir. Al poco tiempo la contactó la DEA y le ofreció ser testigo protegido, con el fin de que entregara al Chapo Guzmán, con quien Zulema estaba en contacto. En su teléfono encontraron mensajes de un tal «Durango», que no era otro que el capo. Los mensajes decían:

Mua yo lo uniko ke ciceramente te puedo decir es ke me estremesco y mi pecho suena fuerte cuando leo e oido de ti chikita yo prodria mentirte pero ciceramente no es mi estilo me gustas me atraes y te memetiste en lo más profundo de mi y eso es lo ke no me deja en paz cada istante pienso en ti (*sic*).

El 17 de diciembre de 2008, el año más violento de la guerra de Felipe Calderón, Zulema Yulia Hernández Ramírez apareció asesinada de un balazo, con una bolsa de plástico en la cabeza. Su cuerpo estaba en la cajuela de un carro envuelto con una cobija rosa, en Ecatepec, Estado de México. Dijeron que vendía drogas para el Cártel de Sinaloa. En su cuerpo, en su espalda, senos, glúteos y abdomen, tenía grabada con navaja la letra «Z». El símbolo de la organización paramilitar enemiga del Chapo Guzmán, el capo que le hablaba de amor en el penal de Puente Grande.

LA PRIMERA GRAN FUGA

La historia oficial dice que el Chapo Guzmán se fue de Puente Grande la noche del 19 de enero de 2001, escondido en un carrito de lavandería cubierto con una sábana y un colchón. Ese día, 15 empleados del penal cuidaron que el carrito ascendiera tres niveles y pasara por seis puntos de vigilancia sin problemas. Dicen que bajo el colchón iban escondidos tres kilos de oro que un maestro del taller de Puente Grande le pidió que sacara, porque confiaba en él.

Los tiempos políticos habían dado un giro de 180 grados y el sistema penal se había relajado.

Vicente Fox Quesada se instaló en Los Pinos desde el primero de diciembre de 2000. Habló del «gobierno del cambio» y prometió luchar contra el crimen organizado y la corrupción, hasta que se acabaron el discurso y el prestigio.

El Chapo le había confesado a Zulema que «todo iba a ser mejor con el cambio de sexenio» y que le gustaba Vicente Fox. Zulema dijo que «gente de muy arriba, del gobierno anterior y de este», no iba a permitir que lo extraditaran a Estados Unidos, «porque sabía mucho».

Despidió el año 2000 con un sarao muy a su estilo: mujeres, músicos norteños, coctel de mariscos, carnes, 50 cajas de vino y licores importados. Estuvieron presentes carceleros y autoridades del reclusorio, el Güero Palma, el Texas Herrera y José de la Rosa. Según testimonios, ingresaron camiones repletos de familiares, mariachis y 500 litros de tequila. Es imposible que esta escandalosa situación fuera ignorada por el Cisen, a cargo de Alejandro Alegre Rabiela, actual director de Seguridad del Banco de México; por Alejandro Gertz Manero, secretario de Seguridad Pública federal; por Santiago Creel, secretario de Gobernación; por Genaro García Luna, titular de la AFI; por Miguel Ángel Yunes, secretario ejecutivo del Sistema Nacional de Seguridad Pública, y por Jorge Tello Peón, subsecretario de Seguridad Pública.

El 19 de enero a las 12:55, Jorge Tello Peón —hombre de confianza de Jorge Carrillo Olea e, ironías de la vida, partícipe de la entrega del Chapo ocho años antes— visitó el penal y decidió el traslado del Chapo, el Güero Palma y el Texas Herrera hacia áreas de mayor seguridad. Se reunieron con Leonardo Beltrán Santana, director del penal, que luego mantuvo una reunión con los tres prisioneros.

El 19 de enero a las 20:40, Joaquín Guzmán Loera se hizo humo del penal en un carrito azul de lavandería, manejado por Francisco Javier Camberos Rivera, alias el Chito, que llegó al estacionamiento con el aval de toda la comandancia del reclusorio; luego subió a un automóvil Ford color café y salió de Puente Grande sin que nadie lo revisara.

La otra historia dice que Joaquín Guzmán Loera se fue del reclusorio de Puente Grande con el visto bueno del Gobierno federal. Que el carrito de lavandería es una leyenda. Que afuera lo aguardaba su hermano Arturo en un carro blindado y un helicóptero Bell negro lo siguió de cerca. Que cinco personajes de la intimidad política y personal de Vicente Fox tuvieron relación con la fuga, entre ellos, uno de sus hermanos y uno de los hijos de Marta Sahagún. Que la fuga le costó al Chapo 40 millones de dólares. Que el letrado veracruzano Miguel Ángel Yunes no estuvo al margen, y tampoco Jorge Tello Peón.

En 2003, a través de una denuncia anónima, la Procuraduría de Justicia Militar encontró en el aeropuerto de Culiacán el helicóptero Bell 206 negro con vivos grises y matricula XB ILB, propiedad del Chapo Guzmán, que lo habría esperado a la salida de Puente Grande. El piloto del Chapo, el capitán Javier Ordóñez Hernández, el Gordo, fue arrestado cuando tramitaba una licencia de piloto de helicóptero. Traía encima mapas de navegación, celulares y equipos de comunicación sofisticados. A partir de 2001, el Chapo se convirtió en el capo consentido del panismo, y su figura creció después de la supuesta fuga. A partir de su salida, rodaron las cabezas del Cártel de Tijuana. Se acabaron sus enemigos, esos «criminales apuestos, multimillonarios y despiadados», como describió la DEA a los hermanos Arellano Félix en los años noventa.

Cuando al Chapo lo dejaron ir, le faltaba poco para quedar libre. Pero le aterraba un pedido de extradición de Estados Unidos y el destino de Juan García Abrego, jefe del Cártel del Golfo, preso en Estados Unidos, rondaba sus pensamientos.

Alma gemela

A 49 días de la toma de posesión de Vicente Fox, el Chapo comenzó a ordenar sus negocios y a restablecer sus contactos. El gobierno del cambio estaba de su lado, como quedó demostrado a lo largo de aquel sexenio y del siguiente. Vicente Fox hizo una escandalera con la fuga y ordenó publicar avisos en edificios públicos y en periódicos de todo el país solicitando ayuda a la sociedad para atrapar al Chapo, lo que desató todo tipo de bromas y burlas.

El 5 de febrero de 2005, la DEA tuvo evidencias cuando intervino los teléfonos de la residencia presidencial y descubrió que los Beltrán Leyva se comunicaban con un compadre que tenían en Los Pinos: Nahúm Acosta Lugo, un mediocre panista sonorense que estaba a cargo de la oficina de giras presidenciales. Nahúm Acosta fue a parar a la cárcel y al poco tiempo quedó libre por falta de pruebas.

Griselda López Pérez es una sinaloense bella y dura. El Chapo la admira siempre por su fortaleza y su valentía, y era imprescindible cuando su horizonte viraba al negro noche. Los que la conocen me dicen que es la amiga que equilibraba sus altibajos emocionales. La que lo ama de verdad y «a pesar de todo». Apenas el capo se fugó del reclusorio, ahí estaba Griselda, o Gris, como le dicen familiarmente. Vivieron en Compostela, en Nayarit, en Badiraguato, en Monterrey, en Durango y en un rancho de Puebla. Tres veces estuvieron a punto de atraparlo y se escapó. Le pidió a Francisco Javier Gamberos, el Chito, exempleado del reclusorio y fiel compadre, que se entregara para bajar la presión. Este obedeció, declaró que la fuga de su jefe fue adentro del célebre carrito de lavandería y se asumió como responsable. El Chito, único detenido de la fuga, purga una condena de 25 años. Dicen que el Chapo le mandó dinero durante los primeros cinco años y luego la relación se cortó.

Marcelo Peña García, excuñado del Chapo y testigo protegido de la DEA, involucró a Gilberto Higuera Bernal, subprocurador de Procedimientos Penales y Amparos de la PGR, pero el difunto Santiago Vasconcelos salió en su defensa. Marcelo Peña dijo que el Chapo le había contado que Gilberto Higuera Bernal, un simpático e influyente abogado originario de Estación Colorada, Culiacancito, un pueblito de Sinaloa, le pasaba información de sus procesos penales y sobre el pedido de extradición por parte de Estados Unidos. «Cuando lo nombraron en la PGR, el Chapo estaba feliz, porque era su "amigo" de Sinaloa». Vasconcelos lanzó: «Ser de Sinaloa no significa ser narco».

Gilberto García Bernal es amigo personal del Chapo desde tiempos remotos. Y al mismo tiempo, y no casualmente, también es amigo de García Luna. Personaje esencial en este entramado de compadrazgos y complicidades; amable, inteligente y de bajo perfil, Gilberto había sido procurador de Justicia de Sinaloa —cargo que también ocupó su hermano Alfredo— desde 1999 hasta 2001. Luego saltó a las grandes ligas, donde sirvió al gobierno de Fox y de Calderón, en los sexenios del reinado del Cártel de Sinaloa. De 2002 a 2006, fue subprocurador de Procedimientos Penales y Amparos de la PGR, y durante el calderonato —y de la mano de Genaro García Luna—, fue titular de la Unidad de Asuntos Jurídicos de la SSP. Un sobreviviente todo terreno.

CONSTRUYENDO PODER

Mientras tanto, el Chapo ganaba tiempo. Tenía abruptos cambios de humor y le costaba dormir. En un momento estuvo tan mal que comenzó a consultar a santeros cubanos y brujos, otra de sus aficiones, según me revela un amigo de la familia en Culiacán. En esa época, su hermano menor, Arturo Guzmán Loera, el Pollo, su mano derecha en la organización, fue apresado y enviado al penal de La Palma. El Chapo sintió temor por él, tuvo mala espina.

A los nueve meses de la fuga, retomó sus viejas relaciones y, emulando a Amado Carrillo, intentó establecer una poderosa alianza. Convocó a una reunión en Cuernavaca y no faltó nadie; asistieron Ismael *el Mayo* Zambada —su protector y socio—, el Azul, Ignacio *Nacho* Coronel Villarreal, los Beltrán Leyva, Vicente Carrillo Fuentes, Vicente Zambada Niebla y Édgar Valdez Villarreal, la Barbie, un impiadoso pistolero de Texas, al que contrataron para poner orden en Nuevo Laredo.

En Guatemala, el Chapo tenía a su socio y compadre, Otto Herrera García, el Licenciado. Aunque Herrera se encontraba preso en un reclusorio en el sur de México, de donde se fugó en 2005, mantenía intacta su poderosa estructura. Sus almacenes estaban repletos de cocaína colombiana y sus lanchas rápidas, listas para el transporte. Necesitaban con urgencia la plaza de Nuevo Laredo, la ruta más valiosa, el camino directo a Texas, Estados Unidos, copada por el Cártel del Golfo y los Zetas.

La Federación (así los bautizó la DEA) fue la megaorganización que nació luego del cónclave en Cuernavaca en octubre de 2001. En diciembre de 2004, la DEA ofreció cinco millones de dólares por su captura.

El último día del año 2004, en el penal de La Palma, un recluso descargó ocho balazos sobre Arturo Guzmán Loera, cuando este se encontraba en el locutorio, en presencia de abogados y vigilantes. La muerte de su hermano fue un golpe duro para el Chapo. Cayó de nuevo en la depresión y el alcohol, que no lo ayudaban en la convivencia con los demás traficantes.

El Dream Team, como se llamaron a sí mismos, tenía como objetivo destrozar lo que quedaba de los Arellano Félix y declararle la guerra a muerte al Cártel del Golfo y a los Zetas. El compadrazgo duraría un suspiro. Las traiciones y ambiciones hicieron trizas el acuerdo.

Otra vez el tronar de las metralletas y de las bazucas que dejaron su tendal de muertos en Sinaloa. El terror volvió a sitiar el corredor norte de México.

La madrugada del lunes 21 de enero de 2008, en el 123 de la avenida Juan de la Barrera, colonia Burócrata de Culiacán, Sinaloa, más de 300 efectivos del Grupo Aeromóvil de Fuerzas Especiales del Ejército (GAFE) se llevaron detenido a Alfredo Beltrán Leyva, el Mochomo, quien se entregó sin resistir. En la casa encontraron 900 mil dólares, 11 relojes de marca, un AK-47 y ocho armas cortas.

Al día siguiente del operativo, en la fachada del portón apareció una dedicatoria: «Te amo Mochomo, te extraño, tu niña que te ama».

Los hermanos Beltrán Leyva tenían con el Chapo una relación que venía de lejos. Le habían enseñado los secretos del negocio, se conocían desde la niñez y ayudaron a su hermano Arturo con la organización, mientras el Chapo estuvo preso. El Mochomo estaba casado con una prima del Chapo. Algunos acusaron al Chapo de ser el entregador, luego de que el 11 de abril liberaron a Iván Archivaldo *Chapito* Guzmán, hijo de su primer matrimonio, quien estaba preso en el penal del Altiplano, acusado de lavado de dinero. Nunca se pudo probar.

«Pobre chavo, lo acusaron de todo, hasta de lo imposible. Por ejemplo, de que lavaba plata cuando tenía 15 años. Sufrió mucho en la cárcel, fue golpeado, maltratado, y fue durísimo para él. No le pudimos comprobar nada, no tenía nada que ver. Era una venganza o una simulación del gobierno para hacer creer que combatían al Chapo», me confió *off the record* uno de los jueces del tribunal que lo liberó. «Sinceramente, me daba muchísima pena ver en qué estado estaba».

La detención del menor de los hermanos Beltrán Leyva abrió un tajo en la relación y el odio se instaló. Unos dijeron que el Chapo cambió a su hijo por el Mochomo. Otros, que el Chapo y el Mayo se negaron a participar del rescate del Mochomo, solicitud de sus hermanos, diciendo que debía ser «sacrificado». Quién sabe. Las cosas en la Federación, desde el inicio, fueron turbulentas.

Cuatro años antes, un día caluroso de septiembre de 2004 en Culiacán, un comando asesinaba al Niño de Oro, el hermano menor de Vicente Carrillo Fuentes, Rodolfo, cuando salía de un cine acompañado por su novia, Giovanna Quevedo Gastélum. Quedaron los dos tendidos en la calle sobre un mar de sangre; en la pared de cemento, las huellas de los 500 balazos. Pude ver que en el lugar hay una cruz de madera, con los nombres de la pareja. Nunca faltan flores y veladoras.

El Chapo estaba decidido a romper con los Carrillo, con los que venía mal. Quería el monopolio del ingreso de la cocaína a Estados Unidos. Meses antes, Rodolfo Carrillo, que se las traía, había asesinado a dos lugartenientes del Chapo. «Para el Niño de Oro no hay perdón», había dicho el Chapo a sus socios.

Las relaciones mostraban fisuras. A mediados de 2007, en Cuernavaca, Morelos, Beltrán Leyva negoció con Heriberto Lazcano, número uno de los Zetas, la repartición de varias plazas nacionales y le ocultó al resto del Dream Team la negociación.

En esos días de locura, el Chapo no intuyó que la muerte caminaba a su lado. La concreción de una pesadilla que alguna vez se le escapó cuando el alcohol le hacía hablar de más y le confesaba sus miedos a Griselda.

La noche del 8 de mayo de 2008, el terror se instaló en Culiacán.

Édgar Guzmán López, de 23 años, el hijo mayor del Chapo con Griselda López, fue destrozado por un comando de 15 sicarios. Cinco camionetas negras lo encerraron en el estacionamiento de un City Club, un centro comercial de Culiacán. Dicen que Édgar Guzmán corrió, pero los asesinos le lanzaron 300 disparos a una distancia de 10 metros. Era tanto el odio que antes de escapar los sicarios les metieron un bazucazo a los cadáveres. Édgar estaba con su primo

Arturo Meza Cazares, hijo de Blanca Margarita Cazares Salazar, la Emperatriz, acusada por la DEA y el Departamento del Tesoro de Estados Unidos de lavado de dinero del Cártel de Sinaloa. El cadáver fue identificado por su novia Frida Muñoz Román, una estudiante de Administración de Empresas en la Universidad Autónoma de Sinaloa. Días antes, dos mantas aparecieron en Culiacán:

> Soldaditos de plomo, federales de paja, aquí es territorio de Arturo Beltrán.

*

> Policías-soldados, para que les quede claro, el Mochomo sigue pesando. Atte. Arturo Beltrán.

Griselda, su madre, se encontraba en su casa cuando le avisaron. Me cuentan que tomó la pistola que siempre la acompaña y comenzó a gritar desesperada clamando venganza. Édgar era la luz de sus ojos y tuvieron que contenerla para que no corriera enloquecida a la calle. El Chapo estaba en la sierra y allí le llegó la noticia. Intentó suicidarse. Sus hombres se lo impidieron y pasó largo tiempo bajo una depresión severa y sumergido en litros de whisky. Édgar era su heredero, no para el negocio, sino porque había soñado para su hijo una vida distinta a la suya, me dice un hermano.

Había tanto miedo en Culiacán que ese 10 de mayo nadie celebró el Día de la Madre. El silencio y la psicosis estrujó el corazón de los culichis y se acabaron las flores en toda la ciudad.

Al velatorio del hijo del Chapo llegaron coronas confeccionadas con 2 mil 500 rosas rojas, de esas que cuestan 35 mil pesos. Ni siquiera Rodolfo Carrillo Fuentes, sobrino del Señor de los Cielos, tuvo arreglos tan bellos. Cuando llegaron los periodistas al sitio del atentado, la sangre estaba húmeda y había olor a pólvora. En el lugar, dos veladoras encendidas. Los periódicos locales no dieron la noticia sino hasta dos días después.

Cuando finalizó la ceremonia, Griselda López Guzmán, doblada por el dolor, entregó a los asistentes una bolsita de seda con un rosario de oro de recuerdo. Édgar había hecho la preparatoria en la sede de Guadalajara del Tecnológico de Monterrey. Sus profesores y compañeros dicen que era «un chavo tranquilo, educado». El mausoleo que guarda los restos de Édgar Guzmán López está en Jesús María, en la finca de su mamá.

La *vendetta* se podía tocar con las manos. Culiacán parecía la Sicilia de Mario Puzo. El Ejército invadió las calles y el gobernador de Sinaloa advirtió que vendría más violencia. El 14 de agosto de 2008, tres meses después del asesinato del hijo del Chapo, aparecieron narcomantas en 14 estados del país:

> Señor presidente, cómo quiere que acabe la inseguridad en el país si usted y su gabinete le dan protección al Chapo Guzmán y al cártel de Sinaloa, y al Mayo Zambada. Se llevan buenos millones del narcotráfico.

EMMA Y EL CHAPO

Un extracto de *El Correo de la Montaña*, un periódico de Canelas, en la sierra de Durango, con fecha del 23 de febrero de 2007, decía:

> A las 11:00 horas en punto aproximadamente, previo desfile por el encementado de la cancha deportiva habilitada para el magno evento de coronación de sus Majestades —como dijera el conductor del programa al referirse al cortejo saliente y al entrante— la autoridad municipal presidida por Francisco Cárdenas Gamboa, sin más preámbulo, procedió a colocar la corona en las sienes de Emma I; a la vez que el Sr. Rodolfo Dorador, senador de la República (PAN) hacía lo mismo con Alma, elegida democráticamente princesa.

Emma I, su majestad del café y la guayaba, no era otra que Emma Coronel Aispuro, sobrina de Nacho Coronel, el Rey del Cristal, asesinado en un enfrentamiento en Guadalajara. Emma, una bellísima morena de 18 años, el 2 de julio de 2007 se convirtió en la tercera esposa de Joaquín *el Chapo* Guzmán Loera.

La celebración se realizó en La Angostura, un poblado de la sierra, famoso por el cultivo de amapolas, al que se accede solo en motoneta o helicóptero. La fiesta estuvo custodiada por 400 hombres armados que tomaron por asalto el lugar y sus alrededores. El Chapo la conquistó el 6 de enero, Día de Reyes, durante un baile que realizaron las concursantes. Dicen que a las 11:00 unas 200 motonetas con asientos para dos personas desembarcaron en Canelas. Los conductores llevaban metralletas colgadas del hombro y pistolas de grueso calibre en los cinturones. En una avioneta de cinco plazas llegaron los integrantes del grupo Los Canelos de Durango, armados con pistolas de cachas de oro. Más tarde, aterrizaron seis avionetas y de una bajó el Chapo, el hombre por el que la DEA ofrecía cinco millones de dólares. Vestía pantalón de mezclilla, chamarra, cachucha y tenis negros. En el pecho llevaba cruzado un fusil AK-47 y en la cintura una pistola. Con él venía su compadre Nacho Coronel, oriundo de Canelas y tío de Emma. De las otras aeronaves bajaron hombres vestidos con uniforme verde militar, chalecos antibalas y radios en el pecho. En las otras avionetas llevaban más armamento, granadas, cuernos de chivo, metralletas, pistolas y cajas de whisky. Al mismo tiempo que dos helicópteros sobrevolaban la zona en la plaza central, Los Canelos abrieron el baile con «Cruzando cerros y arroyos», canción que el Chapo le dedicó a Emma y con la que la enamoró.

Estuvieron presentes el ex subprocurador del Gobierno de Sinaloa, Alfredo Higuera Bernal, políticos y funcionarios del Gobierno de Sinaloa y Durango, y familiares. Un día después de la ceremonia, 150 soldados del 72º Batallón del Ejército llegaron al lugar para hacer una revisión. Colocaron retenes y permanecieron 44 días.

El senador panista Rodolfo Dorador, amigo de Patricia Flores y de Pepe Cardona, el Zar de los Casinos, le respondió a un integrante del círculo íntimo de Felipe Calderón: «Estuve en su boda, es mi compadre, ¿qué tiene de malo, cabrón? No soy el único, si no, pregúntale a tu jefe…».

Destino fatal

Vicente Carrillo Leyva, primogénito de Amado, fue detenido en una elegante mansión de Las Lomas el primero de abril de 2009 y fue presentado como un gran golpe al narcotráfico. Un regalo de bienvenida a la secretaria de Seguridad Interior de Estados Unidos, Janet Napolitano, y al secretario de Justicia, Eric Holder, que llegaron a México el mismo día, para monitorear la batalla al narcotráfico.

No era un gran golpe, ni era el gran capo. Era un hombre abrumado por los problemas y la sombra de su padre. La subprocuradora Marisela Morales dijo en una conferencia de prensa que Vicente Carrillo Leyva era «el segundo al mando del Cártel de Juárez, teniendo como tal funciones directivas y de ocultamiento de recursos ilícitos dentro de la organización. Estando bajo la tutela de su tío Vicente, alias el Viceroy». Otra mentira.

Vicente Carrillo vivía prófugo desde el llamado Maxiproceso, que se inició en marzo de 1998 por la extinta Fiscalía Especializada en Delitos Contra la Salud, la Unidad Especializada contra la Delincuencia Organizada y la Secretaría de la Defensa Nacional, en contra del Cártel de Juárez. Se le señaló como integrante de la organización, junto al general Rebollo, Juan José Esparragoza Moreno, alias el Azul, y el exgobernador de Quintana Roo Mario Villanueva Madrid.

Según la PGR y la SSP, lo capturaron a raíz del descuido de su esposa, la bella sinaloense Celia Karina Quevedo Gastélum, que no cambió su identidad en la red social Facebook. Su hermana Giovanna cayó asesinada con Rodolfo Carrillo, el Niño de Oro, en septiembre de 2004, en Culiacán.

Dijeron que lo atraparon mientras hacía ejercicio en el Parque Jacarandas, muy cerca de su casa en la colonia Bosques de Las Lomas. Pero su esposa tiró abajo la información oficial, en una entrevista con la periodista Patricia Dávila: «No lo agarraron corriendo como dice la PGR, lo agarraron en casa, rompiendo puertas y ventanas. Él estaba en casa, en piyamas». La joven relata que junto a ellos vivían tres de sus sobrinos, hijos de Giovanna y Rodolfo, que se habían ido al colegio y desmiente los «estudios en Europa» atribuidos a su esposo, y dice que solo alcanzó a terminar la preparatoria en el colegio Cumbres de Vista Hermosa, en el Distrito Federal.

Con la orden de aprehensión en su contra por el Maxiproceso, el hijo de Amado Carrillo vivió mucho tiempo en la clandestinidad y pasó una temporada escondido en la hacienda familiar de Guamuchilito, en Sinaloa, junto a su abuela.

Una semana antes de su captura, pasó algo extraño. El gobierno de Calderón exhibió imágenes de su rostro con una recompensa de 30 millones de pesos.

Quedó impactado cuando los vio, se quería entregar. Le dolía mucho el corazón. No aguantaba la presión. Yo le decía que hiciera lo que tuviera que hacer, ya no queríamos estar así. Cuando salieron los carteles con su rostro, le dije: «¡Te van a agarrar!; él me contestó: "¡Que me agarren!, ya no importa. ¡Ya no aguanto!, ya no puedo seguir viviendo así"».

Sobre la herencia de Amado Carrillo, dijo que no tenían fortuna.

¿Cual herencia? Los problemas, esos fueron la herencia. Yo nunca he visto nada de cosas materiales, incluso su madre batalla buscando dinero para ir a visitarlo, yo sé de alguien que se quedó con muchísimo dinero, pero no son los hijos de Amado.

La sombra de la fatalidad continuó cerca de los herederos de Amado Carrillo Fuentes, el otrora líder todopoderoso del Cártel de Juárez.

La tarde del 15 de octubre de 2010, un grupo armado secuestró a Miguel Ángel Castillo, de 15 años, hijo de una hermana de Amado en Navolato. Se lo llevaron a culatazos y lo subieron a una Grand Cherokee. Al día siguiente, aparecieron narcomantas firmadas por su tío Vicente y por La Línea, el grupo armado del Cártel de Juárez, en ese momento aliados a los Zetas contra el Cártel de Sinaloa.

Decían que «la guerra era entre ellos, que no se metieran ni con niños ni con mujeres, si no actuarían de la misma forma con los familiares de sus enemigos». Miguel fue devuelto sano y salvo la noche del 23 de octubre, pero el 23 de septiembre de 2011 apareció calcinado en su camioneta su hermano Francisco Vicente Castillo Carrillo, de 18 años. Lo encontraron en la carretera 15, cerca de San Blas, en Navolato, donde fue atacado a balazos por un comando armado y perdió el control del vehículo, que se incendió al caer en una zanja.

Guerra fallida

Su señoría, pido disculpas a mi país, México, a Estados Unidos, a mi familia, en especial a mi esposa, mis hijos, por todos los errores que cometí. Este tiempo que he pasado en la cárcel he reflexionado y me he dado cuenta de la mala conducta que he tenido, por la cual siento remordimientos y en verdad estoy arrepentido. También pido disculpas a toda la gente que herí, directa e indirectamente. Eso es todo, su señoría.

Dijo Osiel Cárdenas Guillén, líder del Cártel del Golfo, uno de los más antiguos y poderosos, el 24 de febrero de 2010 después de que la juez aceptó el acuerdo de culpabilidad y la condena a prisión por 25 años. Extraditado en 2007, fue juzgado y condenado en 2010, en una corte de Houston, Texas.

Explica Luis Astorga que Osiel Cárdenas se distinguió de otros líderes del tráfico de drogas por varias cosas: introdujo el paramilitarismo, elevó el nivel de las confrontaciones con las instituciones del Estado, fue proclive a acciones clientelistas de amplia cobertura mediática, como el regalo de juguetes a niños o de comida a damnificados, se interesó más en los medios de comunicación que sus homólogos y los utilizó cuando lo creía conveniente para su imagen. «En él coexistían el empresario de la ilegalidad, el guerrero y el populista. Las tarjetas suyas tenían una frase: "Donativo del Señor Osiel Cárdenas"».

La negociación con Estados Unidos fue beneficiosa para Osiel Cárdenas, quien cumplirá su sentencia y pagará 50 millones de dólares, menos de la cuarta parte de los 300 millones de dólares que le iban a incautar al inicio. La negociación dejó al descubierto la logística de los capos extraditados, que logran convertir la información que manejan en un poderoso elemento de negociación, que en la mayoría de los casos los favorece. Como un juego en un círculo perverso entre unos y otros, los traficantes mexicanos y los poderosos de Estados Unidos, que alimentan el negocio.

Las viejas relaciones de Osiel con el Ejército mexicano y con la Policía Federal, y la caída y muerte de sus herederos durante el sexenio de Calderón, apagaron la inmensa influencia que tuvo en los estados fronterizos, codiciados para el trasiego. Los Zetas, aquellos sanguinarios sicarios que contrató y que luego lo combatieron, tomaron su lugar en la estructura. Nunca tan acertado aquello de «cría cuervos y te comerán los ojos».

Mientras el país era una gran bola de fuego y rodaban las cabezas de las organizaciones enemigas, el Chapo tenía sus refugios en las sierras de Durango, Chihuahua, Nayarit, y en los estados del sur. Recorría Centroamérica, Colombia, Venezuela, Perú y Argentina. A este último país viajó exclusivamente a realizarse la última cirugía plástica en la clínica del renombrado doctor José Juri, el que atiende a la farándula del continente, y entre cuyas clientas está Verónica Castro. Viajaba a Estados Unidos y a Europa, y nunca pasaba por Migración.

Su tercera esposa, Emma Coronel, parió a sus mellizas en una clínica de Los Ángeles y no tuvo problemas. Sus hijos viajan por Europa con sus guaruras armados. Los operativos para capturarlo fracasan. Llegan siempre después de que se retiró. En octubre de 2011, 200 militares y otros 200 policías federales del Operativo Laguna Segura rastrillaron Durango y Coahuila buscando al Chapo y no lo encontraron.

«Mi hijo no se va a entregar. Que se les olvide que se va a entregar, nunca en la vida se va a entregar y ni tiene por qué. Él salió porque Dios dispuso los medios y las leyes para que él saliera. Y las autoridades tienen que respetarlo [a Dios] como autoridad máxima», dijo su madre. María Consuelo Loera, una mujer sencilla y muy religiosa, relata que a diario ruega a Dios por la salvación de su hijo en la capilla de la Iglesia Apostólica de la Fe de Cristo Jesús, en La Tuna, perteneciente a los pentecostales, organización de larga existencia en México.

Sinaloa, su tierra, había cambiado por la violencia extrema y, a medida que pasaba el tiempo y se iba el sexenio, la presión sobre él era mayor.

El 23 de noviembre de 2011, 16 cuerpos aparecieron calcinados en Culiacán. Todos tenían signos de tortura y estrangulamiento por el método del torniquete. Según informes de inteligencia del Ejército, células de sicarios de los Zetas, aliados a los Beltrán Leyva y a los Carrillo Fuentes, rompieron el cerco de seguridad y se metieron para dar batalla al Chapo y al Mayo en su casa. Convoyes con sicarios de negro armados con sus AK-47 son amos de rancherías pobres. Llegan en la madrugada con listas de nombres, los anuncian por altavoces, arrancan a los nombrados de sus casas y los destrozan.

El gobernador Mario López Valdez, Malova, dijo que sacó a sus hijos del país porque no podía garantizarles seguridad. Los sinaloenses indignados protestaron, pero nadie los escuchó. Narcomantas cubrieron todo Sinaloa: acusaban a Malova de proteger al Chapo y al Mayo. Guadalajara no quedó al margen. Un día antes de la Feria Internacional del Libro en 2011, aparecieron 26 cadáveres en tres vehículos, en Los Arcos del Milenio. Los cuerpos tenían signos de tortura, había decapitados y estrangulados. Solo dos tenían antecedentes penales, los demás eran ciudadanos comunes y corrientes.

El mensaje en la manta decía:

Estamos en Jalisco y no nos vamos, el pleito no es con la población civil, es con el Chapo y el Mayo Zambada, que andan queriendo pelear y no defienden ni su tierra. [...] Les traemos un cochinero y no saben ni por dónde les está cayendo la voladora, así el gobernador de Jalisco y el de Sinaloa son íntimos amigos del Mayo Zambada, por eso estaban bien tranquilos Jalisco y Sinaloa. Aquí les dejamos estos muertitos. Sí, los levantamos nosotros para que miren que sin la ayuda de ningún cabrón estamos metidos hasta en la cocina [...] Atte: Grupo Zeta, el único cártel no informante de los gringos...

La voz del otro lado del teléfono suena seca, distante. James Kuykendall responde con cierto escepticismo, en un perfecto español. Su nombre aún no había alcanzado la notoriedad que le daría años más tarde su personaje en la serie *Narcos México*, en Netflix.

México está en sus emociones y en la geografía que lo rodea: vive en Laredo, Texas, al otro lado de la frontera más caliente de la guerra. El legendario agente, al que todos recuerdan como un tipo implacable, amante de los puros y el tequila, fue el segundo jefe de la oficina de la DEA en Guadalajara en 1985 y era amigo personal de Enrique *Kiki* Camarena Salazar, el agente torturado y asesinado por integrantes del Cártel de Guadalajara en connivencia con la DFS del Gobierno de Luis Echeverría, ligada a la CIA, crimen que tocó las puertas de Los Pinos. Esto me dijo a inicios de 2012, cuando lo entrevisté.

México está muchísimo peor que cuando yo vivía allí. Los cárteles tienen el control de gran parte del país, los criminales son otro gobierno. En mis tiempos no eran tan violentos, pero sí cortaban dedos y manos de gente sospechosas de ser informantes. Y los federales, ellos siempre torturaron a los detenidos. Los utilizaban para sacar información de los cómplices: drogas o dinero, pero especialmente querían saber dónde estaba el dinero. Muchos policías trabajaban y continúan trabajando en ambos lados y se han unido a los criminales. El problema de México no es el narcotráfico, es la corrupción, que es muy profunda y siempre lo fue. Si no existiera la demanda de drogas, creo que encontrarían otra manera de extorsionar. México es incapaz de eliminar la corrupción, desde el hombre que cuida tu coche hasta los que están en Los Pinos. Nunca eliminaron la corrupción de las policías y las fuerzas de seguridad. Fox nunca cambio a México. Hablaba mucho y salió muy rico de la presidencia. La guerra contra el crimen organizado de Calderón…, ¿qué resultó? un fracaso tremendo. La violencia aumentó peor. El mundo descubrió que los mexicanos no son muy civilizados y que dependen de Estados Unidos. Antes, en mi época, había malos, muy malos, pero ahora se multiplicaron y todo se puso mucho peor. La guerra de Calderón fracasó.

No estaba equivocado el exagente. Felipe Calderón, el general de la guerra fallida, a medida que aumentaban las víctimas, alardeaba de que no había otra opción y que iba a derrotar a los narcotraficantes que «envenenan a nuestros jóvenes». Durante su mandato, se realizó la mayor cantidad de extradiciones de capos a Estados Unidos de todos los sexenios: 614, según datos de la PGR. Y la situación fue de mal en peor, y el negocio continuó sin tropiezos.

Javier Valdez es un reconocido periodista del semanario *Río Doce* de Sinaloa. Amigo generoso y solidario durante ese tiempo de incertidumbre, estaba cada vez que necesitaba un dato o para simplemente acompañar con un consejo. Escritor de varios libros sobre el narcotráfico, habla de la situación en su tierra y de los estragos de la guerra de Calderón:

Las cosas cambiaron mucho, nadie había incursionado en Culiacán, ciudad emblemática, sagrada, como una especie de santuario para los capos del Cártel de Sinaloa. El problema es que el narco nos arrinconó, nos secuestró a todos. Les cedimos por miedo la calle y la banqueta, el centro comercial, la esquina y la parada de autobuses. Estos espacios ahora son de ellos. Y a eso súmale los delincuentes de quinta fila. Nadie tiene ánimo de recuperar nuestros espacios. Uno voltea a los lados, hacia arriba y hacia abajo, y no hay nadie. Y Felipe Calderón es el gran responsable de esta situación, porque es el presidente. No puede mirar para otra parte. Se apuró a legitimarse atacando algo que no conocía, como dándole palos a un panal con los ojos vendados. Y ahora, damos pasos agigantados hacia el Apocalipsis…

Javier Valdez, amigo entrañable, fue asesinado en Culiacán el 15 de mayo de 2017, después de reportear sobre las batallas internas en el Cártel de Sinaloa luego de la extradición del Chapo a Estados Unidos, y la disputa entre Dámaso López Núñez, el Licenciado, y los hijos del Chapo, Iván y Alfredo Guzmán Salazar.

Pactos perversos

¿Hay un pacto entre el Cártel de Sinaloa y el Gobierno de Estados Unidos a cambio de inmunidad para el tráfico y suministro de información sobre las actividades de las organizaciones rivales, cuyos jefes cayeron como moscas en este sexenio? ¿Qué papel jugó en este arreglo Humberto Loya Castro, miembro del Cártel de Sinaloa desde 1990, amigo y confidente del Chapo, y encargado de sobornar a altos jefes policiales y militares a cambio de protección?

El Chapo Guzmán y el Mayo Zambada no desconocían que Humberto Loya Castro, el Licenciado Pérez, era informante de la DEA y del ICE de manera inorgánica desde hacía varios años, y oficialmente desde 2005, cuando fue reclutado por el agente Manuel Castañón en Hermosillo, Sonora. Cabe preguntarse por qué continuaban relacionados con él, si era un soplón.

¿A cambio de qué pactos? Loya Castro firmó un documento frente al fiscal federal Todd W. Robinson en el que se compromete a dar información sobre «el narcotráfico en México». No especificó de cuál cártel; una promesa vaga que durante años solo favoreció al Cártel de Sinaloa.

A inicios de marzo de 2005, Loya Castro le informó a Castañón que el hijo del Mayo, Vicentillo, quería colaborar con la DEA, y que tanto el Chapo como su padre tenían conocimiento. El agente consultó con sus superiores y obtuvo el visto bueno.

El 18 de marzo de 2009, se realizó una reunión en una habitación del hotel Sheraton de Reforma, cerca de la embajada de Estados Unidos. Además de Castañón, asistió el agente David Herrod; ambos le explicaron a Vicentillo —que estaba acompañado por Loya Castro— que la cooperación debía realizarse frente a un fiscal, o de lo contrario no tendría validez para la justicia de Estados Unidos. Zambada Niebla insistió con desesperación; les dijo que su padre estaba de acuerdo. Los agentes planificaron una reunión para otro día, pero a las pocas horas el Ejército y la Policía Federal detuvieron a Zambada Niebla en su casa de Jardines del Pedregal. Después de pasar por el penal de máxima seguridad de Matamoros, donde continúa sus contactos con la DEA, en 2010 fue extraditado a Estados Unidos.

Humberto Loya Castro desapareció del radar. Pero, curiosamente, existen documentos a los que accedí y que prueban que, para Estados Unidos, el abogado del Chapo y del Mayo era un criminal.

Según un documento oficial del Tribunal Federal de San Diego, en California, fechado en 1995, Humberto Loya Castro tenía una acusación penal en la que también figuraban el «Chappo (*sic*), alias el Arquitecto», como jefe de la «organización de los Guzmán», y su hermano Arturo Guzmán Loera, el Pollo, quienes junto a otras personas estaban acusados de trasladar cocaína desde Colombia a México y de ingresarla luego a Estados Unidos.

En el documento, se menciona a Loya Castro como el encargado de los sobornos a los funcionarios policiales y militares para liberar a los miembros del Cártel de Sinaloa que eran capturados. Se menciona que, en 1991, Humberto Loya Castro había entregado un millón de dólares en efectivo a un funcionario de la Policía Federal Judicial para dejar libre a Arturo Guzmán Loera, quien estaba «bajo custodia».

Vicente Zambada Niebla, Vicentillo, el primogénito del Mayo, extraditado a Estados Unidos en 2010 y, en noviembre de 2018, juzgado y sentenciado a 15 años de prisión en un tribunal federal de Chicago, aclaró mis interrogantes de entonces y confirmó lo que me decían mis fuentes en Sinaloa. Convertido en testigo protegido, colaboró con las agencias de inteligencia y los fiscales. Suministró toda la información que tenía sobre las organizaciones criminales en México, sobre la logística de tráfico en la que participó, y fue el testigo estrella en el juicio contra su compadre, el Chapo Guzmán. «Mi papá es el líder del Cártel de Sinaloa», repitió varias veces, y confirmó que el Chapo le dio los contactos con la DEA para que los utilizara el día que quisiera dejar el negocio.

ASUNTOS DE FAMILIA

Lo primero que ve es un libro que me compré en el aeropuerto de Oaxaca. Pregunta si me interesa el tema. Le respondo que «el tema» era demasiado importante en estos tiempos, algo imposible de evitar. «Hay mucho mito, no todo lo que cuentan es cierto, mienten mucho. Nadie lo conoce, nadie sabe cómo es y creen las mentiras que se dicen». Le respondo que tiene razón. Que es difícil saber qué es cierto y qué es producto de las leyendas. Me acompaña Édgar Monroy, mi asistente en este trabajo, y ahí estamos frente a uno de los hijos del Chapo Guzmán, el capo más buscado del mundo, cuando todavía ningún indicio auguraba que, ocho años después, llegaría el final. Ese que el Chapo temía y el que todos temen: la extradición a Estados Unidos. Recordé a Sebastián Marroquín, el hijo de Pablo Escobar, que por ese tiempo lo entrevisté en Buenos Aires, cuando me dijo que la vida de un capo es corta y que la mayor parte del tiempo es andar a salto de mata, escapando, para terminar preso o muerto.

—Mi apá quedó muy mal cuando pasó lo de mi hermano. No se vale. Era un bato bueno y generoso. Lo extraño mucho… Dijeron muchas mentiras de mi hermano, lo acusaron de cosas que no hizo, lo traicionaron…

Después de la presentación formal y de una conversación intrascendente en medio de la noche más oscura de México, pregunto:

—¿Dónde estaba tu papá cuando asesinaron a tu hermano?

Hay un instante de silencio.

—En la sierra… Se deprimió y no pudo estar ni pudo acompañar a mi amá. Mi apá nunca les va a perdonar a los pinches cabrones que se la tomaron con mi hermano y con la familia. El 2008 fue muy malo para nosotros, mi amá nunca se recuperó, pero es una madre a todo dar, ella es muy fuerte, ella siempre está…

El joven, alto y guapo, es amable. Un velo de melancolía cubre su mirada cuando habla de su familia. O sus familias. Hace una broma sobre su padre, dice que nadie sabe cuántos son ni cuántos hermanos tiene. La tonada golpeada de los culichis lo delata, aunque usa varios nombres de fantasía para moverse. Decir su nombre real y decir que es de Sinaloa perturba y atemoriza.

Por razones de seguridad, no daré su nombre, esa fue la condición. Solo puedo decir que sucedió una noche de agosto de 2011, en un lugar de Oaxaca. Cuando llegamos al bar, pidió a los meseros que le sirvieran mezcal, mientras sus guaruras se acomodaban en un rincón. La vestimenta y los ademanes de los hombres los delataban como pistoleros bravos de Sinaloa. Tomaron tequila y whisky, y jamás perdieron de vista al chico de oro.

El hijo del Chapo es algo tímido, discreto y solitario. Es inteligente y viaja por el mundo. Viste casual, ni siquiera lleva reloj. Su imagen está alejada de los célebres narcojúniors de los que tanto se habla. Su madre es lo más sagrado para él y habla de ella permanentemente. Cuando viaja, siempre regresa con regalos costosos para su madre y sus hermanos.

—Mi amá es una santa, hace muchas cosas para ayudar a la gente de Culiacán y vive para nosotros. La gente la quiere, el que anda necesitado, va a la casa y ella le soluciona los problemas, hay que preguntarle a la gente, ellos saben quiénes somos —repite varias veces.

Cuando se le pregunta si ve a su padre, se incomoda y la mirada se le torna gris de nuevo.

—No todas las veces que quisiera.

Es licenciado en Administración de Empresas por una prestigiosa universidad y habla perfecto el inglés. Para el viaje de graduación, fue con sus compañeros a Europa: España y Francia. En cada aeropuerto lo recibieron guardias armados que no lo dejaron solo ni a sol ni a sombra. Le gusta el futbol y la música. No es muy conversador y dice que prefiere estar solo. No le gustan los antros, ni las fiestas. Desprecia la política y a los políticos. Sabe mucho de todos.

Las fotos más recientes con su padre están en su celular y las enseña con orgullo: su parecido es enorme y su progenitor nada tiene que ver con el Chapo de las fotografías que circulan por el mundo. Las del prófugo más famoso, más rico y más poderoso, según *Forbes*. El Chapo abraza a su hijo, se advierte que la relación es intensa. El asesinato de su hermano mayor y las largas ausencias de su padre son temas recurrentes. Una cosa es clara: no es fácil ser el hijo del Chapo Guzmán en estos tiempos, ni en ninguno. Y aunque él no lo diga, los cercanos revelan que fue víctima de discriminación en la universidad, y que su refugio es Culiacán, la familia y un par de amigos.

Se despide con un apretón de manos, sus custodios lo esperan. No pregunto a dónde se dirige o cuándo volverá a ponerse en contacto. Hay anécdotas y detalles de la plática que quedarán en el baúl de la memoria. No hablamos de los negocios de su padre. De eso no se habla.

9

Los nadies

Los nadies, que cuestan menos que la bala que los mata.

EDUARDO GALEANO

*Nosotros —y este nosotros es todo aquel que nunca ha vivido
nada semejante a lo padecido por ellos— no entendemos.
No nos cabe pensarlo. En verdad no podemos imaginar cómo fue
aquello. No podemos imaginar lo espantosa, lo aterradora que es
la guerra; y cómo se convierte en normalidad.*

SUSAN SONTAG, *Ante el dolor de los demás*

«Es solo un ajuste de cuentas entre pandilleros», dijo Felipe Calderón apenas se enteró del asesinato de 15 jóvenes en Ciudad Juárez.

El mandatario, en viaje oficial a Japón, lanzó la frase con un desparpajo que bordeó el cinismo y la daga se clavó en el corazón de las madres. La psicología presidencial, que se bambolea entre los estallidos de ira y el abatimiento, generó a lo largo del sexenio situaciones traumáticas para una sociedad sumida en la indefensión y entre los demonios de la guerra. La peligrosa concepción que flotaba detrás de la frase de Calderón era más o menos esta: «Si son pandilleros, no importa. Se lo buscaron por andar en la mala. Son esa "bola de cuates" que pervierten a la sociedad», como le dice Calderón a sus amigos, cuando le recriminan por las consecuencias de la guerra.

¿Dónde quedaba la presunción de inocencia, base universal del Derecho? ¿Dónde la compasión por las víctimas de un homicidio?

Testigos directos me cuentan que Margarita, avergonzada, le reprochó los dichos, pero esta vez no había marcha atrás.

El 30 de enero de 2010, a las 23:00, en el número 1310 de la calle Villa del Portal, en el fraccionamiento Villas Salvárcar en Ciudad Juárez, Chihuahua, 15 jóvenes inocentes fueron masacrados por un comando armado mientras convivían en una fiesta por motivo del cumpleaños número 18 del dueño de casa. Era una reunión de adolescentes, como cualquier otra. Era un festejo que se transformó en la masacre de Villas de Salvárcar.

El 11 de febrero de 2010, el presidente, Margarita Zavala y el secretario de Seguridad, Genaro García Luna, viajaron a Ciudad Juárez para reunirse con los familiares de los jóvenes asesinados, en donde además anunciarían el arranque de la estrategia «Todos somos Juárez», un programa de acción que incluía 160 compromisos focalizados en la reconstrucción de la ciudad y en la disminución de los índices de violencia e inseguridad.

Luz María Dávila no tenía miedo y ya nada le importaba. Caminó hacia el lugar del evento oficial y rompió el cerco de seguridad que rodea cada visita presidencial. El dolor le carcomía las entrañas y aún estaba en el novenario. Necesitaba mirar a los ojos de Felipe Calderón y decirle lo que pensaba. Aún guardaba esperanzas de que el hombre se conmoviera con su historia. Que le pidiera perdón por acusar a sus hijos de delincuentes.

Los custodios trataron de impedir su entrada, pero no pudieron con la poderosa fuerza de esa madre. Luz María se paró frente al mandatario, su esposa y los demás funcionarios visiblemente molestos con su presencia. Y descargó lo que sentía como un grito:

Yo no puedo decirle bienvenido, porque para mí nadie lo es —refiriéndose a todos los funcionarios sentados en una larga mesa, como si estuvieran a punto de cenar—, porque aquí son más de dos años que se están cometiendo asesinatos y nadie hace nada. Y yo quiero que se haga justicia, no nada más para mis dos niños, sino para todos los demás niños. Yo no puedo darle la mano y decirle bienvenido, porque para mí no es bienvenido. No es justo, mis muchachitos estaban en una fiesta. Quiero que usted se retracte de lo que dijo, que eran pandilleros, ¡mentira! Uno de mis hijos estaba en la UACH [Universidad Autónoma de Chihuahua] y el otro estaba en la prepa. No tenían tiempo para andar en la calle, estudiaban y trabajaban. Si a usted le hubieran matado a un hijo, andaría debajo de las piedras buscando al asesino, pero yo no tengo los recursos y no los puedo buscar. [...] Póngase en mi lugar, para que vea lo que siento. ¡Eran mis dos únicos hijos! No me diga por supuesto, haga algo por Juárez. Que Juárez se vea como antes, no como lo sangriento que está ahorita.

Las palabras de Luz María tuvieron la fuerza de un latigazo en el rostro del mandatario, que escuchaba con la cabeza gacha. Era la voz brutal de la verdad. Algunos aplaudieron, otros bajaron la cabeza y otros se hicieron los desentendidos.

Margarita Zavala se acercó a abrazarla y le prometió ayuda. Los funcionarios estatales huyeron del lugar. ¿Qué importaban unos muertos más en una ciudad desgarrada por la locura, donde hace décadas que reina el crimen, la corrupción y la impunidad?

Las familias de las víctimas se indignaron por la falta de respeto a la memoria de sus hijos y exigieron una investigación. El secretario de Gobernación, Fernando Gómez-Mont, explicó que las declaraciones del presidente se debían a un «error», producto de la «falta de comunicación» en el interior del gabinete presidencial, y se refirió a las víctimas como jóvenes «deportistas, estudiosos y trabajadores». Era demasiado tarde.

El mensaje presidencial era peligrosísimo.

Daba pie a que las fuerzas policiales y militares involucradas en la batalla actuaran frente a la mínima sospecha y según esta premisa. Con el respaldo explícito o implícito del gobierno, y ofrecía a las mafias campo libre para cometer sus atrocidades. Los funcionarios responsables de la seguridad, indiferentes al horror cotidiano, responden en automático: «Las investigaciones están en proceso, iremos hasta las últimas consecuencias».

Pero nadie les cree.

En 2005, el querido Jesús Blancornelas, entristecido con un México que veía degradarse aceleradamente, escribió:

> El dolor de los funcionarios es puro camuco. No saben de qué se trata. El gobierno es impotente, cómplice e incapaz de detener a los mafiosos y por eso mejor está a sus órdenes. Les falta eso que se llama voluntad política. Tienen pero no les funcionan las glándulas del hombre. No quieren a México. De valientes solo les sobra la pinta y lo miedoso les hace indigestión.

Lo espantoso es que en esta dinámica totalitaria de guerra y complicidades políticas con los criminales, de asesinatos masivos sistemáticos, de impunidad, se hace trizas la capacidad de razonamiento de la sociedad y los mecanismos de solidaridad se anulan. Lo viví durante mi recorrido por los estados del corredor norte. Lo sentí en Michoacán, la tierra del presidente. El terror generó indiferencia y silencio. Es más cómodo pensar que los muertos son sicarios o narcos, que andaban en «algo malo» y que por eso los cortaron en pedazos, los colgaron de un puente o los quemaron vivos.

No hay muertos buenos y muertos malos. Como no hay violencia buena o mala.

En tiempos de barbarie y de ausencia del Estado como garantizador de la vida de los ciudadanos, los dedos acusadores se dirigen a las víctimas. Pasó en todas las sociedades que transitaron por este túnel. Se deforma el vocabulario y se desvía el verdadero significado de las palabras. Las fosas clandestinas son «narcofosas». Los secuestros ilegales son «levantones». Los asesinatos son «ejecuciones». La desconfianza cancela toda relación humana y la culpa la tienen los otros. Cuesta admitir la culpa colectiva y cuesta más admitir que el supuesto culpable ya pago con su calvario. ¿Qué más tiene que pasarle a ese ser humano cortado en pedazos, decapitado frente a las cámaras? ¿Si había cometido un delito, se merecía esta muerte?

Felipe Calderón y el accionar de su gobierno, penetrado por las mafias a lo largo del sexenio, aumentaron la descomposición social y el quiebre del Estado.

En Villas de Salvárcar, nada cambió y las investigaciones están manchadas por sospechas.

Desde aquel día, Margarita nunca más la contactó, ni cumplió su promesa de ayuda. «Sé que a otras mamás las reubicaron o las apoyaron para que rehabilitaran las casas donde vivían. Les dieron becas para que los hijos que les quedan estudien desde la primaria hasta la universidad. A otras las ayudan con despensas», dijo Luz María en una entrevista.

Se capturó y sentenció a cinco personas por el asesinato: José Arroyo Chavarría, Israel Arzate *El Country*, Alfredo Soto Arias *El 17*, Aldo Hernández Lozano y Heriberto Martínez. Sin embargo, las anomalías en las detenciones hacen dudar de su responsabilidad. Israel Arzate fue capturado por el Ejército y hombres vestidos de civil mientras caminaba por la calle el 3 de febrero de 2010. Según la Comisión Nacional de los Derechos Humanos, el joven fue sometido a torturas, descargas eléctricas y asfixia para que se declarara culpable del asesinato. Arzate tenía entonces 25 años; según su madre, Guadalupe Meléndez, fue secuestrado y subido a una camioneta negra por hombres del Ejército. «Se lo llevaron y no tuvimos noticias de él hasta el sábado 6 de febrero de 2011 por la noche. Supimos de él por una llamada que le hizo a su esposa, en donde le decía que lo llevaban al Centro de Readaptación Social (Cereso) estatal». Israel fue salvajemente torturado por miembros del Ejército. Según relató, se escuchaban los gritos de dolor de otra gente a la que estaban torturando en la misma base militar. Ante la jueza Anabel Chumacero Corral, el joven denunció las torturas y le mostró las marcas. Ella las omitió y lo procesó.

Según la recomendación 49/2011 de la CNDH, se acreditó la tortura de Israel, así como la retención en instalaciones militares y la sustracción ilegal del Cereso, en dos oportunidades, cuando ya estaba en custodia de la jueza. Después de un proceso muy largo en el que participaron el Centro de Derechos Humanos «Miguel Agustín Pro Juárez», la Comisión Nacional de los Derechos Humanos y los familiares del acusado, se logró que Israel fuera declarado inocente bajo el protocolo de Estambul, que determinó que fue torturado para que confesara su participación en la masacre de Villas de Salvárcar. En noviembre de 2013, la Suprema Corte de Justicia de la Nación lo liberó por falta de pruebas.

José Dolores Arroyo Chavarría, Aldo Flavio Hernández Lozano, Juan Alfredo Soto Arias y Heriberto Martínez fueron sentenciados por el Tribunal de Juicio Oral a 240 años de prisión como responsables de la matanza. Según la sentencia, estarán obligados a pagar la cantidad de 629 mil 522 pesos por concepto de reparación de daño y la cantidad de 124 mil 522 por los gastos funerarios de cada uno de los jóvenes asesinados.

El gobierno municipal construyó un campo de futbol americano en el centro educativo CBTIS 128. Margarita Zavala inauguró cuatro bustos, uno por cada estudiante de la institución asesinado. En la casa donde ocurrió el crimen se enseña catecismo. El parque en el fraccionamiento Villas de Salvárcar se inauguró un año después de la tragedia, pero según los padres de las víctimas está abandonado por las autoridades.

Las madres se juntan por las tardes a la sombra de un árbol. Como todos los sábados, cuando sus hijos salían a jugar. Dicen que así no se sienten tan solas, tan abandonadas. Hablan de sus hijos ausentes y las preguntas son las mismas: ¿por qué los asesinaron? ¿Por qué Felipe Calderón los acusó de pandilleros si eran estudiantes?

«¿A mí de qué me sirve un parque? Esto no me regresará a mis hijos», sentencia Luz María Dávila, la madre coraje que enfrentó al presidente y que nunca recibió disculpas por el agravio y tampoco reparación.

LA MALA SUERTE DE SER MUJER

El 6 de enero de 2011, asesinaron en Ciudad Juárez a Susana Chávez, poeta y valiente luchadora social. *Ni una muerta más* fue de su autoría y se convirtió en un lema. No la conocí personalmente, pero recuerdo sus batallas contra los asesinatos de mujeres, cáncer infame de la sociedad juarense, y su grito en soledad implorando justicia a través de su poesía. Tenía 36 años cuando su cadáver semidesnudo apareció en un callejón de Juárez. Le habían cortado una mano con una sierra y presentaba signos de violación. Carlos Manuel Salas, fiscal general de Justicia de Chihuahua, dijo que Susana «no fue asesinada por su trabajo», sino porque «se fue de copas». Que estaba «tomada», que se encontró con tres muchachos, se fue con ellos a divertirse y que estos, «drogados y borrachos, decidieron matarla». Del Gobierno de Chihuahua, además, deslizaron la versión de que la poeta era sexo-servidora y que, como no quiso tener sexo con el tercer joven, entre los tres la asesinaron.

¿Una institución judicial puede estar más podrida, más degradada, que cuando un funcionario público, un hombre de derecho, se refiere en términos insultantes a la víctima de un crimen? Según sus amigas, aquella noche Susana salió de su casa para encontrarse con ellas. Nunca llegó. En el camino, tres pandilleros se acercaron, la golpearon y se la llevaron a una casa, donde la asfixiaron y la violaron. La investigación policial está llena de claroscuros y el cadáver fue entregado a su familia cinco días después.

La historia de Susana, que tuvo la mala suerte de nacer mujer en un país que desprecia y mata a sus mujeres, quedará sepultada bajo un manto de impunidad.

Regresamos al inicio del círculo perverso: la víctima es culpable.

«Se está perdiendo el respeto a la vida, el don de la vida de Dios que todos debemos respetar, estas muertes injustas, muertes por gente desequilibrada que nos llenan de dolor», dijo el sacerdote que despidió a Susana Chávez. Sus padres, con el alma quebrada y los ojos secos de tanto llorar, acompañaron la carroza fúnebre hasta el cementerio. Antes de enterrarla, su padre pidió que abrieran el féretro y le dio un beso en la frente, y su mama, la bendición. El trío norteño interpretaba «¿De qué manera te olvido?». Susana se convertía en una muerta más de Ciudad Juárez, lugar que solo en 2010 alcanzó la cifra espeluznante de 466 asesinadas, así se violaba, con su propia muerte, aquella premisa que había enarbolado durante años. Sobre un helado campo de cruces, una amiga recordó una frase de un poema de Susana: «Fuiste tú, el sitio del crimen, quien me volvió clandestina melodía».

Norma Andrade es una mujer a prueba de balas. Tiene los ojos oscuros, profundos y filosos, y el rostro marcado por el dolor. Fundó la organización Nuestras Hijas de Regreso a Casa tras 10 años de buscar justicia. Es pionera en la investigación de los feminicidios de Ciudad Juárez, con una hija asesinada —Lilia Alejandra García, de 17 años en ese entonces, trabajaba en una fábrica, y el crimen permanece impune—, y carga sobre su humanidad 30 amenazas de muerte y tres atentados. Norma abandonó México rumbo a un obligado exilio, al que consideró «una prisión en vida». No se equivoca. Lo cual seguramente repercutirá en la organización de la que ella es el *alma mater*. Varias de sus compañeras de lucha fueron asesinadas y otras huyeron al extranjero, a países que ella prefiere no decir por seguridad.

Ni una palabra salió de la boca de Felipe Calderón, a pesar de que organizaciones de derechos humanos nacionales e internacionales exigieron al mandatario por la seguridad de la activista.

En plena campaña electoral y a ocho meses de dejar el poder, Felipe Calderón, atemorizado y abatido, se acuerda de pronto de las víctimas de su guerra. Pide justicia para ellas. La que no exigió en los seis años de su gobierno. Pide por las victimas a las que criminalizó, se refiere a los «daños colaterales». Habla de los niños huérfanos a los que nunca les dio protección.

¿Cómo podemos recomenzar si no aceptamos que somos parte de esta tragedia, si no nos duelen los muertos? No para deslindar responsabilidades, sino para profundizar en las entrañas de la historia, en nuestras conciencias, en la psicología social y en el castigo a una dirigencia política amoral que traiciona la confianza de millones de ciudadanos que lo mínimo que exigen es vivir en paz y que se respeten sus derechos.

Siempre recuerdo esta historia y me gusta compartirla. Ocurrió en mi país, hace mucho tiempo, en una noche negra que duró largos años. Tal vez en este párrafo de la carta del poeta ciego que un día se asomó al espanto surja algo, una lucecita, una inspiración. Eran tiempos parecidos, nos hermanaba la muerte de todos los días. La barbarie, la irracionalidad y la indiferencia colectiva. En Argentina, como en México, nadie decía nada. Nadie denunciaba. Y muchos decían «por algo será», «algo habrá hecho». Solo que en la Argentina la exterminación masiva la llevo a cabo una dictadura militar. En México, la masacre indiscriminada es consecuencia de una guerra contra las drogas, iniciada por un gobierno democrático.

El 22 de julio de 1985, Jorge Luis Borges, en el final de su vida, asistió al juicio oral a las Juntas Militares acusadas de graves violaciones de los derechos humanos. El poeta, conmocionado por el testimonio de una víctima de un campo de exterminio de la Marina, escribió: «Personalmente descreo de los castigos, del libre albedrío. Descreo del infierno y del cielo. Sin embargo, no juzgar y no condenar el crimen sería fomentar la impunidad y convertirse de algún modo en su cómplice».

José Revueltas, el escritor maravilloso al que Gustavo Díaz Ordaz llamó el «filósofo de la destrucción», sacó a la luz la monstruosidad del hombre. Había nacido en Durango y sus textos son de una actualidad abrumadora. Sin eufemismos, indagó y describió a la bestia que anida en las vísceras del México profundo. Escribió sobre el mal y sobre la crueldad del Estado contra los seres indefensos. En *El cuadrante de la soledad*, denunció:

Lo insoportable del mundo en que vivimos, el asco absoluto. Afirmar entonces la conciencia sangrante de que es imposible vivir así; la conciencia de que todos nuestros actos están impregnados de esa corrupción; de esa soledad indigna y maldita. Convencer a todos de ello, hacerles saber que tal cosa es la locura y el hundimiento, y hacérselos saber hasta la desesperación y hasta las lágrimas. Si el Arte cumple, entonces el ciudadano acudirá a los jueces, a los sacerdotes, a los maestros, a los gobernantes, para preguntarles que han hecho con el Hijo del Hombre.

«Soy un fantasma, nadie me habla»

Desde la ventana de la casa de Ivonka se observa la entrada del 58°
Regimiento de la Décima Zona Militar de Durango. Desde esa
ventana vio cómo su esposo, el cabo de informática Víctor Manuel
Castillo Torres, ingresó al cuartel. Sin embargo, Ivonka nunca imaginó que, ese 16 de noviembre de 2010, la imagen de su compañero
caminando los 150 metros que separan su casa del cuartel sería la
última, y que a partir de este momento su vida se convertiría en un
suplicio.

Nos encontramos una cálida mañana de mayo de 2011 en la
cafetería del Hostal de la Monja, un hotel antiguo y bello del centro de Durango, tierra crucificada por la violencia y el desamparo.
A pocas cuadras está la Fiscalía y, dentro de esta, la cámara frigorífica
con los cadáveres desenterrados de las fosas clandestinas. En ese
momento, Durango era uno de los estados con más fosas clandestinas. Según datos de la Fiscalía estatal, los cadáveres encontrados en
fosas clandestinas eran aproximadamente 200. O más. Los números
no son exactos y todo el tiempo la cifra aumenta. Dicen que hay cadáveres en el fondo de las presas y ninguna autoridad investiga; que
un niño los vio cuando se sumergió a bucear y que escapó espantado
y le contó a su padre. Otra, que un buzo que buscaba el cuerpo de un
niño desaparecido en las aguas chocó con los cadáveres.

En pleno centro de la ciudad, una de las más bellas del norte de
México, hay una morgue con cientos de cuerpos torturados cuyos
rostros están deformados a balazos o marcas de golpes con tubos.
Otros fueron estrangulados o quemados. Hay cabezas, muchas cabezas, piernas y brazos, y una mano de mujer con restos de pintura en
las uñas. Continúan allí y pocos son reconocidos. A los forenses se les
nota el hartazgo en el rostro y en la actitud corporal. ¿Cómo se llamaban? ¿Estaban enamorados, tenían hijos? ¿Hay alguien en algún sitio
que los espera o los llora?, me pregunto mientras me alejo.

Hace un calor infernal y el olor a muerto se incrusta en mis fosas
nasales. El olor a muerto no se aleja así nomás. Es dulzón y penetrante.

La gente circula por la calle, como si todo estuviera normal. La calle peatonal del hotel es muy transitada y hay tiendas de artesanías y cafeterías. Algunos turistas gringos hacen compras. Un grupo de jóvenes toma helado y conversa en las mesitas de la acera. Se ríen, hacen bromas, hablan de música. Blindados para no sentir, no mirar y no saber.

El miedo se siente en el aire, pero todos lo ocultan.

En Durango, el enfrentamiento entre el Cártel de Sinaloa y los Zetas es impiadoso, a todo o nada. Como en todo el corredor norte. La violencia hace tiempo que se pasea por el estado. Los M, que respondían al Cártel de Sinaloa, intentaron independizarse y comenzaron a extorsionar y asesinar inocentes. Y los leales al Chapo iniciaron una limpieza interna contra los traidores apoyados por los Ántrax. Resultado: más muertos y más violencia. Ahora, me dicen que ganan los Zetas. Nunca se sabe, en realidad.

«Cuidado con los meseros, los taxistas, las mucamas», es el consejo de colegas y fuentes. «Son halcones, pasan información, no preguntes, no menciones la palabra "narco"». Los policías judiciales y municipales tienen mala fama, muchos están involucrados con los criminales. El Ejército está infiltrado por los Zetas, aunque no lo reconozca. El mal está en todas partes. Una mañana, a pocas cuadras de mi hotel, asesinaron de 14 balazos a un abogado. Desde mi habitación, escuché el sonido agudo de la sirena de la ambulancia. Se llamaba Eduardo Bravo Campos, le decían Lalo, tenía 51 años y era un profesional respetado y querido. Defendía a los estudiantes de la Universidad Juárez de Durango, que estaban en litigio con el Congreso local por la autonomía universitaria. Dos sicarios lo aguardaron hasta que ingresó a su despacho y lo acribillaron. Los empleados y abogados del importante despacho jurídico se tiraron al piso aterrados cuando llegaron los hombres armados, que huyeron en una camioneta gris oscuro. Nadie los detuvo y el crimen permanece impune.

Los ojos claros de Ivonka siempre están húmedos. Su voz se quiebra y las lágrimas recorren sus mejillas, que ella seca con una servilleta de papel. «Perdón que llore, soy fuerte, sabe…, pero estoy viviendo un infierno que no se vale».

Cada vez que se quiebra, me pide perdón. Le digo que el llanto no tiene que ver con la fortaleza y que las lágrimas ayudan a mitigar el dolor. Nos abrazamos.

Ivonka Hernández Sánchez habla con un delicado repique norteño, a pesar de que es jarocha. Se advierte detrás de su dolor a una mujer fuerte, intensa, difícil de doblegar. Nunca se imaginó deambulando en este desierto, implorando que algún humano se apiade de ella. Sabía que en Durango las cosas se habían puesto bravas, que había gente que desaparecía, que hombres armados y encapuchados los levantaban en la calle o en sus casas, que las noches ya no eran las mismas. Escuchaba historias terribles que otras mujeres le contaban en voz baja, a veces leía noticias de muertos en enfrentamientos con militares, de ejecutados en las noches, pero «creía que eran del crimen organizado» y, como ella y su esposo no tenían relación con nada ilegal, no les prestaba atención.

Su vida era sencilla y sin estridencias.

«Y ahora, mire cómo estoy, nadie me escucha, no me hablan, soy un fantasma…».

Ivonka relata que ese noviembre no salieron de vacaciones porque su esposo tenía que realizar los trámites para una nueva credencial de elector. «En el cuartel pasan cosas raras», le dijo él unos días antes, cuando le robaron todas sus pertenencias, incluida su identificación oficial.

«No pensé nada raro, en el cuartel los robos eran comunes. Yo estaba tranquila porque Castillo —así le llama— no portaba armas y no iba a la sierra. Cuando Calderón lanzó esta guerra, sentí miedo, pero él me tranquilizó, me explicó que a él no le tocaba. Ese mes lo pasamos en la casa, con los chicos, y me ayudaba cuando yo salía a trabajar a Soriana Jardines. Porque lo que gana un soldado raso no alcanza para vivir. Cuando yo llegaba, Castillo había limpiado la casa y había cocinado. Era introvertido y rígido, pero era un buen hombre y un padre responsable».

Ivonka recibió una llamada de su compañero el 15 y otra el 16 de noviembre. Su esposo le dijo que tenía que permanecer en el cuartel y que apenas saliera le llevaría el dinero de la quincena. En la segunda llamada, le confirmó que llegaría más tarde, esta fue la última vez que lo escuchó. Lo esperó como siempre y se quedó dormida. Cuando pasaron las horas sin que su esposo apareciera, llamó al batallón y le respondieron que había faltado. Dice que en ese instante tuvo un mal presentimiento. Le dijo al soldado que la atendió que no podía ser verdad. Del otro lado, le colgaron. «En 15 años de pareja, nunca faltó a su trabajo. No salía, no era borracho, era una buena persona. Sabía que ellos me estaban mintiendo...».

Víctor Castillo estaba en el Ejército desde el año 1993 y era originario de Tampico. Se conocieron y se enamoraron en Veracruz, tierra de Ivonka, y al poco tiempo se fueron a vivir juntos. Desde entonces, hasta esa mañana en que su compañero ingresó al regimiento y desapareció sin dejar rastro, nunca se habían separado.

Ivonka expuso su caso ante las instancias militares. Y fue maltratada. «Tenemos indicios de que desertó y se fue con el crimen organizado. Hay un testigo protegido», le respondieron. Ella no se rindió y fue al cuartel a buscar a un superior que le diera la cara. Cuando lo vio entrar, sintió que a su marido le sucedió algo malo adentro del regimiento.

En el batallón no la quieren, sus reclamos molestan.

En la habitacional donde —hasta este momento— continúa viviendo con sus hijos, sus vecinas no le dirigen la palabra por miedo a los castigos militares a sus maridos. Y por el cruel clasismo que existe en el Ejército mexicano, un espacio hermético donde las autoridades civiles no tienen injerencia, ni control. Los castigos y torturas a los soldados son habituales y brutales, según me relatan Ivonka y otros familiares de soldados desaparecidos. «De subtenientes para arriba, es otro mundo. Y a los que son tropa, no se los considera, los discriminan, son basura. Y Castillo era tropa...».

«¡Tú no eres nadie, no existes para la Sedena, no puedes reclamar nada!», le gritó el coronel René Arturo Sánchez Herrera, en la única cita que le concedió luego de que ella insistió durante días.

El coronel Sánchez Herrera, que ya ha sido trasladado a otra parte, la humillaba por su condición de concubina. Terminó la reunión bruscamente y ella pudo decirle poco. Desde el cuartel comenzaron a hacer circular la versión de que Víctor Castillo se había ido con el narco. Llegaron al colmo de la crueldad: lanzaron el rumor de que alguien lo vio con los Zetas y que el video estaba en YouTube. Desesperada, Ivonka peregrinaba por los cibercafés buscando en la web alguna noticia de su esposo. En internet, un video enseña el interrogatorio al cabo Luis Miguel García Miramontes, de la décima zona de Durango. Encapuchados armados le apuntan mientras le preguntan quiénes son los militares que colaboran con los Zetas. El joven de 23 años, muy asustado, da detalles y nombres. Menciona al capitán de Comunicaciones, Delfino Olivares, del 58º Regimiento, y a sus hermanos. La Sedena emitió un comunicado que confirma que el joven soldado del video había sido secuestrado en abril de 2010, que el capitán estaba en actividad y que «no tenía vínculos con los criminales». Resulta sospechoso que no separaron del cargo al capitán, por lo menos hasta que aclare las graves denuncias del secuestrado. El video se corta y la pantalla se pone negra, lo que indica que fue asesinado después de que dio los datos y los nombres. Hay otros videos que involucran a altos jefes militares asentados en Durango con los Zetas. El Ejército estaba perforado por el narcotráfico y sus organizaciones.

Hasta hoy, la Sedena no presentó las supuestas evidencias sobre la relación de Víctor Castillo con el crimen organizado, pero provocaron un irreparable daño psicológico a la esposa y a los hijos de un hombre que, hasta que desapareció en las entrañas del batallón, había servido al Ejército con sincera vocación.

Una noche, a mediados de 2011, un grupo de militares armados con fusiles irrumpió violentamente en casa de Ivonka y le dio un ultimátum: tenía un mes para abandonar la casa, que pertenecía al

Ejército. Delante de sus hijos menores de edad, le leyeron un documento donde afirmaban, entre otras cosas que ella no entendió, que su esposo era «desertor y traidor». Le exigieron apuntándole con los fusiles que firmara y ella no firmó.

«No les tengo miedo, son bestias, no tienen sentimientos. Hay muchos soldados desaparecidos y a ellos no les importa. No voy a parar hasta que me digan qué pasó con mi esposo. Si es criminal, que me lo demuestren con pruebas. Si está muerto, que me lo entreguen. Me están mintiendo, se esconden. Les pedí los certificados de entrada al cuartel y el certificado de cobro de la quincena, y se asombraron, me creyeron mensa porque soy pobre. No voy a permitir que sigan violando mis derechos».

La Comisión estatal de Derechos Humanos informó que el último lugar en donde se vio a Víctor Manuel Castillo fue en las instalaciones del Campo Militar 5 de Mayo. Lo mismo aseguran en la Comisión de Derechos Humanos de Durango. «Todo nos hace pensar que este soldado vio algo en el cuartel y eso le costó la vida», me dice un funcionario de la comisión. La Sedena continúa con su tesis de que el cabo de informática es desertor y hostiga psicológicamente a la familia. Le quitaron los servicios médicos y no responden sobre el seguro de vida que el cabo Castillo firmó para sus hijos y su madre.

La abogada María Ismelda Flores Morales, coordinadora del Centro de Atención a Víctimas del Delito, le da seguimiento al caso y escucha a Ivonka con compasión y paciencia. Su pequeña oficina en el centro de la ciudad es refugio permanente de desesperados que huyen de las matazones. Llegan como pueden, caminando horas y horas desde pueblos lejanos, en camiones y con lo puesto. Tienen el pavor reflejado en sus retinas y una tristeza imposible de definir. Aguardan horas, duermen en sus camionetas en la calle, esperan bajo el sol ardiente. Me cuentan historias escalofriantes. No es mucho lo que el Centro de Atención a Víctimas del Delito de Durango puede hacer, me confiesa María Ismelda con angustia, una tarde mientras caminamos hacia mi hotel.

Ivonka Hernández Sánchez, como los demás, enfrenta el peor de los crímenes: la desaparición de su compañero y padre de sus hijos.

«Nos hicimos los exámenes de sangre, fui a ver los cadáveres de las fosas. No quiero ver más fotografías de descuartizados y decapitados para ver si entre ellos está Castillo. Salgo enferma. Hay mujeres, ancianos, niños. Tengo pesadillas, no puedo dejar de llorar y lo hago a escondidas de mis hijos, no quiero que me vean así. Tengo que trabajar y cuidarme de estos malvados que me hostigan. No tengo tiempo de ir a la psicóloga y la necesito. Algunas noches sueño con Castillo, está vivo y me quiere decir algo y no entiendo. ¿Y si está vivo y un día regresa?, pienso muchas veces. Mis hijos creen que su papa va a volver, no sé qué decirles, ya pasó un año. Si estuviera vivo, sé que se habría comunicado con nosotros. Pero si está muerto, ¿dónde está y por qué lo mataron? ¿Por qué los militares no me dicen dónde está? Ni siquiera tengo dónde llevarle una flor…».

Antes de irme, fui una mañana a visitar la fosa clandestina del fraccionamiento Las Fuentes, en los suburbios de la ciudad, una zona habitada por gente de clase media trabajadora. Hombres y mujeres van y vienen, metidos en sus cosas. Miran de reojo el auto donde vamos. Una taquería en la esquina, una tienda de abarrotes, enfrente un colegio. Nada parecía indicar que en ese terreno baldío rodeado de casas habitadas, con la tierra revuelta por las excavadoras, se encontró medio centenar de cuerpos. Al fondo, en un rancho vacío de techos de lámina, funcionaba un taller donde arreglaban radiadores. Unos me dijeron que el dueño del terreno está prófugo; otros, que está detenido y que era un policía judicial. Nadie quiere hablar, están aterrados. El sol quemaba como fuego. El aire olía a muertos. Un niño de seis años jugaba sobre el cementerio clandestino. Se acercó apenas me vio descender del auto. Mis compañeros, dos periodistas de Durango, decidieron permanecer adentro. Recorrí y pregunté a unos vecinos. Nadie vio nada. La fosa era muy profunda y para cavar necesitaron máquinas. ¿Cómo podía ser que nadie vio o sintió nada?

«Mire, señito, esa es la chamarra de un muertito», me dijo el niño y me señaló un trapo sucio, con manchas marrones de sangre seca.

Sus ojos negros no mostraban ningún sentimiento. Le pregunte qué hacía en ese lugar. Se encogió de hombros y continuó jugando.

Durante el sexenio de Felipe Calderón, desaparecieron 137 militares y 82 se suicidaron, según datos oficiales de la Sedena, publicados por la revista *Proceso*.

Los motivos se pueden adivinar, aunque el hermetismo castrense es soviético. El Ejército asegura que tiene abiertas investigaciones para dar con el paradero de sus soldados y oficiales desaparecidos, pero las dudas son inmensas. Los fueros militares continúan vigentes y los militares se resisten a ser juzgados por la justicia civil, como lo exigen los organismos internacionales. Human Rights Watch, en su visita a México, denunció frente a Felipe Calderón las gravísimas violaciones de los derechos humanos cometidas por el Ejército y la Marina durante la guerra al narcotráfico.

Ni seguridad ni derechos es el título demoledor del informe que enfureció al presidente y a los jefes del Ejército y la Marina. Felipe Calderón se mostró ciego y sordo frente a los reclamos. No quiere escuchar que muchos de los militares, los que sacó a las calles para dar la batalla al crimen organizado, abusan, torturan y asesinan a ciudadanos indefensos.

Como reflexionó Borges aquella mañana de 1985 después de escuchar el relato de un sobreviviente: «No juzgar y no condenar el crimen sería fomentar la impunidad y convertirse en cómplices».

No eran sicarios, eran estudiantes

Jorge Antonio Mercado Alonso y Javier Francisco Arredondo Verdugo eran amigos inseparables, desde que se conocieron en la Universidad. Tenían 23 y 24 años cuando fueron asesinados al quedar atrapados en una balacera entre soldados y supuestos sicarios, en el cruce de las avenidas Garza Sada y Elizondo, una de las puertas de entrada al Tecnológico de Monterrey. Fue en la madrugada del 19 de marzo de 2010. Además de amigos, eran estudiantes de posgrado y llegaron a la prestigiosa casa de estudios gracias a una beca que les otorgaron por sus excelentes calificaciones. Esa noche, José Antonio trabajaba en un proyecto del Tec para desarrollar un auto híbrido que funcionaría con gasolina y energía solar. Javier lo acompañaba y revisaba su tesis en el laboratorio de mecatrónica. Conversaban tranquilos y decidieron salir a cenar. Compartían un departamento ubicado cerca del campus universitario y estaban tan concentrados en su trabajo que no advirtieron que ese día había sido tumultuoso en Monterrey, con varios bloqueos. A la salida, se encontraron con la muerte. La información a partir de aquí entra en una nebulosa. Los soldados se acercan a los cuerpos de los jóvenes, los revisan y encuentran sus credenciales de estudiantes. La Comisión Nacional de los Derechos Humanos dice que los militares, en lugar de reportar, ocultan los documentos personales y les colocan armas en las manos para hacerlos pasar como sicarios. Existe una sospecha más grave: que cuando los militares realizaron esta maniobra, los estudiantes estaban vivos. Al principio se dio la información de que los jóvenes eran sicarios y el rector del Tec se apresuró a decir que no pertenecían a esa universidad y que eran pistoleros. Rafael Rangel Sostmann, rector del Tecnológico de Monterrey, pidió disculpas y expresó los pésames a las familias de los estudiantes. Dijo que su error fue haber creído en la Sedena, que le dijo que eran sicarios, y en el procurador de Justicia en Nuevo León, Alejandro Garza, que le aseguró que ningún estudiante resultó herido.

Los primeros informes oficiales provenían de la Sedena. Decían que se había abatido a dos criminales afuera del campus, a los que se les decomisaron tres armas largas, 15 cargadores, teléfonos celulares, una tabla de tortura, forrituras, libretas, esposas y otras pertenencias. El informe que presentó la Comisión Nacional de los Derechos Humanos, a cargo de Raúl Plascencia, explica en la recomendación 45/2010 que, según los datos arrojados por la autopsia, a Jorge Antonio le dispararon a menos de un metro de distancia y los dos cuerpos fueron golpeados aún después de estar heridos de muerte, además de que fueron removidos de la escena del crimen y puestos en otras posiciones.

Los familiares de los estudiantes se alarmaron por su ausencia y aunque el Tecnológico de Monterrey ya había emitido un comunicado en el que explicaba que se había desarrollado un tiroteo, sin que ningún miembro de su comunidad resultara herido, buscaron a sus hijos hasta encontrarlos en el Servicio Médico Forense.

La Sedena insistió en que sus tropas no sembraron armas a los estudiantes y argumenta que los confundieron con sicarios de los Zetas. Aceptó la participación de siete miembros en los hechos y se procesó a uno de ellos por este delito, pero el militar no recibió sentencia. El 1 de mayo de 2010, la PGR determinó que la escena del crimen fue manipulada.

El 19 de marzo de 2019, el Gobierno de Andrés Manuel López Obrador pidió disculpas públicas a los padres de Jorge Antonio y Javier Francisco, y aceptó que fueron asesinados por miembros del Ejército, que fueron sancionados.

EL EXTERMINIO DE LOS REYES SALAZAR

A Marisela le cuesta hablar. Olga, su hermana, es más dura, pero un río de agua va por dentro y confiesa que llora a escondidas, que llora mucho, y que muchas veces siente que su vida no tiene sentido, que se le escapa en ese llanto a solas. Estamos en el Sanborns de los azulejos, donde el alegre ruido ambiental y el sonido de la calle se mezclan con la desolación de ambas. El desgarro se siente, se huele, se respira mientras conversamos.

La familia Reyes Salazar es el símbolo del exterminio y la impunidad. Huyeron de Ciudad Juárez sin documentos, sin ropa, sin dinero. Perdieron todos sus bienes o lo poco que tenían. O se iban o los masacraban como a los seis miembros de su familia que habían sido asesinados en los últimos tres años. Desde marzo de 2010, 30 de ellos tuvieron que abandonar sus casas para no perder la vida. Desplazados, se escondieron en un refugio. Ninguna autoridad en México puede garantizar su seguridad.

El drama de la familia comenzó en agosto de 2009, cuando el Ejército detuvo a Miguel Ángel Reyes Salazar, al que acusaron de supuestos nexos con el narcotráfico. Su madre, Josefina Reyes, una luchadora reconocida que batalló por el esclarecimiento de los asesinatos de mujeres y contra los abusos de los militares, realizó una huelga de hambre para que le informaran de las razones de la detención de su hijo. Logró la intervención de la Comisión Estatal de Derechos Humanos en Chihuahua y su hijo fue presentado con vida por los militares. El 15 de noviembre de 2009, su otro hijo, Julio César Reyes, fue asesinado en Juárez por pistoleros encapuchados. A los pocos días, Miguel Ángel fue nuevamente detenido por el Ejército. Josefina Reyes, a pesar del dolor, integró un comité de derechos humanos para investigar los abusos militares en Juárez y continuó reclamando por sus hijos. Fue amenazada de muerte varias veces y no se rindió.

El 3 de enero de 2010, un grupo de hombres armados y encapuchados ingresó a su negocio de venta de barbacoa y le destrozó el rostro a balazos.

En agosto de 2010, Rubén Reyes Salazar, que había sido regidor del PRD en el poblado de Guadalupe, fue asesinado. Al lado de su cuerpo quedaron 19 casquillos de rifle AK-47. El 7 de febrero de 2011, los hermanos Elías y Malena, y la esposa de Elías, Luisa Ornelas, fueron secuestrados por un comando armado en uno de los caminos del Valle de Juárez, a menos de un kilómetro de un retén militar. Una semana después, la vivienda de los Reyes Salazar fue incendiada con bombas molotov. Doña Sara Salazar, doblada por el dolor, viajó a México para presentar su caso a la Cámara de Diputados. Su hija Marisela llevaba varios días haciendo huelga de hambre en reclamo por la aparición de sus hermanos y su cuñada. La familia Reyes Salazar realizó un plantón frente al Senado para exigir la intervención federal, ante la nula atención de la Fiscalía General de Chihuahua. Doña Sara, la jefa de la familia, con sus 73 años y su tragedia a cuestas, enfrentó al gobernador César Duarte y a gritos le exigió la aparición de sus hijos. Dos días después, los cadáveres de los dos hermanos y el de Luisa Ornelas aparecieron en las afueras de Ciudad Juárez. Mostraban signos de tortura y mutilación. Por la trascendencia pública del caso, los desenterraron y los lanzaron en mitad de un camino de tierra.

El funeral de los hermanos se realizó con la custodia de vehículos blindados y policías. En el cementerio, no hubo sepultureros disponibles. Nadie se animó y los hermanos cavaron las fosas. Sara Salazar, sus hijos sobrevivientes y sus familias huyeron de Chihuahua luego de enterrar a sus seres queridos.

Olga Lidia Reyes Salazar tiene 42 años y es la portavoz de su familia. Como un torbellino va y viene, incansable, ayudando a las víctimas, dando consuelo y buscando soluciones. Se ríe a carcajadas en su dolor y por las noches, cuando no la ven, llora y llora.

«Sé que necesito ir a terapia. Pero no puedo, no tengo tiempo», me dice. Donde hay un alma en pena, allí esta Olga para dar una mano. Los Reyes Salazar cumplen con las medidas de seguridad dentro de sus posibilidades. Las cruces de sus hermanos asesinados fueron robadas, las tumbas profanadas y los mensajes de muerte continúan. Marisela Reyes me contó que Isela Hernández Lara, una vecina que cuidaba a su nieto, fue secuestrada en agosto de 2011 por un grupo de hombres armados que sabían que el menor de tres años estaba a su cuidado. Según informó la Fiscalía General de Chihuahua, el niño era el verdadero objetivo de los secuestradores. Su hija lo había retirado dos horas antes. Isela continúa desaparecida y su esposo, que fue golpeado y torturado, encontró refugio en un hospital de Estados Unidos, lo mismo que la hija de Marisela. El Estado mexicano no puede garantizar ninguna seguridad a los Reyes Salazar. Como no puede garantizar la seguridad de nadie. Olga Reyes no confía en que la justicia llegue algún día. Se capacita para defender su caso y ayudar a otros como ella. Toma talleres de derechos humanos y participa del Movimiento por la Paz, la Justicia y la Dignidad que encabeza Javier Sicilia.

CARTA DESDE TABASCO

Esta historia sucedió en Tabasco, en el municipio de Paraíso, y es solo una entre las miles que llevan la perversa marca de la extorsión bajo la que viven prisioneros empresarios, profesionales, medianos y pequeños comerciantes, maestros, médicos, vendedores de refrescos o de hot dogs, dueños de antros, de bares o de clubes. Ricos y pobres de todo el territorio nacional. Esto no es cuestión de clases sociales. Esto es la marca de la degradación, del colapso de las instituciones, de la justicia, del Estado.

Nadie se salva del perverso entramado que mueve millones de pesos y alimenta las arcas de las mafias que, con la complicidad de políticos, funcionarios judiciales y policías, hacen y deshacen con impunidad frente a unos ciudadanos indefensos. O pagas o mueres. Plata o plomo. Si pagas, quedas enredado en la maraña. Si te va mal, si tienes problemas económicos, te matan. No hay excusas, ni plazos. O consigues la lana o eres la muerte andando, no se salvará ni la familia.

No hay autoridad, porque son parte del negocio y, si denuncian, también son asesinados y encima del cadáver o en la puerta de la casa, si no le prenden fuego, colocan un cartel que dirá «Por soplones». Para que a todos les quede claro cómo funciona el sistema. El pago no garantiza que la vida propia y la de la familia estarán a salvo, y nadie sabe a quién le está pagando.

La tragedia de don William Alamilla y su familia es una muestra clara. Accedí a sus detalles a través de una persona cuya identidad mantendré en reserva y que vivió la situación directamente. En Tabasco tuvo mucha repercusión, pero nadie quiere hablar.

«Todos sabemos aquí quiénes fueron, estamos jodidos», me dijo un reportero de Tabasco, en 2011. Aunque hacia afuera trasciende poco, miles de tabasqueños están sumidos en el terror. Hay presencia militar, pero los Zetas dominan la zona y la gente vive aterrada. Niños y adolescentes pobres son reclutados por los Zetas como halcones y entrenados para matar. El gobernador priista Andrés Granier Melo anunció que habían detenido a una «gatillera tabasqueña» de 13 años y que había que endurecer las leyes. Solo en 2011 fueron denunciados 27 casos de plagio. En el mes de agosto, cuatro bares fueron incendiados por no pagar. En octubre de 2010, un mes después del caso de William Alamilla, fue destituido el teniente coronel retirado Manasés Sánchez Fuentes, director de Seguridad Pública. Durante su mandato, los índices de violencia se tornaron insoportables y los criminales actuaban con la complicidad del gobernador y del exprocurador de Justicia —su asesor personal— Gustavo Rosario Torres, al que le encontraron pruebas concretas de colaborar con los Zetas. El grupo de *hackers* Anonymous hizo circular una grabación donde Torres habla por teléfono de una transacción de cocaína con un mafioso. Desde hace tiempo, la DEA sigue de cerca al químico Andrés Granier Melo por sus negocios *non sanctos* y los millones que gasta en sus continuos viajes de esparcimiento a Las Vegas y a Cuba.

Transcribo esta carta tal como la recibí, para no modificar la magnitud del drama que trasmite quien me la envía.

Estimada Olga,

El 30 de agosto de 2010 don William Alamilla fue interceptado por un coche con hombres armados cuando se dirigía a su casa después de salir del *table dance* de su propiedad. Lo bajaron del coche y se lo llevaron. No sé cuántas personas participaron del secuestro, pero eran muchas y también se llevaron su coche.

Esa misma noche se comunicaron con la esposa, la Sra. Maribel, y le pidieron una enorme cantidad de dinero. Creo que eran diez millones.

Fue la última vez que lo escuchó. Los hijos del Sr. Alamilla, que no son hijos de la Sra. Maribel, se dedicaron a hacer las negociaciones.

Los secuestradores exigieron que no se diera aviso a las autoridades, ni a policías, ni a militares, que tienen una fuerte presencia en Tabasco. A pesar de los esfuerzos de la familia Alamilla, no podían juntar la cantidad que les pedían. Todos estábamos preocupados por la salud de don William, pues debido a problemas del corazón tenía que tomar dos medicamentos. Uno atrás del otro, para reducir los efectos no deseados del primero.

Los secuestradores merodeaban por la casa. Uno de esos días, muy cerca de la propiedad, hicieron varios disparos al aire. Camionetas color negro con cristales polarizados siguieron al marido de la hija de don William en más de una ocasión. Frente a la casa de mis padres vigilaban quién entraba y quién salía. Tenían todos los datos. Incluso una vez sugirieron que le pidiera dinero a mi familia. Sobra hacer referencia al tono y al lenguaje que usaban los secuestradores.

Como sabrás, aquí en Tabasco, además de los militares, hay una fuerte presencia de los Zetas. Antes de ser secuestrado, don William fue extorsionado y amenazado con «levantar» a uno de sus hijos. Además de que le hicieron saber que conocían los movimientos tanto de los hijos como de los nietos. Después de pagar fuertes cantidades todos los meses, le hicieron saber que el marido de su hija tenía que tener cuidado. En ese entonces su yerno era dueño de un café-bar. Don William se hartó y decidió denunciarlos por extorsión.

Cuando pensamos que las cosas estaban resueltas, un grupo de hombres se apareció por el negocio. Se identificaron como Zetas y exigieron el pago de una determinada cantidad de dinero por «respetar el negocio y la familia».

Cuando sucedió el secuestro, los hijos se comunicaron con los Zetas a los que pasaban una cantidad supuestamente por protección y estos respondieron que ellos no tenían nada que ver con el secuestro. Uno de ellos les sugirió que cuando los secuestradores se volvieran a comunicar dijeran que les mandaba saludos el comandante X. Si no reconocían el nombre, entonces no eran Zetas sino de otra banda de delincuentes.

Cuando los secuestradores volvieron a llamar, los Alamilla hicieron lo indicado. Del otro lado les dijeron que no sabían quién era el tal comandante.

No puedo darte más detalles. Sé que se pagó, no sé cuánto, ni quién de los hijos entregó el dinero. Se pagó y los secuestradores se comprometieron a devolver con vida a don William.

Fue secuestrado el 30 de agosto y hoy, 5 de septiembre de 2011, se cumple un año desde que encontraron su cuerpo desnudo y abandonado en un baldío, con dos tiros en la cabeza y una cartulina que decía «Esto les pasa por soplones».

Curiosamente, mientras estaban las negociaciones, un soldado se apersonó en la casa de don William y doña Maribel para preguntar por él y si necesitaban ayuda. Esta persona obviamente sabía del secuestro. Los hijos de don William le dijeron que no pasaba nada y negaron que su padre estuviera secuestrado. Al día siguiente apareció una nota en el periódico local que daba cuenta del secuestro. Creemos que por eso lo mataron.

Hicieron la autopsia, y no sé decirte si la causa de la muerte fue un infarto o si después le dispararon en la cabeza. Las investigaciones sobre el secuestro y el homicidio fueron muy lentas. No nos explicábamos cómo, con tantos datos, no podían dar con los responsables.

La camioneta de don William apareció en el aeropuerto con huellas de las personas que se lo llevaron. En el aeropuerto hay dos cámaras que graban quién entra y quién sale del estacionamiento.

Con una de sus tarjetas de crédito los secuestradores hicieron compras en una joyería que se encuentra dentro del centro comercial, que también cuenta con cámaras de grabación.

Algún tiempo después, la Procuraduría del estado atrapó a dos personas. Una de ellas resultó ser un trabajador de don William, recientemente despedido. De la tercera no sabemos nada. Porque dijeron que fueron tres.

Como si fuera poco, una foto del cadáver de don William apareció en el periódico local.

Doña Maribel y su nuera perdieron contacto con los hijos de don William, aunque por temas familiares.

Lo único que me queda por decirte es que el miedo y el dolor de la familia han sido una tortura. Siempre está presente el terror a que la historia vuelva a repetirse. La violencia y los secuestros continúan en el estado, y son muchos casos, muchas familias las afectadas y con miedo. Es triste, pero también observo una resignación a que esto vuelva a ocurrir. ¿Cómo podemos vivir resignados a vivir así?

La situación de México es insostenible.

No sé qué más decirte...

Gracias por escucharnos.

El Ponchis

Tarde por la noche. Se ven militares encapuchados y armados que se mueven de un lado a otro. Entre ellos camina un niño. Se sienten los disparos de las cámaras fotográficas una y otra vez. Se escuchan voces de militares y periodistas. Todos quieren una imagen de ese niño. Quieren preguntarle, ver sus ojos, conocer los detalles macabros de sus crímenes. Es la bestia que salió de las profundidades de la tierra arrasada por la pobreza, la marginalidad y la violencia. Tiene un suéter negro y pantalones claros. Camina con las manos en los bolsillos. Flaco y desgarbado, parece asustado por momentos, y en otros, responde con prepotencia. Se le ve sucio, con ojeras, vulnerable, definitivamente solo en su inmensa tragedia. Tiene 14 años. Es el niño sicario, el que ostentaba sus asesinatos en YouTube, el experto en cortar cabezas. Un militar lo coloca frente a los periodistas. Como un condenado frente a la Inquisición. El Ponchis contesta despacio, arrastrando las palabras, como si estuviera drogado:

—¿Cómo te llamas?

—Édgar Jiménez Lugo.

—¿A cuántas personas has matado?

—A cuatro.

—¿Cómo lo hacías?

—Los degollaba.

—¿Qué sentías al hacerlo?

—Muy feo.

—¿Por qué lo hacías?

—Me obligaban.

—¿De qué forma te obligaban?

—Me decían que si no lo hacía me iban a matar.

—¿Eres el que sale en un video golpeando a una persona colgada en una casa?

—Así es.

—Se dice que eres responsable de los colgados de las Galerías.

—Esos no los colgué. Los otros nomás los degollé, pero nunca fui a colgar a los puentes.

—¿Tienes miedo?

—No.

—¿Sabes lo que viene?

—Sí, sé lo que va a pasar.

—¿Por qué los matabas?

—Me ordenaban. Solo me drogaba con mota y no sabía lo que hacía.

—¿Por qué te metiste en eso?

—No me metí, me jalaron.

—¿Dónde aprendiste a ejecutar, a golpear?

—Me drogaba el Negro.

—¿Desde cuándo te drogaba el Negro?

—Desde los doce.

—¿Qué tipo de armas tenías?

—Cuernos de chivo, 45...

—¿No tienes papás?

—No, vivía solo...

—¿Dónde te agarraron?

—En el aeropuerto.

—¿Adónde ibas?

—A San Diego...

—¿A qué ibas?

—A ver a mi mamá... Mi madrastra.

—¿Cuánto te pagaban?

—Dos mil quinientos semanales, en pesos y dólares.

Édgar baja la cabeza, se advierte el miedo en sus ojos y en el tono de voz. Su cuerpo de niño se encoge como un pájaro. Enfrente, lo espera la hoguera. Inmediatamente salen los dedos acusadores que exigen dureza en las leyes, que piden la pena máxima, los que piensan que a estos niños sicarios, abandonados por la sociedad y por Dios, encarcelados por la guerra, hay que matarlos. Hay que leer los mensajes debajo de los videos. «Chale pinche güerco estúpido ojala que un día te fusilen». Una psicóloga declaró alegremente que era un «niño psicópata». Muchos acusan, otros se espantan, los más miran hacia otra parte y, los menos, se preguntan qué le pasó a México para que este niño de mirada triste se transformara en una máquina de matar.

Qué le faltó, qué no se hizo por él, por qué el Estado no previno esta situación. Según el psicólogo Juan Martín Pérez, de la Red por los Derechos de la Infancia en México (REDIM), hay 40 mil niños y adolescentes en manos de los distintos cárteles. Mano de obra barata, los nadies, los ignorados, los utilizados para enviar mensajes mafiosos. Hay niños descuartizados y decapitados, con cartulinas, para castigar al rival o al que no pagó.

«¿Es posible que el Ponchis se recupere algún día?», pregunto a Juan Martín Pérez. «Depende de cada caso. No hay normas escritas, pero depende de las personas vitales que tiene a su lado. Este hecho traumático va a marcar su vida, estará ahí, en lo fisiológico y en lo neuronal, pero tenemos el deber de resignificar su vida, de encontrarle un proyecto alternativo. No son culpables, son víctimas. Si está en una institución, es menos probable que se recupere, al salir volverá a lo mismo, y peor en este contexto de colapso institucional, de extrema violencia.

«El caso del Ponchis es paradigmático. Nació en Estados Unidos, su madre lo abandonó y lo crio la abuela, una mujer anciana sin condiciones económicas ni culturales para hacerlo. Cuando estaba en la escuela había golpeado a una niña, tenía conflictos visibles. Nadie intervino, ningún profesional fue a ver qué pasaba con él. Entonces, lo más fácil: lo expulsaron de la escuela. El DIF, ni enterado. Y cuando llega a la calle, lo secuestra Jesús *el Negro* Radilla Hernández, jefe de una banda criminal, lo droga, le enseña a matar y lo convierte en sicario. Él se deja porque, en su soledad, visualiza en ese criminal la figura paterna, fuerte, que no tenía. Por supuesto que debe ser sancionado penalmente como responsable jurídico. Pero es una víctima de la narcoexplotación. Los niños son utilizados porque a los mafiosos no les importan en absoluto, son explotados para un fin determinado y, si los matan, buscan otro niño», dice Juan Martín Pérez.

Édgar Jiménez Lugo fue ingresado en un Instituto de Rehabilitación de Morelos, donde permaneció tres años. Luego fue repatriado a Estados Unidos.

El Negro Radilla, su secuestrador, vinculado al Cártel del Pacífico Sur, el que le enseñó a matar, fue detenido bajo la acusación de haber asesinado al hijo del poeta Javier Sicilia. Otros testimonios vinculan al Ponchis con el entierro de personas en una fosa clandestina. Su madre, que lo abandonó al año, traficaba cocaína, es adicta y fue detenida en Estados Unidos. Su abuela Carmen, a la que adoraba y era su único afecto, murió por causas relacionadas con la diabetes que padecía.

Esa mujer

Marisela Escobedo fue asesinada frente al palacio de gobierno de Chihuahua cuando exigía justicia por el asesinato de su hija Rubí Marisol. Una videocámara registró el momento en que un tipo armado baja de un carro y persigue a Marisela y le tira a la cabeza. Su muerte está impune a pesar de la repercusión nacional e internacional que tuvo.

Marisela Escobedo inició su lucha cuando su hija Rubí fue secuestrada.

Denunció como sospechoso a Sergio Rafael Barraza Bocanegra, que había sido pareja de Rubí. Después de haber sido ubicado y señalado por Marisela, Sergio reconoció su crimen e incluso llevó a las autoridades al lugar donde prendió fuego al cuerpo de Rubí Marisol. Sin embargo, el 30 de abril de 2010 fue liberado. Los jueces se excusaron argumentando que el Ministerio Público no había demostrado la causa de la muerte de Rubí.

Marisela Escobedo, indignada, continuó su lucha y logró desembocar el caso en una segunda instancia. En esta ocasión, el Tribunal de Casación, que depende de la Suprema Corte de Justicia, anuló la sentencia absolutoria y condenó a Barraza Bocanegra a 50 años de prisión. Al girar la orden de aprehensión, el criminal estaba prófugo.

Las amenazas de muerte contra Marisela eran incesantes. La Fiscalía General de Chihuahua no realizaba las investigaciones y Marisela comenzó a buscar justicia por su cuenta. Una noche ubicó a Sergio en Zacatecas. Lo denunció. Las autoridades miraron hacia otra parte.

En julio del mismo año, Marisela viajó a la Ciudad de México. Pidió audiencia con Felipe Calderón y con el procurador Arturo Chávez Chávez. Ninguno la recibió. Peor, ni siquiera le respondieron la solicitud. A finales de noviembre, logró entrevistarse con funcionarios de la Segob, pero fue inútil, porque no la ayudaron.

Marisela estaba sola. Fue abandonada por la Justicia y por el Estado. Amenazada, perseguida por los criminales y abrumada por el dolor, continuó su batalla. El 8 de diciembre de 2010 se entrevistó con el fiscal general de Chihuahua y, después de la reunión, instaló un campamento frente al Palacio de Gobierno de Chihuahua. Advirtió que no se movería de ahí hasta que detuvieran al asesino de su hija.

Marisela fue asesinada el jueves 16 de diciembre de 2010 a las 20:00 horas.

En el video se puede observar cómo un vehículo blanco se detiene frente al lugar donde Marisela se había instalado con una mesa y unas pancartas, acompañada de un hombre. El agresor se baja del vehículo y se dirige hacia ella y la encañona con un arma. El acompañante de Marisela le arroja una silla. Ella sale corriendo y el asesino la persigue y la alcanza al otro lado de la calle, donde le dispara a la cabeza. La escena ocurre en pocos segundos. Fue trasladada con vida a una clínica, pero era tarde y murió.

El titular de la Fiscalía de Chihuahua, el inefable Carlos Manuel Salas, declaró que la principal línea de investigación apuntaba al asesino y exnovio de la hija de Marisela. Ella había denunciado que Barraza, el asesino de Rubí, tenía vínculos con los Zetas. Nadie la escuchó. No les importaba: a fin de cuentas, era mujer en Juárez, no tenía caso.

Marisela descansa en el mismo panteón donde dos años antes sepultaron a su hija Rubí Marisol Frayre. Los otros hijos de Marisela recibieron amenazas a los tres días de sepultar a su madre y Manuel Monge Amparan, su cuñado, fue encontrado asesinado en las afueras de Ciudad Juárez. Un día antes del asesinato de Manuel, un comando armado llegó a una maderera, propiedad de Marisela, y le prendió fuego. Los hijos y familiares de la luchadora solicitaron asilo político en Estados Unidos. Los hijos de Marisela fueron derivados al mismo albergue en El Paso, Texas, donde se encontraron con la madre de Sergio Barraza Bocanegra, el asesino de Rubí, quien relató que estaba amenazada de muerte. El 22 de agosto de 2011, el Gobierno de Estados Unidos les concedió el asilo político.

«Es por ella, pero es por todas las hijas de las demás mujeres mexicanas. Al Estado mexicano hace rato que la vida de las mujeres no le importa, entonces seremos nosotras las que digamos, hasta la muerte, que sí valemos, que nuestras hijas merecen un país seguro. Yo sé quién es el asesino y no voy a quedarme callada», le dijo Marisela a Lydia Cacho, meses antes de ser asesinada.

Sergio Rafael Barraza Bocanegra murió en un enfrentamiento con el Ejército, en Zacatecas, en noviembre de 2012.

«Es un acto de justicia divina, que el Gobierno de Chihuahua no logró dar», dijo Juan Manuel Frayre Escobedo, hermano de Rubí.

«LOS ZETAS NOS ESTÁN MATANDO»

El hallazgo de 72 cuerpos de migrantes asesinados en el rancho el Huizache, en el municipio de San Fernando, Tamaulipas, el 24 de agosto de 2010, fue el inicio de los asesinatos masivos del sexenio de la guerra.

Desde ese día, los migrantes tienen terror de atravesar México, paso obligado hacia Estados Unidos. Es el camino de la muerte. Retenes y más retenes con encapuchados armados y carreteras desoladas en manos de criminales, secuestradores y sicarios: ese es el paisaje que los espera. Nadie sabe quién es quién. Todos tienen uniformes militares, pasamontañas, armas y sed de sangre. Mafiosos de toda calaña se adueñaron del territorio nacional, y la impunidad y el colapso del Estado facilitan unos crímenes cuyo salvajismo resulta casi imposible de creer. Los relatos de los pobladores son espeluznantes. Todos saben, todos fueron testigos, pero nadie denuncia. Tienen terror de los policías ministeriales, de los estatales, de los judiciales, de los militares, de los marinos, de los sicarios, de los paramilitares, de los Zetas. Muchos emigraron y abandonaron sus casas, hoy habitadas por delincuentes. Otros aguantan como pueden, aplastados por el miedo. Pueblos mustios, silenciosos. El terror se devoró el alma de su gente.

Tamaulipas tiene más de 50 fosas clandestinas. Es casi imposible conseguir cifras reales. En sus entrañas se han encontrado más de 193 cuerpos. Hombres, mujeres, adolescentes y niños. Cuerpos descuartizados, quemados, destrozados a golpes, imposibles de reconocer.

La carretera que atraviesa Tamaulipas es un Triángulo de las Bermudas donde desaparecen autobuses y camiones como si nada, plagado de falsos retenes donde asesinos en complicidad con las policías estatales aguardan a sus víctimas en la noche.

Luis Freddy Lala Pomavilla, ecuatoriano de 18 años que viajaba hacia Estados Unidos para reunirse con sus padres y ayudarlos a pagar la deuda con el pollero que los cruzó, fue el único sobreviviente de la masacre. Relató que tres camionetas con hombres armados los detuvieron en la carretera y los llevaron a un rancho. Los ataron de cuatro en cuatro y al otro día los fusilaron. Luego de que el tiro de gracia ingresara por el cuello y saliera por la mandíbula, Luis se fingió muerto y aguantó inmóvil entre decenas de cadáveres. Cuando los criminales se fueron, caminó desesperado toda la noche. Nadie lo quiso ayudar durante el trayecto. Llorando de dolor y con la cara destrozada, el migrante llegó a un puesto de la Marina y contó que más de 70 personas habían sido ejecutadas por el cártel de los Zetas.

«Sin disminuir la magnitud de la tragedia, este tipo de masacres dan muestra de la gran capacidad del Estado en su lucha en contra de los cárteles, tanto que ahora los grupos criminales tienen que recurrir a reclutar migrantes», fue la brillante reflexión de Alejandro Poiré, entonces director del Cisen.

Desde su cuenta de Twitter, Felipe Calderón respaldó a su funcionario de seguridad: «Con mis más profundas condolencias, hago mías las expresiones de indignación y condena hechas por el vocero federal en el caso Tamaulipas». Un comunicado oficial de Presidencia completó el escenario de absurdas explicaciones oficiales que se repitieron a lo largo del sexenio en defensa de una guerra que nació fracasada: «A causa de las acciones realizadas por el gobierno federal contra el crimen organizado, con las cuales se ha debilitado significativamente la capacidad de operación de los grupos criminales, estos enfrentan una situación muy adversa para abastecerse de recursos y de personas».

Ocho diplomáticos centroamericanos llegaron a Tamaulipas para colaborar en la identificación de las víctimas. El Gobierno mexicano, en su camino de equívocos, envió el cuerpo del brasileño Rondon do Pará a Honduras, donde los peritos advirtieron el error. Trece cadáveres no fueron reconocidos; uno sí fue identificado, pero nadie lo reclamó. Todos fueron a parar a una fosa del Panteón Civil de Dolores, Ciudad de México, donde una vieja lámina de metal que colocaron encima es la sola prueba de la existencia de quienes en vida emigraron de su tierra buscando un futuro mejor y se toparon con la peor de las muertes.

Desde Saltillo, Coahuila, el padre Pedro Pantoja, de la Posada del Migrante, sentenció a México como «el cementerio del migrante centroamericano».

En junio de 2011, se informó que se había capturado al presunto responsable de las 72 muertes. Édgar Huerta Montiel, el Wache, confesó que era responsable de los asesinatos sistemáticos de 600 migrantes, entre ellos los 72 de esta historia. En un video grabado por la Policía Federal, que se puede ver en YouTube, aparece el Wache, quien se confiesa lugarteniente de los Zetas en Tamaulipas. Con la mirada fija a la cámara cuenta, sin la menor muestra de arrepentimiento, cómo asesinaban a los migrantes.

El Wache: Lo de San Fernando, lo de los autobuses, son órdenes de allá arriba, de (Heriberto) Lazcano, porque esa gente iba para la contra, para los del Golfo. Y por eso nos decían que a esos los teníamos que bajar e investigarlos. Todos los días llegaba un autobús, y todos los días bajaban a la gente y la investigaban. Y a los que no tenían nada que ver los soltaban, pero a los que sí los levantaban y los mataban.

Policía Federal: ¿Cómo saber si tenían algo que ver o no?

El Wache: Por el lugar del que venían, su teléfono, mensajes, todo eso.

En ese momento, el Wache tiene 22 años, nació en Michoacán y fue miembro del Ejército durante un año. A los 19 fue reclutado por Heriberto Lazcano, jefe de los Zetas. Habla como si contara que se fue a un antro con amigos. Estuvo en Mazatlán con los Beltrán Leyva, peleando contra el Chapo Guzmán. Relató que se fue de vacaciones a Cuba y que practicó santería, que le hicieron una «limpia» con sacrificios de animales y que lo hacía para protegerse. «Pero no me protegieron», explica resignado. El Wache dijo que Lazcano pensó que los migrantes serían reclutados por el Cártel del Golfo y ordenó asesinarlos a todos. «Los matamos a todos». Y la cereza del postre: que asesinó a 600 personas que fueron sepultadas en fosas clandestinas o «pozos». A pesar de que las declaraciones fueron públicas, la investigación está paralizada y ningún funcionario investigó dónde están las fosas con los 600 cadáveres que declaró el asesino serial.

Luis Fredy Lala vive en Ecuador bajo protección de la Fiscalía de Estado. Su vida no fue fácil desde el horror de Tamaulipas. La pesadilla no lo abandona, tiene altibajos emocionales, dicen que está perdido.

EL CALVARIO DE UN POETA

«Estoy indignado, nunca dejaré de estar indignado. Tanto horror, tanta indiferencia, tanta frivolidad. Nadie habla de las víctimas. ¿Por qué nadie lo hace? Ningún candidato dice nada. No existen, no están, no hay espacio para ellos…».

Me dice el poeta al otro lado del teléfono, una noche de noviembre de 2011.

Hace silencio y no sé qué decirle, solo intento compartir su indignación. Está en Cuernavaca y me dice que en unos días sale hacia el Vaticano a llevarle una carta al papa Benedicto XVI.

Cuando Juan Francisco Sicilia Ortega fue asesinado, su padre se encontraba en Filipinas. El poeta sintió un golpe que lo dejó sin aire y sin inspiración. No podía pensar, sentir, escribir. No podía vivir. Su Juanelo ya no estaba y él no había estado ahí para protegerlo. Ya no podría tocarlo, abrazarlo, hablar o discutir con él. Dice que lo extraña todo el tiempo, lo sueña, lo llora. Las lágrimas se le escapan y trata de esconderlas, pero no puede.

Su calidez desarma y su estilo va directo al corazón.

Me encontré con él por primera vez frente al Ángel de la Independencia, cuando iniciaba la primera caravana, la que le permitió el contacto con los desamparados de la guerra, con los nadies.

Audaz, frontal, contradictorio y valiente, Javier Sicilia es periodista y escritor, autor de ensayos y poemas, y guionista. Su vida cambió abruptamente cuando la peor noticia que puede recibir un ser humano golpeó a su puerta. No hay manera de relatar la magnitud del dolor que provoca la muerte de un hijo. «El mundo ya no es el mundo de las palabras / Nos la ahogaron adentro / Como te asfixiaron a ti, como te desgarraron a ti los pulmones / Y el dolor no se me aparta, solo tengo al mundo / Por el silencio de los justos / Solo por tu silencio y mi silencio, Juanelo».

Fue el último poema que escribió y lo dedicó a su hijo. Con él, les dijo adiós a las letras. Ya no tenía ganas de escribir y tampoco motivos.

Javier Sicilia transformó su dolor y su indignación en acción y salió a recorrer México exigiendo justicia. Como un Quijote renacido, fue un grito de esperanza en medio del desierto de la indiferencia y de los dolores soterrados. «Estamos hasta la madre» fue la consigna que sacudió a mentes y corazones entumecidos. Recorrió cuatro mil kilómetros de norte a sur. Aguantó todas las tormentas. Todas las acechanzas. Todos los peligros.

Durante la larga travesía, se le agregaron cientos de víctimas con sus muertos y desaparecidos anónimos. Desconocidos con su desgracia a cuestas. Con sus fotografías, sus historias y sus nombres, lo aguardaban en plazas y a la orilla de las carreteras. Le mostraban quiénes eran sus seres queridos antes del apocalipsis.

«Apoyo a Javier Sicilia por solidaridad al amigo en su dolor. Lo que ha vivido Javier es, sin hipérbole, una tragedia bíblica. Pero Sicilia está reescribiendo por su cuenta, con su vida y su ejemplo, el libro de Job, aquel personaje a quien Dios privó de sus hijos y volteó la ira contra Él. En cambio Sicilia, sacando fuerzas de su fe, que es la fe fundadora de la espiritualidad mexicana, ha convertido la ira en acción cívica. Tengo claro que ni siquiera Sicilia, con su genuina alma franciscana, puede cerrar los ojos a la existencia del Mal, muchas veces irreductible. Pero, entre el Bien y el Mal, hay una zona gris. Creo que su palabra y actitud han movido muchas conciencias en esa zona y moverán más», escribió Enrique Krauze en su portal el 12 de junio de 2011.

La vida del poeta cambió radicalmente cuando Juan Francisco Sicilia Ortega fue encontrado sin vida en el interior de un automóvil, junto con otras seis personas, el 28 de marzo de 2011. Entre ellos estaban sus mejores amigos. El procurador de Justicia de Morelos dijo que la policía recibió una denuncia anónima y que, cuando los agentes llegaron al lugar, encontraron dentro del automóvil a tres personas muertas y cuatro más en la cajuela. Había un mensaje escrito por los asesinos que decía: «Esto me pasó por andar haciendo llamadas anónimas a los militares». Los cuerpos estaban enrollados con cinta canela en el cráneo, la cara, las muñecas y los tobillos. Juan Francisco

Sicilia era estudiante de Administración en una universidad privada de Cuernavaca y soñaba con jugar en el América, pero una lesión en la rodilla lo alejó del futbol. La última llamada que realizó fue a su amigo Valentino, cuando salían de comer en el restaurante La Rana Cruda, a quien le dijo que los iban siguiendo. Le pidió auxilio.

El 30 de marzo de 2011, intelectuales, universitarios, amigos e integrantes de organizaciones civiles acompañaron a Javier Sicilia al zócalo de Cuernavaca. Allí, el poeta exigió a Felipe Calderón y al gobernador de Morelos, Marco Antonio Adame, «que acaben la violencia y la inseguridad». El 31 de marzo, cuando Javier Sicilia rompió en un llanto rabioso ante los medios de comunicación, frente al palacio de gobierno de Morelos, pidió el urgente esclarecimiento del asesinato de su hijo. «Quiero decirle a la PGR que no queremos chivos expiatorios, queremos a los culpables y no queremos que estén libres nuevamente, y les digo a las autoridades que cada hijo, cada muchacho que caiga y que vuelva a caer, es hijo nuestro. Cada muchacho es nuestro hijo, y cada muchacho que haya sido corrompido por el crimen organizado es también nuestro muchacho».

El Movimiento por la Paz con Justicia y Dignidad se convirtió en una esperanza para miles de familias víctimas de la violencia salvaje que azota México. Sus caminatas llegaron a poblados alejados y zonas dominadas por la guerra. Lo aguardaron horas y horas al costado del camino. Querían ser escuchados. Contarle que sus muertos o desaparecidos tenían nombre, rostro y una vida. Que no eran cifras.

El 8 de mayo de 2011, después de una larga caminata que partió desde Cuernavaca, el movimiento llegó al Zócalo. Sesenta mil personas se reunieron a escuchar. Le pregunté qué pasaba si nadie iba. Me cuenta que no le importaba, que iría solo.

El primer encuentro con Felipe Calderón sucedió el 23 de junio de 2011 en el Castillo de Chapultepec. Javier Sicilia inició su intervención acompañado por las familias de las víctimas. Fue un diálogo duro y doloroso. Felipe Calderón estaba tenso, irritado. Nunca dejó de estarlo. Lo acompañaban miembros de su gabinete, entre ellos Genaro García Luna y Luis Cárdenas Palomino, dos funcionarios que el movimiento cuestionó públicamente por su inoperancia y sus antecedentes sombríos. Los rostros eran como piedras talladas. Margarita le escribía mensajes en papelitos a su esposo. Le hablaba por lo bajo, trataba de calmarlo frente a las palabras de Sicilia o los fuertes cuestionamientos de Julián LeBarón o el llanto desconsolado de María Herrera.

Fue histórico, hay que decirlo. Nunca antes en México un mandatario había recibido a las víctimas. Cara a cara. No hay que agradecerle al presidente, es su obligación. Javier Sicilia fue el autor principal de este acontecimiento. Uno de los principales logros del Movimiento por la Paz fue el avance en las investigaciones de algunos casos; otro, aportar un soplo de esperanza de luz, en medio de tanta noche.

La soledad de doña Mary

María Elena Herrera, doña Mary, perdió a cuatro de sus seis hijos en tres años. La angustia la tiene a la deriva. Cada día se levanta con la esperanza de recibir la noticia de que sus hijos están vivos. Se resiste a pensar que pueden estar muertos, lucha contra este pensamiento que todas las noches la domina. Muchas otras veces cree que sí pueden estar muertos, porque ya pasó bastante tiempo y no se comunicaron con ella.

Pero nadie le da respuestas. Nadie la ayuda. Nadie la escucha.

El 28 de agosto de 2008, Jesús Salvador y Raúl Trujillo Herrera desaparecieron en el trayecto de Atoyac de Álvarez, provincia de Guerrero, camino a Michoacán. Fueron secuestrados junto con Luis Carlos Barajas Díaz, Joel Franco Águila, Rafael Cervantes Rodríguez, Flavio Alejandro Higareda Aviña y Carlos Barajas Alcázar cuando regresaban de comprar oro. Hasta hoy, se desconoce el destino de todos.

Jesús y Raúl se dedicaban a la compra de oro, como gran parte de los habitantes de Pajuacarán, un pueblo ubicado a seis horas de Morelia.

Los otros hermanos dejaron de trabajar después del secuestro de Jesús Salvador y Raúl, pero las escasas oportunidades obligaron a Gustavo y Luis Armando Trujillo Herrera a retomar sus trabajos de compra y venta del preciado metal. El 21 de septiembre de 2010 salieron hacia Vega de Alatorre, en Veracruz, para comprar oro. Subieron a su automóvil Jetta, de color gris, con placas de Michoacán, y se lanzaron a la aventura de su trabajo. Para ese entonces, habían desaparecido en distintos estados de México 27 michoacanos. Los hermanos iban acompañados por su sobrino, Jaime López Carlo, y la esposa de este, Gabriela Melo Ulloa. La última vez que se comunicaron con sus familiares fue el 22 de septiembre. Les contaron por celular que se habían quedado varados en el kilómetro 148 de la carretera México-Túxpam y que esta se había colapsado.

Desde entonces, no se supo qué pasó con ellos.

En el pueblo no son los únicos: 15 personas más están desaparecidas. Todos se dedicaban a la compra y venta de oro. Los principales estados en donde se desarrolla el comercio de oro son Guerrero, San Luis Potosí y Veracruz, que tienen altos índices de violencia. Existen diversas denuncias interpuestas ante la Procuraduría General de Justicia del estado y ante la Procuraduría General de la República por las 19 desapariciones de Pajuacarán. Ningún funcionario investigó. Un día, el 9 de agosto de 2010, se plantaron frente a la catedral de Morelia. Y aparecieron otros casos, como el del trabajador del Organismo Operador de Agua Potable, Alcantarillado y Saneamiento OAPAS de Morelia, Alejandro Correa Serrato, que fue secuestrado cuando se encontraba trabajando en un pozo de bombeos de colonias del sur. Su familia pidió al presidente municipal, Fausto Vallejo Figueroa —gobernador de Michoacán de 2012 a 2014—, que atendiera sus denuncias. Ese día se agregaron al clamor de justicia las voces de la familia Magallón, con dos hermanos muertos que también se dedicaban a la compraventa de oro. David y Carlos Magallón Magallón, acompañados por José Manuel y Eduardo Cortés Cortés, fueron a hacer sus compras de oro al municipio de Cárdenas, ubicado en San Luis Potosí. Desde ese lugar, David envió un mensaje al celular de su esposa, diciéndole que regresaría porque la policía municipal los había asaltado y les había quitado su dinero, por lo que no podía comprar oro.

Esto fue lo último que los familiares supieron. Luego, se los devoró la noche.

La desesperación, la impotencia y el dolor de las familias mantienen unido al grupo. Doña Mary, con su fortaleza y su potencia, es la figura convocante.

Ante las deficiencias de las instituciones, Juan Carlos y Rafael Trujillo Herrera, los hijos de María Herrera, decidieron emprender sus propias investigaciones. Exigieron a los funcionarios de Caminos y Puentes Federales que se les entregara los videos de las cámaras de seguridad de las casetas de cobro para saber si Gustavo, Luis Armando y sus dos acompañantes habían llegado a su destino. La petición no fue atendida.

Doña Mary y sus hijos se trasladan periódicamente hasta la Ciudad de México para las entrevistas en la PGR y para presionar por las investigaciones. Tienen problemas económicos, porque el trabajo no puede ser atendido como antes, cuando estaban juntos y eran felices. Doña Mary dice que en la última visita que hizo a la PGR le informaron que dos de sus hijos podrían estar enterrados en una fosa clandestina de Guerrero.

Ella no quiere encontrarlos muertos. No sabe cuál es la línea de investigación que se sigue, ni por qué piensan que sus hijos pueden estar sepultados ahí. De sus otros dos hijos, que desaparecieron en Veracruz, no hay una sola pista.

«Siento que mi dolor aumenta, porque veo que hay muchas personas igual que yo. Estoy unida a todas las madres que tienen a un hijo desaparecido o asesinado, entiendo su dolor. No voy a parar hasta encontrarlos, no es justo, eran buenos muchachos, no eran delincuentes, sé los hijos que crié y ahora nadie me dice qué pasó, dónde están».

Como parte del Movimiento por la Paz con Justicia y Dignidad, María Elena contó su historia en el Castillo de Chapultepec, frente a Felipe Calderón. El presidente y Margarita Zavala parecían conmovidos frente a las lágrimas de María Elena. Felipe Calderón se levantó, abrazó a su paisana y le prometió ayuda para encontrar a sus hijos. Sin embargo, desde aquel encuentro en junio de 2011, la justicia nunca llegó y doña Mary ya no espera nada de ese presidente, de ese michoacano como ella que la abrazó y le prometió justicia.

«Enterrar a nuestros muertos es un derecho que tenemos todos. Aquí en México se nos ha arrebatado ese derecho a miles de padres y madres, debemos recuperarlo, debemos poder despedir a los que amamos», dijo doña Mary el 2 de noviembre de 2011, día en que México recuerda a sus muertos. El Movimiento por la Paz con Justicia y Dignidad organizó una velada de homenaje a los más de 50 mil muertos de estos últimos cinco años.

«No es delito ser mecánico ni michoacano»

Los 20 trabajadores michoacanos de un taller mecánico que arribaron al puerto de Acapulco jamás imaginaron que ese sería su último viaje. Buscaban alojamiento en las cercanías de la zona costera Miguel Alemán y el paraíso que imaginaban se convirtió en su infierno. Fueron secuestrados por un grupo armado, criminales sin rostro que a punta de pistola se los llevaron a las sombras.

Tras una intensa búsqueda, se encontraron 18 cuerpos con huellas de tortura.

Habían sido enterrados en una fosa clandestina. El 30 de septiembre de 2010, cuando fueron secuestrados, se denunció su desaparición. Dos integrantes del grupo alcanzaron a huir y acudieron a las autoridades locales. La denuncia quedó guardada con el número de expediente TAB/3A/AM/TUR/II/0264/2010. Y la Procuraduría de Guerrero dio a conocer la información varios días después. Dijo que los turistas habían sido interceptados en la glorieta del Fraccionamiento de Costa Azul por un grupo armado y que los 22 hombres habían llegado al puerto en varios vehículos particulares provenientes de Morelia, Michoacán. Dos se salvaron, al separarse del grupo unos minutos antes de que el secuestro tuviera lugar para comprar víveres.

Desde una distancia de varios metros, los sobrevivientes observaron cómo un grupo de 30 hombres armados se llevaba a sus compañeros. El dueño de la empresa de autopartes para la que trabajaban dijo que los había enviado de vacaciones a Acapulco y que entre las víctimas no solo había mecánicos, sino también hojalateros, vendedores de fierro y albañiles. Después de su declaración, los dos testigos sobrevivientes desaparecieron. «Estamos tratando de dar con el paradero de las personas que presentaron la denuncia, pero no tenemos datos», dijo Fernando Monreal, entonces director de la Policía Ministerial. De acuerdo con el relato de los dos hombres, sus compañeros fueron colocados contra la pared, revisados y subidos luego a seis camionetas. Los vehículos de los michoacanos, un Jetta con la placa PJE5086, una camioneta Ford Windstar matrícula PJD-6990, una Chrysler (PHK8507) y un Pointer (PHE7796), todos de Michoacán, aparecieron abandonados en las calles de Acapulco.

A unos días de la desaparición de los michoacanos, las declaraciones de la secretaria de Turismo de Guerrero, Gloria Guevara, sembraron la desconfianza. «Según las investigaciones, los afectados no cumplían con el perfil de turistas», dijo. Sugería que habían sido secuestrados por relaciones con el crimen organizado. De nuevo, los culpables eran las víctimas. Perversa concepción. Los familiares y el gobierno michoacano contestaron y dieron a conocer la identidad y el oficio de cada uno de los desaparecidos. El gobernador de Michoacán, Leonel Godoy, aseguró que se trataba de personas de bien, que no estaban ligadas con el crimen organizado, y pidió su liberación.

Integrantes del Ejército y de la Policía Federal se trasladaron al puerto para realizar registros en algunas viviendas. La desaparición de los 20 michoacanos seguía sin dar respuestas y sus nombres y fotografías circulaban por todo el país. Estos son sus nombres, su identidad, una punta de su historia: Eugenio Calderón Melgarejo, Antonio Ortiz Chávez, Octaviano Ortiz Chávez, Eleuterio Servín Cortés, Efraín Cortés Rangel, Juan Jesús Ortiz Chávez, Héctor Calderón Pintor y Rigoberto Ortiz Chávez, Víctor Manuel Corona Mora, Juan Pablo Calderón Ortiz, Eduardo Ortiz Chávez, Pedro Casimiro

Arévalo, Javier N, Juan Serrano Ortiz, Celso Rafael Zambrano Ramos, Fernando Antonio Ortiz, Sergio Zambrano Ramos, Alejandro Zambrano Ramos, Jonathan Sánchez García, Felipe Arriola Godínez, Adrián Pérez Sánchez y Pedro Cancino Arreola.

No son un número, tienen nombres y rostros.

Tenían una vida y muchos sueños que se quebraron.

Las esposas, desesperadas, solicitaron una audiencia con Felipe Calderón para pedirle que interviniera.

«Que voltee sus ojos hacia nosotros y nos regale un poco de su tiempo. Ellos son buenos, son de cuna humilde, muy trabajadores. Estamos solas, tenemos hijos y algunas de nosotras están embarazadas, que por favor el presidente nos ayude. No es delito ser mecánico y michoacano».

Ni Felipe Calderón, ni las autoridades competentes, respondieron.

Sin rastro de las víctimas, apareció en internet un primer video con un interrogatorio a un policía municipal de Acapulco, Salvador Gaxiola. El hombre declaró que el secuestro lo realizó el grupo criminal de la Barbie (uno de los capos capturados, que trabajaba para el Cártel de los Beltrán Leyva), confabulado con la policía y los mandos del puerto. Luego, un segundo video comenzó a circular en YouTube, en el que unos hombres aceptaron haber participado en el plagio por órdenes de Carlos Montemayor, el Charro, suegro de la Barbie y su sucesor luego de su captura.

El mismo día que se difundió el segundo video fueron localizados los cuerpos.

Los habían asesinado a balazos en Tucingo, Guerrero, una zona rural al sur de la ciudad de Acapulco. Al lado de las víctimas había un mensaje firmado por el Cártel Independiente de Acapulco (CIDA), que decía que eran «sicarios».

Los familiares de las víctimas se quejaron de la actitud «extraña» del gobierno guerrerense, que les puso «muchas trabas en el proceso de identificación de los cuerpos». No colocaron los cadáveres en féretros y los cuerpos fueron enviados a Morelia sin refrigeración para su conservación. Parece mentira, pero no lo es. Los cuerpos viajaron sin refrigeración. Peor que la carne animal.

El funeral en la catedral de Morelia fue dramático y muy triste. Las familias no recibieron apoyo, ni palabras de consuelo. El gobernador Leonel Godoy dijo que fueron asesinados porque los confundieron con integrantes de La Familia Michoacana. ¿Acaso importaba? Felipe Calderón jamás se contactó con las familias de las víctimas.

SER PERIODISTA EN MÉXICO

La cabeza humana que fue descubierta el 10 de mayo de 2007, en el Día Internacional de la Libertad de Prensa, frente a las instalaciones de Reporteros Sin Fronteras en Veracruz, tenía un mensaje para el periodista Miguel Ángel López Velasco, Milo Vela. Los autores le vaticinaban: «Este es un regalo para los periodistas, van a rodar más cabezas y Milo Vela lo sabe muy bien».

Cuando apareció la cabeza con el mensaje, Reporteros Sin Fronteras hizo oír su reclamo: «Pedimos a las autoridades competentes que garanticen inmediatamente la seguridad de Lydia Cacho Ribeiro y Milo Vela, columnista para el diario *NotiVer*».

Recomendaciones inútiles. Ninguna autoridad ni organización pueden garantizar la seguridad de nadie. Si te colocan custodia, nunca sabes si los que te cuidan no están arreglados con los mafiosos. Situación que se agrava en los estados, convertidos en tierra de nadie, territorios sin ley.

Cuatro años después de aquella macabra amenaza, el 20 de junio de 2011, Milo Vela, el gran periodista y columnista de *NotiVer*, el periódico más influyente de Veracruz, fue asesinado en su casa, con su esposa, Agustina Solana Melo, y su hijo Misael, de 21 años, que hacía muy poco se iniciaba como fotógrafo en el mismo medio donde trabajaba su padre.

En México, la vida de un periodista no vale un centavo. A nadie le importa. No hay asesinos de periodistas presos y los autores intelectuales jamás son tocados.

Ese trágico 20 de junio, la protección no estuvo para cuidar del veterano periodista jarocho y de su familia.

Dicen que Milo Vela sabía demasiado y que por eso fue asesinado. Los periodistas molestan al poder y conocen sus miserias y corruptelas. Milo era un reportero de la vieja escuela, aguerrido, puntilloso con la información, valiente. Relató cómo y de qué manera el narcotráfico penetraba e inundaba Veracruz, y denunció sus complicidades. Le dio voz a las quejas ciudadanas. Criticó duramente al gobernador Javier Duarte Ochoa, oscuro priista vinculado a las mafias que se adueñaron de Veracruz, con tolerancia cero a las críticas periodísticas. Como se vio en mayo de 2011, cuando mandó encarcelar a la periodista María de Jesús Bravo Pagola por una noticia errónea que ella público en Twitter. A la que torturaron y metieron a un reclusorio bajo la acusación de «terrorista».

«Este crimen no quedará impune y se investigará hasta las últimas consecuencias», cacareó el mandatario tricolor, público admirador del generalísimo Francisco Franco, apenas le informaron del asesinato. Nadie le creyó y nadie le cree. Dos años antes, un periodista de *NotiVer* fue secuestrado y torturado, y apareció días después milagrosamente en un hospital. Las autoridades minimizaron el gravísimo episodio. Las estadísticas demuestran que 90% de los asesinatos de periodistas en México se originan en las alturas del poder. Y que las amenazas se concretan, contrario a lo que suele suceder en otros países. No es cualquiera el que se anima a masacrar a un periodista, a su mujer y a su hijo. No es un marginal o un malandrín de poca monta. Hay que tener mucho poder y mucha impunidad.

Milo Vela era querido y respetado en el medio. Sus columnas y reportajes molestaban al poder y a los criminales. El 20 de junio, por la madrugada, la familia López Solano dormía cuando los asesinos llegaron al domicilio, ubicado justo a dos cuadras de las oficinas intermunicipales de Veracruz. Rompieron la puerta principal y accedieron a las recámaras. Primero asesinaron al periodista y a su esposa. Subieron a la planta alta de la residencia donde dormía Misael. El joven trató de esconderse y lo acribillaron por la espalda. Después, le dieron el tiro de gracia en la cabeza. Sin piedad.

Aunque la Procuraduría General de Justicia en Veracruz señaló a Juan Carlos Carranza Saavedra, alias el Ñaca, como el presunto responsable del homicidio, el sospechoso de 33 años, un expolicía de tránsito con un expediente abultado de secuestros, robo y asesinatos, nunca fue detenido. Curioso que de pronto señalen a un criminal con tantos antecedentes, con tantos detalles, que debería estar en la cárcel hace tiempo. ¿Por qué este psicópata estaba libre? Sencillo: tenía poder y cómplices de arriba.

Se ofreció una recompensa de tres millones de pesos a quien diera información que sirviera para ubicar al Ñaca. Reír o llorar. Si investigan hacia adentro del poder estatal, si se meten en la cueva del diablo, seguro que encuentran los datos que ayudarían a encontrar al asesino.

No les importa y disimulan haciendo ver que sí se ocupan.

Mientras tanto, el Ñaca continúa haciendo de las suyas por Veracruz.

Rodolfo Lara Sánchez, un exempleado de Aduana, secuestrado, interrogado y videograbado antes de que lo asesinaran unos hombres encapuchados que le apuntaban con ametralladoras, fue quien reveló que el asesino de Milo era uno de los principales jefes de la plaza de Veracruz de los Zetas. Se llamaba Juan Carlos Carranza y había encabezado un operativo donde fue secuestrado al administrador de Aduanas Francisco Serrano Aramoni, con la colaboración de un grupo de agentes de tránsito.

Milo Vela, en una de sus últimas columnas, denunció la corrupción de los agentes de tránsito. Una corporación cuestionada por sus vínculos con el narcotráfico.

El locuaz gobernador Duarte expresó su solidaridad con el gremio periodístico y afirmó que «en Veracruz no habrá cabida para la delincuencia». Pero un mes después del asesinato de Milo Vela y su familia, el 26 de julio de 2011 se encontró el cuerpo de la reportera Yolanda Ordaz, que cubría la sección policial en el diario *NotiVer*.

Múltiples agresiones se conocieron antes y después de los asesinatos de los periodistas de *NotiVer*. En marzo de 2011, Artículo 19, en su oficina para México y Centroamérica, en conjunto con el Centro

Nacional de Comunicación Social, dieron a conocer el *Informe 2009. Entre la violencia y la indiferencia*, en el que se encuentran registradas 244 agresiones a la libertad de expresión cometidas entre 2006 y 2009, de las cuales 29 tuvieron lugar en Veracruz, uno de los estados más peligrosos.

LA VIDA NO VALE NADA...

Raúl Lucas Lucía era originario de la zona mixteca de Guerrero. No estuvo dispuesto a soportar las vejaciones del Ejército hacia su comunidad natal. Se rebeló, pero fue asesinado y los principales sospechosos son los militares. En la zona Mixteca del estado de Guerrero se encuentra una localidad llamada El Charco. Ahí, el 7 de junio de 1998, soldados del Ejército mexicano masacraron a 11 indígenas y repitieron los asesinatos en La Fátima, Ojo de Agua y Ocotlán. Raúl era presidente de la Organización para el Futuro del Pueblo Mixteco (OFPM), que al igual que la Organización del Pueblo Indígena Me'phaa (OPIM), se ha dedicado por más de 10 años a defender los derechos de los indígenas. Denuncian, documentan los agravios y buscan instituciones que los defiendan legalmente de los atropellos del Ejército mexicano.

Como presidente de la OFPM, Raúl documentó, en 2008, cuatro casos de violaciones a los derechos humanos. Allanamientos, robo, daños, retenciones e interrogatorios ilegales efectuados por militares en comunidades indígenas mixtecas y tlapanecas. Estos casos ameritaron también la interposición de cinco quejas ante la Comisión Nacional de los Derechos Humanos y denuncias penales. Raúl denunció que soldados del Ejército Mexicano habían llevado a cabo interrogatorios y detenciones ilegales a 18 indígenas de la región, hechos por los que además interpuso una denuncia ante la PGR, con lo que se abrió la averiguación previa 355/2006 por los delitos de abuso de autoridad e intimidación. El 15 de febrero de 2007, Raúl sufrió una emboscada, que denunció y fue perpetrada por el Ejército. Recibió un balazo en el cuello y salió con vida. El 13 de febrero de 2009, en el Ayuntamiento de Ayutla de los Libres, Raúl Lucas Lucía y su compañero Manuel Ponce Rosas fueron detenidos y desaparecidos por personas que se identificaron como elementos de la policía. En el mismo evento participaba Luis José Sánchez Hernández, director de Seguridad Pública de Ayutla, quien, minutos antes de que Raúl y Manuel fueran aprehendidos y subidos a una camioneta sin placas, fue visto en el sitio con sus agentes de seguridad. La noche de la desaparición de Raúl y de Manuel se interpusieron dos amparos por incomunicación, posible tortura y privación ilegal de la libertad, en los cuales se solicitaba al Juzgado Séptimo de Distrito con sede en Chilpancingo, Guerrero, que se iniciara la búsqueda. Un día después, los familiares de los desaparecidos presentaron ante la Comisión de Defensa de los Derechos Humanos (Coddehum) y ante la Corte Interamericana de Derechos Humanos, con sede en Washington, D.C., una petición donde se exigía que se establecieran medidas cautelares a favor de los indígenas y se pedía al gobierno de México que emprendiera las acciones para dar con el paradero de los dos luchadores sociales. Siete días después del secuestro, el 20 de febrero, fueron hallados en el municipio de Tecoanapa los cuerpos de Raúl y Manuel. Mostraban señales de tortura y estaban envueltos en bolsas de plástico. Enterrados a unos 80 centímetros de profundidad, Raúl presentaba un balazo en la cabeza; Manuel, según se cree, pudo haber muerto por fractura craneoencefálica. Después de tres años de investigaciones, solo existe impunidad. No sirvieron de nada las presiones ejercidas por la Oficina en México del Alto Comisionado de las Naciones Unidas para los Derechos Humanos, el Grupo de Trabajo sobre la Desaparición Forzada de la ONU, la Presidencia de la Unión Europea, Human Rights Watch, The Washington Office on Latin America (WOLA), Latin America Working Group (LAWG) y Amnistía Internacional.

A consecuencia de la desaparición forzada y posterior ejecución de Raúl y Manuel, la Corte Interamericana de Derechos Humanos ordenó el 9 de abril de 2009 la adopción de medidas provisionales para 107 defensores y defensoras de los derechos humanos en Guerrero, integrantes de la OFPM, de la OPIM y de Tlachinollan. Pero las amenazas y agresiones contra los defensores de los derechos indígenas son parte de la vida cotidiana de aquellos que se comprometen a defender la vida digna en las montañas y la sierra mixteca, nazavi, tlapaneca y me'phaa.

A principios de 2011, la REDIM publicó un informe el cual señala que, de diciembre de 2006 a octubre de 2010, un total de 994 niños y niñas habían perdido la vida en la lucha contra el crimen organizado. El documento enfatiza la falta de una acción articulada y preventiva de los derechos de los niños, así como de protocolos que resguarden la seguridad de la niñez en el marco de acciones armadas.

«NI PIENSEN QUE ME VAN A VENCER»

Habían planificado el viaje con alegría. Los Almanza y los Rangel eran familia y decidieron ir a la playa a descansar con sus niños. En total eran 11 personas, entre ellas, seis niños y un bebé de tres meses. Durante el viaje en la camioneta Tahoe, se divertían mirando videos de chistes, según relató Chyntia Salazar de Almanza, después de que la vida se le quebrara en mil pedazos.

Fue un sábado, el 3 de abril de 2010, cuando pararon en un retén y soldados del Ejército mexicano abrieron fuego con armas de grueso calibre contra la camioneta donde viajaban las familias. Dos menores murieron y dos adultos quedaron heridos de gravedad.

Cynthia Salazar de Almanza recuerda: «Llevábamos hora y media de camino cuando vimos un retén militar. Fue cuando bajamos la velocidad y los vidrios para que vieran que era familia. Yo traía a mi niño de tres años enfrente conmigo, entonces no nos dijeron nada y seguimos. De pronto nos empezaron a tirar, ya sentíamos los balazos, fue algo horrible».

Las balas alcanzaron a los pequeños Martín y Bryan. «Corrimos para salvar a los demás, mis tres niñas, mi hermana embarazada, mi sobrino de tres meses y mi hermano de ocho. Nos tratamos de cruzar para el monte porque nos poncharon las llantas y lo único que pudimos hacer fue salvar a los niños que nos quedaban. Sería imposible que ellos no hayan visto tantos niños correr. Todavía en el monte nos seguían disparando», relató con su voz quebrada.

Los que resultaron heridos fueron Martín Almanza Rodríguez, de 30 años, padre de los menores asesinados, y su tío Carlos Alfredo Rangel Delgado. «Mi hijo murió en mis brazos. La bala era para mí, pero mató a mi hijo. Fueron soldados, todos uniformados. A uno de ellos, que me apuntaba con el arma, le dije que me matara, total que dos de mis cinco hijos ya estaban muertos».

Los soldados, según relata la madre víctima, no los auxiliaron y tuvieron que ser ellos mismos quienes pidieran auxilio en un rancho cercano al lugar. Lo que sí hicieron los militares, al ver muertos a los niños, fue continuar atacando a los sobrevivientes con granadas de fragmentación. A Cynthia aún le quedan marcas en el pecho, en el rostro y en los brazos, huellas de la violencia con la que el grupo militar trató de extinguir su vida.

Cynthia afirma que la única ayuda que recibió fue de un ranchero, y que él mismo fue el que encontró a su esposo desangrándose. En la cajuela yacía el cuerpo sin vida de su hijo Martín, de nueve años.

Finalmente, fueron trasladados por una ambulancia al hospital de Miguel Alemán y de ahí a su tierra, Nuevo Laredo, Tamaulipas. Cynthia asegura que los militares les robaron sus celulares y cometieron el error de usarlos con el mismo chip. Cuando ella recuperó el número a su nombre, recibió una llamada de una mujer que preguntaba por Fernando Mata, quien, según averiguaciones de Cynthia, es miembro del Ejército. «¿Qué más pruebas quieren? Esa señora andaba buscando a un militar. Además, ellos, los militares, me pidieron disculpas, pero yo les contesté que con sus disculpas ya no me iban a regresar a mis hijos. Nos empezaron a intimidar, se nos llenaba la calle de gente del Ejército para meternos miedo y hacernos ver como unos delincuentes».

Sin embargo, la primera versión de la Secretaría de la Defensa Nacional rechazaba estas declaraciones y el 30 de abril de 2010, en conferencia de prensa, el procurador general de Justicia Militar, José Luis Chávez García, informó que, de acuerdo con las investigaciones y peritajes realizados, la camioneta en la que viajaban los infantes quedó en medio del fuego entre el Ejército y unos sicarios. Precisó que fueron las esquirlas de granadas las que propiciaron la muerte de los niños y aseguró que el personal militar que participaba ese día en los hechos no contaba con ese tipo de armas. Los padres negaron categóricamente lo declarado por el procurador.

El 16 de junio de 2010, la Comisión Nacional de los Derechos Humanos emitió una recomendación, la 36-2010, en la que responsabilizó a la Sedena de la muerte de los niños Almanza. La CNDH concluyó que la primera versión que dicha institución presentaba carecía de sustento y que en ella existía un indebido levantamiento de indicios y preservación de la evidencia. Las investigaciones de la CNDH arrojaron que la escena en que perdieron la vida los dos menores fue alterada y que incluso la camioneta en la que viajaba la familia fue baleada cuando sus ocupantes ya la habían abandonado. Lo que demostró que hubo un intento de cambiar la evidencia. Aunque dicha recomendación no tiene efectos jurídicos, la CNDH informó que presentaría también denuncias a la Procuraduría General de la República. Además, Raúl Plascencia, presidente de la CNDH, declaró que en el caso de la familia Almanza hubo violación de los derechos humanos a la vida, a la integridad, a la seguridad personal, al trato digno, al acceso a la justicia y a la legalidad y la seguridad jurídica.

Por su parte, el Gobierno federal, a través del entonces secretario de Gobernación, Fernando Gómez-Mont, rechazó que se hubiera alterado la escena del crimen. Dijo que el reporte del *ombudsman* estaba descontextualizado, pues «ni siquiera tuvo acceso a las indagatorias del propio Ejército».

Y entonces algo cambió. Las declaraciones del funcionario de la Segob desentonaron y contrastaron con la postura de la mismísima Sedena, la cual, para sorpresa de muchos, a los pocos días aceptó la recomendación de Derechos Humanos, no sin antes advertir que su cumplimiento estaría sujeto al resultado de su propia investigación, además de que, una vez concluida esta, se fincarían responsabilidades. Dichas declaraciones fueron realizadas el 3 de julio de 2010. Hasta hoy, no se ha presentado ningún resultado de las investigaciones y la muerte de Martín y Bryan sigue impune.

Por eso, Cynthia Salazar de Almanza sigue recordando que no desistirá de exigir justicia.

«Pedí una reunión con el presidente Calderón. Nunca me respondió. Margarita Zavala me llamó por teléfono y me ofreció dos becas para el colegio de mis hijas. ¿Qué hago con las becas? Quiero justicia, no becas. Los militares me arrebataron a mis hijos y ni piensen que me van a vencer. Yo no voy a descansar hasta ver a los militares culpables tras las rejas».

Agradecimientos

A mis colaboradores en la investigación, compañeros de travesía y desventuras: Sam Adam Castillo, Daniel González Marín y Nicolás Giacobone.

A Félix Arredondo, por la lectura del borrador y sus valiosos aportes; por acompañar mis desvelos y mis inseguridades.

A Gabriel Bauducco, por su solidaridad.

A Katia D'Artigues, periodista y amiga, por publicar en su columna las amenazas que durante tanto tiempo recibí, y estar pendiente de mí.

A Carmen Aristegui, por dar visibilidad a mi situación en ese tiempo sombrío, cuando solo reinaba el silencio.

A mi amiga y hermana Miriam Lewin, que leyó el primer manuscrito, realizó críticas certeras y nunca me dejó sola.

A mi querida Mónica Maristain, por la incansable insistencia y el impulso para que este trabajo viera la luz.

A mi amiga y colega Peniley Ramírez, por todo lo que hemos compartido, porque nunca se cansó de decirme: «Este libro debe publicarse».

A los estimados colegas y fuentes de Michoacán, Durango, Ciudad Juárez, Sinaloa, Tamaulipas, Veracruz y Ciudad de México, por tanta generosidad y apoyo. Ellos saben.

A quienes consintieron en ser identificados y a los que prefirieron el anonimato.

A Claudia Ordoñez Víquez, siempre presente.

A Balbina Flores, Darío Ramírez y a los colegas de Reporteros Sin Fronteras y Artículo 19, con quienes siempre estaré en deuda.

A Mario Harrigan, por sus atinadas observaciones.

A Karina Macias, editora exigente y detallista, que acompañó con paciencia este proceso.

A mi querido Gabriel Sandoval, por creer en mí y en mi trabajo.

A mis hijos, que sufrieron los atropellos y los abusos, por la tolerancia y el amor incondicional.

A los mexicanos que me confiaron sus historias, sus pesares, sus sueños quebrados y sus miedos, y me cobijaron como a una hermana. Mi agradecimiento será infinito.

Fuentes

Miles de páginas fueron consultadas durante esta investigación. El trabajo previo de autoras y autores valientes y comprometidos sirvió para corroborar datos, encontrar y atar cabos sueltos y robustecer este trabajo.

Bibliografía

Aguayo Quezada, S. (2001). *La charola: Una historia de los servicios de inteligencia en México*. México: Grijalbo.

Aguilar, R. y Castañeda, J. (2009). *El narco: La guerra fallida*. México: Santillana.

Andrade Bojorges, J. (1999). *La historia secreta del narco: Desde Navolato vengo*. México: Océano.

Aristegui, C. y Trabulsi, R. (2006). *Transición: Conversaciones y retratos de lo que se hizo y se dejó de hacer por la democracia en México*. México: Grijalbo.

Astorga, L. (1995). *Mitología del «narcotraficante» en México*. México: Plaza y Valdés.

Astorga, L. (2003). *Drogas sin fronteras*. México: Grijalbo.

Astorga, L. (2007). *Seguridad, traficantes y militares: El poder y la sombra*. México: Tusquets.

Beith, M. (2010). *El último narco*. México: Ediciones B.

Blancarte, R. (2004). *Entre la fe y el poder: Política y religión en México*. México: Grijalbo.

Blancornelas, J. (2002). *El cártel: Los Arellano Félix, la mafia más poderosa en la historia de América Latina*. México: Plaza y Janés.

Bowden, C. (2010). *La ciudad del crimen: Ciudad Juárez y los nuevos campos de exterminio de la economía global*. México: Grijalbo.

Boyer, J. (2001). *La guerra perdida contra las drogas: Narcodependencia del mundo actual*. México: Grijalbo.

Calderón Vega, L. (1959). *Cuba 88: Memorias de la* UNEC. México: Universidad Iberoamericana.

Calderón Vega, L. (1964). *El 96.47% de los mexicanos: Ensayo de sociología religiosa*. México: Universidad Iberoamericana.

Calderón, F. (2006). *El hijo desobediente: Notas en campaña*. México: Aguilar.

Camarena, S. y Zepeda Patterson, J. (2007). *El presidente electo: Instructivo para sobrevivir a Calderón y a su Gobierno*. México: Planeta.

Carpizo, J. y Andrade, J. (2002). *Asesinato de un cardenal: Ganancia de pescadores*. México: Aguilar.

Carrillo Olea, J. (2011). *México en riesgo: Una visión personal sobre un Estado a la defensiva*. México: Grijalbo.

Castillo Peraza, C. Documentos, cartas, ensayos. Universidad Iberoamericana y Biblioteca del PAN, México.

Contreras, J. (2002). *Biografía no autorizada de Álvaro Uribe Vélez: El señor de las sombras*. Colombia: Oveja Negra.

Coss Nogueda, M. (2011). *Tráfico de armas en México: Corrupción, armamentismo y cultura de la violencia*. México: Grijalbo.

Cruz Jiménez, F. (2011). *Las concesiones del poder*. México: Planeta.

Cruz Jiménez, F. (2011). *Tierra narca: Una rigurosa investigación sobre el refugio mexiquense de los grandes capos del crimen organizado*. México: Planeta.

Davidow, J. (2003). *El oso y el puercoespín: Testimonio de un embajador de Estados Unidos en México*. México: Grijalbo.

Delgado, A. (2007). *El engaño: Prédica y práctica del PAN*. México: Grijalbo.

Eddy, P., Sabogal, H. y Walden, S. (1989). *Las guerras de la cocaína*. Buenos Aires: Ediciones B.

Espino Barrientos, M. (2008). *Señal de alerta: Advertencia de una regresión política*. México: Planeta.

Fernández Menéndez, J. (1999). *Narcotráfico y poder*. México: Rayuela.

García Orosa, L. (2009). *Luis Calderón Vega: Semblanza*. México: Epessa.

García, M. (1992). *Los barones de la cocaína: La historia del narcoterrorismo y su red internacional*. México: Planeta.

Gil Olmos, J. (2009). *Los brujos del poder: Ocultismo en la política mexicana*. México: Debolsillo.

Gómez Mont, M. (2008). *Manuel Gómez Morin, 1915-1939: La raíz y la simiente de un proyecto nacional*. México: Fondo de Cultura Económica.

Gómez, M. y Fritz, D. (2005). *Con la muerte en el bolsillo: Seis desaforadas historias del narcotráfico*. México: Planeta.

González Rodríguez, S. (2003). *Huesos en el desierto*. Barcelona: Anagrama.

González Rodríguez, S. (2009). *El hombre sin cabeza*. Barcelona: Anagrama.

Gutiérrez, A. (2009). *Narcotráfico: El gran desafío de Calderón*. México: Planeta.

Hernández García, A. (2008). *Los cómplices del presidente*. México: Grijalbo.

Hernández García, A. (2010). *Los señores del narco*. México: Grijalbo.

Hylton, F. (2006). *Evil Hour in Colombia*. Nueva York: 2006.

Kenneth Turner, J. y Reed, J. (2014). *México bárbaro / México insurgente*. México: Grupo Editorial Tomo.

Krauze, E. (2017). *México: Biografía del poder*. México: Tusquets.

Kuykendall, J. (2005). *¿O plata, o plomo? Silver or Lead? The Abduction and Murder of DEA Agent Kiki Camarena*. Indiana: Xlibris Self-Published.

Lizárraga, D. (2009). *La corrupción azul: El despilfarro en las transiciones presidenciales*. México: Grijalbo.

Loaeza, S. (1999). *El Partido Acción Nacional, la larga marcha, 1939-1994: Oposición leal y partido de protesta*. México: Fondo de Cultura Económica.

Martínez, S. (2011). *La frontera del narco: Un mapa conmovedor y trágico del imperio del delito en México.* México: Planeta.

Montes, R. (2011). *La cruzada de Calderón: Su herencia católica, Casa sobre la Roca y el nuevo mapa religioso de México.* México: Grijalbo.

Moreno Valencia, H. y Villasana, J. (2002). *Sangre de mayo: El homicidio del cardenal Posadas Ocampo.* México: Océano.

Nanti Fernández, E. (1998). *El Maquío Clouthier: La biografía, 1934-1989.* México: Planeta.

Oppenheimer, A. (1996). *México, en la frontera del caos: La crisis de los noventa y la esperanza del nuevo milenio.* México: Javier Vergara.

Ortega Gaytán, J. (2003). *Los Kaibiles.* Guatemala: Centro de Documentación para la Historia Militar.

Ortiz Gallegos, J. (2011). *La mancha azul: Del PAN al NEOPAN al PRIOPAN.* México: Grijalbo.

Osorno, E. (2010). *El Cártel de Sinaloa: Una historia del uso político del narco.* México: Grijalbo.

Páez Varela, A. (2009). *La guerra por Juárez: El sangriento corazón de la tragedia nacional.* México: Planeta.

Pérez, A. (2010). *Camisas azules, manos negras: El saqueo de Pemex desde Los Pinos.* México: Grijalbo.

Poppa, T. (1992). *El zar de la droga: La impresionante biografía del más poderoso mexicano.* México: Selector.

Preston, J. y Dillon, S. (2004). *El despertar de México: Episodios de una búsqueda de la democracia.* México: Océano.

Ravelo Galó, R. (2006). *Los capos: Las narco-rutas de México.* México: Plaza Janés.

Ravelo Galó, R. (2009). *Osiel: Vida y tragedia de un capo.* México: Grijalbo.

Ravelo Galó, R. (2011). *El narco en México: Historia e historias de una guerra.* México: Grijalbo.

Reveles, J. (2009). *Las historias más negras de narco, impunidad y corrupción en México.* México: Debolsillo.

Reveles, J. (2011). *Levantones, narcofosas y falsos positivos.* México: Grijalbo.

Reyes, G. (2008). *Nuestro hombre en la* DEA: *La historia de un fotógrafo que negoció la libertad de más de un centenar de narcos en Estados Unidos.* México: Planeta.

Ronquillo, V. (2011). *Saldos de guerra: Las víctimas civiles en la lucha contra el narco.* México: Planeta.

Rotella, S. (1998). *Twilight on the Line: Underworlds and Politics at the Mexican Border.* Nueva York: Norton.

Scahill, J. (2007). *Brackwater: El auge del ejército mercenario más poderoso del mundo.* España: Paidós.

Scherer García, J. (2001). *Máxima seguridad: Almoloya y Puente Grande.* México: Aguilar.

Scherer García, J. (2007). *La terca memoria.* México: Grijalbo.

Scherer García, J. (2009). *Secuestrados.* México: Grijalbo.

Scherer García, J. (2011). *Historias de muerte y corrupción: Calderón, Mouriño, Zambada, el Chapo, la Reina del Pacífico.* México: Grijalbo.

Shannon, E. (1989). *Desperados: Los caciques latinos de la droga, los agentes de la ley y la guerra que Estados Unidos no puede ganar.* México: Lasser Press.

Tavira, J. (1995). *¿Por qué Almoloya? Análisis de un proyecto penitenciario.* México: Diana.

Tercero, M. (2011). *Cuando llegaron los bárbaros: Vida cotidiana y narcotráfico.* México: Planeta.

«The Socioeconomic Impact of Drug Trafficking on the State of Durango». (Agosto, 1987). México: DEA.

Ugalde, L. (2008). *Así lo viví: Testimonio de la elección presidencial de 2006, la más competida en la historia moderna de México.* México: Grijalbo.

Valdez Cárdenas, J. (2007). *Los morros del narco: Historias reales de niños y jóvenes en el narcotráfico mexicano.* México: Aguilar.

Valle, E. (1995). *El segundo disparo: La narcodemocracia mexicana.* México: Océano.

También se recurrió a la revisión de periódicos, revistas y archivos hemerográficos que permitieron precisar información y ampliar mi investigación.

HEMEROGRAFÍA NACIONAL

Hemeroteca del ITAM
Hemeroteca de la Universidad Iberoamericana

Diarios

Por Esto! (Yucatán)   *La Jornada*
Cambio de Michoacán   *La Jornada de Michoacán*
Crónica   *La Voz de Durango*
Crónica de Campeche   *Milenio Diario*
El Financiero   *Milenio Semanal*
El Siglo de Durango   *Notiver* (Veracruz)
El Siglo de Torreón   *Novedades de Campeche*
El Sol de Morelia   *Reforma*
El Sur de Campeche   *Ríodoce* (Sinaloa)
El Universal   *Tribuna* (Campeche)
Excélsior   *Zeta* (Tijuana)
Expansión

Revistas

Caras   *Proceso*
Contralínea   *Proceso Especial*
Emeequis   *Quién*
Gente
Letras Libres
Nexos
Poder y Negocios

Hemerografía internacional

Diarios

The New York Times   El Tiempo (Bogotá)
The Washington Post   Página/12 (Argentina)
The Wall Street Journal   Prensa Libre (Guatemala)
El Paso Times   Siglo 21 (Guatemala)
The Dallas Morning News   La Hora (Guatemala)
The Miami Herald

Revistas

The Nation   Cambio (Colombia)
Time

Además, fue necesario consultar y corroborar cierta información a través de los sitios web oficiales de numerosas dependencias gubernamentales, así como apoyarse en material de archivo obtenido en distintas páginas.

Cibergrafía

Prensa

Acento 21. Recuperado de http://www.acento21.com.mx
Animal Político. Recuperado de http://www.animalpolitico.com
El Andar. Recuperado de http://www.elandar.com
Plaza Pública. Recuperado de http://www.plazapublica.com.gt
Prensa Libre. Recuperado de http://www.prensalibre.com
Quadratín Michoacán. Recuperado de http://www.quadratin.com.mx
Reporte Índigo. Recuperado de http://www.reporteindigo.com

Sin Embargo. Recuperado de http://www.sinembargo.com

The Narco News Bulletin. Recuperado de http://www.narconews.com

Institucionales

CNDH *México*. Recuperado de http://www.cndh.org.mx

Concerned Women for America. Recuperado de http://www.cwfa.org

Embajada y Consulados de Estados Unidos en México. Recuperado de https://mx.usembassy.gov/es/

Federal Bureau of Investigation. Recuperado de http://www.fbi.gov

Historial Text Archive. Recuperado de http://www.historicaltextarchive.com

InSight Crime. Recuperado de http://www.insightcrime.org

México: Presidencia de la República. Recuperado de https://www.gob.mx/presidencia/

New Mexico's Flashship University. Recuperado de http://www.unm.edu

Procuraduría General de la República. Recuperado de http://www.pgr.gob.mx

Publing Broadcasting Service. Recuperado de http://www.pbs.org

Secretaría de la Defensa Nacional. Recuperado de https://www.gob.mx/sedena

Secretaría de Seguridad Pública. Recuperado de http://www.ssp.gob.mx

The Washington Office of Latin America. Recuperado de http://www.wola.org

The White House. Recuperado de http://www.whitehouse.gov

U.S. Department of State. Recuperado de http://www.state.gov

United States Drug Enforcement Administration. Recuperado de http://www.dea.gov